Das Buch

Für kompetente Auskü~~~ ~~~~ ~~ Glaubensfragen wende
man sich vertrauensvoll
ner doppelten Eigensch
Theologe und als Journ
seine Leser einfühlsam
len Gefilde zwischen
36 Kapiteln nimmt er S.

– auch unbequemen – Glaubensangelegenheiten wie: war
bei der Entstehung der Welt der Urknall oder ein
Schöpfergott am Werk? Ist Jesus wirklich wieder lebendig geworden? Was ist die Kirche mehr als ein »heiliger
Bürostuhl«? Was versteht man eigentlich unter »New
Age«? Gibt es einen Sinn des Lebens? Gerade wer dem
institutionalisierten Glauben den Rücken gekehrt hat,
sich vielmehr dem individuellen Glauben und einem ge-
lebten Christentum verpflichtet fühlt, wird hier ein ver-
ständnisvolles Gegenüber und einen verläßlichen Beglei-
ter auf der »Himmelsleiter« vorfinden. Vergeblich sucht
man den moralisierend erhobenen Zeigefinger, statt dessen packt Hirsch seine Themen mit viel Humor an – ge-
mäß dem Wahlspruch seines Lehrers Karl Barth: »Ein
Christ treibt dann gute Theologie, wenn er mit Humor
bei seiner Sache ist.«

Der Autor

Eike Christian Hirsch, geboren am 6. April 1937, ist pro-
movierter Theologe, Rundfunkredakteur und -autor für
religiöse Fragen, außerdem Verfasser satirischer Betrach-
tungen. Für seine Deutung des Komischen, den ›Witzableiter‹, erhielt er 1986 den Kasseler Literaturpreis für
grotesken Humor. Er ist Autor zahlreicher Bücher, darunter ›Deutsch für Besserwisser‹ (1979), ›Mehr Deutsch
für Besserwisser‹ (1979), ›Expedition in die Glaubenswelt‹ (1981), ›Den Leuten aufs Maul‹ (1982), ›Der Witzableiter‹ (1985), ›Kopfsalat‹ (1988) und zuletzt ›Wort und
Totschlag‹ (1991).

Eike Christian Hirsch:
Vorsicht auf der Himmelsleiter
Auskünfte in Glaubensfragen

Deutscher
Taschenbuch
Verlag

Von Eike Christian Hirsch
sind im Deutschen Taschenbuch Verlag erschienen:
Den Leuten aufs Maul (10823)
Mehr Deutsch für Besserwisser (10992)
Expedition in die Glaubenswelt (11047)
Der Witzableiter (11483)
Deutsch für Besserwisser (30028)
Kopfsalat (30309)

Ungekürzte Ausgabe
März 1993
Deutscher Taschenbuch Verlag GmbH & Co. KG,
München
© 1987 Hoffmann und Campe Verlag, Hamburg
ISBN 3-455-08628-4
Umschlaggestaltung: Klaus Meyer
Umschlagabbildung: papan
Umschlagfoto Rückseite: Karl-Heinz Meybohm
Gesamtherstellung: C.H. Beck'sche Buchdruckerei,
Nördlingen
Printed in Germany · ISBN 3-423-30351-4

Inhalt

Meiner lieben Tochter Laura

Der Glaube ist eine Sache, über die sich reden läßt. Und die Religion hat ihre eigenen Überraschungen. Wenn das der Eindruck ist, den der Leser dieses Buches gewinnt, so will ich zufrieden sein.

Daß es sich bei den sechsunddreißig Kapiteln ursprünglich um Radiosendungen handelt, kann man ihnen noch anmerken, denn die geneigte Leserin, der geneigte Leser finden sich gelegentlich darin angeredet. Auch habe ich die Technik der Montage von Zitat und eigenem Text beibehalten. Diese Zitate, Einwürfe und Gegenstandpunke sind *kursiv* gesetzt, damit sie sich besser abheben.

Zwar sind die Kapitel ordentlich in vier Gruppen gegliedert, aber von diesem Aufbau muß sich niemand festlegen lassen. Jedes Kapitel ist selbständig, läßt sich also einzeln lesen und konkurriert mit den anderen um Ihre Gunst. Wo immer Sie aufschlagen – ich hoffe, Sie fühlen sich vom Text nicht überredet, sondern nur zu einem eigenen Urteil angeregt.

Teil I: Der Vater überm Sternenzelt

1 Wer warf die Welt in die Physik?
Vom Urknall zum »anthropischen Prinzip«

Der Mann, in dem manche den Einstein unserer Zeit sehen, heißt Stephen Hawking; er ist Professor an der englischen Universität Cambridge und befaßt sich vor allem mit den sogenannten »schwarzen Löchern« (riesigen ausgebrannten Sternen) und mit dem Anfang des Weltalls im Urknall. Hawking, Jahrgang 1942, ist fast völlig gelähmt, weil er als Student an Muskelschwund erkrankte. Seine ungeheure Denkleistung trotzt er dieser Krankheit ab, indem er sie zu ignorieren scheint.

Erst habe er Hawking, der damals noch leise und undeutlich sprechen konnte, kaum verstanden, berichtet der amerikanische Journalist John Boslough, der ein Buch über ihn geschrieben hat. Nach vielen Gesprächen mit Hawking gelang ihm das besser, und schließlich stellte der Journalist auch die Frage, ob man hinter dem erstaunlichen Beginn des Universums einen Schöpfer sehen müsse. Hawking antwortete zunächst allgemein:

»Nach meiner Überzeugung stößt man stets auf religiöse Fragen, wenn man anfängt, den Ursprung des Universums zu erörtern. Es müssen sich religiöse Töne einschleichen.«

Wenn ein so kritischer Kopf wie Hawking, der zur Ironie neigt, die Religion vor der Tür stehen sieht, dann muß es dafür einen Grund geben. Tatsächlich sind die verschiedenen Anfangsbedingungen unserer Welt so unwahrscheinlich untereinander ausbalanciert gewesen, daß man auch von einem kaum verständlichen Wunder sprechen könnte. Für seinen amerikanischen Interviewer fügte Hawking noch erklärend hinzu, indem er sich der nüchternen Sprache der Naturwissenschaftler bediente:

»Es steht eine enorme Wahrscheinlichkeit dagegen, daß sich ein Universum wie das unsere aus irgendeinem Urknall entwickelt.«

Daß der Urknall kein Experiment war, das aufs Geratewohl klappen konnte, hat man sich auch als Laie gedacht. Woher die Materie nehmen? Aus dem Nichts?

Wie war es möglich, die Masse des späteren Weltalls auf die Größe eines Fußballs zusammenzudrücken, damit alles explodieren kann? Das sind die naheliegenden Fragen. Doch darum geht es den Astrophysikern nicht einmal, wenn einige glauben, fast vor einer Art Wunder zu stehen.

Es geht um die erstaunlich exakt aufeinander abgestimmten Anfangsbedingungen im Urknall. Da wäre erstens die »kritische Masse« des gesamten Kosmos, die der Wucht der Explosion entsprechen muß. Ist die Explosion zu heftig, dann fliegt das Weltall für immer auseinander; ist die Masse zu groß, dann kommt die Explosion zu früh zum Stehen, und das Weltall fällt wieder in sich zusammen. Es war für die Physiker allerdings lange schwierig, beide Größen zu berechnen.

Auf einem Symposion über Astrophysik, das im Dezember 1982 in Texas stattfand, sagte einer der bekanntesten Kollegen von Hawking, Alan H. Guth, seinen Berechnungen zufolge weiche die tatsächliche Masse des Universums im Augenblick des Urknalls nur so unglaublich gering von der »kritischen Masse« ab, daß die Abweichung als ein Bruch geschrieben wird, bei dem oben eine eins und unten eine eins mit neunundvierzig Nullen steht. (Oder, mathematisch geschrieben, die Abweichung beträgt 10^{-49}.)

Das Ergebnis seiner Berechnungen über die Genauigkeit des Anfangs kommentierte Alan H. Guth ohne das standesübliche Understatement: *»Dieses Resultat schreit nach einer Erklärung.«* Er wußte auch eine zu nennen: Erklärbar sollte das sein durch eine neue Theorie, derzufolge das Universum kurz nach dem Urknall vorübergehend zu einer riesigen Blase aufgebläht war. Das Wunder der Genauigkeit ließe sich also herleiten, doch das nimmt ihm kaum etwas von seiner Faszination.

Ein anderer Wissenschaftler drückte sein Erstaunen mit einem populären Vergleich aus: *»Unser Universum ist balanciert – wie ein Bleistift, der seit fünfzehn Milliarden Jahren auf seiner Spitze steht.«*

Noch eine Vielzahl anderer physikalischer Größen mußte im Urknall richtig aufeinander abgestimmt sein. Etwa das Verhältnis von Materie zu Antimaterie – mit einem winzigen Überschuß von Materie im Verhältnis von eins zu einer Milliarde. Die »starke Kraft«, die den Atomkern zusammenhält, durfte nicht geringer sein, als sie ist, sonst wäre Wasserstoff das einzige stabile Element geblieben, aber auch nicht stärker, sonst hätte es nicht einmal den Wasserstoff gegeben, aus dem drei Viertel des Universums bestehen. Das gleiche gilt von den anderen Grundkräften, etwa von der Gravitation, die kaum stärker oder geringer sein durfte, sonst wären die Sterne klein und vergänglich ausgefallen oder gar nicht erst entstanden.

Oder anders ausgedrückt: Von selbst gerät in der Natur alles in Unordnung – in eine Entropie, wie sie der Zweite Hauptsatz der Thermodynamik formuliert. Der Kosmos befindet sich aber seit dem Urknall in wachsender Ordnung, bis hin zur Entstehung von Leben und Geist. Dieser Trend zur Ordnung muß dem Kosmos schon im Urknall mitgegeben worden sein.

Darum sagt Stephen Hawking: »*Tatsächlich ist ein Universum wie das unsere mit seinen Galaxien und Sternen ganz unwahrscheinlich. Bedenkt man, welche Konstanten und Gesetze sich hätten herausbilden können, so spricht eine ungeheure Wahrscheinlichkeit gegen ein Universum, das (wie das unsere) Leben hervorbringen kann.*«

Wenn das extrem Unwahrscheinliche, das zugleich das einzig Sinnvolle war, doch eingetreten ist, dann muß, so folgert man, ein geistiges Subjekt dahintergestanden haben. Also gibt es doch einen göttlichen Schöpfer, bewiesen durch die Physik? Stephen Hawking ist da viel vorsichtiger. Er weiß, daß er diese letzte Frage beantworten muß, aber er hält sich wohl selbst am liebsten an das, was er auch bei seinen Kollegen beobachtet hat: »*Die meisten Wissenschaftler scheuen sich, auf die religiöse Seite der Angelegenheit zu sprechen zu kommen.*«

Hawking hat sich, in der Diskussion mit Schülern und Kollegen, eine Antwort zurechtgelegt, die etwas unklar scheint: »*Die Dinge sind, wie sie sind, weil wir sind.*« Das ist zunächst einmal die Umkehrung der logischen Kausalität, die wir erwarten, denn wir denken uns doch gewöhnlich: Wir sind auf der Welt, weil der Kosmos so ist, daß wir dabei herauskommen mußten. Aber Hawking will es umgekehrt sehen. Er sagt nicht, das Universum sei so, *damit* wir sind, sondern *weil* wir sind.

Oder, in einer Variation dieser Antwort, sagt Hawking auf die Frage, warum unser Universum so ist, wie es ist: *»Die einzig mögliche Antwort lautet, daß niemand da wäre, diese Frage zu stellen, wenn das Universum anders wäre.«* Diese sibyllinische Auskunft erinnert mich ein wenig an den ebenfalls ironisch-undurchsichtigen Spruch, den Physiker gern weitergeben: *»Der Sinn des Lebens ist es, nach dem Sinn des Lebens zu fragen.«*

Hawkings Antwort auf die Frage nach Sinn und Plan des Universums folgt einer These, die sein Kollege Brandon Carter unter dem Namen »anthropisches Prinzip« veröffentlicht hat. Auch Kollegen von Hawking wie der Texaner John Wheeler haben das Prinzip aufgegriffen und es teilweise – was auch Hawking gelegentlich tut – verbunden mit dem Gedanken, es könne viele verschiedene Universen nebeneinander geben oder gegeben haben. Nimmt man diesen Gedanken hinzu, so gewinnt das »anthropische Prinzip« etwas mehr Sinn. Dann heißt es: *»Wir leben in dem Universum, das zufällig so ist, daß wir dabei herauskamen.«* Wheeler sagt sogar zugespitzt: *»Ein Universum ohne Beobachter ist überhaupt kein Universum.«*

Aber auch diese zusätzliche Annahme, daß es viele Universen gab, löst das Problem noch nicht. Daß es nämlich gleich so viele Universen gäbe, daß unseres einfach einmal »zufällig« dabei herauskommen mußte, nehmen nur ganz wenige Wissenschaftler an. Also bleibt es bei dem, was Hawking sagte: *»Es spricht eine ungeheure Wahrscheinlichkeit gegen unser Universum.«* Und dieses extrem unwahrscheinliche Ereignis will erklärt sein. Auf eine solche Antwort drängen nicht zuletzt die Laien.

Das wissen auch die beteiligten Fachleute, und viele stellen sich dem religiösen Problem. Rudolf Kippenhahn, Direktor des Max-Planck-Instituts für Astrophysik in Garching bei München, formuliert in seinem populärwissenschaftlichen Buch ›Licht vom Rande der Welt‹ die ungewöhnliche Frage: *»Wer warf die Welt in die Physik?«*, und er antwortet so, wie er es zu tun pflegt, wenn er nach dem Anfang des Universums und seiner religiösen Bedeutung gefragt wird: *»Je mehr ich darüber nachdenke, um so weniger verstehe ich, warum naturwissenschaftliche Erkenntnisse Glaubensvorstellungen verdrängen sollen.«*

In einem anderen populären Buch zum gleichen Thema äußern sich die Wissenschaftler John D. Barrow und Joseph Silk ebenfalls zur religiösen Frage. Sie kommen darauf zu sprechen, weil auch für sie die Bedingungen des Anfangs einfach zu ungewöhnlich ausgewogen waren. Ihre Frage: *»Wäre es nicht möglich, daß sich hinter diesen bemerkenswerten ›Zufällen‹ ein Großer Planer verbirgt?«* klingt etwas distanziert.

Ebenso die Antwort. Die beiden Autoren berufen sich vor allem auf eine Besonderheit des Kosmos, nämlich auf seine Symmetrie, die zugleich von kleinen, aber notwendigen Abweichungen begleitet ist. Diese Besonderheit wollen die Autoren ein »Wunder« nennen. Sie halten es aber auch für möglich, daß man diese Besonderheit *»eines Tages als Ausfluß umfassenderer Gesetze begreifen«* werde. Auch für diesen Fall, so meinen die Autoren, bestätigten die Symmetrie und ihre notwendigen Abweichungen *»die Vorstellung, die sich jeder von einem Großen Weltenlenker macht«*. Ich halte das für richig. Auch für den Fall, daß eine auffallende Besonderheit ableitbar ist, behält sie ihren erstaunlichen, ihren »wunderbaren« Charakter.

Spätestens an dieser Stelle müssen die Gläubigen, die schon immer gern im Urknall einen Gottesbeweis sehen wollten, gewarnt werden. Diese Warnung spreche ich auch gegen mich selbst aus, denn ich weiß, wie faszinierend und verführerisch diese Schöpfungstheologie ist. Ich meine die Warnung davor, Gott dort als Wundertäter zu verehren, wo die Wissenschaft noch keine Erklärung kennt.

Mit anderen Worten: Könnte es nicht sein, daß die Umstände, die heute noch als unerklärlich und extrem unwahrscheinlich erscheinen, einmal als gesetzmäßig gelten? Das könnte zum Beispiel dann geschehen, wenn es der Physik gelungen ist, die vier Kräfte im Universum, die man zwar alle kennt, aber noch nicht mathematisch aufeinander beziehen kann, zu vereinen. Vielleicht ergibt sich dann, daß die diffizilen Beziehungen, die zwischen ihnen schon am Anfang herrschten, einfach gesetzmäßig herrschen mußten.

Freilich, auch in diesem Fall wäre es noch erlaubt oder vielleicht sogar zwingend, auf einen Urheber dieses Gesetzes zu schließen. Er wäre dann immer noch Schöpfer im Sinne jener biblischen Tradition, die annimmt, das Weltall sei durch den Logos, das »Wort Gottes«, geschaffen worden.

Wir haben gesehen, Physiker reagieren auf die Frage nach dem Urgrund oder Urheber entweder skeptisch, bewußt undeutlich, etwas ironisch oder – und das ist selten – mit Offenheit für religiöse Gedanken. Einige von ihnen sträuben sich auch ausdrücklich gegen die scheinbar naheliegende religiöse Konsequenz. *»Manche von ihnen verabscheuen etwa die Idee«*, spottet Stephen Hawking über Kollegen, *»daß die Zeit einen Anfang und ein Ende haben könnte, weil das nach göttlicher Intervention schmeckt.«* Nur aus diesem Grund ist, kaum war die Urknalltheorie vor gut einem halben Jahrhundert geboren, ein Gegenmodell von drei Forschern entwickelt worden, das ein unveränderbares Universum (»steadystate«) annimmt. Es wundert uns nicht, daß einer der drei, und zwar die treibende Kraft in dem Trio, Hermann Bondi, nebenbei ein scharfer und erklärter Gegner jeder Religion war, die er *»ein schlimmes und abhängig machendes Übel«* genannt hat.

In unseren Tagen hat sich ein anderer englischer Forscher, Peter W. Atkins, aufgemacht, wenn schon nicht die Urknalltheorie zu widerlegen, so doch zu zeigen, daß sie am besten zu erklären ist, wenn man annimmt, es habe keinen Schöpfer gegeben. Atkins, der nicht zu den Fachleuten zählt, sondern Professor für Physikalische Chemie ist, hat ein populäres, sehr weltanschaulich orientiertes Buch geschrieben: ›Schöpfung ohne Schöpfer‹.

Peter W. Atkins, Jahrgang 1940, erweist sich auf dem kleinen Porträtfoto, das dem Buchumschlag beigegeben ist, als ein ebenso mürrisch wie entschlossen blickender Mann. Er hat sich, obwohl, wie gesagt, fachfremd, viel vorgenommen: *»Ich möchte nachweisen«*, schreibt er,

»daß das Universum ohne Eingriff von außen entstehen konnte und daß keine Notwendigkeit besteht, auf die Vorstellung eines höchsten Wesens zurückzugreifen.«

Doch einigen Mitmenschen ist nicht zu helfen, meint Atkins wohl, und darum fährt er halb resigniert fort: *»Mir ist klar, daß sich wahrscheinlich niemand, der in irgendeinem Sinne religiös ist, durch Argumente wie die meinen von seiner Überzeugung abbringen lassen wird. Trotzdem hoffe ich, daß auch er sich zumindest von den außergewöhnlichen Möglichkeiten der Wissenschaft überzeugen lassen und einsehen wird, daß sie kurz davor ist, alles zu erklären.«*

Bald alles erklärbar? Große Worte, denen sich kaum ein anderer Wissenschaftler anschließen wird. Atkins selbst kann jedenfalls keinen Beitrag zum Gedankenfortschritt beisteuern. Er spekuliert darüber, daß sich vor dem Urknall die Materie allmählich und zufällig als »Staub« gebildet haben könnte. Und weil er dann doch nicht umhin kann zuzugeben, daß das eigentliche Problem die unwahrscheinlich abgestimmten Anfangsbedingungen im Urknall sind, nimmt er zu dem Gedanken Zuflucht, es könne sich hier um »Zufall« gehandelt haben.

Schöpfung ohne Schöpfer? Das bleibt bei dem atheistischen Eiferer und Außenseiter Atkins noch Spekulation. Seine Streitschrift ist am ehesten ein Beleg dafür, daß der Versuch, die Gottesfrage endgültig aus der Kosmologie zu vertreiben, immer noch etwas gewaltsam wirkt. Das letzte Wort ist noch nicht gesprochen.

Stephen Hawking hat später in seinem Buch ›Eine kurze Geschichte der Zeit‹ diese Position noch verdeutlicht. Es geht ihm darum zu zeigen, daß es keinen Weltschöpfer zu geben brauchte. So deutlich er die Gottesidee überflüssig machen will, von dem Wort »Gott« macht er oft einen spielerischen Gebrauch, etwa wenn er schreibt: *»Es blieb Gott überhaupt keine Freiheit bei der Wahl der Anfangsbedingungen.«* Denn es gab, so will Hawking zeigen, nur ein einziges funktionierendes Modell. Obwohl Hawking weiterhin am Urknall festhält, will er einen Anfang von Raum und Zeit abschaffen. Nicht nur der Raum, auch die von ihm eingeführte *»imaginäre*

Zeit« läuft in sich selbst zurück wie die Oberfläche einer Kugel. Und Hawking stellt fest, ein Schöpfer werde dadurch überflüssig: *»Wenn ... das Universum wirklich völlig in sich selbst abgeschlossen ist, keine Grenze und keinen Rand hat, dann hätte es auch weder einen Anfang noch ein Ende: Es würde einfach sein. Wo wäre dann noch Raum für einen Schöpfer?«* Jedenfalls nicht für einen Schöpfer, wie ihn Hawking sich denkt, der von außen eingreift. Aber doch für einen Geist, der sich das Wunder, das nur so und nicht anders sein konnte, ausgedacht hat.

Ein anderer jüngerer Engländer, Paul Davies, Professor für theoretische Physik in Newcastle und hoch angesehener Sachbuchautor obendrein, hat ein Buch verfaßt, das sich ganz unserem Thema widmet. Es ist auf deutsch erschienen unter dem Titel ›Gott und die moderne Physik‹. Davies macht es für den, der aus diesem Buch das Schicksal des Gottesglaubens kennenlernen möchte, spannend. Denn er verurteilt einerseits die traditionellen religiösen Vorstellungen, wie es ein Atheist nicht schärfer könnte, verspricht andererseits aber seinen Lesern etwas Neues: *»Meiner Auffassung nach bietet die Naturwissenschaft einen sichereren Weg zu Gott als die Religion.«* Aber wird es noch der alte Gott sein?

Ziemlich früh macht Davies es in seinem Buch klar, daß die Welt keinen Schöpfer brauchte, der die Materie hätte schaffen müssen. So unglaublich das klingt, die Physik zeigt heute, wie es gegangen sein könnte und wohl auch gegangen ist, daß die gewaltige Materiemenge sich wirklich »aus nichts« bilden konnte – und Raum und Zeit mit ihr. Der schon genannte Alan Guth hat es aphoristisch so gesagt: *»Es heißt oft, es gebe nichts umsonst. Das Universum aber ist umsonst.«*

Bleibt die Frage, wie sich das Modell dieses Universums, das so ausgezeichnet funktioniert, gebildet haben kann. Etwa zufällig? Nein. Die Zahl der möglichen und nicht funktionierenden Modelle, die Gott hätte wählen können, wäre riesengroß gewesen. Dafür nennt Davies einen Vergleich. *»Um ein geordnetes Universum zu finden, müßte der Schöpfer ›Modelle‹ in so großer Zahl durchgehen, daß man sie nicht einmal auf ein Blatt von* *der Größe des gesamten beobachtbaren Universums schreiben könnte.«* Bloßer Zufall scheidet also aus.

Und denen, die, um dem Zufall zu entgehen, argumentieren, es könne ja eine unendliche Anzahl von Universen – nacheinander oder nebeneinander – gegeben haben, und unseres sei eben zufällig das, das funktionierte, entgegnet Davies, daß der Glaube an andere unbeweisbare Universen auch nur ein Glaube sei – wie der Glaube an einen Planer. Und er fragt zu Recht: *»Ist es leichter, an einen kosmischen Planer zu glauben als an die Vielzahl von Universen«,* die nötig wäre, um den Zufall statistisch wahrscheinlich zu machen?

Davies meint allerdings, man brauche keinen Planer anzunehmen für die Materie, für Raum und Zeit, ja für den Ablauf des Urknalls – einschließlich seiner Aufblähungsphase. Anders steht es bei den Konstanten, von denen schon die Rede war, etwa der Beziehung der vier Grundkräfte untereinander. Als Beispiel führt Davies an, daß im Wasserstoff das Proton 1836mal schwerer ist als das Elektron. Das ist bis heute unerklärbar, man weiß nur, daß es für den Aufbau des Weltalls zwingend notwendig so sein mußte.

Aus diesem und anderen unentbehrlichen Details folgert Davies: *»Die feine Abstimmung bei den Werten der Konstanten, die erforderlich sind, damit die verschiedenen Zweige der Physik in so glücklicher Weise zueinander passen, wäre auf Gott zurückführbar. Man kann sich nur schwer dem Eindruck verschließen, daß die Struktur des Universums das Ergebnis ziemlich aufwendigen Nachdenkens ist.«* Aber er fügt dem gleich noch vorsichtig die Einschränkung hinzu: *»Da eine solche Schlußfolgerung allerdings nur subjektiv sein kann, läuft das Ganze letztlich auf eine Glaubensfrage hinaus.«*

Das ist nur allzu wahr. Man muß auch hier noch einmal sehr vorsichtig sein mit seinem religiösen Bedürfnis, einen Planer am Werk zu sehen. Es könnte ja sein, daß die Physik eines Tages nachweist, daß die Welt gar nicht anders sein kann, als sie ist. Dann fielen alle bislang noch denkbaren alternativen Modelle weg, und kein Gott hätte mehr das einzig richtige Modell durch Nachdenken auswählen müssen. Dann wäre das Universum »mit Notwendigkeit« und »von selbst« wirklich »aus dem Nichts« entstanden. Hätte die Wissenschaft dann nicht alles erklärt?

Sie hätte dann alles erklärt, was sie erklären kann. Nur eins bliebe dem Glauben noch zu fragen: Warum diese Welt entstehen mußte. Warum überhaupt und warum gerade so? Die religiöse Antwort hieße dann: Gott ist der Gesetzgeber dieses einen Gesetzes, aus dem sich alles, was ist, so sinnvoll entwickelt hat. Damit hätten sich die religiösen Gedanken zu einer recht abstrakten Form verflüchtigt. Und es scheint so, als würde »das Universum« dabei immer mehr zum Subjekt seiner eigenen Entstehung. Es ist nicht mehr Objekt eines Schöpfers, sondern ein sich selbst erschaffendes All.

Vielleicht sind es ähnliche Überlegungen bei Davies gewesen, die ihn zum Schluß seines Buches, wenn er wieder auf die Gottesfrage zu sprechen kommt, noch vorsichtiger formulieren lassen. Den »Schöpfergott« hatte er ohnehin schon abgelehnt, nun ist auch von einem »Planer« nicht mehr die Rede, nur noch von einem »allumfassenden Geist«. Dieser Geist ist, wie Davies formuliert, *»ein natürlicher Gott statt eines übernatürlichen«*. Er ist deshalb »natürlich«, weil er – als dessen Geist – selbst Teil dieses Universums ist. Das macht Davies an einem Vergleich deutlich: *»Das Gehirn ist das Medium, durch das sich der menschliche Geist ausdrückt. In ähnlicher Weise wäre das gesamte physikalische Universum das Medium, durch das sich der Geist eines natürlichen Gottes ausdrückt.«*

Im Weltbild, das Davies entwirft, wäre Gott *»der höchste Begriff«*, er wäre *»möglicherweise mehrere Beschreibungsstufen oberhalb der Stufe des menschlichen Geistes«* anzusiedeln.

Und doch, scheint mir, ist dieser »natürliche Gott« mehr Natur als Gott. Wir sind mit diesem Begriff ungefähr wieder bei dem Glauben an die Natur angelangt, der unter Naturwissenschaftlern verbreitet war, bevor die Urknalltheorie einen Schöpfer nahezulegen schien. Diese Deutung des Ursprungs macht den Schöpfer, der gestaltend eingreift, überflüssig. Aber ein Planer, besser gesagt: eine Intelligenz, wird sichtbar. Und das wird wohl auch so bleiben. Damit wird es dem religiösen Empfinden schwerer, dies Wesen gleichzusetzen mit einem gütigen Vater, der uns Menschen kennt und liebt, denn diese Intelligenz wirkt allzu abstrakt.

Ein anderer Physiker, der Münchner Harald Fritzsch, der sich ebenfalls in einem Buch ausführlich mit dem Anfang und dem Ende des Kosmos auseinandergesetzt hat, spricht sicherlich für viele seiner Kollegen, wenn er feststellt: Der Gott der Physiker, *der Gott der Einheit in der Vielfalt*, wie er ihn nennt, sei nicht ohne weiteres verträglich *mit der Gottesidee des Christentums*. Denn diese naturwissenschaftliche Religiosität sehe *das menschliche Individuum eingebettet in die Gesamtheit der Natur* und habe *keinen Platz für einen persönlichen Gott, der belohnt und straft*.

Immerhin halten die Physiker, die überhaupt irgendwie eine religiöse Deutung zulassen, daran fest, daß es erlaubt ist, nach dem Sinn des Universums zu fragen. Paul Davies etwa beendet sein brillantes Buch mit dem Bekenntnis, er glaube, daß wir *eines Tages uns selbst und den Sinn verstehen, der hinter diesem Universum liegt, in dem wir daheim sind*. Also setzt er voraus, daß es einen solchen Sinn geben wird. Die Sinnfrage aber ist an sich schon religiös, egal ob man als sinngebende Größe einen Schöpfer oder das Universum selbst annimmt. Der Mensch wird damit zum Gemeinten, also zum Objekt eines vorgegebenen Sinns. Dieser Vorstellung wollen sich einige Physiker offenbar entziehen.

Ich komme zurück auf Stephen Hawking, der auf die Frage nach dem Warum mit Carters »anthropischem Prinzip« geantwortet hat. Es stellt, wie schon erwähnt, die These auf, die Evolution des Kosmos bis hin zur Entstehung des Lebens sei zwangsläufig. Oder mit Carters eigenen Worten: *Das Universum muß so beschaffen sein, daß es irgendwann bewußte Wesen in sich entstehen läßt.*

Dies Prinzip verweigert, genaugenommen, eine Antwort auf die Warum-Frage. Es dreht den Spieß um, indem der menschliche Beobachter des Universums zum Mittelpunkt erklärt wird. Das Universum ist so, weil der Mensch es so braucht – sonst gäbe es ihn ja nicht. Das ist ein Standpunkt, der erfolgreich jede Sinn-Spekulation abweist und sich – wissenschaftstheoretisch ist das verständlich – auf das beschränken will, was feststellbar scheint; darum hält sich dies Prinzip an den Beobachter und seine Rolle.

Auch Stephen Hawking hat, als er das »anthropische Prinzip« im Interview erwähnte, dabei den Gedanken zu Hilfe genommen, daß es ja schließlich unendlich viele Universen geben könne. Dieser Hilfsgedanke macht das Prinzip, wie erwähnt, etwas plausibler. Es besagt dann: Die meisten anderen Universen sind untergegangen oder unbelebt geblieben; in den belebten aber wundern sich die Leute, wie unwahrscheinlich ihre Welt doch ist!

In jedem Fall verweigert das »anthropische Prinzip« den Gedanken, wir existierten, weil wir von irgendwoher gemeint seien. Es dreht den Gedanken um: Das Universum muß so sein, weil wir sind. Das klingt ein bißchen schief, weil immerhin zuerst das Universum da war und dann erst die Menschheit. Aber methodisch läßt sich der Standpunkt: »Was ich sehe, ist so, weil ich es sehe« durchaus rechtfertigen.

Und doch scheint es mir näherzuliegen, den Stolz, immer Subjekt zu sein, abzulegen und zu sagen: Wir sind die Objekte. Wir sind gemeint gewesen, als alles begann. Nicht, daß wir die Krone der Schöpfung wären (darüber steht etwas im achten Kapitel). Auch nicht, daß es in immer größerer Ordnung weiterginge (vom traurigen Ende handelt das letzte Kapitel in diesem ersten Teil des Buches). Aber im Urknall sind auch wir als die vorläufig letzte Entwicklungsstufe auf dieser Erde gemeint gewesen. Wir sind nicht das Subjekt, sondern das Objekt dieser Entwicklung, sosehr uns das auch kränken mag. Und sowenig wir uns von der geistigen Macht, die hinter all dem steht, offenbar ein Bildnis oder Gleichnis machen können.

2 Gott als Mann ohne Eigenschaften
Ein Dialog über die Gottesbeweise

Ich weiß nicht, wenn Sie noch einen Augenblick Zeit haben ...

Ja natürlich, setzen wir uns doch ...

Ich meine, vielleicht interessiert Sie das ja auch, was unser Ältester aus dem Religionsunterricht mitgebracht hat. Also der Lehrer hat da mit denen alle fünf Gottesbeweise des heiligen Thomas von Aquin durchgenommen und gesagt, sie seien zwar alle fünf einzeln widerlegt worden, aber zusamengenommen immer noch eindrucksvoll.

Ist doch hübsch gesagt! Und was sagt Ihr Ältester dazu? Unsere Tochter hat, glaube ich, nichts davon erzählt.

Hübsch? Ich weiß nicht. Eigentlich dachte ich, wir sollten mal mit dem Lehrer reden. So kann der das doch nicht mehr machen, heute doch nicht mehr! Die Gottesbeweise sind doch spätestens seit Immanuel Kant unglaubwürdig, als Irrtümer entlarvt.

So ungefähr, beinahe, würde ich sagen.

Genau sogar! In der ›Kritik der reinen Vernunft‹, erschienen zu Königsberg im Jahre 1781, vor immerhin über zweihundert Jahren. Das Ende der Gottesbeweise könnte sich doch allmählich herumgesprochen haben. Ob wir das nicht dem Lehrer mal schonend beibringen sollten?

Aber zuvor müßten wir beide uns wohl erst mal einig sein. Offen gestanden, ich finde, daß die Gottesbeweise durch Kants Kritik wenig von ihrer Anziehungskraft verloren haben.

Nun bin ich aber gespannt. Wollen Sie mir wirklich erzählen ...

Den einen überzeugen sie, den anderen nicht.

Versuchen Sie doch mal, mich zu überzeugen, vielleicht ...

Na gut, vielleicht habe ich ja eine Chance bei Ihnen.

Nur Mut!

Zunächst mal, es gibt noch Anhänger der Gottesbeweise, auch lebende!

Ja, ja, katholische Scholastiker.

Nein, ich meine etwa den angesehenen Frankfurter Philosophieprofessor Wolfgang Cramer (1901–1974), der dem Absoluten auf der Spur war und uns versichert, daß Kants Kritik an den Gottesbeweisen ihrerseits in den Fundamenten brüchig ist.

Es ist doch sonst allgemeine Überzeugung, daß Kant recht hat!

Cramer meint, das glaube alle Welt nur, weil sich Kants Lehre durchgesetzt habe und ungeprüft weitergereicht werde wie eine Münze, die jedermann unbesehen in Zahlung nimmt, weil sie gedeckt zu sein scheine durch das lautere Gold der Wahrheit.

Dann wäre für diesen Professor Gott also beweisbar.

Er kommt zu einem anderen Schluß. Die Gottesbeweise beweisen etwas, aber das ist für ihn nicht Gott. Er nennt das Absolute, das hier bewiesen wird, mit Heidegger »das Sein«.

Dann beweisen Sie mir mal, was zu beweisen ist.

Geradezu tollkühn und irgendwie bewundernswert ist ja der Gedanke, man könne »allein aus dem Begriff«, ohne irgendeinen Bezug zur Wirklichkeit der Welt, Gottes Existenz beweisen.

Und wie soll das gehen?

Der Gedanke ist: Zum richtigen Begriff von Gott gehört einfach seine Existenz mit hinzu. Wie es zum Begriff einer Kugel gehört, daß sie rund ist, so gehört zu Gott, daß er existiert. Das liegt im Begriff.

Ich kann mir aber durchaus einen Gottesbegriff vorstellen, bei dem das nicht der Fall ist, wo also dieser Gott gar nicht existieren muß.

Solche Gottesbegriffe sind möglich. Aber, so sagt dieses Argument: Solange du dir Gott so vorstellst, daß er existieren oder nicht existieren könnte, solange hast du noch gar nicht den richtigen Begriff von Gott. Dann hast du erst einen Götzen, eine blasse Idee, ein Stück Papier.

Sagen Sie mal, das ist doch der Gottesbeweis von diesem mittelalterlichen Mönch, diesem Kirchenvater, wie heißt er noch?

Anselm von Canterbury.

Ja, richtig. Aber das ist doch nun wirklich reine Spekulation. »Gott ist ein vollkommenes Wesen – und zu dieser Vollkommenheit gehört auch die Existenz, die muß Gott als vollkommenes Wesen auch besitzen. Also existiert er.«

Das stimmt wohl. Aber ich habe das jetzt absichtlich nicht so zitiert, weil das immer nach Schulwissen, auf deutsch gesagt: nach Begriffsturnerei aussieht.

In Ihrer Fassung doch auch, oder?

Ich wollte eigentlich sagen: Solange man an Gott noch zweifelt, hat man ihn noch nicht gefunden. Darum habe ich gesagt: Wenn man sich einen Begriff von Gott macht, bei dem offen ist, ob es Gott nun gibt oder nicht, ist das mit Sicherheit ein unvollständiger Begriff. Denn Gott ist mit Notwendigkeit ein lebendiger Gott, sonst wäre der Begriff falsch.

Ich habe jetzt das Gefühl, Sie wollen mir einen bestimmten Begriff von Gott vorschreiben. Ich dachte bisher immer, ich hätte die freie Wahl, wäre auch hier noch Herr meiner Entschlüsse.

Vielleicht hat es bei mir jetzt zu autoritär geklungen. Vielleicht nenne ich besser noch ein Beispiel. Wenn wir uns ein »Ich« vorstellen, das einem »Du« begegnet – so müssen wir uns dieses »Ich« auch als lebendig, als existierend vorstellen. Das gehört doch zum Begriff eines »Ich« dazu.

Meinetwegen gehört es zum Begriff. Vielleicht müssen wir so denken. Aber im Ernst, Sie können doch nicht annehmen, man könne nun vom notwendigen Begriff auch auf die Wirklichkeit, also auf das Existieren schließen.

Ich gebe das zu. Ein Beweis ist es nicht, aber . . .

Aber was . . . ?

Es ist in jedem Fall ein tiefsinniger und wahrer Gedanke. Und doch auch für uns sehr nützlich. Denn ich jedenfalls muß zugeben, daß ich mir Gott allzuoft so fern und beliebig vorstelle. Und da sagt dieser Gedankengang mir klar: Dann habe ich noch keinen richtigen Begriff von Gott.

Das könnte ich immerhin einräumen: Dieses Argument ist zur Reinigung und Entschlackung des Gottesbegriffs geeignet. *Aber ganz abgehoben von aller Wirklichkeit und also kein Beweis.*

Für besagten Professor Cramer ist das ontologische Argument das stärkste, es bezeichnet den »Grund«, und das ist »das Sein«, das allem zugrunde liegt.

Also nicht Gott?

Nein, für Cramer ist das Absolute nicht Gott, nicht »das prächtigste aller Dinge«, das in sich die absolute Fülle bietet. Das wäre ja ein Ding. Und doch, ich meine, die Gottesbeweise lehren uns auch den Umgang mit Gott.

Wir können natürlich jetzt noch jeden sogenannten »Gottesbeweis« durchspielen, aber was soll's?

Nein, da haben Sie recht. Und außerdem, es gibt wohl überhaupt nur einen Gottesbeweis. Alle Beweise, die man aufgestellt hat, sind nur Varianten des einen, denn immer soll Gott als der notwendige Ursprung alles Wirklichen bewiesen werden. Kurzum: als Schöpfer der Welt.

Sie wollen jetzt auf den sogenannten »kosmologischen Beweis« hinaus.

Ja, so etwa.

Genau das habe ich befürchtet. Von dem hat Kant nun wirklich gezeigt, daß er einen unerlaubten Schritt macht.

Und inwiefern?

Dieser Gottesbeweis, übrigens wohl schon immer der beliebteste, fragt nach der ersten Ursache. Alles hat seine Ursache, so kann man immer zurückfragen von einer Ursache zu deren Ursache – und kommt schließlich an den zeitlichen Anfang der Welt. Und deren Ursache, die erste Ursache also, ist eben Gott.

Jetzt haben Sie den Beweis aber wirklich in einer Form zitiert, die leicht zu widerlegen ist.

Ja, weil Kant nämlich überzeugend nachgewiesen hat, daß der Begriff einer Ursache nur innerhalb unserer Welt sinnvoll angewandt werden kann. Die Ursachen sind eben nicht die Sprossen einer Leiter, auf der man über die Schöpfung hinausgelangt. Ich kann sozusagen nicht auf der Kausalleiter ins Jenseits springen ...

Aber das ...

Ich will das noch verdeutlichen mit einem Vergleich, den Bertrand Russell in einem sehr spannenden Gespräch angestellt hat. Der große Ungläubige hatte sich zu einem Live-Disput im BBC-Programm über die Gottesfrage bereitgefunden. Sein Herausforderer, der Jesuit F. C. Copleston, berief sich auf den kosmologischen Gottesbeweis. Um den zu widerlegen, sagte Russell nur: »Jeder Mensch hat eine Mutter, aber das Menschengeschlecht hat keine.« Die Ursachen führen eben nicht notwendig zu einer ersten Ursache. Dieser Weg führt nicht zu Gott!

Das wollte ich auch gar nicht sagen.

Sondern?

Ich meine den Begriff eines »notwendigen Wesens«. Entschuldigen Sie, es ist schon wieder ein Begriff, aber wenigstens einer, den Kant, dieser Alleszermalmer, hat gelten lassen.

An ein »notwendiges Wesen« müßten wir glauben?

Ja, aber Kant macht das ganz pfiffig. Er sagt, alles auf der Welt sei zufällig, könnte auch anders sein, aber der Ursprung der Welt, den müßten wir als notwendig annehmen. Geht man also an den Anfang zurück, so stößt man auf ein notwendiges Wesen.

Sagt das Kant?

Ja.

Und das ist dann Gott.

Nein.

Nun verstehe ich aber gar nichts mehr.

Es ist auch, wie gesagt, etwas pfiffig. Kant räumt einerseits ein, daß wir auf ein »notwendiges Wesen« stoßen, betont aber sofort, daß wir über das notwendige Wesen nichts wissen und nie etwas wissen können. Auch nicht, ob es Gott ist.

Der Mann ohne Eigenschaften.

Ja, denknotwendig, aber unbegreiflich. Kant braucht dafür auch noch ein sehr anschauliches Bild. Ich kann das jetzt nur aus dem Kopf wiedergeben: Wenn ich in Gedanken an den Anfang der Welt zurückgehe, dann bin ich gezwungen, »ein notwendiges Wesen anzunehmen«; aber ich kann es jetzt nicht, wenn ich das so sagen darf, in die Tasche stecken und mitnehmen. Kant sagt, ich könne zwar hingelangen, dürfe aber von diesem notwendigen Wesen »niemals anfangen«, also keinen Gebrauch davon machen.

Das ist ja geradezu schon biblisch: Man kann Gott zwar erkennen, darf ihn aber nicht wie ein Argument verwenden. Und wo schreibt Kant das?

In der ›Kritik der reinen Vernunft‹, genau in der Gegend, wo er die Gottesbeweise widerlegt. Oder, wie ich lieber sagen würde, wo er der menschlichen Vernunft verbietet, sich Gottes zu bemächtigen.

Ja, das sehe ich auch so. Kant wollte hauptsächlich den Philosophen verbieten, Gott wie ein Ding dieser Welt mit den Fallstricken der Vernunft einzufangen und vorzuführen.

Ja, er wollte nicht Gott aufheben, sondern die zudringlichen Beweise.

Aber machen wir es jetzt im Augenblick nicht genauso – unterhalten uns hier über Gott wie über ein Ding, wie über ein bloßes Problem für unseren Verstand? Wenn meine Frau uns hier zuhören würde, hätte sie schon lange protestiert.

Dazu paßt eigentlich ganz gut, was ich noch von Kant sagen wollte. Der war auch nicht immer so kühl. Dieser Gedanke an das notwendige Wesen hat es ihm sehr angetan. Mitten in der sachlichen Widerlegung der Gottesbeweise zeigt er sich ergriffen vom Gedanken an die »unbedingte Notwendigkeit«. Es ist meine Lieblingsstelle. Er zeigt da, daß er von solchen Worten wie »Ewigkeit« gepackt wird. Das ist ein Wort, das der Schweizer Dichter Albrecht von Haller, den Kant verehrte, mal angesichts der Schweizer Bergwelt niedergeschrieben hat. Kant schreibt: »Die unbedingte Notwendigkeit, der wir, als letzten Träger aller Dinge, so unentbehrlich bedürfen, ist der wahre Abgrund für die menschliche Vernunft ...«

Eben, genau: ein Abgrund. Das ist es doch.

Aber Kant sagt zuvor, daß wir andererseits diesen Gedanken »unentbehrlich« brauchen, nämlich den Gedanken an die »unbedingte Notwendigkeit ... als den letzten Träger aller Dinge«. Und dann wird er, wie gesagt, ganz gefühlvoll und gerührt, weil er an den Dichter Albrecht von Haller denken muß, der die Ewigkeit angesichts der Alpen so ergreifend besungen hat. Kant schreibt: »Selbst die Ewigkeit, so schauderhaft erhaben sie auch ein Haller schildern mag, macht lange den schwindelichten Eindruck nicht auf das Gemüt; denn sie mißt nur die Dauer der Dinge, aber trägt sie nicht.«

Und das steht wirklich in der ›Kritik der reinen Vernunft‹? Klingt irgendwie so persönlich und erschüttert.

Das finde ich auch. Und daran kann man doch sehen, daß Kant nicht so unbekümmert mit Gottesbegriffen hantiert hat, wie man oft meint, sondern sehr wohl wußte, daß diese Materie unter Strom steht. Er war hin und her gerissen bei dem Gedanken an das notwendige Wesen. Er schreibt weiter: »Man kann sich des Gedankens nicht erwehren, man kann ihn aber auch nicht ertragen: daß ein Wesen, welches wir uns als das höchste unter allen möglichen vorstellen, gleichsam zu sich selbst sage: Ich bin von Ewigkeit zu Ewigkeit, außer mir ist nichts, ohne das, was bloß durch meinen Willen etwas ist; aber woher bin ich? Hier sinkt alles unter uns . . .«

Wirklich, »hier sinkt alles unter uns«, das finde ich auch. Irgendwie muß er selbst nicht von den Gottesbegriffen, die er doch als unerlaubt durchschaute, losgekommen sein. »Man kann sich des Gedankens nicht . . .«

. . . erwehren, man kann ihn aber auch nicht ertragen . . .

Ja, offen gestanden beeindruckt mich das mehr als alle sogenannten »Beweise«. Ist diese Art, von Gott zu reden, nicht dem Thema sehr viel angemessener?

So als Betroffener . . .

Sogar als Getroffener. Jedenfalls nicht gleichgültig.

Ja.

Übrigens, Sie haben doch vorhin gesagt. Kant habe es für unerlaubt gehalten, sich unter dem »unbedingt notwendigen Wesen« etwas vorzustellen?

Ja, das ist ein Grenzbegriff für ihn. Hinter der Grenze unseres Verstehens sind keine Eigenschaften erkennbar. Jede Anschauung ist unmöglich, sagt Kant.

Dann verstößt Kant mit seiner gefühlvollen Zerrissenheit aber gegen sein eigenes Verbot irgendeiner Anschauung.

Er kann nicht anders.

Mir wäre es aber lieber, er hätte diese »unbedingte Notwendigkeit« nicht auftreten und reden lassen. Man soll sich von Gott kein Bildnis machen. Das ist doch auch die Ansicht der Bibel, oder?

Gott hat keinen Namen. Man kann sich auch keine Vorstellung von ihm machen. So sagt es das Alte Testament.

Das paßt, finde ich, sehr gut zu den Erkenntnissen der modernen Physik, die den Menschen ja auch an die Grenze des Vorstellbaren führt. Ich denke da zunächst mal an die Grenze des Universums. Was ist jenseits dieser Welt? Wohin dehnt sie sich aus?

In den leeren Raum.

Die Physik bestreitet das. Zwar dehnt sich der Kosmos ständig aus, aber nicht in einen Raum. Jenseits des Universums gibt es nichts, nicht einmal Raum und Zeit. Auch so eine Grenze.

Und warum erwähnen Sie das jetzt?

Weil mich das an Kants Grenzerfahrung erinnert, wenn er sagt, man stoße am Anfang der Kausalkette an die »unbedingte Notwendigkeit« – und da höre alle Erkenntnis auf. Das gleiche gilt ja auch vom zeitlichen Ursprung des Kosmos. Was war vor Beginn der Welt?

Der Urknall.

Aber ich meine, was war vor dem Urknall, mit dem alles anfing. Auch hier die Grenze von Erkennen und Vorstellung. Es gibt keinen Blick dahinter.

So ähnlich hat es ja Kant auch gesagt. Da beginnt die »unbedingte Notwendigkeit«, über die wir nichts wissen. Mit einem modernen Ausdruck könnte man vielleicht auch sagen: das ist das »ganz Andere«.

Aber was ist nun mit unseren Gottesbeweisen?

Das wollte ich Sie gerade fragen. Was würden Sie denn jetzt dem Religionslehrer unserer Kinder antworten, wenn er sagt, die Gottesbeweise seien zwar alle einzeln widerlegt, aber zusammen genommen seien sie immer noch recht eindrucksvoll.

Eindrucksvoll vielleicht – aber eben doch keine Beweise. Oder, wie Hegel meinte: Diese Beweise könnten den menschlichen Geist zwar erheben, aber sie seien nicht fähig, bis zum Ewigen und Göttlichen zu reichen.

Einverstanden. Aber ich würde hinzufügen: gerade darum eindrucksvoll, weil sie keine perfekten Beweise sind. Denn wären es Beweise ... Würden wir das wollen? Gott so eingefangen in Begriffe, so vorgeführt wie eine Beute?

Es würde auch besser zum biblischen, jedenfalls zu meinem Gottesbegriff passen, daß Gott sich suchen, auch erahnen – aber nicht festhalten und einspannen läßt.

Oder, wie wohl Augustin gesagt hat: Ein Gott, den du erkennst, ist nicht Gott.

Dem kann ich zustimmen. Und wenn der Religionslehrer das mit den Gottesbeweisen wirklich so gemeint haben sollte – als Wege an die Grenze unseres Erkennens, als Staunen vor dem »ganz Anderen«, das keinen Namen hat – dann lasse ich mir das gefallen.

So sehe ich das auch.

Von Gott zu reden bringt die meisten Menschen leicht in Verlegenheit. Die Gretchenfrage »Wie hältst du's mit der Religion?« stellt man seinen Mitmenschen so wenig wie die Frage nach der Höhe des Einkommens. Ist von Gott die Rede, so im Scherz (»*Gott sei gelobt, getrommelt und gepfiffen!*«) oder in feierlichem Ton und mit predigthaftem Anspruch. Aber aller Peinlichkeit zum Trotz: Machen wir doch den Versuch, über Gott zu reden – mit allen erlaubten Zweifeln.

Wohl niemand in diesem Jahrhundert hat die Gottesfrage eleganter weggewischt als Bertolt Brecht in einem kleinen Dialog, den er seinem Herrn Keuner in den Mund gelegt hat. Wir sollten uns diesen geschliffenen Edelstein des Atheismus einmal ansehen und uns anschließend fragen, ob es vielleicht doch nur ein Halbedelstein ist.

Einer fragte Herrn K., ob es einen Gott gäbe. Herr K. sagte: »Ich rate dir nachzudenken, ob dein Verhalten, je nach der Antwort auf diese Frage, sich ändern würde. Würde es sich nicht ändern, dann können wir die Frage fallenlassen; würde es sich ändern, dann kann ich dir wenigstens soweit behilflich sein, daß ich dir sage, du hast dich schon entschieden: du brauchst einen Gott.«

Einräumen muß man wohl gleich, das Argument steckt wie ein Pfeil, wie ein Pfeil mit Widerhaken sogar. Stellt sich doch zum Schluß heraus: Wer an Gott glaubt, hat ihn nötig, um überhaupt leben zu können. Diesen Pfeil kann man nicht so leicht wieder herausziehen. Der Vorwurf sitzt, daß der Glaube ein Mittel ist, nach dem derjenige greift, der ohne fremde Hilfe, ohne einen Halt nicht leben kann; er handelt moralisch nur, weil er sich dazu von Gott zwingen läßt.

Kaum habe ich Brechts Argument so umschrieben, erregt es schon Widerspruch. Wieso soll der Vorwurf berechtigt sein, zu »glauben« heiße, einen moralischen Defekt zu haben oder unselbständig zu sein? Es war die Kunst des Dichters, die Unterstellung so zu verdecken, daß sie der Beschuldigte nicht gleich erkennt. Die unterstellte Bosheit wird ja auch noch mit der scheinbar selbstlos-hilfsbereiten Geste eingeleitet: *»Kann ich dir wenigstens soweit behilflich sein, daß ich dir sage ...«*

Aber schon von Anfang an werden die Weichen richtig gestellt. Jedes geschickte Argument lebt ja vom »Prinzip der falschen Alternative«, so auch dies. Sehen wir uns den Anfang noch mal an: *»Ich rate dir nachzudenken, ob dein Verhalten, je nach der Antwort auf diese Frage, sich ändern würde. Würde es sich nicht ändern, dann können wir die Frage fallenlassen ...«* Halt, halt, dem muß man nicht unbedingt zustimmen. Denkbar wäre ja ein Atheist, der sich – unabhängig von seiner Entscheidung in der Gottesfrage – schon so verhält, wie es so oder so richtig ist. Er könnte dagegen sein, die Frage fallenzulassen, weil sie ihn rein gedanklich interessiert. Und denkbar wäre auch ein Glaubender, der, gesetzt den Fall, er verlöre den Glauben, sich sicher ist, daß er bestimmt sein Verhalten nicht ändern würde. Auch er würde gern weiterdiskutieren.

Zum alleinigen Kriterium macht Brecht *»ob dein Verhalten ... sich ändern würde«.* Er verengt damit den Gottesglauben auf die Funktion, Lebensweise und moralisches Verhalten des Gläubigen zu beeinflussen. Das ist für Brecht der einzige Sinn der Religion. Hat sich der Leser der Geschichte erst einmal auf diese Verengung eingelassen, so wird er sich bald als Gefangener des Arguments wiederfinden. Er hat dann nämlich diese Definition übernommen, die so sacht eingeführt wurde: daß es die alleinige Funktion der Religion ist, Halsband und Haltegriff der Schwachen zu sein.

Daraus ergibt sich dann die falsche Alternative: Entweder gehörst du zu denen, die so eine Hilfe nicht brauchen, *»dann können wir die Frage fallenlassen«,* oder du gehörst zu den anderen, zur unselbständigen Hälfte der Menschheit und mußt dir sagen lassen: *»du brauchst einen Gott«.* Dennoch – das ist ein verblüffendes Argument, weil es seine stille Voraussetzung so sanft einschmuggelt und dann daraus die Schlinge der falschen Alternative so unausweichlich knüpft, daß man sich nur noch schlecht daraus befreien kann.

Nun ist es freilich nicht so, als hätten nicht auch die Verteidiger des Glaubens es immer wieder mit den Kunststücken der Taschenspieler versucht. Die sollte man sich ebenfalls ansehen, auch wenn sie leider nicht so elegant sind wie Brechts Argument. Traditionell verbreitet war lange der Zirkelschluß mit den zwei Zeugen. Es geht etwa so: *»Die biblische Offenbarung ist wahr, weil die Kirche das bezeugt.«* – *»Und wieso sollte die Kirche recht haben?«* – *»Sie kann sich schließlich auf die biblische Offenbarung berufen!«*

In jüdischen Witzen kommt dieser Zirkel öfter vor, zum Beispiel in der Geschichte von dem Mann, der einen Kredit haben will und einen Freund als Bürgen angibt. Auf die Frage: »Wer sagt mir aber, daß der Bürge auch verläßlich ist?«, antwortet der Kreditsuchende: »Dafür bürge ich!« Speziell die religiöse Täuschung wird in einer anderen skeptischen Geschichte aufgedeckt, die aus dem Geist der Aufklärung die Welt der jüdischen Wunderrabbis in Frage stellt. *»Zu unserem Rebbe kommt Gott persönlich und spricht mit ihm, an jedem Schabbes.«* – *»Vielleicht erzählt das euer Rebbe nur?«* – *»Wieso? Wird Gott kommen zu einem Lügner?«*

Es gibt auch andere Versuche, den Glauben unangreifbar zu machen, zum Beispiel die Immunisierungsstrategie, etwa so: *»Wer nicht Christ ist, kann das Christentum gar nicht verstehen.«* Mit anderen Worten: Wer dagegen ist, zeigt nur, daß er noch nichts verstanden hat. Das ist manchmal auch anders, nämlich auf Gott hin formuliert worden: *»Wer Gott nicht erkennt, hat ihn nur noch nicht gefunden.«* Vorausgesetzt wird, daß erst die Gotteserkenntnis einem die Augen öffnet; was zu dem Zirkelschluß führt: Man muß Gott schon erkannt haben, um ihn zu erkennen. Ein verwandter Gedanke klang beim Dialog im vorigen Kapitel an: *»Solange man an Gott noch zweifelt, hat man ihn noch nicht gefunden.«* Ein philosophisch korrekter Satz, der sich jedoch, wie sich zeigt, auch als trickreiche Waffe verwenden läßt. Ebenso, noch etwas deutlicher als logische Zwickmühle erkennbar: *»Wenn Gott der allmächtige Herr der ganzen Welt ist, dann darf es überhaupt keinen Zweifel und keine Kritik an ihm geben.«*

Im vorigen Jahrhundert kam es in christlichen Kreisen auch vor, daß den Atheisten aus der Bezeichnung, die sie trugen, ein Strick gedreht werden sollte: *»Die Atheisten zeigen mit diesem Begriff, daß sie Gott leugnen wollen. Aber was man leugnet, das bestätigt man damit wider Willen.«* Der Vorwurf ist offenkundig eine Vergewaltigung, dennoch verzichten seitdem fast alle, die nichts mit der Religion zu tun haben wollen, auf das Wort »Atheist«. Sie nennen sich »Freidenker«, »Kirchenfreie« oder »Agnostiker« und zeigen sich damit als Nichtbetroffene. Um ein Statement, das für alle anderen stehen kann, zu zitieren: Der französische Strukturalist Claude Lévi-Strauss hat gesagt: *»Persönlich bin ich nicht mit der Frage nach Gott konfrontiert. Ich finde es durchaus erträglich, mein Leben zu verbringen, wissend, daß ich mir niemals die Totalität des Universums werde erklären können.«*

Heutzutage wird von Christen auf dem Weg über die sogenannte »Sinnfrage« manchmal versucht, Ungläubigen nachzuweisen, daß sie doch mit Gott befaßt sind, wenn auch indirekt. Die Frage nach dem Sinn des Lebens oder des ganzen Universums stelle sich schließlich jedem. Dadurch ergebe sich, wie das ein katholischer Theologe gesagt hat, doch eine Beziehung zu Gott, wenn auch *»eine Beziehung mit abgewandtem Gesicht«.* So etwas erinnert mich immer an eine Zwangstaufe. Man sollte das lassen.

Die Frage nach Gott, spontan und offen gestellt, lautet: *»Gibt es nun Gott – oder nicht?«* Der Fragende wird meist dadurch enttäuscht, daß er keine klare Antwort erhält. Das liegt leider in der Natur des Problems. Das zeigt sich schon an einer klugen Feststellung, die wohl auf den evangelischen Theologen Dietrich Bonhoeffer zurückgeht: *»Einen Gott, den ›es gibt‹, den gibt es nicht.«* Das ist mehr als ein Wortspiel, und es ist auch nicht eine bloße Abweisung der Frage. Gemeint ist damit: Einen handlichen Gott oder einen Gottesbegriff, über den wir verfügen können, den gibt es nicht, denn das wäre ein Gegenstand oder eine Vernunftidee. Wenn Gott wirklich Gott ist, dann »gibt es« ihn nicht so, wie es etwa den Montblanc oder wie es die Gerechtigkeit gibt.

Man sieht, bei der Frage nach Gott fangen die Probleme früh an. Den Theologen wird oft vorgeworfen, daß sie alles so kompliziert machen und sich nicht einig sind. *»Wer darf sagen, ich glaub' an Gott? Magst Priester oder Weise fragen, und ihre Antwort scheint nur Spott über den Frager zu sein«,* läßt Goethe seinen Faust sagen. Aber es liegt nicht nur an diesen professionellen Hütern von Weisheit und Glaube, daß auf klare Fragen keine klaren Antworten zu hören sind.

Eine vorsichtige und sicherlich unumstrittene Aussage finden wir bei Gottfried Wilhelm Leibniz, dessen Urteil in dieser Sache viel zählt, weil er ebenso aufgeklärt-vernünftig wie religiös tolerant war: *»Wer in göttlichen Dingen nur glaubt, was er mit seinem Verstande ausmessen kann, verkleinert die Idee von Gott.«* Darauf, so scheint es, könnten sich Gläubige und Ungläubige einigen: Gott, ob er nun existiert oder nicht, müßte gedacht werden als ein Wesen, das über unseren Verstand geht und nicht vollständig faßbar und begreiflich ist. Sonst wäre es nicht Gott, sondern ein Götze.

Damit ist aber genau die Ambivalenz bezeichnet, durch die die Gottesfrage undefinierbar zu werden droht. Es ergibt sich ein Paradox. Man könnte auch sagen, es kommt zu einer Pattsituation, zur Unentscheidbarkeit, wie so oft in Grundfragen der Erkenntnis. Die Gläubigen können nun, gestützt auf das Argument der Über-Vernünftigkeit Gottes, den Atheisten zurufen: *»Immer, wenn ihr glaubt, Gott widerlegt zu haben, werden wir euch entgegenhalten, daß er größer ist als eure Vernunft.«* Die Skeptiker und Atheisten hingegen werden mit ebenfalls guten Gründen sagen: *»Ein Wesen, das sich auf diese Weise unsichtbar und ungreifbar macht, erinnert stark an das Ungeheuer von Loch Ness. Außerdem macht es sich selbst überflüssig. Vergessen wir es.«*

Das wäre auf beiden Seiten jedoch zu einfach argumentiert. Der Gottesgedanke läßt kaum einen Menschen ganz los, und das nicht, *obwohl,* sondern *weil* er so paradox ist. Einerseits ist Gott, wenn er existiert, das uns Wichtigste und Naheste. Andererseits ist er das Unerkennbarste und Fernste überhaupt. Wir kommen also zu der Vermutung, daß wir es mit einer grundsätzlichen

Widersprüchlichkeit zu tun haben: Das ganz Ferne ist besonders wichtig, das ganz Nahe ist unerkennbar.

Von diesen beiden Feststellungen ist die erste etwas leichter einzusehen. Das »Fundament« einer Sache ist oft weit weg, aber, wie jeder weiß, meist entscheidend. Den gleichen Eindruck, das Ferne sei wichtig, hat man auch, wenn man von der Wurzel eines Problems, von Grundsatzfragen, vom zeitlichen Ursprung des Universums oder von seiner Ausdehnung spricht. Weniger vertraut ist uns der Gedanke, daß gerade das uns Nahe unerkennbar ist. Allenfalls der Mikrokosmos der Atome und ihrer Teile könnte dafür ein Gleichnis abgeben. In der Philosophie ist jedoch oft ausgesprochen worden, daß das Entscheidende uns nicht zugänglich ist, sei es nun mit Bezug auf die Gottesfrage oder nicht.

Der Philosoph Karl Jaspers nannte die Transzendenz zu Recht »das Umgreifende«. Das Bild ist ziemlich treffend, denn »*das Umgreifende können wir nicht begreifen*«. Der große Zoologe und Verhaltensforscher Konrad Lorenz, der sich bahnbrechend auch mit den Grundlagen unseres Erkennens befaßt hat, meint, wir sähen die uns umgebende Wirklichkeit wie in einem Spiegel, »*die Rückseite des Spiegels aber bleibt uns notwendig unsichtbar.*« Der Philosoph Carl Friedrich von Weizsäcker hat sich um die Fundamente des Denkens bemüht. Er nennt das Fundament »den Grund der Möglichkeit« des Denkens. Es erscheint einleuchtend, daß das Denken diese eigenen Voraussetzungen nicht mehr selbst erfassen kann: »*Das begriffliche Denken kann einsehen, daß es den Grund seiner Möglichkeit nicht begrifflich bezeichnen kann.*«

Diese drei Bilder (vom Umgreifenden, von der Rückseite des Spiegels und vom Grund des Denkens) besagen alle etwas Ähnliches, nämlich daß es eine Grenze des Erkennens gibt und daß diese Grenze leider gerade den Blick auf das Wichtigste verstellt, nämlich auf das, was unser Tun und Denken möglich macht.

Dadurch, so scheint es, könnte die Gottesidee wieder eine hohe Glaubwürdigkeit gewinnen, aber ein Beweis ist es natürlich auch nicht. Nur kann man umgekehrt sagen, es wird sich wohl auch nie beweisen lassen, daß Gott nicht zu dieser Welt und zu uns gehört. Die Frage, so scheint mir, ist auf eine wenigstens zweifache Weise unentscheidbar. Erstens werden an dieser Grenze die Begriffe »existiert«, »ist« oder »gibt es« undeutlich; sie sind auf Gott kaum anwendbar. Und zweitens scheint gerade das unbezweifelbar Gewisse seiner Qualität nach unerkennbar. Das war auch schon das Ergebnis des Gesprächs über die Gottesbeweise im zweiten Kapitel: Irgend etwas existiert zwar notwendig, aber wir können keine Eigenschaften dieses notwendigen Wesens (oder Seins) erkennen.

Angesichts der prinzipiellen Unentscheidbarkeit der Gottesfrage wird es nicht verwunderlich sein, daß dieses Problem weiterhin in fast jedem Menschen rumort und daß die Debatte zwischen Theisten und Agnostikern nicht zur Ruhe kommt. Der polnische Philosoph Leszek Kolakowski, der seit langem im Westen lebt, hält den Streit zwischen Glaubenden und Nichtglaubenden für unlösbar: *»Dem erdverhafteten Auge erscheint das religiöse Denken wie (der von Zeus bestrafte) Ixion, der mit Wolken kopuliert und Monstren zeugt. Ein Bewohner der ewigen, von Gott gelenkten Ordnung kann genau dasselbe von jenen sagen, die taub sind für die Stimme Gottes; sie hängen nur an dem, was kurzlebig ist und innerhalb eines Augenblicks verschwinden muß, sie jagen also Illusionen nach.«*

Illusion ist offenbar immer das, was die anderen denken. Kolakowski schlägt in den Schlußsätzen seines Buches ›Falls es keinen Gott gibt‹ eine andere Lösung vor: *»Die Frage, was für uns wirklich oder unwirklich ist, entscheidet sich im praktischen und nicht im philosophischen Engagement; das Wirkliche ist, wonach die Menschen sich wirklich sehnen.«*

Ganz so subjektiv möchte ich die Wahrheitsfrage nicht verstehen. Aber ein bißchen Subjektivität würde auch ich gern in die Debatte eingeführt sehen. Ist nämlich die Gottesfrage für unsere Vernunft unentscheidbar, so könnte das auch gerade die Gläubigen zu mehr Phantasie in ihrem Umgang mit Gott beflügeln. Das Scheitern aller Beweise, Begriffe und Beschwörungen kann man auch als Befreiung zum »eigenen Gott« ansehen. Aber wie wenige

Menschen machen davon Gebrauch! Dies wäre ein Beispiel für freie Phantasie, das allerdings etwas extrem ausfällt:

Der Essayist Rudolf Kassner schrieb 1924 einen Beitrag zur Festschrift für den Insel-Verleger Anton Kippenberg. Der Text handelt von der ›Mitte der Welt‹, in der, schreibt Kassner, ein dreifaches Wesen als Rätsel und Seinsgrund der Welt haust: »*Dort lebt ein buckliger Zwerg, lebt ein geblendeter Affe, lebt ein Ungeheuer, das sein eigenes Herz käut.*« Auf die Frage, warum das so ist, gibt Kassner, rätselhaft genug, die doppeldeutige Antwort: »*Das Ungeheuer käut sein eigenes Herz, damit du, der du am äußersten Rande der Welt stehst, dich nicht verzehrst. So hat der Zwerg einen Buckel, damit du aufrecht seiest, und ist der Affe geblendet, damit du sehest.*« Anklänge an die christliche Lehre vom Sühnehandeln des Gottessohnes scheinen mir unverkennbar, auch wenn alles in ein grausiges Märchen verkehrt ist.

Zum Schluß will ich noch von meiner eigenen Gottesvorstellung sprechen, freilich nicht im Sinne einer Phantasie, sondern eher einer Abgrenzung. An die Allmacht Gottes kann ich nicht glauben, ich sehe ihn als den Mitleidenden. Zum anderen ist Gott für mich kein Garant der Ordnung, kein Rächer und Belohner. »*Gottes Mühlen mahlen langsam, mahlen aber trefflich fein*«, nein, so stelle ich ihn mir gerade nicht vor. Auch gegen Scherze wie »*Kleine Sünden straft der liebe Gott sofort*« habe ich etwas. Für meinen Geschmack ist ein solcher Gott schon zu oft von großen Herren und Moralisten zur Unterdrückung mißbraucht worden. Daher denke ich mir, ein Wachhund und Buhmann kann Gott nicht sein. Es könnte durchaus vorkommen, daß ich einmal zu einem Mitmenschen, der mir von Gott spricht, sagen möchte: Den Gott, von dem Sie reden, den gibt's bestimmt nicht!

Wenn ich an Gott denke, dann spüre ich ein brüderlich-väterlich-mütterliches Wesen, einen Gott, der übrigens sehr viel diskreter und taktvoller ist als der Gott, von dem manche Frommen reden, die mir sagen, daß Gott um mich werbe und mich liebe. Nein, ich spüre eine Nähe ohne Zudringlichkeit und Nötigung. Aber das mag natürlich jeder für sich anders fühlen. Gott ist für mich der, der die Evolution gewollt hat, der seine Menschheit bewahrt und ihr als den richtigen Weg die Feindesliebe empfohlen hat.

Gott ist nicht harmlos. Sein Gericht wird jedoch keine Strafe, eher eine Beschämung sein, eine Erneuerung, damit wir wenigstens für einen Augenblick wissen, was Vollkommenheit ist und wie wir eigentlich gemeint waren. Weil Gott nicht harmlos ist, bin ich auch dagegen, daß man über ihn spricht wie über eine theoretische Frage. Dieser Umgang mit ihm ist seiner nicht würdig. Jede kluge Diskussion über Gott hat etwas von unangebrachter Neugier und gespenstischer Unwirklichkeit. Es steht schließlich etwas auf dem Spiel.

Als Rudolf Bultmann noch ein junger Theologe war, lange bevor er zum Entmythologisierer wurde, hat er in einem Aufsatz mit der gutbürgerlichen Theologie des Kaiserreichs abgerechnet. Seine Ansicht über die richtige Art, von Gott zu reden, war von geradezu klassischer Radikalität. Gott ist für ihn kein Gegenstand der Erkenntnis, denn Gott hält der Erkenntnis nicht still. Er »wird« nicht erkannt, er offenbart sich selbst. Das hat er getan. *»Und wo der Gedanke Gottes wirklich erfaßt ist, bedeutet er eben die radikale Infragestellung des Menschen.«*

Das ist wohl das wirkliche Kriterium der Gotteserkenntnis, dieses Gefühl, mit Rilke gesprochen, *»du mußt dein Leben ändern«*. Oder die Einsicht, daß es nicht allein um das Begreifen geht, sondern mehr noch um das Ergriffenwerden.

Wer Philosophie und gar noch Theologie studiert, muß sich gelegentlich den milden Spott seiner Mitmenschen gefallen lassen. Besonders die angehenden Naturwissenschaftler haben mich vor Jahren geneckt und gern darauf hingewiesen, daß sie selbst sich doch wenigstens mit Dingen beschäftigten, die handfest, nützlich und beweisbar seien. Die Geisteswissenschaften aber und besonders die Theologie, das seien doch höchst zweifelhafte Unternehmungen, meinten sie. Dieser Spott gipfelte dann gewöhnlich in der Scherzfrage: *»Was ist ein Philosoph?«* Antwort: *»Ein Philosoph ist ein Mann, der bei dunkler Nacht eine Katze zu fangen sucht, die es gar nicht gibt.«*

Man muß das hinnehmen. Und es ist ja auch wahr, daß sich die Philosophen mit den letzten Dingen und dem ewigen Seinsgrund beschäftigen, kurzum, sich in Bereichen bewegen, wo alle Katzen scheinbar grau oder vielleicht schon schwarz sind. Und wer weiß, ob es diese Katzen überhaupt gibt. Der Spott der jungen Naturwissenschaftler und Techniker kannte aber noch eine Steigerung. Scherzfrage: *»Was ist ein Theologe?«* Antwort: *»Ein Theologe ist ein Mann, der bei dunkler Nacht eine Katze zu fangen sucht, die es gar nicht gibt. Und der behauptet, er habe sie schon gefangen.«*

Ein Theologe, der so etwas hört, versucht kein Spielverderber zu sein. In seinem Übermut erklärt der Naturwissenschaftler dann vielleicht noch, vor vierhundert Jahren habe sich bekanntlich die Naturwissenschaft aus der Philosophie entwickelt, und zwar einfach dadurch, daß mal einer auf die Idee gekommen sei, in der völlig dunklen Nacht etwas Licht zu machen. Damit habe der Fortschritt der Wissenschaft begonnen; heute sehe man doch schon etwas klarer, und vor allem habe man es aufgegeben, nach schwarzen Katzen zu suchen.

Erst sehr viel später, einige Jahre nach meinem Studium, bin ich auf eine Geschichte gestoßen, die eine Antwort auf den Spott meiner Mitstudenten gewesen wäre. Und wenn ich schon damals nicht zur schlagfertigen Entgegnung in der Lage war, so will ich die Antwort doch wenigstens hier, wenn auch etwas spät, nachholen.

Ein Mann geht bei stockfinsterer Nacht die Dorfstraße entlang. Unter der einzigen Laterne sieht er einen anderen Mann jeden Quadratzentimeter absuchen. »Was machen Sie denn da?« fragt er. »Ich suche meinen Hausschlüssel«, antwortet der andere. »Sind Sie denn sicher, daß Sie ihn hier verloren haben?« – »Nein, überhaupt nicht, aber hier kann ich wenigstens etwas sehen.«

Diesmal ist es offenbar der Naturwissenschaftler, der in einer absurden Lage geschildert wird. Er sucht einen Schlüssel, den er überall verloren haben kann, aber er sucht ihn nur im Lichtkegel der Laterne. Diese Beschränkung ist ebenso einleuchtend wie abwegig. Symbolisch zu verstehen ist ja schon der Schlüssel, der hier gefunden werden soll; es ist der Schlüssel zum Verständnis der Welt. Die Tragik der Naturwissenschaft ist es, daß es gar nicht wahrscheinlich ist, diesen Schlüssel ausgerechnet da finden zu können, wo man wenigstens etwas sehen kann.

Beide Geschichten zusammen, die von der Katze und die vom Schlüssel, können veranschaulichen, wie schlecht alle Wissenschaften dastehen. Die Philosophen und Theologen haben zwar das Ganze im Blick, tappen dafür aber im Dustern. Die Naturwissenschaftler und Techniker können zwar etwas sehen, beschränken sich aber auf ihren fixierten Lichtkegel und werden damit immer mehr zu Spezialisten. Ein Spezialist ist bekanntlich ein Mann, der von immer weniger immer mehr weiß und damit die großen Fragen aus den Augen verliert. Oder, um bei dem Bild zu bleiben, vielleicht weiß er nicht einmal mehr, daß er ursprünglich einen Schlüssel suchte, inzwischen hat er begonnen, den Boden unter der Laterne aufzugraben. Es gibt eben Fach-Idioten und Mehrfach-Idioten ...

An dieser Stelle möchte ich wenigstens kurz die prophetischen Worte zitieren, die Goethe als eigenwilliger Naturforscher (und als Gegner der herrschenden Physik) im zweiten Teil des ›Faust‹ geäußert hat:

Was ihr nicht tastet, steht euch meilenfern,
Was ihr nicht faßt, das fehlt euch ganz und gar,
Was ihr nicht rechnet, glaubt ihr, sei nicht wahr,
Was ihr nicht wägt, hat für euch kein Gewicht,
Was ihr nicht münzt, das, meint ihr, gelte nicht.

Doch zurück zu unserem Naturwissenschaftler und zu unserem Theologen. Man könnte nun auf die Idee kommen, die Stärken beider Wissenschaftler miteinander zu verbinden, um endlich den Überblick übers Ganze und zugleich handfeste Gewißheit zu haben. Dieser Versuch ist auch schon oft unternommen worden, freilich mit einem Ergebnis, das man so zusammenfassen könnte: Aus zwei Einbeinigen kann man keinen Sprinter machen.

Ich möchte daher in diesem Kapitel beide, die Geisteswissenschaften und die Naturwissenschaften, getrennt betrachten und fragen, was sie uns an Gewißheit bieten können. Der Titel ›Nichts auf der Welt ist gewiß‹ kann dabei schon andeuten, wie das Ergebnis meiner Überlegungen lauten wird.

Betrachten wir zunächst die Leute, die die schwarze Katze suchen. Über sie brauchen wir nur kurz zu sprechen. Es ist zu bekannt, daß die Philosophen und Theologen schon vor zweihundert Jahren bei dem Versuch gescheitert sind, zuverlässiges, beweisbares Wissen über ihre großen Themen Gott, Freiheit, Seele und so weiter zu erarbeiten. Die Gottesbeweise, so hat Immanuel Kant vor mehr als zweihundert Jahren gezeigt, führen in Widersprüche; und dasselbe gilt leider auch von den anderen großen Ideen der Metaphysik. Das Problem der Gotteserkenntnis ist nicht gelöst.

Insofern hat der Spott, Philosophen und Theologen suchten im Stockfinstern eine schwarze Katze, seine Berechtigung. Nicht recht hat dieser Spott freilich mit der Behauptung, es sei klar, daß es diese Katze nicht gebe. Gerade das nicht. Es gibt auf diesem Gebiet keine Gewißheit, auch nicht die Gewißheit, daß die schwarze Katze in Wirklichkeit nicht existiere. Diese Frage ist offen und muß immer offen bleiben.

Auf unserer Suche nach einer absoluten – sozusagen wissenschaftlichen – Gewißheit brauchen wir uns also nicht lange bei den Philosophen und Theologen aufzuhalten. Deren Scheitern ist schon zu lange bekannt. Weit weniger bekannt geworden ist hingegen, daß auch die Naturwissenschaften keinerlei Gewißheit bieten können. Sie haben auch auf Sand gebaut. Ich hoffe, daß diese Behauptung jeden, der sie hört, ein wenig erschreckt oder doch unruhig macht. Er sollte zumindest verwundert sein. Denn wenn es wahr ist, daß alle Wissenschaft nicht dazu geführt hat und nie dazu führen wird, uns irgend etwas Gewisses und Bewiesenes zu erbringen, dann sollten wir spüren, wie uns der Boden unter den Füßen weggezogen wird.

In solchen Fällen, wenn man nicht weiß, wie einem geschieht, greift man zu einem erprobten Mittel. »Träum' ich oder wach' ich?« sagt man und kneift sich selbst in den Arm. Spürt man einen leichten Schmerz, so ist wenigstens klar, daß man dies alles nicht nur träumt. Als René Descartes vor dreihundertfünfzig Jahren die naturwissenschaftliche Methode neu begründete und dabei nach einer absoluten Gewißheit suchte, auf der er dann alle anderen Erkenntnisse aufbauen könne, da machte er es so ähnlich. Freilich griff er sich nicht an die eigene Nase und kniff sich nicht selbst in den Arm, sondern er sagte sich ungefähr folgendes: *Ich kann an allem zweifeln, was ich bisher für wahr gehalten habe. Auch was mir meine Augen und Ohren sagen, kann Sinnestäuschung sein. Auch daß zweimal zwei vier ist, könnte ein Trug sein, den mir ein böser Geist nur vorspiegelt. Aber daß ich zweifele, daran kann ich nicht zweifeln. Zweifeln ist ein Akt des Denkens. Und wenn ich denke, muß ich auch existieren. Mein Sein ist mir in dem gleichen Augenblick gewiß, in dem mir mein Denken gewiß ist.*

Auf lateinisch heißt diese kürzeste Formel der Selbstvergewisserung »cogito sum« oder auch »cogito ergo sum«, was soviel bedeutet wie: »Ich denke, also bin ich.« So wird es im Philosophieunterricht gelehrt. Dabei wird aber gelegentlich übersehen, daß René Descartes sehr wohl wußte, wie leicht auch die Gewißheit des eigenen Denkens noch ein Irrtum sein könnte. Um ganz sicher zu sein, mußte René Descartes noch eine zusätzliche Voraussetzung einfügen: daß es einen wohlmeinenden

Gott gibt, der dafür sorgt, daß wir uns nicht auch dabei noch irren und einem Gaukelspiel erliegen.

Später hat man in populären Darstellungen diese theologische Vergewisserung wie eine fromme Zutat einfach weggelassen. Aber dann ist nichts mehr gewiß. Es könnte ja sein, daß ich in Wirklichkeit gar nicht denke, sondern alles nur träume. Vielleicht macht niemand von uns wirkliche Erfahrungen, sondern bildet sich das nur ein.

Der Einwand, den ich damit umschrieben habe, drückt eine absolute Skepsis aus. Und das Erstaunliche ist: Eine so radikale Skepsis, die einfach alles bezweifelt, ist nicht zu widerlegen. Zwar glauben wir, daß unsere Ansichten zusammenhängend, logisch und widerspruchsfrei sind, aber das glaubt bekanntlich auch ein geistesgestörter Patient. Sein Wahn ist so gebaut, daß alles, was er erlebt, ihn in seinem Wahn bestätigen muß. Seine Wahnwelt kann leider ebenso in sich geschlossen und damit schlüssig sein wie die Gedankenwelt der übrigen Menschheit.

Gibt es denn keine Gewißheit? Muß man, wie René Descartes es getan hat, den guten Gott zu Hilfe nehmen, um seinen eigenen Gedanken und Wahrnehmungen trauen zu können? Damit wollten sich die Wissenschaftler je länger desto weniger zufriedengeben.

Im Jahre 1922 sammelte der Wiener Philosoph Moritz Schlick einen Kreis von gleichgesinnten Wissenschaftlern um sich, der später als Wiener Kreis bekannt geworden ist. Gemeinsam war man entschlossen, endlich mit allen traditionellen Vorstellungen in der Philosophie Schluß zu machen. Der Plunder sollte aus dem Haus geworfen, das Fachwerk abgerissen und ein Neubau der Philosophie gewagt werden. Kein Satz sollte in dieser neuen Philosophie stehen, der nicht beweisbar war. Einer der Wortführer des Kreises, Rudolf Carnap, veröffentlichte 1928 ein Buch mit dem bezeichnenden Titel ›Der logische Aufbau der Welt‹.

Aber das so logisch gedachte Gedankengebäude stürzte bald wie ein Kartenhaus zusammen. Zertrümmert hatte es ein junger Mann, der dem Wiener Kreis nur lose verbunden war und der inzwischen weltberühmt ist, Karl Popper, der, seit er aus Österreich fortging, zumeist in England wirkte. Karl Popper hatte dem Wiener Kreis vor allem vorgerechnet, daß nicht einmal die Naturgesetze wirklich als bewiesen angesehen werden können. Vereinfacht ausgedrückt, lautet sein Gedankengang: *Daraus, daß die Sonne seit Jahrmilliarden aufgeht, kann man nicht schließen, daß sie auch morgen aufgehen wird. Die Fallgesetze zum Beispiel mögen sich zwar bewährt haben, ich kann jedoch nicht logisch daraus schließen, daß sie sich auch wieder bewähren werden, wenn ich nun einen Stein in die Hand nehme und ihn loslasse. Der Stein wird ziemlich sicher fallen, aber das folgt nicht logisch aus der Tatsache, daß es bisher immer so war.*

Der Versuch des Wiener Kreises, unzweifelbare Erkenntnis zu einem Gebäude aufzutürmen, war gründlich gescheitert. Nicht einmal ein Fundament ließ sich bauen. Man kann im wörtlichen Sinne von einer Grundlagenkrise der Erkenntnistheorie sprechen. Karl Popper rät zu Bescheidenheit. Die Gesetze der Naturwissenschaft will er nur so lange gelten lassen, wie sie sich bewähren. Von »ewigen Wahrheiten« und »absoluter Gewißheit« will er nichts wissen. Ein Satz von ihm, der seine ganze Vorsicht und Zurückhaltung ausdrückt und gern zitiert wird, lautet: *»Wir wissen nicht, sondern wir raten.«* Ein anderer Wissenschaftstheoretiker, Wolfgang Stegmüller, hat es so gesagt: *»Wir schweben.«*

Einer großen Öffentlichkeit ist am ehesten die Grundlagenkrise bekannt geworden, in die die Physik, genauer die klassische Mechanik, durch die Quantentheorie geraten ist. Werner Heisenbergs »Unschärferelation« machte dem Determinismus ein Ende. In letzter Zeit ist auch öfter von der Grundlagenkrise der Mathematik die Rede – nicht zuletzt durch Hofstadters brillantes Buch ›Gödel, Escher, Bach‹ –, die offensichtlich wurde, als Karl Gödel kurz vor 1930 zeigte, daß sich die Mathematik (genauer: die Zahlentheorie) nicht widerspruchsfrei konstruieren läßt; entscheidende Fragen bleiben »unentscheidbar«.

Es ist gelegentlich vermutet worden, daß es noch andere Probleme gibt, die die Wissenschaft nicht klären kann. Der Biophysiker Alfred Gierer meint etwa, das »Leib-Seele-Problem« trete als dritte unlösbare Frage hinzu. Und er begründet das damit, daß der Geist sich nicht vollständig selbst erkennen kann. Diese »prinzipiellen

Grenzen« der Erkenntnis des Geistes hätten, meint Gierer, »*einen ähnlichen Charakter wie die Unbestimmtheit in der Quantenphysik und die Grenzen der Entscheidbarkeit in der mathematischen Logik: Die Anwendung einer Analyse auf ihre eigenen Verfahrensweisen kann keine vollständigen Antworten ergeben. Dies gilt wahrscheinlich auch für die Anwendung bewußten Denkens auf das Bewußtsein selbst.*«

Die Versuchung ist für mich groß, die Theologie als ein viertes Thema anzumelden, das sich nicht widerspruchsfrei behandeln läßt. Wenn der Begriff Gott notwendig als einer definiert ist, der das menschliche Denken bei weitem übersteigt, so liegt die Vermutung nahe, daß die Gotteslehre ihre eigenen Grundlagen auch nicht klären kann. Dann stünden diese Wissenschaften gleichermaßen verunsichert da; die Theologie hat nur schon vor zweihundert Jahren ihre »Beweise« verloren, Physik und Mathematik erst in diesem Jahrhundert. Ohne Fundamente schweben sie alle auf ähnliche Weise in der Luft.

Man muß es jedoch so nicht unbedingt sehen. Zwei Schüler Karl Poppers, William W. Bartley in England und Hans Albert in Deutschland, haben die Einsichten ihres Meisters dazu benutzt, der Theologie eins auszuwischen und sie aus dem Kreis der Wissenschaften herauszukeln. Sie können immerhin darauf verweisen, daß es zur neuen Bescheidenheit der Naturwissenschaften gehört, die eigene Grund- und Bodenlosigkeit einzugestehen, während sich die Theologen immer noch darauf berufen, ein Fundament zu haben, und wenn es auch nur eine Urkunde ist, die Bibel. William W. Bartley fällt es leicht zuzugeben, daß auch der Rationalist sich »entschieden hat«, aber es ist ein »Engagement« für die Ratio und dafür, sich Beweisführungen zu unterwerfen. »*Hierin unterscheidet sich der Rationalist von den Ideologen, auch wenn sein Engagement, Beweisführungen anzuerkennen, den anderen Engagements in mehreren Hinsichten gleicht (so etwa darin, daß es sich ebenfalls nicht rechtfertigen läßt).*«

Die scheinbare Gleichsetzung von Ratio und christlicher Ideologie – beide ergreift man in einem Engagement – ist von Bartley etwas spöttisch gemeint. Ihm kommt es mehr auf die Unterschiede an, schließlich steht (für ihn) die Vernunft höher als alle Ideologien. Ist damit die Theologie als irrational aus dem Kreis der Wissenschaften ausgestoßen? Nicht ganz, denn sie hat auch Fürsprecher. Einer der wichtigsten ist Wolfgang Stegmüller, ein anerkannter Erkenntnis- und Wissenschaftstheoretiker, der sich freilich nicht gerade in die Rolle eines Beschützers der Religion gedrängt hat. Aber er hat immerhin betont, daß es keine Gewißheit gibt:

»Die Alternative, wie sie üblicherweise gefaßt wird, ›Glauben oder Wissen‹, womit der Unterschied zwischen dem religiösen Erleben und der wissenschaftlichen Erkenntnis getroffen sein soll, ist irreführend.« Und Stegmüller fährt fort, wie schon oft festgestellt, *»besteht der wissenschaftliche Forschungsbetrieb, insbesondere in den empirischen Wissenschaften, hauptsächlich in der Aufstellung von vorläufig bis zu einem gewissen Grade bestätigten Hypothesen.«*

So schmeichelhaft dieser Vergleich für den christlichen Glauben ausfällt, ganz kann ich ihm doch nicht folgen. Immerhin gilt in den Naturwissenschaften jede Erkenntnis als vorläufig und wird nur so lange anerkannt, bis sie widerlegt ist. Diese Vorsicht ist keine Schwäche, sie ist eine Stärke der Wissenschaft. Der christliche Glaube hingegen, der weit dogmatischer auftritt, ist in seiner Grundsatzstarre – und das ist schon paradox – weit mehr gefährdet als die Wissenschaft, die nichts so fördert wie Zweifel und Widerspruch. Wer sich nicht biegen kann, der bricht. Wer nicht mehr wachsen kann, veraltet.

Besser sieht der Vergleich dann aus, wenn man vom konkreten Glauben absieht und nur die zwei Grundsatzpositionen »Metaphysiker« und »Empirist« betrachtet. Ihnen liegen gleichwertige, in beiden Fällen rationale Entscheidungen zugrunde. Zwischen beiden gibt es, wie der Philosoph Leszek Kolakowski festgestellt hat, *»keine allgemein anerkannten höheren Prinzipien, um zwischen diesen Optionen zu entscheiden«*. Kolakowski, dem daran liegt, die herkömmliche Wissenschaft als nur eine von wenigstens zwei Möglichkeiten, die Welt zu sehen, darzustellen, meint: Der Metaphysiker und der Empirist hätten *»insofern recht, als beide eine willkürliche, logisch* *nicht zwingende Entscheidung treffen*«, nur daß der Empirist diesen Geburtsmakel seiner Position nicht so gern zugebe.

Nichts auf der Welt ist also gewiß. Selbst an die Wissenschaft muß man glauben. Die Frage ist nur, ob sich aus dieser allgemeinen Ungewißheit ein Vorteil für die Religion ergibt. Führt der Offenbarungseid der Naturwissenschaft zu einer Verwissenschaftlichung der Offenbarungsreligion? Ich glaube, man sollte als Theologe den Eindruck vermeiden, als wolle man die Schwäche der Konkurrenz ausnutzen. Und wer weiß, ob es eine Schwäche ist? Ich finde es doch auch bewundernswert, wie die Naturwissenschaft durch unerbittliche Kritik an ihren eigenen Voraussetzungen schließlich aufgedeckt hat, daß sie schon immer ohne Fundament dastand, also schwebte. Und mir imponiert es auch, wenn jemand bereit ist, selbst zu »schweben«, ohne sich in eine verlockende Gewißheit zu flüchten. Diese Tapferkeit sollte man anerkennen.

Zum Schluß möchte ich zu den beiden spöttisch erzählten Geschichten des Anfangs zurückkehren. Der Naturwissenschaftler, der den verlorenen Schlüssel unter der Laterne sucht, weil anderswo zu suchen noch sinnloser wäre, bleibt eine tragische Gestalt; denn man könnte diesem Bild jetzt noch hinzufügen: Nicht einmal festen Boden hat er unter den Füßen, die erhoffte Gewißheit muß er durch Glauben ersetzen.

Und wie steht es mit dem Theologen, der in stockfinsterer Nacht die schwarze Katze sucht? Auch seine Lage ist nach unseren Überlegungen nicht besser geworden. Hell wird es nicht werden. Aber ich könnte mir denken, daß er doch, wie jeder andere suchende Christ auch, dort in der dunklen Nacht eine ganz andere Gewißheit spürt als die, nach der die Wissenschaft vergeblich gesucht hat. Eine Gewißheit, die zwar nicht von dieser Welt, aber vielleicht gerade darum unentbehrlich ist.

Es ist ja überhaupt umstritten, ob der religiöse Glaube von dieser Welt ist und sich gegenüber der Natuwissenschaft gebärden sollte wie eine »Oppositionspartei« (Gerd Theissen), die endlich wieder mal die Macht übernehmen will. Leszek Kolakowski hat auf das Vorbild

Blaise Pascals verwiesen, der ein großer Wissenschaftler und zugleich – vielleicht unabhängig davon – ein tief religiöser Mann war. Pascal habe, sagt Kolakowski, »*anders als zahlreiche Theologen, nie versucht, aus dem Glauben eine zweitrangige weltliche Erkenntnis zu machen. Er wußte, daß die profane Vernunft außerstande ist, mit dem ›Problem Gott‹ fertigzuwerden, und daß es ein solches ›Problem‹ genaugenommen nicht gibt, weil Gott nicht eine unbekannte Größe in einer Gleichung ist, die wir zu lösen haben, sondern eine Realität, die sich dem Gläubigen im Akt der Anbetung zeigt.*«

Nichts auf der Welt ist gewiß. Nichts *auf der Welt*! So kann man es auch betonen. Und so hat es der christliche Glaube eigentlich schon immer gesagt.

5 Steildächer
Der neue Überbau der Wissenschaft

Am Stadtrand von Hannover stehen drei große Wohnanlagen – Hochhäuser wäre zuviel gesagt – nebeneinander auf dem freien Feld. Der eine Komplex mag Ende der siebziger Jahre gebaut worden sein, ein hoher Klotz, natürlich mit Flachdach. Der zweite, ebenso groß, aber mit Ansätzen zu einem Dach, das allerdings, oft durchbrochen, mehr zum Schmuck angebracht zu sein scheint, stammt wohl aus dem Jahre 1980. Und dann noch ein Bau aus der Mitte der achtziger Jahre, ebenso groß und gewaltig wie die beiden anderen, allerdings eher langgestreckt; die Fassade vielgestaltig, fast verwinkelt. Erstaunlich daran ist für mich das steile Dach, das fast ein Drittel der Gesamthöhe einnimmt. Die riesige rote Ziegelfläche sitzt auf dem Gewirr der Wohnungen wie eine wärmende Mütze, die all die Menschen behaglich behüten soll, die unter diesem Dachstuhl leben. »Die neue Geborgenheit«, wie man es nennt.

Jedenfalls Ausdruck eines neuen Lebensgefühls. Die Leute wollen es inzwischen so. Flachdächer sind out, mögen sie noch so fortschrittlich und rational gewesen sein (die meisten waren allerdings bald undicht). Man möchte heutzutage wieder etwas über sich haben. Der Neubau sieht fast aus wie ein Kirche. »*Brüder, überm Sternenzelt muß ein lieber Vater wohnen.*« Ich glaube wirklich, diese neue Architektur könnte man als Gleichnis nehmen. In ihr drückt sich unsere Gemütslage aus. Wir wollen wieder behütet sein. Jahrzehntelang hat man das Höhere verspottet als bloßen »Überbau«, als unnötige Last, als Illusion. Jetzt wünscht man wieder Metaphysik. Das Ewige gilt als *»höher denn alle Vernunft«.*

Hingegen hatte Sigmund Freud noch das Lebensgefühl seiner Epoche ausgedrückt, als er feststellte, es gebe keine Instanz über der Vernunft. Und er hatte Heinrich Heine, seinen »Unglaubensgenossen«, wie er ihn nannte, zitiert mit den Worten: *»Den Himmel überlassen wir den Engeln und den Spatzen.«*

Nicht mehr den Spatzen! Es muß heute schon etwas Besseres sein. Gerade bei einem hohen Dachstuhl wünscht man sich auch noch etwas Gutes oben drauf. Ein geistvoller Zeitgenosse, Odo Marquardt, hat diesen Wunsch einmal dadurch ausgesprochen, daß er ein bekanntes Sprichwort leicht verändert hat: *»Lieber die Taube auf dem Dach als den Spatz auf dem Dach.«* Das ist der Grundsatz aller Metaphysik, daß die Transzendenz, wenn schon, denn schon, was hermachen soll.

Die weiße Taube des Glaubens und der Hoffnung soll es wieder sein da oben, mit weniger will man sich nicht zufriedengeben. Aber wie ist das nun mit dem Vater überm Sternenzelt? Ist der uns nicht gründlich ausgeredet worden im Namen der Wissenschaft, besonders von der Psychoanalyse? Selbst Jesus ist in Verdacht geraten, weil der immer vom Vater im Himmel gesprochen hat und sich nicht scheute, ihn mit »Abba« (Papa) anzureden. Reiner Infantilismus?

Sigmund Freud jedenfalls sah in der Religion überhaupt eine seelische Erkrankung. Im Jahre 1907 schrieb er: »Ich bin gewiß nicht der erste, dem die Ähnlichkeit der sogenannten Zwangshandlungen Nervöser mit den Verrichtungen aufgefallen ist, durch welche der Gläubige seine Frömmigkeit bezeugt.« Und zwanzig Jahre später nannte er den Gottesglauben eine Illusion, hielt besonders die Vorstellung von einem göttlichen Vater für infantil und glaubte erkannt zu haben, dieser Vaterglaube sei allenfalls passend für die noch unreife Menschheit gewesen, die ihre Unmündigkeit und Hilflosigkeit habe verdecken müssen. Freud hingegen wollte sich an Vernunft und Wissenschaft halten. Von der Religion sagte er abfällig: *»Ihre Lehren tragen das Gepräge der Zeiten, in denen sie entstanden sind, der unwissenden Kinderzeit der Menschheit. Ihre Tröstungen verdienen kein Vertrauen. Die Erfahrung lehrt uns: Die Welt ist keine Kinderstube.«*

Nein, als Bewohner einer Kinderstube hat sich ein Wissenschaftler zu Freuds Zeiten nicht gefühlt, man war eben erwachsen. Rückblickend erscheinen uns heute die sechziger Jahre als Höhepunkt dieses Fortschrittsglaubens. Man glaubte noch an das Auto, die Raumfahrt, an die Atomkraft und das Flachdach. Man glaubte an die

Befreiung des Menschen und eine gerechtere Gesellschaftsordnung. Sogar in der Kirche war kein Schlagwort so häufig zu hören wie das von der *Mündigkeit* des Christen (Bonhoeffer). War die Menschheit erwachsen geworden? War der Vater abgeschafft? Es schien fast so. In diesen sechziger Jahren veröffentlichte, als wäre es eine Programmschrift, der Psychoanalytiker Alexander Mitscherlich sein Buch ›Auf dem Wege zur vaterlosen Gesellschaft‹.

Der Titel war als Aufforderung gemeint, nicht etwa als Anklage – wie ich jahrelang ganz naiv gedacht habe, als ich nur den Titel des Buches kannte. Mitscherlich meinte, das Bild des ehrwürdigen, allwissenden Vaters sei nicht nur im Himmel, sondern auch in der Gesellschaft zerstört. Es gebe keinen göttlichen Vater mehr, keinen Landesvater, keinen Lehrherrn, keinen Doktorvater und kein mächtiges Familienoberhaupt. – Mich hat es dann allerdings nachdenklich gestimmt, als ich vor Jahren den Fernsehfilm sah, in dem ein Sohn Mitscherlichs seine eigene vaterlose Jugend dargestellt hat. – Ohne Gewalttätigkeiten, meinte Mitscherlich, habe sich die moderne Gesellschaft vom Patriarchen getrennt: *»Unzweifelhaft vollzieht sich hier ein Fortschritt zu einer vaterlosen Gesellschaft; nicht zu einer, die den Vater töten muß, um sich selbst zu bestätigen, sondern zu einer, die erwachsen wird, die von ihm Abschied zu nehmen weiß, um auf eigenen Füßen zu stehen.«*

Dieses schöne, aufklärerische Pathos, das den meisten Menschen heute fremd geworden ist, war einst auch in der Kirche sehr verbreitet. »Gottvater«, »König« und »Herr« – diese Bezeichnungen waren mehr als fraglich. Vor kurzem hörte ich eine Ansprache des Theologen Fulbert Steffensky, der immerhin in den sechziger Jahren das Kölner »Politische Nachtgebet« mit begründet hatte. Jetzt sagte er (es war im Jahre 1986): *»Jesus als den ›Herrn‹ zu bezeichnen haben wir neu gelernt, weil wir gemerkt haben, daß die Menschheit ohne die Leitung seines Wortes in die Irre geht.«* Ist die Menschheit durch ihr eigenes Tun bedroht, so schwenkt eben auch ein altgedienter Rebell über zur alt-neuen Unterwerfung.

Horst-Eberhard Richter, der heute als Psychoanalytiker einen ähnlichen publizistischen Einfluß ausübt wie vor zwanzig Jahren Mitscherlich, sieht das Ende der Mündigkeit gekommen. In seinem Buch ›Der Gotteskomplex‹ hat er die Menschheit mit frühreifen Kindern verglichen, die sich in einer seelischen Fehlentwicklung befinden: »*Wenn kleine Kinder ihren Eltern mißtrauen und eine gewisse intellektuelle Wachheit erreicht haben, reagieren sie oftmals in einer konsequenten, aber der Umwelt schwer verständlichen Weise. Objektiv abhängig vom Schutz der Eltern, versetzt es sie in Panik, daß sie sich dieses Schutzes nicht mehr sicher fühlen. In ihrer Angst versuchen sie selbst die totale Kontrolle der Situation zu übernehmen.*«

Den Kindern fehlt das Vertrauen, sie wollen alles selbst in die Hand nehmen: »*Abends schlafen sie nicht mehr ein oder höchstens bei Licht und offener Tür. Denn es darf nichts ohne ihre bewußte Anteilnahme vonstatten gehen. Sie müssen alles wissen, sie wollen alles im voraus berechnen und bestimmen. Solche Kinder merken sich sehr bald auch komplizierte kausale Zusammenhänge. Ihre Angst zwingt sie dazu, stets rechtzeitig wissen zu müssen, was sich anbahnt.*«

Man merkt, worauf diese Beschreibung hinauswill, auf den Gotteskomplex der Menschheit, auf den Drang, selbst Gott zu sein: »*Es läßt sich vermuten, daß sich in den Europäern beim Übergang vom Mittelalter in die Neuzeit Prozesse abgespielt haben, die dem hier erläuterten kindlichen Reaktionsmuster verwandt sind. Lange Zeit hatten sich die mittelalterlichen Menschen in ihrer Gotteskindschaft sicher gefühlt. Sie hatten darauf verzichten können, die Welt genau zu erforschen und ihr Leben zu berechnen.*«

Aber dann wurden die Europäer mißtrauisch und glaubten nicht mehr, geborgen zu sein. Sie wollten sich ihre Welt selbst schaffen: »*Gott geht verloren – der Mensch will selbst Gott sein.*« Dieser Wille des Menschen ist sein Gotteskomplex. Daran ist die Menschheit erkrankt, sie richtet sich und ihre Umwelt zugrunde.

Auch wenn Richter die Menschheit nicht mehr für mündig hält, ins Mittelalter wünscht er sie deswegen noch lange nicht zurück. Sie wäre, meint er, nur besser auf eine andere Weise selbständig und reif geworden. Und wie ist das mit Gott? Der Autor bekennt sich in seinem Buch an keiner Stelle selbst zum Gottesglauben; hier Stellung zu nehmen scheint ihm nicht nötig. Er sagt nur: Als die Menschheit ihre Gotteskindschaft verlor, hat sie einen Verlust erlitten, den sie schlecht kompensiert hat. Ob es Gott wirklich gibt, bleibt dabei unerörtert.

Und doch ist Richters Buch eine indirekte Verteidigung des Gottesglaubens; weil sich die Christen durch Freud und andere ziemlich in die Ecke gedrängt gesehen hatten, stand ihr Vatergott doch im Verdacht, das Erwachsenwerden der Menschheit zu verzögern. Jetzt sieht die Sache schon anders aus. Verdächtig ist nun eher die Menschheit, die so erwachsen tut, sich jedoch in neurotischer Selbstüberschätzung aufs höchste gefährdet.

Einen ähnlichen Gedanken findet man bei Leszek Kolakowski. Der ehemals marxistische Philosoph, um ein Vorwort gebeten für ein Lesebuch zur Gottesfrage, schreibt dort unter anderem: »*Inständig baten wir Gott, daß Er die Welt verlasse. Das hat Er gemacht, auf unser Verlangen. Ein gähnendes Loch ist geblieben. Wir beten immerfort zu diesem Loch, zum Nichts. Niemand antwortet. Wir sind wütend oder enttäuscht. Ist das ein Beweis der Nichtexistenz Gottes?*«

Ist der wissenschaftliche Zeitgeist fromm geworden? Für diese These reichen die Belege keineswegs. Was besagen schon die zwei Autoren Richter und Kolakowski? Man könnte vermuten, das seien eben zwei Männer, die im reifen Alter für sich die Religion entdecken, was ja vorkommen soll. Mag sein, aber mir scheint es doch – über diese Beispiele hinaus – ein Zug der Zeit zu sein, daß dem Glauben in der Wissenschaft auch sonst mehr Spielraum eingeräumt wird. Das Gebäude der Wissenschaft trägt nicht nur wieder ein großes Dach, nein, dort werden auch noch Wohnungen gebaut.

Oder anders gesagt, das Klima hat sich verändert. Nicht mehr derjenige Wissenschaftler muß sich rechtfertigen, der eine religiöse Gesinnung zu erkennen gibt, sondern der andere; die Beweislast scheint fast umgekehrt. Zu den Grundannahmen der Wissenschaftler gehört es gegenwärtig, daß »da noch mehr ist«, um es salopp auszudrücken. Mit Shakespeares Worten: »*Es gibt mehr Ding im Himmel und auf Erden, als eure Schulweisheit sich träumt.*« Die Schulweisheit träumt sie sogar schon mit. Das »beschränkte Denken« – Schimpfwort für den Positivismus, den Rationalismus, den Empirismus, oder wie man die wissenschaftlichen Anschauungen immer nennen will – ist in der Defensive. Man könnte es mit einer Anekdote auch so sagen:

Ein Professor, der nur Fakten gelten lassen will, sagt, leicht amüsiert, zu seinem jüngeren Kollegen: »Ich habe gehört, Sie hätten neulich gesagt, Gott könne man sich denken als eine Kreisfläche, deren Mittelpunkt überall und deren Rand nirgends sei. Das ist wohl mathematisch unmöglich.« Darauf erwidert, das Bild aufnehmend, der Kollege: »Es gibt eben Menschen, die haben einen Horizont mit dem Radius null, und den nennen sie ihren Standpunkt.«

Eine Renaissance des Religiösen wird uns allenthalben angekündigt. Das nehme ich ohne Triumph zur Kenntnis, nicht einmal mit Genugtuung. Denn ich halte diesen Trend für eine Laune des Zeitgeistes. Es paßt eben zu unserer Umweltmisere und Sinnkrise, daß sich die Religiosität als allzu schnelle Lösung einstellt. Eine solche Konjunktur des Glaubens kann keinen Gläubigen erfreuen.

Die Anlässe jedoch sind vielfältig, die einen Menschen dazu bringen können, sich neu auf die Suche zu begeben. Sterbeerlebnisse beim »klinischen Tod« scheinen ein fast wissenschaftlicher Beweis für die selbständige Existenz eines Bewußtseins; eine »post-moderne« Behaglichkeit ist auch der Seele bekömmlich, was uns die »New-Age-Bewegung« klarmachen will; Endzeitängste, zu denen wieder Anlaß genug besteht, haben schon immer den Glauben angefacht; das Vertrauen in Wissenschaft und Technik bröckelt, mit ihm die Autorität des Atheismus. Aber zeigt diese Konjunktur nicht bloß, daß Religion eben gewisse gesellschaftliche Bedingungen und Bedürfnisse erfüllt – jedenfalls diese Art von Religion?

Gelegentlich muckt noch einer auf gegen die neue Überhöhung und Vergeistlichung unserer Lebenskultur. Der Publizist Klaus Podak hat sich mit aller Schärfe gegen diese »Renaissance der Religiosität« gewandt: »*Es mythelt – selbst in guten Köpfen. Es frömmelt und religiöselt im Land – und nicht nur in unserem. Kirchentage schlagen Open-Air-Festivals. Der Papst küßt, hieros gamos, die Erde, wo immer man ihn läßt. Und die Medien, das Fernsehen voran, blasen es uns als Weltereignis ins Hirn. Kein Leihmütter-Talk, keine Gentechnologie-Show ohne den katholischen Moraltheologen. Sinnsucht herrscht...*«

Anlaß für Podaks Schelte ist ein Aufsatz über Bürokratie, in dem zwei ausgewiesene Linke, Stanley Diamand und Wolf Dieter Narr, festgestellt haben, daß früher, »*in klassenlosen Gesellschaften*«, der einzelne noch was galt, denn »*Leben fand statt in heiliger Umgebung.*« Das läßt Podak seinen alten Gesinnungsgenossen noch durchgehen, nicht aber deren Schlußfolgerung, es müsse wieder so werden wie früher, auch in der heutigen Bürokratie tue »*eine Sakralisierung des sozialen Lebens not*«. Podak hält dagegen: »*Heilung der Gesellschaft durch Heiligung. Geht es wirklich nicht mehr ohne Religion?*« Und er antwortet sich selbst: »*Wir sollten fähig werden, unsere Innenwelt so komplex zu organisieren, daß wir den bunten Tand nicht nötig haben... Es gilt, und das ist weiß Gott nicht einfach, erwachsen zu werden.*«

Da ist es wieder, das Bild vom Erwachsenwerden. Offenbar bleibt es immer noch eins der stärksten Argumente des Atheismus: Nur ohne Gott kann die Menschheit zur Selbständigkeit reifen. Man darf aber mit begründeter Skepsis hinzufügen: Die bisherigen Schritte der Menschheit, die zur Eigenständigkeit führen sollten, waren meist auch nicht sehr ermutigend.

Hochkonjunktur hat die Religion übrigens auch bei einigen Sozialwissenschaftlern, die erkannt zu haben meinen, daß die Religion in jeder Gesellschaft eine wichtige Rolle übernommen hat und vorläufig unentbehrlich ist. So auf ihren Effekt reduziert, weitab jeder Wahrheitsfrage, wird die Religion bei Niklas Luhmann als soziales Schmieröl interpretiert – und verkannt, wie die Gläubigen mit gutem Grund sagen. Der Philosoph Hermann Lübbe rühmt den christlichen Glauben sogar mit einem Beigeschmack persönlicher Sympathie und sagt von ihm doch auch nicht viel mehr, als daß er unersetzbar oder jedenfalls besser sei als alles, was an seine Stelle treten würde. Ich erwähne die Sozialwissenschaft hier, weil die Hochschätzung der gesellschaftlichen Funktion der Religion mir auch nur Ausdruck einer ideologischen Großwetterlage zu sein scheint, die nicht unbedingt von Bestand sein muß.

Der Wissenschaftler steht heute, wie gesagt, fast unter einem Anpassungszwang, will er sich dem Trend nicht verweigern. Dafür ein letztes Beispiel. Als Konrad Lorenz, der große alte Mann der Verhaltensforschung, im Jahre 1983 eine Warnung vor dem fragwürdigen Fortschritt veröffentlichte, habe ich gleich das Ende des Buches aufgeschlagen, in der Erwartung, daß dort etwas über sein Verhältnis zur Religion stehen werde. Meine Vermutung trog nicht, auch wenn der Titel des Buches, ›Der Abbau des Menschlichen‹, eine solche Auseinandersetzung eigentlich nicht nahelegte.

Konrad Lorenz nähert sich dem Thema, indem er sich noch einmal gegen diejenigen Wissenschaftler wendet, die nur das Meßbare anerkennen wollen: »*Im Augenblick, in dem wir verstanden haben, daß Gefühle ebensogut Wirklichkeiten sind wie Meßergebnisse, ändern sich unsere Anschauungen über die Beziehungen, die zwischen dem Wißbaren und dem Unergründlichen bestehen.*«

Ja, ja, das Unergründliche! Da haben wir es. Jetzt muß Konrad Lorenz gleich auf Gott zu sprechen kommen, denn Worte wie »das Unergründliche« sind nur Vorstufen, sind Anläufe. Er geht wirklich noch einen Schritt weiter, aber sehr verhalten, läßt er doch seinem großen Kollegen Karl von Frisch, ebenfalls Verhaltensforscher und Nobelpreisträger, den Vortritt, indem er dessen Worte zitiert: »*Das Wunder dieser Welt führt zu Ehrfurcht vor dem Unbekannten, und wer solchen Gefühlen eine Gestalt gibt, an der er für sein Leben Halt findet, der ist auf gutem Weg.*«

Konrad Lorenz empfiehlt, indem er Frisch zitiert, einen Weg, von dem beide Autoren nicht sagen, ob sie ihn selbst gehen. Aber immerhin, der Wegweiser ins Land des Gottesglaubens ist für jeden, der den Weg sucht, aufgestellt, auch wenn die beiden Wissenschaftler selbst über ihre Entscheidung schweigen. Vielleicht halten sie sich wie Moses zurück, der das Gelobte Land auch nicht betreten konnte, die Kinder Israel jedoch getreulich bis an seine Grenze geführt hat.

Aber es besteht heute Konfessionszwang. Und tatsächlich, Konrad Lorenz gibt seinem Buch noch ein Nachwort bei, das er selbst als »das Credo eines Naturforschers« bezeichnet: *»Ich fühle mich gedrängt, ein Nachwort zu schreiben, das sich an alle jene richtet, die den Vertreter der Evolutionstheorie für einen krassen Materialisten halten, weil er das Wort ›Gott‹ nicht ausspricht.«*

Das muß man also heute schon rechtfertigen, wenn man als Zoologe nicht von Gott spricht. Konrad Lorenz erklärt – durchaus überzeugend, finde ich – diese Scheu vor dem Wort Gott damit, daß man den Namen Gottes nicht unnötig nennen solle. Und dann bezeugt er es doch noch, daß er das Überirdische sehr wohl kennt, auch wenn seine frommen Kritiker das immer nicht wahrhaben wollen: *»Es scheint unmöglich zu sein, dem frommen Gläubigen beizubringen, daß unser wissenschaftliches Bestreben keinen Verzicht auf alles Transzendente bedeutet . . .«*

Schließlich sucht er die Christen als Bundesgenossen zu gewinnen gegen jene Wissenschaftler, die er »ontologische Reduktionisten« nennt, weil sie alles Seiende auf das Meßbare reduzieren wollen. *»Wer an einen Gott glaubt, weiß immerhin mehr über das Wesen des Kosmos als jeder ontologische Reduktionist«*, gesteht er den Frommen zu. Übersetzt in das Bild vom Anfang dieses Kapitels: Konrad Lorenz sagt zu den Gläubigen, ihr baut zwar andere Steildächer als ich, aber wir sollten uns gegen diese Flachdachspezialisten zusammentun.

Ich glaube, alle diese Beispiele zeigen, wie deutlich sich das Klima in metaphysischen Fragen verändert hat. Damit ist die Wissenschaft noch nicht fromm geworden, aber sie ist gegenwärtig offenbar eher bereit, dem Glauben einen Platz einzuräumen, als in früheren Jahrzehnten.

Bis zur nächsten Mode.

Atheisten, gibt's die eigentlich noch? Man hört so wenig von denen, als sei der Streit um Gott eingeschlafen. Überall nur Ratlosigkeit und Gleichgültigkeit? Nein, es gibt in Berlin eine Zeitschrift, die nennt sich ›Journal der Konfessionslosen und Atheisten‹. Dort wird mit deftigen Formulierungen für eine gottfreie Vernunft gekämpft. Man bedauert dabei, daß es in unserer Gesellschaft einen neuen Trend zur Religion gibt (*»Es ist wieder schick, eine weiche Birne zu haben«*), und verachtet Leute, die noch an Gott glauben (*»die haben ihren Kopf schon weggeworfen«*).

Leute mit Vernunft aber, wahre Rationalisten, die seien immer zugleich auch Atheisten. Und was die Leute, die hinter dieser Zeitschrift stehen, von religiösen Menschen halten, ist auch eindeutig: *»An einen persönlichen Gott zu glauben, dazu gehört heute ein Maß an Schwachsinn, das ein normaler Mensch nur aufbringt, wenn er reelle Chancen hat, Bundespräsident oder Bundeskanzler zu werden . . .«*, schreibt ein Professor für Religionssoziologie, Günter Kehrer, der die Religionen allesamt für »sozialschädlich« hält.

Kehrer ist ein Mann, der es mit bissiger Satire versteht, gegen das Christentum zu kämpfen. Er bekennt für sich und die anderen Atheisten einen tapferen Verzicht auf Sinn und Geborgenheit und sieht den Unterschied zu den Herdenmenschen so: *»Wir können in einer Welt leben, die im letzten keinen Sinn hat. Wir können uns vorstellen, daß Welt und Leben auf Zufall beruhen. Atheismus ohne Wenn und Aber, ohne Schlupflöcher zu den Pfaffen und zu den Müttern, zeichnet sich dadurch aus, daß er nicht dort von Geheimnissen raunt, wo es nichts zu wissen gibt . . .«*

Da ist er also, der gute alte kämpferische Atheismus, frisch aus dem vorigen Jahrhundert übernommen und noch ungebrochen. Ich habe lange geglaubt, es gäbe ihn gar nicht mehr. In diesem Kampfblatt wird auch der

»Trick« aufgedeckt, mit dem es die christlichen Theologen immer wieder verstehen, junge Menschen für sich zu gewinnen. Der Trick bestehe darin, daß diese Religionsdiener der unwissenden Jugend einreden, der Mensch brauche einen Sinn seines Lebens. Da wird gehöhnt:

»Die Sinnproblematik, diese ›vieldimensionale Tiefenproblematik unserer Welt und Wirklichkeit‹... Mit diesen Kalauern locken seit Generationen abgefeimte Pfaffen und Pädagogen pubertierende Jugendliche an den Kirchensteuerschalter. ›Hat das Leben, hat die Welt einen Sinn? Oder nicht? Wie willst du leben und sterben, mein Lieber, wenn du das nicht weißt?‹ Und natürlich, wenn man einen Menschen lange genug bequatscht...« Dann kriegt auch er eine weiche Birne.

Günter Kehrer, als streitbarer Atheist in Rage, protestiert gegen die christliche Falle, die mit der Sinnfrage und der angeblichen »Tiefe« aufgestellt wird: *»Ich meine die alten Gesänge von Tiefe, von Hinterfragen, vom letzten Sinn, denen gegenüber der Atheismus, so wie wir ihn kennen und lieben (ja! lieben!), natürlich flach ist. Von der ›platten Aufklärung‹ haben schon meine (nicht alle) Deutschlehrer vor dreißig Jahren gesprochen und haben Carossa und Bergengruen, Hesse und Münchhausen mit uns gelesen – nicht mit mir! Gegenüber diesen Zumutungen gilt es sich zur Wehr zu setzen. Gerade in dieser Zeit, in der auch objektiv fortschrittliche Menschen sich in religiösem Flitterkram gefallen, ist es notwendig zu betonen, daß jede Religiosität, ausnahmslos jede, sozialschädlich ist.«*

An diesem Religionssoziologen fällt mir auf: Er ist tief verfeindet mit dem Objekt seiner Wissenschaft, nämlich den Religionen. Das ist ebenso befremdlich, wie es die Nachricht wäre, ein Insektenforscher hasse Insekten. Kehrer hat sein Fach wohl in der Absicht gewählt, andere über das aufzuklären, was er von Jugend auf verachtet hat. Er selbst hält sich an die Ratio, ja an die Sinnlosigkeit. Seinen Zeitgenossen, die soviel kühle Vernunft nicht aushalten, rät Kehrer, sie sollten *»getrost und getröstet in die Schickeria-Kränzchen der Tiefsinnigen eintauchen. Da ist es warm, und alle Konturen verschwimmen in dem Eiapopeia der Tiefenheinis.«*

Wir haben genug Proben kennengelernt, um uns eine Vorstellung von der Entschlossenheit und Selbstsicherheit, vom Spott und Grimm dieses Atheismus zu machen. Er braucht zu dieser Stärke freilich immer einen starken Gegner, den es zu bekämpfen gilt: den missionarisch auftretenden, autoritären Kirchenglauben. Kein Wunder, daß dieser herkömmliche Atheismus mehr und mehr verschwindet, fehlt es ihm doch an solch einem Gegner, seit sich die Christen toleranter zeigen. Gestiegen ist hingegen die Zahl derer, die nicht an Gott glauben. Aber sie nennen sich meist nicht mehr »Atheisten«, weil sie nicht in einer Gegnerschaft zum Glauben stehen. Gewöhnlich ist man als Ungläubiger heutzutage viel gelassener und nennt sich nur noch »Agnostiker«; was soviel heißt wie: einer, der davon überzeugt ist, daß man in religiösen Dingen nichts wissen kann und nichts zu wissen braucht.

Wer sich hingegen »Atheist« nennt, legt immer die Vermutung nahe, ihm sei der Gottesglaube keineswegs gleichgültig. So jemand geht ja nicht achselzuckend und gelangweilt an der Religion vorbei, sondern reibt sich an dem Gott, den andere bekennen. Uns sollen hier aber nur diejenigen beschäftigen, die sich »Atheisten« nennen oder sich wie Atheisten verhalten. Von denen gibt es zwei Sorten: die herkömmlichen, die im Kämpfen ihren Sinn sehen – und von denen wir Kostproben gesehen haben –, und die neuen, die moderne weltanschauliche Fragen aufgreifen und sich nicht einmal scheuen, Gefühle zu entwickeln. Sie fragen sich: »*Wie können wir religiös sein – auch ohne Gott?*«

Bleiben wir noch ein wenig bei der ersten Art von Atheisten, den kämpferischen. Im Jahr 1977 veröffentlichte Joachim Kahl sein Bekenntnis ›Warum ich Atheist bin‹. Kahl war damals kein Unbekannter mehr, hatte er doch zuvor schon eine Abrechnung mit dem christlichen Glauben geschrieben, die um so schärfer ausfiel, als er ein Fachmann war; er hatte nämlich evangelische Theologie studiert und erst nach der Promotion öffentlich und dann um so heftiger mit seinem alten Glauben gebrochen. Kahl, dessen erstes Buch in christlichen Kreisen als »Kahlschlag« gefürchtet war, bekannte sich nun ausdrücklich zum Atheismus, zum marxistischen Atheismus. Er hatte auch schon wieder einen neuen Gott gefunden und behauptete: *»Der marxistische Materiebegriff ist der wissenschaftliche Gegenbegriff zum religiösen Phantom ›Gott‹.«*

Materie als der neue Gott des ehemaligen Theologen – da liegt die Vermutung nahe, daß er einen neuen, festen Glauben brauchte. Als Marxist glaubte Kahl, die Materie sei ewig – und zu etwas Ewigem wollte er wohl aufblikken können. Diejenigen Atheisten aber, die ausgerechnet an die angeblich »ewige Materie« glauben wollen, haben kein leichtes Los. Während die moderne Physik vermutet, daß unser Weltall einmal entstanden ist und irgendwann sterben wird, muß einer wie Kahl sich notgedrungen immer noch auf Friedrich Engels berufen, der kein Naturwissenschaftler, schon gar kein moderner war. Er zitiert von ihm den Satz: *»Die Welt als Ganzes, die Materie, ist weder erschaffen noch erschaffbar noch zerstörbar, sie ist ewig und unendlich.«*

Es ist sicher für den marxistischen Atheismus eine arge Erblast, daß sich Marx, Engels und Lenin ausgerechnet auf die Behauptung festgelegt haben, die Materie sei ewig. Die Sowjetunion tat sich sehr schwer, die physikalische These anzuerkennen, daß die Welt in einem Urknall entstanden ist. Erst 1957 durfte sie in Rußland offen diskutiert werden. Weil die meisten Christen von dieser These geradezu begeistert waren, schrieb Wolfgang Spickermann, Redakteur des ›Neuen Deutschland‹ im Verlag Marxistische Blätter, ein Buch mit dem Titel ›Kosmologie und die Legende vom Schöpfungsakt‹.

Zur Abwehr religiöser Deutungen der Kosmologie heißt es dort trutzig und standfest: Auch wenn die Physik einen Anfang des Universums und seine Endlichkeit annehme, *»so widerspricht das keineswegs unserer marxistisch-leninistischen Erkenntnis von der Unendlichkeit der Materie oder ihrer ewigen, nie geschaffenen Existenz«.*

Man könnte darüber hinweggehen, weil schließlich die Ideologie nicht darüber bestimmen kann, wie die Physik aussehen soll. Aber es hat zumindest auch einen Physiker, sogar einen westlichen, gegeben, der nachzuweisen gesucht hat, daß die Schöpfung im Urknall keinen Schöpfer brauchte. Peter W. Atkins, ein englischer Physikprofessor, sah sich offenbar in seinem Atheismus herausgefordert durch die christliche Deutung der Weltentstehung (im ersten Kapitel ist er auch schon erwähnt worden). Den Anfang im Urknall könne man auch atheistisch, ohne Schöpfer, verstehen, meint er. Gut, das ist denkbar. Auffällig ist nur seine entschiedene Gegnerschaft gegen Gott. Am Anfang seines Buches führt er den Schöpfer noch genüßlich vor, erklärt aber gleich, es sei nur ein ganz fauler, untätiger Schöpfer überhaupt nötig gewesen, und fragt sich bald, *»ob wir nicht auch auf den letzten helfenden Anstoß durch die Hand des unendlich faulen Schöpfers verzichten können«.*

Hat Atkins seine Vermutungen und Erklärungen darüber beendet, was vor dem Urknall war, faßt er zusammen: *»Wir sind zurückgegangen bis in die Zeit vor der Zeit und haben die Spur bis zum vermeintlichen Sitz des unendlich faulen Schöpfers zurückverfolgt – natürlich ist er nicht da.«* Er ist nur deshalb nicht da, weil Atkins die Wunder, die für die Weltentstehung nötig waren, zu Zufällen erklärt hat. Nun kann Atkins den Lesern vorschlagen, *»daß wir dem Schöpfer – welchem auch immer und ganz gleich, ob wir jemals an ihn geglaubt haben oder nicht – gestatten, vom Schauplatz des Geschehens zu verschwinden und sich in nichts aufzulösen«.*

Diesen englischen Wissenschaftler habe ich hier noch einmal so ausführlich zu Wort kommen lassen, weil seine Art, die Gottesfrage zu behandeln, wirklich ungewöhnlich ist. Sonst sind Physiker sehr zurückhaltend, ob sie nun Gott für möglich halten oder nicht. Offenbar verspürte Atkins den dringenden Wunsch darzulegen, wie sich Gott auflöst. Er ist, ohne sich so zu nennen, Atheist, weil ihm die Gottesfrage nicht gleichgültig ist. Er stellt Gott erst hin, um ihn lächerlich zu machen und ihn schließlich zu verscheuchen.

Offenbar gibt es in England noch die alten Fronten im Streit um Gott. Bei uns ist das anders, jedenfalls kann es kein Zufall sein, daß eine andere atheistische Neuerscheinung auf dem Buchmarkt ebenfalls eine Übersetzung aus dem Englischen ist. Ich meine ein Buch des verstorbenen australisch-englischen Philosophen John L. Mackie, das den ironisch gemeinten Titel trägt ›Das Wunder des Theismus‹. Damit zitiert Mackie sein Vorbild, den großen Atheisten der Aufklärung, David Hume, der gesagt hat: »*Wenn die christliche Religion von einem vernünftigen Menschen geglaubt wird, muß man darin ein Wunder sehen.*«

Philosoph Mackie hat alle Argumente für und gegen Gott zusammengetragen und will – als erklärter Atheist – nachweisen, daß keins von den Argumenten für Gott zwingend oder auch nur plausibel ist. Die deutsche Übersetzung hat leider kaum Aufsehen erregt, am ehesten noch bei unseren wenigen einheimischen Atheisten. Einer von ihnen, der Journalist Willy Hochkeppel, der immer zur Stelle ist, wenn es darum geht, gegen den Aberglauben zu kämpfen – und er hält vieles für Aberglauben –, hat das Buch in einer Rezension gepriesen, die eine bemerkenswerte Überschrift trägt: ›*Abschließendes zur Sache mit Gott*‹.

Der Rezensent zeigt damit, was er sich wünscht, nämlich daß dieses atheistische Aufräumen mit dem Gottesglauben die Debatte abschließe. Er will, daß die Atheisten das letzte Wort behalten. Aber die Glaubenden werden sich wohl nicht das weitere Argumentieren verbieten lassen, auch wenn Hochkeppel meint, nun sei »Abschließendes« gesagt. Und darum wird die Debatte irgendwann weitergehen, auch bei uns. Aber große Lust dazu hat kaum jemand.

Mir scheint, dieser kämpferische, argumentierende Atheismus hat ausgedient, er ist, wenn nicht tot, so doch scheintot. Und das, weil er einfach nicht mehr sehr beliebt war. Die Leute mochten, jedenfalls in unserem Land, nicht einmal den Namen »Atheist«. So nennen sich bei uns allenfalls einige Fünfzehnjährige, die auffallen wollen; das ist ja auch das Alter, in dem Radikalität noch was gilt.

Wirklich, ein Atheist wird verdächtigt. Ein französischer Psychiater und Psychotherapeut, Ignace Lepp, hat sogar ein Buch geschrieben, in dem er Fälle von seelischen Erkrankungen beschreibt, die auf Unglauben beruhen – freilich versichert er uns, er sei weit davon entfernt, alle seine atheistischen Freunde für neurotisch zu halten, schließlich sei er selbst lange genug Atheist gewesen. Vor kurzem hat auch ein Schweizer Psychotherapeut, Peter Lüssi, ein Buch der Frage gewidmet, ob Glaubenslosigkeit zur Neurose führt. Immerhin ist von Seelenärzten oft festgestellt worden, daß ein Neurotiker an nichts mehr glauben kann. Aber führt Unglauben zur Neurose? Sind Atheisten Neurotiker? Das will zum Glück niemand so klar behaupten – und doch ist es aufschlußreich, daß man sich überhaupt diese Frage stellt. Atheismus als seelische Abartigkeit, dies Vorurteil scheint verbreitet zu sein.

Ich habe Ihnen die Beschreibung eines anderen, moderneren Atheismus angekündigt. Von dem soll nun die Rede sein. Er scheint mir der wirksame Versuch einer Wiederbelebung, freilich um den Preis, daß der Atheismus als Weltanschauung dabei an Profil und Biß verliert. Der neue Atheismus hat Gemüt und Herz, ja, er vermittelt Geborgenheit und verzichtet darauf, andere zu widerlegen und polemisch zu beißen. Er will das alte Image der kalten Ratio, der kämpfenden Gottlosigkeit, der verbissenen Rechthaberei loswerden. Vielleicht stand an seinem Anfang folgende strategische Überlegung:

Die Menschen sind allenfalls mit dem Kopf Atheisten, mit dem Herzen aber sind sie religiös, sehnen sie sich nach Sinnerfüllung und innerer Gewißheit. Man möchte an etwas glauben können. Der alte Atheismus verlangt den heldenhaften Verzicht auf Sicherheit und Sinn. Er hält die Welt für zufällig, das Leben für sinnlos und wirkt dadurch aggressiv, verkrampft und rational. Er hat die Menschen überfordert und sich in der Bekämpfung seiner Gegner erschöpft. Setzen wir dagegen eine warme, freundliche, neue atheistische Religiosität!

Nicht ungeschickt. Keiner hat das Konzept so eifrig in die Tat umzusetzen versucht wie der ehemalige katholische Priester Hubertus Mynarek, der sich, als er aus der Kirche ausschied, zunächst von Rom verfolgt fühlte und dann bei den Freireligiösen eine neue Heimat suchte. Die Freireligiösen, das sind diejenigen, die sich zwar nicht als Christen fühlen, auch keiner Konfession angehören, aber doch auf religiöse Riten allgemeiner Art nicht verzichten wollen und daher eine quasi-religiöse Gemeinschaft mit Jugendweihe und anderen Feiern bilden.

Diesen und anderen Nichtchristen predigt Mynarek einen, wie er es nennt, »religiösen Atheismus«. Den alten, intellektuellen und kämpfenden Atheismus aber verwirft er als dogmatisch: *»Es geht um einen Atheismus, der nicht so tut, als ob alle Probleme für einen auf der Höhe der Zeit stehenden Atheisten schon gelöst wären. Es geht um einen Atheismus, der sich der Sinnproblematik auf allen Ebenen stellt und zugibt, daß jede letzte weltanschauliche Behauptung über den Sinn oder die Sinnlosigkeit der Welt eine Glaubensentscheidung darstellt.«*

Also ein gefühlvoller, ja ein nachdenklicher Atheismus, der nicht behaupten will, die Rätsel der Welt schon gelöst zu haben. Duldsam gegenüber anderen Weltanschauungen will er außerdem noch sein. Hubertus Mynarek hat sich einen auffallend allgemeinen Begriff von Religion zurechtgelegt, einen Begriff, der es jedem erlaubt, sich »religiös« zu nennen: *»Religion ist umfassender, ganzheitlicher, grenzüberschreitender Vitalimpuls, der sich auf immer größere Ziele richtet.«* Was ein Vitalimpuls sein könnte, weiß ich allerdings nicht. Vielleicht ein »Anstoß zum Leben«.

Dieser neue, gefühlvolle, religiöse Atheismus nimmt sich Anleihen von überall und hat ein Vorbild in dem Physiker und Jahrhundertgenie Albert Einstein gefunden. Der sei auch religiös und zugleich Atheist gewesen, heißt es. Mynarek über ihn: *»Einstein lehnt den persönlichen Gott, wie er für jede Furcht-Religion und für jede Moral-Religion charakteristisch ist, ab, betont aber, daß eine kosmische Religiosität geradezu Grundlage der wissenschaftlichen Forschung sei. Für Einstein steht fest, ›daß die ernsthaften Forscher ... die einzigen tiefreligiösen Menschen‹ sind, daß man ›schwerlich einen tiefer schürfenden wissenschaftlichen Geist finden kann, dem nicht eine eigentümliche Religiosität eigen ist‹.«*

Einstein ist wirklich kein schlechtes Vorbild für diesen neuen Atheismus, der nun den alten, den dogmatischen beerben soll, indem er weniger engstirnig, verbohrt, kalt und kämpferisch ist. Ein Satz von ihm wird als Werbung für den neuen Atheismus gern zitiert: *»Es ist gewiß, daß* *eine mit religiösem Gefühl verwandte Überzeugung von der Vernunft beziehungsweise Begreiflichkeit der Welt aller feineren wissenschaftlichen Arbeit zugrunde liegt. Jene mit tiefem Gefühl verbundene Überzeugung von einer überlegenen Vernunft, die sich in der erfahrbaren Welt manifestiert, bildet meinen Gottesbegriff...«* Es ist auffallend, wenn ein angeblicher Atheist von seinem Gottesbegriff spricht. War Einstein Atheist? Die modernen Gefühlsatheisten möchten ihn gern für sich reklamieren. Denn immerhin hat er nicht an einen persönlichen Gott geglaubt, mehr an einen Weltgeist.

Die Ausweitung des Begriffs »Atheismus«, wie Mynarek sie betreibt, gefällt den »dogmatischen« Atheisten nicht. *»Man könnte das ganze Gerede von Herrn Mynarek lächelnd übergehen«,* schnaubt Günter Kehrer, *»wenn nicht eine tiefe Geistesverirrung sich darin ausdrückte, die auch anderen Köpfen gefährlich werden kann, nicht nur dem von Herrn Mynarek, um den es wahrscheinlich schon geschehen ist.«* So kennen wir den alten Kämpfer Günter Kehrer. Er ist dagegen, daß jemand versucht, seinen guten alten entschiedenen Atheismus mit einem Mäntelchen von Religiosität zu umgeben, nur um ihn für die heutigen Neu-Religiösen attraktiver zu machen.

Noch einmal Kehrer gegen Mynarek: *»So schleicht sich die Religion wieder ein in die Hirne aufgeklärter Menschen. So fressen die Ziegen die grünen Zweige der atheistischen Hoffnung. Vielleicht weiß Herr Mynarek gar nicht, wem er in die Hände arbeitet. Die Früchte seiner frei floatenden Religiosität werden die Kirchen ernten. Schon sind sie emsig dabei, sich anzupassen: Der Garten Eden als Prototyp einer alternativen Landsiedlung, Jesus als Blockierer vor KKWs, und dabei natürlich auch auf der anderen Schulter tüchtig Wasser getragen: Militärseelsorge und staatstragende Terrorbegleitung...«* Warum regt sich Kehrer so auf? Wahrscheinlich weil er spürt, daß dieser neue Atheismus weniger den Kirchen als den alten, beinharten Kämpfern der Gottlosigkeit gefährlich werden kann. Der neue Atheismus ist ihm zu tolerant, zu einfühlsam, zu weich. Den Kirchen, meint

Kehrer, könnte ihr ehemaliges Mitglied Mynarek nicht gefährlich werden, im Gegenteil: *»Einen Mynarek verkraften die locker. Aber nicht verkraften können sie frontale Angriffe, Lächerlichmachen ihrer windschiefen Gestalten, ihrer gekreuzigten Jesusse. Da brauchen sie Staatsanwälte zu ihrer Hilfe.«*

Und dann warnt Professor Günter Kehrer auch noch ausdrücklich davor, sich durch Namen wie Albert Einstein für die neue Form des weichen Gefühlsatheismus gewinnen zu lassen: *»Wir dürfen uns nicht irre machen lassen, wenn die inkonsequenten Atheisten eine eindrucksvolle Reihe von Zeugen für ihre Religiosität aufmarschieren lassen.«* Reinheit der Lehre geht ihm vor Anziehungskraft.

Abschließend rechtfertigt sich dieser dogmatische Atheist vom alten Schlage gegen den verlockenden neuen, religiösen Atheismus, so daß man schon Mitleid bekommen kann: *»Begeisterungsfähig, das sind wir doch alle . . . Wir Atheisten sind keine blutleeren Gestalten, die nicht wissen, was Liebe, Zärtlichkeit, Enthusiasmus ist.«* Das mußte wohl endlich mal ausgesprochen werden. Ein anderer Atheist, Fritz Erik Hoevels, Psychologe aus Freiburg, ist ebenfalls bereit, Konzessionen ans Gefühl zu machen, wenn sich dadurch der alte Atheismus retten läßt: *»Gerade wir Atheisten sind verpflichtet, unseren Mitmenschen in schwierigen Lebenslagen mit Zuspruch, Festigkeit und Aufklärung beizustehen, damit, wie ein treffender Ausdruck unserer Gegner sagt, ›ihre Seelen nicht den Mächten der Finsternis anheimfallen‹.«* Immerhin schön satirisch-doppelbödig gesagt.

Die Gegner, das sind die Christen. Sie spielen im alten, dogmatischen atheistischen Denken eine große Rolle. Dieser Atheismus lebt von seinem Gegner. Solange ihm jedoch dieser Geruch von Verneinung, Kampf und Bitterkeit anhaftet, wird er nur ganz wenige Menschen begeistern können. Offen gesagt, vor diesem alten Atheismus brauchten die Gläubigen noch nie Angst zu haben. Der neue hingegen, der sympathisch, offen und nachdenklich wirken und die großen religiösen Fragen beantworten will – nur eben ohne Gott –, der könnte dem lauen Durchschnittschristen durchaus verlockend erscheinen. Denn da findet er doch fast alles und muß nicht einmal an Gott glauben.

Aber ich hoffe, daß er nur wenig Erfolg hat, und ich denke, er wird ihn nicht haben. Denn er wäre in jedem Fall eine recht künstliche Neugründung. Da heißt, ihm fehlt die anheimelnde Tradition, ihm fehlen die heiligen Schriften, die alten Kirchen, die Gesangbücher, die Pfarrhäuser, und ihm fehlt die Glaubensgewißheit. Aber im übrigen mag er verführerisch für all diejenigen sein, die zwar ihre religiösen Gefühle wiederentdeckt, aber ihren Gottesglauben endgültig verloren haben. Und davon gibt es ja – ich finde das schade – recht viele unter uns.

7 Von Adam oder vom Affen?
Die Creationisten streiten für Gott

Ein deutscher Physikprofessor, Dr. S., hatte im Jahre 1980 in einer Fachzeitschrift einen Aufsatz über Fledermäuse, genauer: über Fledertiere gelesen. Diese Tiere verfügen bekanntlich über eine Art Radar, mit dem sie nachts Insekten orten und fangen können. Professor S. fühlte sich veranlaßt, dem Autor des Artikels, dem Biologieprofessor Gerhard Neuweiler in Frankfurt, einen Brief zu schreiben, in dem es heißt: »*Mit großem Interesse habe ich Ihren faszinierenden Artikel gelesen. Was Sie über Bau und Organisation der Fledertiere und ihre staunenerregenden Fähigkeiten schreiben, verdient Hochachtung und Bewunderung.*«

Bei diesen Schmeicheleien blieb es freilich nicht. Der Physiker S. hatte am Biologen Neuweiler auch etwas auszusetzen. Der Biologe hatte in seinem Artikel nämlich erwähnt, daß man allgemein annimmt, die Fledermäuse seien im Lauf der Evolution aus Vorfahren entstanden, die der Spitzmaus ähnlich waren. Unter Evolution versteht man die allmähliche Entstehung aller Lebewesen aus einfacheren Vorformen. Sind die Fledermäuse durch Evolution aus Spitzmäusen entstanden? Der Physiker S. hatte da seine Zweifel und schrieb seinem Kollegen: »*Diese Aussagen muten mich eher an wie ein Märchen, etwa wie das Märchen vom Klapperstorch, das manche Eltern ihren Kindern erzählen, damit sie die Wahrheit nicht – oder jedenfalls nicht so schnell – erfahren.*«

Starker Tobak. Sollte die Lehre von der Evolution ein Märchen sein? Daß alle Tier- und Pflanzenarten aus primitiven Vorfahren entstanden seien, das haben Wissenschaftler seit zweihundert Jahren vermutet. Seit mehr als hundert Jahren, seit Charles Darwin für diese Entwicklung eine überzeugende Erklärung gefunden hat, gilt die Evolution als so gut wie bewiesen. Und nun soll sie plötzlich als Märchen gelten? Ja, ein paar Wissenschaftler (wie Professor S.) halten die Evolutionstheorie tatsächlich für ein Märchen und wollen eine bessere Theorie anbieten. »*Schließlich könnte ein unvoreingenommener Beobachter auf die Idee kommen, daß ein atemberaubend genialer Konstrukteur hinter der Fledermaus steht, der ein perfektes System geschaffen hat*«, schreibt Professor S. dem Biologen.

Dieser Konstrukteur, man ahnt es, soll Gott sein. Das sagt S. allerdings nicht so offen. Er will nämlich nicht in den Verdacht geraten, allein aus frommen Motiven auf die Lösung gekommen zu sein, nur ein »genialer Konstrukteur« könne hinter der Fledermaus stehen. Nein, er hält diese Lösung auch wissenschaftlich für besser. S. ist nämlich Creationist, das heißt, er gehört zu den ganz, ganz wenigen Akademikern in unserem Land, die an eine – auf einmal vollzogene – göttliche Schöpfung glauben und den Gedanken an eine Evolution strikt verwerfen und bekämpfen – auch auf die Gefahr hin, sich lächerlich zu machen.

Das Thema Fledermäuse hat S. geschickt gewählt, denn hier kann er die Anhänger der Evolution am ehesten in Verlegenheit bringen. Er schrieb dem Biologen Neuweiler: »*Sie suggerieren die Vorstellung, daß Fledermäuse langsam und allmählich geschickte Flieger geworden sind. Aber sind lebensfähige Zwischenformen zwischen Spitzmaus und Fledermaus überhaupt denkmöglich?*«

Geschickt argumentiert. Tatsächlich kann man sich schwer vorstellen, wie eine Spitzmaus, wenn ihre Haut zwischen den Zehen mehr und mehr gewachsen ist, noch laufen kann. Fliegen kann sie auch noch nicht. Ihr Radar- oder Sonarsystem nützt ihr ebenfalls erst dann etwas, wenn es schon richtig funktioniert. Die Fledermaus muß, meint S., voll ausgestattet, auf einmal dagewesen sein, Übergangsformen sind unbrauchbar, weil lebensuntüchtig: »*Nach meinem Verständnis kann eine Fledermaus nur funktionieren, wenn alle Bestandteile, Flügel, Flugmuskeln, Leichtbauweise, Sonarsystem, Instinktsystem und vieles andere mehr gleichzeitig und perfekt vorhanden sind und zusammenarbeiten.*«

Also sei die Fledermaus, so der Schluß, von einem »genialen Konstrukteur« gleich fix und fertig geschaffen worden. Von einer Antwort des befragten Biologen an den Creationisten S. ist übrigens nichts bekannt. So etwas konnte aber unseren Physikprofessor nicht entmutigen. Er schrieb bald auch an den bedeutendsten Erforscher der Evolution, den wir in Deutschland haben, an den Nobelpreisträger Manfred Eigen in Göttingen. Eigen untersucht seit Jahren die unendlich schwierige Frage, wie vor Jahrmilliarden zum ersten Mal auf unserer Erde Leben entstanden ist – wohl durch Selbstorganisation von unbelebter Materie zu ersten primitiven Lebensformen.

»Sehr geehrter Herr Kollege Eigen«, lautet die Anrede an den Nobelpreisträger, ganz von gleich zu gleich. Dem Kollegen wird sodann mitgeteilt, im Juni 1982 solle in Heidelberg öffentlich über Evolution und Schöpfung gestritten werden. »Kann Leben von selbst entstehen?« werde die Streitfrage lauten. Weil der Nobelpreisträger als Debattenredner gewonnen werden soll, sagt ihm der weitgehend unbekannte Creationist erst einmal ein paar Artigkeiten: *»Nun sind nach meiner Kenntnis der Dinge Sie, Herr Kollege Eigen, der Forscher und Physiker und Denker, der am intensivsten, zähesten und erfolgreichsten auf dem unvergleichlich schwierigen Gebiet der Lebensentstehung gearbeitet hat und arbeitet. Mit Recht wird daher Manfred Eigen als der Darwin unseres Jahrhunderts angesehen.«*

Das ist nicht einmal übertrieben. Als Gegner bei der öffentlichen Debatte kündigt S. dem Nobelpreisträger Eigen einen amerikanischen Biologen an, der ein privates christliches Institut für Schöpfungsforschung in Kalifornien leitet. Soll Eigen sich mit einem solchen Mann einlassen? Veranstalter S. lockt den Nobelpreisträger: *»Sie werden gewiß in Heidelberg aufmerksame Ohren für Ihre Argumente finden, und, sofern sich diese als die überlegenen erweisen, wird das seine dauerhafte Wirkung im In- und Ausland nicht verfehlen. Falls Sie damit einverstanden sind, werden wir versuchen, das Fernsehen für eine Direktübertragung der Debatte zu gewinnen.«*

Gewinnen kann dabei nur der creationistische Herausforderer, denn er wäre, käme es zur Debatte, in jedem Fall als Gesprächspartner aufgewertet. Zu gewinnen ist bei solchen Redeschlachten sonst nichts. Wissenschaftliche Wahrheit setzt sich nämlich nur im Experiment durch und wird in Aufsätzen und auf Fachkongressen diskutiert. Schaukämpfe sind daher mit Recht nicht üblich. So fiel die Absage aus Göttingen auch recht kühl aus. Manfred Eigen war allerdings sehr höflich und gab sogar Gründe an: Er betrachte seine Wissenschaft nicht als ein Feld, auf dem er zu missionieren habe; es drohe ein Rummel, der kein Gewinn für die Wissenschaft sei. Und Eigen deutete auch an, daß er schon Erfahrungen mit sogenannten Creationisten gemacht habe. Wohl keine guten.

Diese Creationisten gibt es vor allem in den USA. Dort gehören allein über dreihundert Akademiker einer Vereinigung an, die den wortwörtlichen Glauben an den biblischen Schöpfungsbericht vertritt. Das eben erwähnte Institut der Schöpfungsforschung in Kalifornien etwa zählt zu seinen Grundsätzen folgende, angeblich wissenschaftliche Tatsachen: »*Die besondere Erschaffung aller Dinge in sechs natürlichen Tagen vor nur ein paar tausend Jahren. Die weltweite Sintflut, die als eine Katastrophe die ganze Erde verändert hat. Und den Bau des Turms zu Babel, durch den die Völker und alle Sprachen entstanden sind.*«

Es ist nicht ungefährlich, sich mit einem Creationisten in eine Debatte einzulassen. Das kann dann, wenn man sich nicht besonders vorbereitet, etwa so ablaufen:

Alle Angaben der Bibel sind wortwörtlich wahr.

Aber die Erde kann doch nicht erst sechstausend Jahre alt sein. Sie ist in Wirklichkeit fast eine Million mal so alt. Wie könnten sonst alle Gesteinsschichten und alle Versteinerungen geformt worden sein?

Im Gegenteil, alles ging innerhalb von Jahren vor sich – während der Sintflut. Nehmen Sie als Beispiel die Solnhofener Platten mit ihren wundervoll erhaltenen Versteinerungen. Die wurden innerhalb weniger Augenblicke gegossen. Anders sind sie gar nicht verständlich. Den Fischen ist dabei gelegentlich noch die Beute im Maul steckengeblieben.

Aber gerade die Versteinerungen, also die Fossilien, zeigen doch: Vor Jahrmillionen lebten auch ausgestorbene, primitive Tiere auf der Erde, heute zumeist höher entwickelte. Also doch eine Evolution.

Dem kann ich auch nicht zustimmen. Die Insekten zum Beispiel, die vor langer Zeit im Bernstein eingeschlossen wurden, sind genauso hoch entwickelt wie die heutigen Insekten. Die Tiere wurden als vollkommene Wesen geschaffen.

Aber wir sind uns doch wenigstens einig, daß der sogenannte Neandertaler ein geistig ziemlich beschränkter Vorfahr von uns war; er ging zudem leicht vornübergebeugt, hatte eine breite Nase und kaum eine Stirn.

So dachte man ihn sich. Diese Vermutung ist heute überholt. Heute weiß man, der Neandertaler war ein ganz normaler Mensch, kräftig gebaut und intelligent; seine – zugegeben – etwas eigentümliche Gesichtsform kommt heute noch bei Menschen vor und würde im Gewühl einer Großstadt kaum auffallen.

Aber Sie müssen doch zugeben, daß man auch Frühmenschen ausgegraben hat, die wirklich noch halbe Affen waren.

Man hat solche Skelette ausgegraben, aber das waren keine frühen Menschen, sondern Affen, die Gott geschaffen hatte und die leider ausgestorben sind. Übergangsformen aber zwischen Affe und Mensch, nach denen die Evolutionisten fieberhaft seit hundert Jahren suchen, sind nie gefunden worden – weil es sie nicht gegeben hat.

Aus der Zeit vor siebzig Millionen Jahren, aus der Zeit der Saurier, gibt es aber keine Spuren von menschenähnlichen Wesen. Weil es die Menschen noch nicht gab! Also sind doch nicht alle Lebewesen zur gleichen Zeit geschaffen worden. Der Mensch tritt sehr spät auf.

Alle Lebewesen waren zur gleichen Zeit da, auch die Menschen hat es schon gegeben, als die Saurier noch lebten. Das zeigen Fußabdrücke, die man im Flußbett des Paluxy in Texas entdeckt hat. Diese menschlichen Fußspuren finden sich gleich neben den Fährten von Sauriern. Dieser Fund wird allerdings von Evolutionisten geleugnet, verständlicherweise.

Aber Sie leugnen ja auch viel, zum Beispiel, daß neue Tierarten aus anderen entstehen können. Der beste Beweis für die Evolution ist schon die Züchtung immer neuer Hunderassen. Also doch Entwicklung einer Form aus der anderen.

Auch Creationisten wissen, daß es innerhalb einer Art zu Veränderungen kommen kann, auch die Menschenrassen sind ja verschieden. Aber immer nur innerhalb einer Art! Niemals kann aus einem Tier ein Mensch werden. Die Menschen stammen nicht aus dem Tierreich, schon gar nicht vom Affen ab. Wir alle sind Nachkommen des ersten Menschenpaares, das Gott schuf, von Adam und Eva.

Sie bestreiten aber auch alle meine Beweise. Drehen wir doch den Spieß einmal um. Wie wollen Sie denn Ihre Behauptung stützen, daß die Erde erst etwa sechstausend Jahre alt ist?

Ganz einfach. Alles spricht dafür. Jedes Jahr fällt zum Beispiel eine ungeheure Menge Meteoritenstaub auf die Erde. Es sind tatsächlich im Jahr 14 Millionen Tonnen Staub. Gut, die verteilen sich. Aber wenn die Erde wirklich schon ein paar Milliarden Jahre alt wäre, müßte sie längst in einer Staubschicht versunken sein.

Ich will damit den fiktiven Dialog beenden, der zeigen sollte, in welche Verlegenheit man kommen kann, wenn man von einem Creationisten in ein Gespräch verwickelt wird. Dabei will ich nicht leugnen, daß sich von wissenschaftlicher Seite auch immer noch ein Gegenargument finden ließe. Darauf kam es hier nicht an. Ich will jetzt nur versuchen, mit drei Überlegungen zu den Creationisten Stellung zu beziehen; es sind, um es gleich zu sagen, ein Lob und zwei Bedenken.

Die Creationisten stellen unangenehme Fragen. Sie sind eine Provokation und fordern die Wissenschaft dazu heraus, Rechenschaft über ihre eigenen Grundlagen zu geben. Das ist eine nützliche, unbeabsichtigt sogar sehr verdienstvolle Aufgabe. Auch den Laien können sie nachdenklich stimmen. Mir ist nie so klar gewesen wie nach dem Studium vieler Bücher der Creationisten, daß die Evolutionstheorie eben eine Theorie ist. Es ist ja bekanntlich weniges so erfrischend wie der Versuch, seine eigene Weltanschauung in Frage stellen zu lassen.

Nur betreiben die Creationisten auf diesem Gebiet ihre Sache nicht immer perfekt. Teils machen sie es sich zu leicht, indem sie die Evolutionsanhänger absichtlich mißverstehen und ihnen zum Beispiel unterstellen, sie beriefen sich auf den bloßen Zufall, der alles geschaffen haben sollte. Absurd. Der Creationist Joachim Scheven macht es sich besonders einfach, wenn er behauptet, Manfred Eigens Modell einer Entstehung des Lebens verstoße gegen bestimmte physikalische Gesetze, und fortfährt: »Es erübrigt sich daher, auf die von Eigen vorgeschlagenen komplizierten Modelle der Biogenese an dieser Stelle einzugehen.«

Ein anderer Creationist, der amerikanische Naturwissenschaftler A. Ernest Wilder Smith, der schon in einem halben Dutzend Berufe gearbeitet hat und fast jedes Jahr ein christliches Buch schreibt, macht in seinen Angriffen auf Wissenschaftler so viele Fehler, daß Hoimar v. Ditfurth über ihn urteilte, er sei »wahrhaft konkurrenzlos in der ›Widerlegung‹ und Interpretation wissenschaftlicher Veröffentlichungen, die er entweder allzu flüchtig gelesen oder schlicht nicht verstanden hat.« Ein peinliches Urteil, ist doch Wilder Smith der Kronzeuge vieler Creationisten in den USA und bei uns.

In Amerika haben sich im August 1986 fast alle lebenden Nobelpreisträger des Landes, zweiundsiebzig an der Zahl, gegen die sogenannte »creation science« ausgesprochen. Anlaß dazu war der gelungene Versuch der Creationisten, ihre Lehre mit Hilfe der Gerichte auch im Schulunterricht zu etablieren. Im Staat Louisiana schreibt nämlich ein Gesetz vor, daß die Lehrer neben der Evolutionstheorie auch die creation science gleichberechtigt behandeln. Die zweiundsiebzig Wissenschaftler argumentierten so: Dies Gesetz verstoße gegen die Trennung von Staat und Kirche, da die Schöpfungswissenschaft eben keine Wissenschaft, sondern die Lehre einer Religion sei.

In der Bundesrepublik wird der Creationismus am eifrigsten von einem württembergischen Pfarrer, der ein ehemaliger Ingenieur ist, Horst W. Beck, vertreten. Er hat im Nordschwarzwald das Studienkolleg Wort und Wissen gegründet, in dem zwei junge Wissenschaftler darum bemüht sind, Lehrer und Studenten zu schulen und ein Biologiebuch für den Unterricht zu entwickeln, in dem der biblische Schöpfungsbericht als ein »Paradigma« dargestellt wird, das die Biologie besser erklären soll als die Evolutionstheorie. Immerhin versichern diese glaubensstarken Menschen, sie sprächen Christen, die am Darwinismus festhalten, nicht ihren Glauben ab.

Im nördlichen Schwarzwald wird also wenigstens nachgedacht, wenn auch auf eine vielleicht sonderbare Weise. In den USA sind die Creationisten anders. Sie wollen nicht herausfinden, wie die Erde und die Lebewesen auf »natürliche Weise« vielleicht entstanden sein könnten; sondern sie wollen zeigen, daß man die großen Rätsel der Biologie und Paläontologie niemals lösen kann. So vertritt Wilder Smith mit Feuereifer die These, aus Materie könne »niemals« Geistiges entstanden sein. Hier wird also die Zielrichtung verkehrt. Man fragt nicht mehr: »Wie war es möglich?«, sondern: »Wie beweise ich, daß es nicht möglich war?«

Es fällt mir schwer, mich in diese Einstellung hineinzudenken. Nur einmal glaubte ich, verstanden zu haben, was einen Biologen bewegen könnte, Creationist zu werden; als ich nämlich las, was Gary Parker, ein amerikanischer Biologielehrer, von seiner Bekehrung berichtete. Sie geschah aus Sehnsucht nach Gewißheit: »*Der Friede und die Sicherheit, die einkehrten, als ich mich endlich Gottes Wort unterwarf, sind schwer mit Worten zu beschreiben. Ich wurde frei von allen Zweifeln und Ängsten, ich war nun nicht mehr abhängig von menschlichen Vorstellungen, auch nicht von meinen eigenen.*«

Diese Unterwerfung unter eine Autorität, so süß und verlockend sie sein mag, ist wohl das Gegenteil von Wissenschaft. Wahrscheinlich ist aber Creationismus außerdem noch schlechte Theologie. Creationisten sind wundergläubig. Deshalb suchen sie überall das Unbegreifliche und sträuben sich gegen vernünftige Erklärungen. Damit laufen sie Gefahr, Gott aus dem Alltäglichen zu verbannen. Ich finde, Gott ist überall, und alles ist, genaugenommen, wunderbar und unerklärlich. Die ganze Evolution ist ein Wunder, ist ohne den Geist Gottes nicht denkbar.

Evolution und Schöpfungsglaube – läßt sich das verbinden? Ja, für mich ist diese Verbindung die höchste Einsicht, zu der man kommen kann. Den Schöpfungsbericht muß man symbolisch verstehen: Gott hat die Welt durch Evolution erschaffen, und er schafft sie noch. So haben es viele Naturwissenschaftler gesehen. Teilhard de Chardin, Carl Friedrich von Weizsäcker, Carsten Bresch oder Hoimar v. Ditfurth, um nur vier zu nennen. Kennt man ihre Deutungen, so weiß man, daß Gott hier nicht an den Rand gesetzt ist oder zu einem weltlichen Prinzip wird, wie die Creationisten vermuten, sondern als Gott der Bibel verstanden ist.

Allzuoft wird aber die falsche Alternative vorgegeben. So diskutierte im Jahre 1986 in Oxford ein studentischer Debattierklub die Frage, ob die »Lehre von der Schöpfung« richtig sei oder die »Evolutionstheorie«. Bemerkenswert war die Veranstaltung allenfalls deshalb, weil sich hier die Protagonisten Richard Dawkins, ein hoch angesehener Darwinist, und A. E. Wilder Smith, ein produktiver Creationist, gegenüberstanden. Am Ende wurde unter den Studenten abgestimmt: Mit hundertachtundneunzig zu hundertfünfzehn Stimmen belegten die Bibelgläubigen einen verblüffend guten zweiten Platz. Doch das ist vielleicht nicht so erstaunlich, wenn man weiß, daß sich in Deutschland bei einer Allensbach-Umfrage zum Thema Schöpfung im Jahre 1989 immerhin volle achtundzwanzig Prozent für die Formung des Menschen aus dem Erdenkloß aussprachen. Diese Gruppe deckte sich übrigens nicht mit der der Kirchgänger, sondern entsprach wohl eher einer bestimmten Bildungsschicht.

Zwei christliche Naturwissenschaftler, die jede falsche Alternative ablehnen, indem sie, wie es sich gehört, für Gott und Darwin gleichermaßen eintreten, die Brüder Hansjörg und Wolfgang Hemminger, kommentieren die Lage in ihrem aufschlußreichen und klugen Buch ›Jenseits der Weltbilder‹ so: »*In der Bundesrepublik hat sich ein Nährboden für creationistische Ideen entwickelt, den es früher nicht in dieser Form gab und an dessen Entstehung die weitverbreiteten, populären creationistischen Werke Anteil haben.*«

Im Mitteilungsblatt der Bekenntnisbewegung meldete sich der Ingenieur Werner Gitt als bibeltreuer Gegner jeder Vermischung von Schöpfung und Evolution zu Wort. Er ist leitender Mitarbeiter (mit Professorentitel) einer Braunschweiger Bundesanstalt. Nur Schöpfung, keine Evolution, so lautet seine Devise: »*Evolution mit einem Gott in diesem System ist eine schaurige Entstellung der biblischen Botschaft. Dieser Gott kleidet sich in das Gewand des biblischen Gottes, aber mit veränderter Wesensart. Diesen ›Evolutionsgott‹ dürfen wir nicht mit dem Vater Jesu Christi verwechseln. Wir wollen an Jesus Christus glauben und wachsam sein gegenüber den Irrlehren unserer Zeit.*«

Ob sich viele Zeitgenossen von dieser Warnung beeindruckt zeigen werden, bleibt offen. Ich jedenfalls glaube weiterhin, daß Naturwissenschaft und Bibel – beide! – Teil einer einzigen Wahrheit sind; und daß sich Gott in der Evolution ebenso großartig offenbart wie in der Heiligen Schrift. Ich bin also für ein Sowohl-als-Auch. Darum kann ich auch die Alternative »Von Adam oder vom Affen?« so nicht gelten lassen. Weder stammen wir, wörtlich genommen, von einem Adam ab, noch sind die heutigen Affen unsere Vorfahren. Und doch steckt in beiden Behauptungen auch ein Stück Wahrheit. Sagen wir es doch so: Wir stammen aus Gottes Hand – nur hat sich Gott dabei etwas mehr Zeit gelassen, als es in der Bibel berichtet wird.

8 Die Evolution der Computer
   Überholt uns die eigene Schöpfung?

Nach jahrelanger Arbeit hatte der amerikanische Computerwissenschaftler Joseph Weizenbaum seinem Computer beigebracht, mit Menschen scheinbar in einen Dialog zu treten. Das geschah natürlich nicht so, daß der Computer gesprochene Worte verstehen konnte, aber man durfte ihm über die Tastatur Mitteilungen machen, und er druckte Antworten aus, die sehr menschlich und teilnehmend klangen, fast wie von einem Therapeuten. Die Sekretärin von Joseph Weizenbaum, die die Arbeit an dem Computer über lange Zeit verfolgte, hatte schließlich den Wunsch, mit der intelligenten Maschine ebenfalls in Verbindung zu treten, schickte den Professor aus dem Zimmer und gab einen Stoßseufzer zu Protokoll:

Alle Männer sind gleich.
    Nachdem dieser Satz eingetippt worden war, antwortete der Computer schriftlich: *In welcher Weise?*
    Sie machen uns immer wegen irgend etwas verrückt.
    Können Sie ein Beispiel nennen?
    Na ja, die Idee zu diesem Gespräch stammt von meinem Freund.
    Die Idee zu diesem Gespräch stammt von Ihrem Freund?
    Er sagt, daß ich oft deprimiert bin.
    Es tut mir leid, von Ihnen zu hören, daß Sie deprimiert sind.
    Das stimmt, ich bin unglücklich.
    Glauben Sie, daß dieses Gespräch Ihnen hilft, nicht mehr unglücklich zu sein?
    Ich brauche jedenfalls Hilfe, das steht fest.
    Was würde es für Sie bedeuten, Hilfe zu bekommen?
    Vielleicht könnte ich lernen, mit meiner Mutter auszukommen.
    Erzählen Sie mir mehr über Ihre Familie.

Und so weiter. Klingt doch wirklich überzeugend. Später weigerte sich Joseph Weizenbaums Sekretärin zunächst, ihm von ihrem Dialog zu berichten, denn sie hatte das Gefühl, sich nicht einer Maschine, sondern einem verständigen Ratgeber anvertraut und sehr Persönliches besprochen zu haben. Diesem Irrtum sind noch viele verfallen, ohne daß Weizenbaum das gewollt hatte. Er hat später zu deuten versucht, warum der von ihm programmierte Computer so menschlich wirkte. Es sei, meinte er, offenbar einem Menschen schwer möglich, hinter einigermaßen klug formulierten Sätzen, die aus dem Computer kommen, nicht ein intelligentes Wesen zu vermuten, sondern sich klarzumachen, daß alles nur mit ein paar Tricks geschickt arrangiert ist. In Wirklichkeit hatte der von Weizenbaum programmierte Computer nur die Fähigkeit, das ihm Eingegebene nach Stichworten zu sortieren und dann vorgefertigte, scheinbar passende Antworten herauszusuchen.

Den Computern ist immer schon Intelligenz zugetraut worden, nicht nur von Laien. Als nach dem Krieg in vielen Ländern die ersten Computer ausprobiert und diskutiert wurden, stritt man sich in Fachkreisen oft darüber, ob diese Maschinen jemals würden denken können. Ein junges Genie unter den Fachleuten, der englische Mathematiker Alan Turing, wollte von dieser Debatte nichts wissen und schlug statt dessen in einem sorgfältig bedachten Aufsatz einen Test vor, von dem er annahm, daß man ihn vielleicht in fünfzig Jahren – das wäre also Ende des Jahrhunderts – erfolgreich ausführen könnte. Er stellte sich vor, daß in einem Raum an einem Fernschreiber ein Mensch sitzt, der weiß, daß er mit zwei anderen Terminals über Fernschreiber verbunden ist. Mit diesen beiden Anschlüssen korrespondiert er nun in einem lebhaften Dialog und muß herausfinden, welcher von beiden mit einem Computer verbunden ist – es antwortet also nur die Maschine – und welcher Anschluß ihn mit einem Menschen verbindet, der dabei versuchen soll, so offenkundig menschlich einfühlsam, intelligent und spontan zu reagieren, daß es ganz klar wird: Das kann nur ein Mensch! Als einen möglichen Dialog, ausgeführt am Ende dieses Jahrhunderts, stellte sich Alan Turing dieses Gespräch vor.

Bitte schreiben Sie ein Sonett über die Forth-Brücke.
Das kann ich nicht. Ich habe noch nie ein Gedicht ge-
schrieben.
Addieren Sie 34 957 zu 70 764!
Und hier tritt nun eine Pause von dreißig Sekunden ein –
und dann die schriftliche Antwort: *105 621.*
Spielen Sie Schach?
Ja!
Ich habe den König auf E 1 und keine anderen Figuren.
Sie haben lediglich den König auf C 3 und den Turm auf
A 8. Sie sind am Zug! Wie spielen Sie?
Hier wieder eine Pause, diesmal fünfzehn Sekunden –
und dann die Antwort: *TA 8 – A 1, Schach.*

Was meinen Sie – wird einmal ein Computer so antworten können? Wen würden Sie hier am anderen Ende
vermuten? Alan Turing hat sich gedacht, daß dieser
Dialog vielleicht nicht ganz eindeutig auf einen Menschen oder auf einen Computer als Antwortenden
schließen lasse, weil immerhin die Rechenaufgabe falsch
beantwortet wird, was eine raffinierte Täuschung des
Computers sein könnte, der so tut, als sei er doch nur ein
Mensch; oder was eben wirklich auf einen Menschen
schließen ließe. Noch ist freilich kein Computer fähig, so
flexibel und intelligent im freien Dialog zu antworten.
Wenn er es einmal kann – dann könnte er denken, also
selbständig erkennen und urteilen.
   Es waren immer nur wenige Wissenschaftler, und das
vor allem in Amerika, die sich dem ehrgeizigen Projekt,
eine künstliche Intelligenz zu erzeugen, verschrieben
haben. Dieses Programm unterscheidet sich von der
Entwicklung des normalen Computers, der ja nur ein
Rechenkünstler oder ein ausführendes Organ sein soll.
Das Projekt, künstliche Intelligenz zu schaffen, soll den
Computer dazu bringen, selbständig und geradezu in
Konkurrenz zum Menschen zu denken, Probleme zu lösen und seine eigene Umwelt zu erkennen. Würden Maschinen jemals denken können? Die Erwartungen wurden in den sechziger Jahren alsbald von den Erfolgen
noch übertroffen, und die Euphorie war so groß, daß einer der führenden Köpfe dieses Programms, der Ameri-

kaner Marvin Minsky, 1968 geradezu Angst vor der Entwicklung bekam und schrieb: »*Heute lösen Maschinen Probleme noch in der Hauptsache nach den Prinzipien, die wir in sie eingebaut haben. In Kürze werden wir wissen, wie wir sie programmieren müssen, damit sie ihre eigenen Fähigkeiten zur Lösung von Problemen ständig selbst verbessern. Ist erst einmal eine bestimmte Schwelle überschritten, erfolgt die Entwicklung immer schneller, und vielleicht werden wir nur unter Schwierigkeiten einen zuverlässigen Regler zustande bringen, um ihr Tempo abzubremsen.*«

Von diesem Optimismus ist allerdings in den letzten Jahren nicht mehr viel zu hören gewesen, und Voraussagen wie aus dem Jahre 1970, daß spätestens innerhalb der nächsten fünfzehn Jahre mit den Computern die menschliche Intelligenz ersetzt werden oder sogar überboten werden könnte, sind vergessen. Man muß wohl schon in größeren Zeiträumen denken, um noch vermuten zu können, der Computer habe mit seiner künstlichen Intelligenz eine Chance, uns zu überholen. Der englische Physiker Paul Davies peilt gleich Millionen Jahre an, wenn er die Intelligenzmaschinen in schönster Entwicklung sieht. Er meint, für einen phantasievollen Menschen gebe es keinen physikalischen Grund, »*warum nicht Maschinen alles erreichen und sogar übertreffen können, wessen der menschliche Geist fähig ist. Weil es für solche Maschinen keine Größenbeschränkung gibt, lassen sich leicht riesige künstliche Übergehirne vorstellen*«, die man schließlich noch »*zu einem einzigen Hyper-Supergehirn zusammenfaßt*«. Weil man außerdem »*mit Hilfe der Gentechnik Gehirne ›nach Maß‹ züchten kann*«, braucht man man die nur noch mit Computern zu kombinieren und hat alles, was man zu einem neuen Schritt der Evolution braucht.

Weniger zuversichtlich, aber mit derselben Konsequenz sieht Hoimar v. Ditfurth die Entwicklung. In einem Aufsatz aus dem Jahre 1985 warnt er: »*Es wäre denkbar, daß die weitere Entwicklung auf diese Weise einmal so etwas wie eine fortschreitende Entmündigung des intellektuell mehr und mehr zurückfallenden Menschen herbeiführen könnte. Der damit unvermeidlich*

*einhergehende Kulturschock wäre beträchtlich ... Dann
hätten wir mit einem Male unsere Rolle als ›Krone der
Schöpfung‹, als Gipfel der kosmischen Geschichte, ausge-
spielt.«*

Die Aussichten, die Hoimar v. Ditfurth hier ausmalt –
und er steht damit nicht allein – sind ungemütlich, ganz
egal, ob diese Schreckensvision von den übermächtigen
Computern nun schon in zwanzig Jahren oder erst später
Wirklichkeit werden sollte. Daß man bei solchen Aussichten erst mal mit abwehrenden Gefühlen und mit einer Verdrängung reagiert, ist verständlich. So geht es
wohl den meisten Menschen, auch mir. Darum muß ich
mich fragen, ob ich die angebliche Intelligenz der Computer nicht nur deshalb bezweifele, weil ich nicht wahrhaben will, daß der Mensch demnächst entthront wird
und die Roboter zur Krone der Schöpfung werden. Seien
wir also ehrlich und zählen wir zunächst auf, was die
Computer und Roboter können: Roboter sorgen nicht
nur in den Fertigungsstraßen für eine überaus präzise
Montage, nein, sie können sogar – in einem Münchner
Rüstungsbetrieb ist das zu besichtigen – aus einem Lager
mit über fünfzigtausend Einzelteilen selbst die Ersatz-
teile holen, indem sie durch mehrere Stockwerke sich
voll programmiert selbständig bewegen, das Ersatzteil
holen oder es zurückbringen, alles ohne Fehler.

Bekannt ist, daß Computer sehr schnell sehr komplizierte Rechnungen ausführen können und daß sie als
Schachgenies fast unschlagbar sind. Und doch gilt unter
Fachleuten als ziemlich ausgemacht, daß sie zwar 99,99
Prozent aller Schachspieler schlagen können, aber einige
hochbegabte Schachmeister ihnen auch in Zukunft überlegen sein werden. Das weit einfachere Damespiel ist
schon 1961 so programmiert worden, daß der Computer
die besten Damespieler schlagen kann. Eine Kommission
von Wissenschaftlern hat aber zur gleichen Zeit festgestellt, daß die Schwierigkeiten eines ähnlich erfolgreichen
Schachprogramms immerhin um den Faktor eine Million
größer sein würden als beim Dameprogramm. Ein
Schachcomputer, der den Weltmeister schlägt, ist nicht in
Sicht. Den Computern traut man heute aber zu, daß sie
bald anspruchsvolle Musik komponieren oder Bilder

entwerfen können, sogar im Stil bestimmter Meister, zum Beispiel in der Art eines Paul Klee. Man traut ihnen auch zu, daß sie eines Tages einfache Rechtsfälle entscheiden und manche medizinische Diagnose schneller stellen können als ein Arzt.

Dem steht aber allerlei gegenüber, was die Computer nicht gut können. Sie können, obwohl man Millionen für solche Programme ausgegeben hat, bisher nicht von einer Sprache in die andere übersetzen; alle Programme sind gescheitert und vorläufig unterbrochen. Computer verstehen keine Textzusammenhänge. Nicht einmal einfache Geschichten für Kinder oder Fabeln kann der Computer so verstehen, daß er Rückfragen beantworten könnte.

Nehmen wir als Beispiel diese Fabel: *»Der Rabe saß auf einem Baum und hatte ein Stück Käse im Schnabel, das der Fuchs gern gehabt hätte. Der schlaue Fuchs brachte den Raben dazu, das Stück Käse fallen zu lassen, indem er ihn aufforderte, ihm doch bitte etwas mit seiner schönen Stimme vorzusingen.«*

Hat der Computer diese Geschichte gespeichert, so hat er sie noch lange nicht verstanden, denn dazu müßte er ein äußerst verflochtenes Alltagswissen haben und nutzen können. Kaum zu glauben, daß es je einen Computer gäbe, der spontan und unprogrammiert die Frage beantworten könnte: *»Glaubte der Fuchs wirklich, der Rabe habe eine schöne Stimme, oder wollte er ihn nur täuschen?«*

Ein Computer hätte das nicht verstanden. Es ist bisher auch nicht gelungen, dem Computer beizubringen, ein so kompliziertes Gebilde wie ein menschliches Gesicht unter verschiedenen Umständen immer wiederzuerkennen, was einem Menschen leichtfällt. Es gibt für die Beschränktheit seiner Fähigkeiten einen einleuchtenden Grund: Er arbeitet nach einem anderen Prinzip als das menschliche Gehirn.

Und noch etwas: Er hat – selbst als Roboter – keinen Körper, er kann sich nicht zurechtfinden in seiner Umgebung, er hat keine Erfahrungen ansammeln können, die man nur mit Sinnesorganen und Gliedmaßen erwerben kann. Alles, was einem Tier und erst recht einem Menschen selbstverständlich ist, was man weiß, ohne erst fragen zu müssen, auch da, wo man sich in einer scheinbar fremden Umgebung bewegt, all das weiß der Computer nicht, und er kann es nicht aus Erfahrung lernen. Hätte er einen Körper und könnte er lernen, so wäre er vielleicht wirklich eine Gefahr für uns und würde uns in der Skala der Evolution, in Kürze oder etwas später, überholen.

Der englische Computerwissenschaftler Christopher Evans ist einmal gefragt worden, mit welcher Tiergattung er die besten heutigen Computer vergleichen würde. Er antwortete: *»Ich meine, unsere besten Rechenanlagen werden heute etwa die Intelligenz eines Regenwurms besitzen.«*

Das war als Kompliment gemeint – an die Computer, denn man soll die Intelligenz eines Wurms nicht unterschätzen. Ein Tier ist vollkommen angemessen ausgestattet für seine Umwelt; auch ein Wurm ist ein selbständiges, flexibles, den Zwecken optimal angepaßtes System, und das kann man vom besten Computer nicht sagen. Er ist nicht selbständig, hat keine abgestimmten Fertigkeiten, er kann nur ganz weniges, das aber atemberaubend schnell und zuverlässig. Ein Regenwurm ist – als technische Anlage betrachtet – einfach das bessere Produkt, denn er ist vollkommen.

Die Evolution – man könnte auch sagen: die Schöpfung – ist besser als alles, was die Menschen vollbringen oder was sie gar ihren eigenen Geschöpfen, nämlich den Computern, mitgeben können. Wie intelligent die Evolution arbeitet, wie weit alles, was sie zustande gebracht hat, das überbietet, was ihren Geschöpfen selbst bewußt ist, mag eine kleine Geschichte aus der Biologie zeigen.

»Wenn die Zeit des Eierlegens kommt, errichtet die Wespe der Gattung Sphex zu diesem Zweck einen Bau und sucht sich eine Grille, die sie so lange sticht, bis sie gelähmt, aber nicht tot ist. Sie schleppt die Grille in den Bau, legt ihre Eier daneben, verschließt den Bau und fliegt dann davon, um nie wieder zurückzukehren. Bald schlüpfen die Larven aus den Eiern und ernähren sich von der gelähmten Grille, die nicht verwest.«

Das ist ein fest gespeichertes Programm, dessen Perfektion wir nur bewundern können. Die Wespe weiß natürlich von alledem nichts und reagiert keinesfalls flexibel, wenn man sie in ihrem programmierten Verhalten stört. Über eine solche Störung heißt es in der biologischen Darstellung:

»Die Wespe pflegt die gelähmte Grille zum Bau zu bringen, läßt sie an der Schwelle liegen, geht hinein, um nachzusehen, ob alles in Ordnung ist, kommt wieder heraus und zerrt dann die Grille hinein. Wenn die Grille vom Experimentator um ein paar Zentimeter verschoben wird, während die Wespe ihre Inspektion durchführt, bringt die Wespe die Grille beim Verlassen des Baus zurück zur Schwelle, aber nicht in den Bau hinein und wiederholt dann die Vorbereitungsarbeiten, nämlich den Bau zu betreten und nachzusehen, ob alles in Ordnung ist. Wenn die Grille erneut um einige Zentimeter entfernt ist, während die Wespe im Bau ist, wird sie noch einmal die Grille zur Schwelle befördern und den Bau für die abschließende Prüfung betreten. Die Wespe denkt nie daran, die Grille direkt hineinzuzerren. In einem Falle wiederholte sich der Ablauf durch das Eingreifen des Experimentators vierzigmal, immer mit dem gleichen Ergebnis.«

Der ganze Vorgang kommt uns vor, als wäre er von einem außerordentlich klugen Weltschöpfer so eingerichtet, während das Tier selbst, das auf diese intelligente Weise programmiert ist, starr und offenbar unintelligent an seinem Programm festhalten muß. So clever das Programm ist, das die Wespe ausführt, so viel größer ist die Intelligenz, die sie verkörpert – wenn wir sie mal als das hochtechnische Produkt eines überlegenen Herstellers sehen. Den Menschen kann man ebenfalls so betrachten. Was er hervorbringt, ist zwar auch schon erstaunlich, aber ihn hervorzubringen stellt eine noch viel größere Intelligenzleistung dar. Wenn wir aus dieser Betrachtungsweise einen Schluß ziehen, dann wohl diesen: Die Intelligenz eines Geschöpfes scheint immer kleiner zu sein, als es die Intelligenzleistung seines Schöpfers war, die sich in diesem Geschöpf verkörpert.

Wenn das so ist, so wäre es fraglich, ob der Mensch jemals Wesen erschaffen kann, die intelligenter sind als er selbst. Ich weiß, der Traum von der künstlichen Intelligenz besagt, die Computer würden sich bald gegenseitig erschaffen – eine Generation die nächste – mit immer höherer Intelligenzleistung. Noch ist es aber bei allem Fortschritt nicht einmal gelungen, die Intelligenz des Menschen künstlich zu erreichen. Computer arbeiten noch, wie gesagt, auf der Stufe des Regenwurms und sind sogar viel unselbständiger als er.

Ich stehe wohl immer noch unter dem Verdacht, ich wollte die Krone der Schöpfung nicht an die künstlichen Gebilde der Menschen abgeben. Aber man kann auch den Spieß umdrehen und einen anderen Verdacht aussprechen, nämlich den, daß die Computerfachleute vielleicht doch ihr Produkt überschätzen und sich selbst zu Unrecht als die Schöpfer einer neuen Spitze der Evolution sehen. Das fällt mir auch bei dem in Bremen lehrenden Informatikprofessor Klaus Haefner auf, der eine, wie er es sieht, humane Computergesellschaft entwirft, in der jedem Menschen über Datensichtgeräte das Wissen der ganzen Welt abrufbar zur Verfügung steht; er meint, daß der Mensch damit etwas Göttliches schaffen werde: »Zunehmend werden ›göttliche Eigenschaften‹ in materiellen Systemen verfügbar gemacht ... Verwirklicht nicht das gesammelte Wissen der Datenspeicher auf Erden die ›Allwissenheit Gottes‹?«

Noch hat der Computerfan Klaus Haefner nur einen Fragesatz formuliert, aber auch dabei kann man sich wundern, wie sehr einige Techniker manchmal ihre eigenen Schöpfungen überschätzen. Mit dem Computer Gott spielen zu können, das scheint mir doch ein wenig naheliegender Gedanke; und außerdem, alle Fakten zu kennen hieße ja noch lange nicht, alles zu verstehen. Da liegt wohl eine Verwechslung von Speichern und Begreifen vor.

Ebenso vermessen war wohl die Hoffnung einiger Pioniere der künstlichen Intelligenz, sie könnten das Wunderwerk Mensch nachbauen oder gar überbieten. Da kennen sie den Menschen schlecht – und dessen Schöpfer. Der brauchte vier Milliarden Jahre für die Entwicklung vom Einzeller bis zum Wunder des menschlichen Geistes, schneller scheint es selbst mit dem Mittel »Evolution« nicht zu gehen. Qualität braucht eben seine Zeit.

Im Ernst, die Evolution – wenn wir sie einmal personifizieren – ist viel intelligenter als wir. Nur ihr wird es gelingen, uns eines Tages zu überbieten. Das wird wahrscheinlich nicht dadurch geschehen, daß wir als Modell sozusagen weiterentwickelt werden, sondern durch eine weltweite Katastrophe, das heißt durch die Vernichtung eines großen Teils der Lebewesen auf der Erde. Einen solchen »Faunenschnitt« hat es während der Erdgeschichte schon dreimal gegeben. Dem letzten sind unter anderem die Dinosaurier zum Opfer gefallen. Erst danach hatten neue Entwicklungslinien der Evolution eine Chance.

An unseren Nachfolgern werden wir nicht einmal beteiligt sein, denn erst wenn die Menschheit ausgestorben ist, kann sich wirklich Höheres entwickeln. Das ist eine These der Paläontologie, von der ich in dem Buch ›Leben heißt Sterben‹ des Bonner Paläobiologen Heinrich K. Erben gelesen habe. Erst nach dem Aussterben der meisten alten Arten kommt es zur Blüte einer ganz anderen Entwicklungslinie. Wir werden die neue nicht mehr erleben, denn sie braucht wiederum Millionen Jahre – wie wir sie gebraucht haben, seit wir uns aus dem Rattenzustand, in dem wir während der Zeit der Dinosaurier lebten, emporzuarbeiten begannen.

Nicht die Menschheitsgeschichte wird also weitergehen, nur die Evolution. Das ist für die meisten Menschen kein tröstlicher Gedanke. Noch härter ist freilich der Ausblick, den das nächste Kapitel zu geben versucht, der Blick auf das Ende des Kosmos. Hier wird sich der Glaube an den Schöpfer endgültig zu bewähren haben.

In einem Volkshochschulkurs lauschen die Zuhörer den Ausführungen eines Astronomen. Er erklärt gerade, daß die Sonne in etwa fünf Milliarden Jahren aufhören wird, die Erde zu erwärmen, so daß auf unserem Planeten alles Leben zu Ende gehen muß. Da schrickt einer der Zuhörer auf und ruft mit entsetzter Miene: »Was haben Sie gesagt? In fünf Millionen Jahren?« Doch der Dozent kann ihn beruhigen: »Nein, erst in fünf Milliarden Jahren.«

Diese Geschichte ist vielleicht ein bißchen albern, aber sie kann zeigen, daß es doch irgendwie unsinnig scheint, sich über ein Ende allen Lebens aufzuregen, das – so oder so – in unvorstellbar weiter Ferne liegt. Es ist für unser Empfinden ganz gleichgültig, ob dies Ende nun in fünf Milliarden oder in fünf Millionen Jahren bevorsteht. Erleben werden wir es sowieso nicht mehr. Und doch werden durch diese düstere Aussicht viele Menschen stark bewegt.

Nicht nur unser Sonnensystem, der ganze Kosmos ist vergänglich. Wen diese Wahrheit nicht berührt, der hat sie wohl noch nicht verstanden. Der englische Physiker Paul Davies, der ein Buch über Anfang und Ende der Welt geschrieben hat, sagt es nüchtern so: *»Es gibt sicher kaum eine folgenschwerere Erkenntnis der Wissenschaft als die, daß auch das Universum als Ganzes nicht unbegrenzt weiterexistieren kann.«.*

Was steht uns Menschen bevor? Nichts, denn es wird keine Menschen mehr auf dieser Erde geben, wenn sie unbewohnbar wird. Sie ist jetzt etwa fünf Milliarden Jahre alt. Erst im letzten Tausendstel des bisherigen Erdalters ist der Mensch aufgetreten, ihn gibt es erst seit etwa drei Millionen Jahren. Und wenn nun die Astronomen berechnen, daß die Erde noch etwa so lange bestehen wird, wie sie bisher bestanden hat, also noch etwa fünf Milliarden Jahre, dann ist das eine so lange Zeit, daß sich bis dahin ganz andere Wesen hier entwickelt haben werden – oder es gibt gar keine mehr.

Auch wenn die Katastrophe weder uns noch unsere

Nachkommen betrifft, fühlen sich viele Menschen durch sie in ihrer Weltanschauung und in ihrem Glauben betroffen. Die Diskussion über die Zukunft des Alls treffe, meinte auch der englische Wissenschaftsautor Nigel Calder, »*den Nerv religiöser Empfindungen*«.

Doch gehen wir der Reihe nach vor. Zunächst muß uns das Schicksal des Planeten Erde beschäftigen. Die Erde für sich allein könnte noch sehr alt werden, aber sie ist von der Sonne abhängig. Die Sonne ist ein Stern, der wie alle Sterne ungeheuer viel Energie verbrennt, und dieser Energievorrat geht einmal zu Ende. Wir haben, wenn man so will, dabei doppelt Pech. Einmal ist unsere Sonne ein relativ großer Stern, und solche Sterne verbrennen ihre Energie ziemlich schnell. Zum andern sind wir der Sonne so nahe, daß sie uns in ihrem Todeskampf auch noch verschlucken wird. Verringert sich nämlich die Brennstoffmenge der Sonne, so wird sie zu einem Roten Riesen und dehnt sich so weit aus, daß sie ihre nächsten Planeten verschlingt, die Erde dabei ihrer Atmosphäre beraubt und sogar unsere Felsengebirge erst schmelzen, dann verdampfen läßt.

Wenn die Sonne – und mit ihr die Erde – verglüht, wird es im Universum immer noch andere, kleinere Sterne geben. Aber einmal ist auch deren Feuer verbrannt, sind auch sie geschrumpft und erkaltet, schließlich zu sogenannten »Schwarzen Löchern« zusammengefallen, merkwürdigen Gebilden, die alle Materie in sich hineinziehen. Paul Davies: »*Was auch passiert, am Ende wird es nur noch die Gravitation geben – eine Ansammlung von Schwarzen Löchern in einem dunklen, kalten Universum.*«

Dann wird aber immer noch nicht die Bewegung ganz zum Stillstand gekommen sein, mit der das Universum seit seinem Beginn auseinanderfliegt. Nur wird diese Bewegung ohne Licht und ohne Wärme sein; gewiß auch ohne Leben, das auf diese Wärmequellen angewiesen ist. Dieses Ende in der Unendlichkeit von Raum und Zeit nennt man, seit es vor hundert Jahren in Sicht kam, auch den »Wärmetod des Universums« – was sprachlich ziemlich irreführend ist, da ein Tod aus Wärmemangel, nicht aus zuviel Wärme gemeint ist.

Die Astrophysik hat auch berechnet, wie es dann mit dem Universum weitergeht. Die Zeiträume werden nun fast unermeßlich groß, und es passiert immer seltener überhaupt noch etwas. Die Jahre, die bis dahin verstrichen sind, lassen sich mit Worten ohnehin nicht mehr benennen. Es sind nicht Milliarden, nicht Billionen, sondern Zahlen, bei denen man nur noch die Nullen zählen kann. Sie werden als Hochzahlen geschrieben. Wenn nach 10^{32} Jahren die Atomkerne zerfallen, nähert sich die Temperatur im All dem absoluten Nullpunkt.

Aber es herrscht nicht überall nur Demontage. Schreitet die Zeit nach 10^{71} Jahren in neue Unendlichkeiten fort, so bilden sich sonderbare Atome eines Positroniums, wobei jedes einzelne Atom einen Durchmesser von einigen tausend Milliarden Lichtjahren hat. Die Teilchen in diesem Atom *umkreisen einander so langsam, daß es eine Million Jahre dauert, bis sie sich einen einzigen Zentimeter vom Fleck bewegt haben* (Davies). Ob sie je einmal herumkommen? Doch, denn Zeit genug haben sie. Erst nach 10^{116} Jahren ist nämlich auch das meiste Positronium zerfallen.

Unvorstellbare Zeiträume. Es ist offenkundig, hier will uns die Physik einen Vorgeschmack auf die Ewigkeit geben. Das ganze Universum ist dann soviel größer und leerer als heute, daß man sich davon erst recht keine Vorstellung mehr machen kann. Und es geschieht fast nichts mehr. Paul Davies schreibt: *»Dann wird nur noch die Strahlung aus dem Verdampfungsprozeß zurückbleiben, und das Universum wird sich als dunkler, leerer Raum bis in alle Zeiten und über alle Grenzen hinweg ausdehnen. Die letzten Energievorräte werden aufgebraucht, die kosmische Maschine zurm Stillstand gekommen sein. Dann endlich wird ein universeller Gleichgewichtszustand erreicht sein. Etwas Trostloseres und Sinnloseres als dieses Ende kann man sich kaum vorstellen.«*

Ebenso resigniert äußert sich Nigel Calder: *»Die Vision, daß nach rund hundert Milliarden Jahren kosmischer Ordnung derlei Unvollkommenes, Ungereimtes folgen soll, mutet wahrhaft seltsam an.«*

Es muß an dieser Stelle erwähnt werden, daß es möglicherweise noch eine einzige andere Zukunft für das Universum gibt, die freilich heute als unwahrscheinlich gilt. Sie ist, um das vorweg zu sagen, auch nicht erfreulicher als die andere. Nach dieser Theorie dehnt sich das Weltall nicht ewig aus. Es hätte jetzt noch eine Ausdehnungsphase von etwa fünfzig Milliarden Jahren vor sich. Dann käme die Bewegung zum Stillstand und kehrte sich um. Das Weltall würde im gleichen Tempo schrumpfen, wie es gewachsen ist. Es wäre also in weiteren fünfzig Milliarden Jahren wieder so groß wie heute, und in noch mal fünfzig Milliarden Jahren wäre es auf den ursprünglichen explosiven Glutball des Urknalls verdichtet.

Wie es ein paar Millionen Jahre vor diesem Ende in der Welt aussehen würde, hat der amerikanische Physiker und Nobelpreisträger Steven Weinberg ausgemalt: *»Wenn sich das Universum auf ein Hundertstel seiner gegenwärtigen Größe zusammengezogen hat, wird der nächtliche Himmel so warm sein wie unser gegenwärtiger Himmel bei Tage. Weitere siebzig Millionen Jahre später wird das Universum noch mal um das Zehnfache kontrahiert sein, und unsere Erben und Rechtsnachfolger (sofern es sie überhaupt gibt) werden den Himmel unerträglich hell finden.«* Das wäre der Anfang vom Hitzetod des Universums.

Steven Weinberg nennt diese Geschichte eine traurige Geschichte. Und in der Tat bietet sie keine besseren Aussichten als die andere Theorie. Nur – in diesem Fall gäbe es noch eine schwache Hoffnung auf Fortsetzung. Dann nämlich, wenn auf den Hitzetod des Universums ein neuer Urknall, also ein neuer Anfang folgte. Das ist auf den ersten Blick nicht unwahrscheinlich, weil der Endzustand dem Anfang aufs Haar zu gleichen scheint. Doch haben Berechnungen es als unwahrscheinlich erscheinen lassen, daß der Kosmos nach dem Zusammenbruch neu erstehen könnte. Schon gar nicht scheint sich ein solcher Zyklus von Vergehen und Werden unendlich oft wiederholen zu können.

Das Buch von Paul Davies trägt in der englischen Originalfassung den Untertitel ›Die endgültige Katastrophe‹, der korrekt auf das Ende hinweist. Mir ist unerklärlich, warum das Buch in der deutschen Übersetzung den optimistischen Titel ›Am Ende ein neuer Anfang‹ bekommen hat. Vielleicht wollte man den deutschen Leser nicht gleich mit dem erschrecken, was der Verfasser »die bitter schmeckende Wahrheit« nennt. Bitter, so sagt er zum Schluß, ist vor allem, daß wir alle »in Vergessenheit geraten« werden.

Die meisten Wissenschaftler finden offenbar das Ergebnis ihrer Untersuchungen traurig und trostlos. Steven Weinberg meint allerdings, wir fänden, wenn schon nicht im Weltall, so doch *»zumindest eine gewisse Ermutigung in der Forschung selbst«*.

Warum ist der Gedanke, das Weltall sei sterblich wie wir selbst, so schwer erträglich? Ich glaube, der Mensch braucht eine Gewißheit; er will etwas haben, was ewig ist. Hat sich für viele Menschen schon Gott als auflösbarer Begriff gezeigt, so soll wenigstens der gestirnte Himmel über mir die Ewigkeit verkörpern, zu der ich aufblicken kann. Statt dessen gähnt nun am Ende der Welt-Geschichte ein Abgrund, droht in der Zukunft ein unbelebtes Chaos. Was ist da zu tun?

In dieser Lage sind zunächst vier Einstellungen denkbar:

Die erste wäre die bittere Klage, die wir schon kennengelernt haben, über das schreckliche Ende im galaktischen Friedhof und in der kosmischen Eiszeit. Tatsächlich scheint sich, wenn der Fortschritt doch nicht ewig währt, der Sinn der ganzen »Veranstaltung Kosmos« – gleichsam rückwirkend – aufzulösen. Und man beginnt diejenigen Forscher zu verstehen, die sich schon geweigert haben, im Urknall und in der Evolution des Kosmos einen Sinn zu sehen. Warum einen Sinn in den Anfang legen, wenn das Ende ihn sowieso wieder aufhebt?

Die zweite mögliche Reaktion auf das Ende des Alls wäre: Man stellt die bisherigen Berechnungen der Physiker in Frage oder sucht ein Schlupfloch. Die Wissenschaftler John Barrow und Joseph Silk schreiben: *»Wo die Quantentheorie herrscht, ist stets auch ein Hoffnungsschimmer . . ., denn in einer unendlichen Quantenzukunft kann (und wird schließlich auch) alles Erdenkliche passieren.«* Viele Laien sagen es ganz direkt: Die Berechnungen können ja falsch sein.

Stephen Hawking, das englische Genie, das uns schon im Kapitel über den Urknall beschäftigt hat, verweist drittens darauf, daß die Welt vielleicht doch auf einen mittleren Weg – zwischen Zusammensturz und unendlicher Ausdehnung – programmiert ist. Immerhin scheint das Universum gerade an der Grenze zwischen »offen« (unendliche Ausdehnung) und »geschlossen« (Zusammensturz) zu liegen. Hawking nennt diese Grenzsituation *das Bemerkenswerteste an unserem Universum«* und wählt, vor die beiden Alternativen vom Ende der Welt gestellt, eine dritte: *»Wenn ich mich für ein Modell entscheiden müßte, würde ich wohl dieses wählen, das sich gerade an der Grenze zum Zusammensturz bewegt.«*

Dem Ende von allem kann man auch entgehen, indem man annimmt, daß unser Universum nach dem Zusammensturz zu noch größerer Pracht wiedererstehen könnte; oder daß es viele Universen nebeneinander gibt, so daß mit dem Ende des unseren nicht alles aus wäre. Auch das wären Auswege, die jedoch wenig Wahrscheinlichkeit für sich haben.

Die vierte Möglichkeit, auf das Ende der Welt zu reagieren, ist die Zustimmung zu diesem Ende. Der Münchner Physikprofessor Harald Fritzsch meint: *»Wir haben gesehen, daß das Universum als Ganzes lebt, daß es eine Geschichte hat und daß es sterben wird. Ich gestehe: Gerade diese Eigenschaften machen mir den Kosmos sympathisch.«* Er möchte den Satz des Philosophen Karl Popper über den Sinn des menschlichen Sterbens offenbar auf den Kosmos anwenden: *»Wir sollten einsehen, daß es gerade die faktische Gewißheit des Todes ist, die viel zum Wert unseres Lebens beiträgt.«* In diesem Sinne fordert Fritzsch schließlich, wir sollten unsere Gedanken von der Ewigkeit ab- und der Erde zuwenden, denn wir hätten die Pflicht, sie zu erhalten. Für diesen Standpunkt habe ich viel Sympathie.

Es ist aber wohl erlaubt, noch eine weitere Möglichkeit ins Auge zu fassen. Mir scheint, die Fachleute tun allzusehr so, als sei es mit der Welt schon in ein paar tausend – oder Millionen – Jahren vorbei. Vergessen wird nämlich, welch unglaubliches Reservoir an Entwicklung noch vorhanden ist, wenn die Welt noch wenigstens fünfzig Milliarden Jahre besteht. Zu welchen Formen der Vergeistigung und der Moral könnten intelligente Wesen – nicht die Menschen, wie im vorigen Kapitel schon erörtert – da noch gelangen. Oder anders gefragt: Wäre es nicht denkbar, daß in diesen Zeiträumen sich irgendwann einmal alles, was überhaupt in der Evolution angelegt und durch sie erreichbar ist, entwickelt haben wird? Wenn aber das Schöpfungspotential ausgeschöpft wäre – dann schiene danach doch das Ende der Materiekräfte und der Zerfall aller Ordnung weniger absurd. Oder?

Mir und meinem Glauben an sinnvolle Entwicklung würde diese Vorstellung – daß einmal die Vollkommenheit erreicht ist, bevor alles zerfällt – schon genügen. Einen Schritt weiter gegangen ist Hoimar v. Ditfurth in seinem Buch ›Wir sind nicht nur von dieser Welt‹, in dem er angesichts des physikalischen Endes der Schöpfung seine religiösen Postulate formuliert.

Ditfurth fordert anzunehmen, daß es in diesem Kosmos noch eine andere, unsichtbare Welt gibt, die er im religiösen Sinne »das Jenseits« nennt. In diesem Jenseits, das für ihn zugleich auch die Heimat alles Geistigen ist, wird für Hoimar v. Ditfurth die Geschichte unseres Kosmos einmal enden. Sinnvoll enden! Für ihn mündet die Geschichte des Alls in einen Jüngsten Tag. Er rechtfertigt das mit den Worten: »*Die mythologische Vorhersage vom kommenden Ende aller Zeiten ist zulässig, weil sie dem nicht widerspricht, was wir heute über die Geschichte des Kosmos wissen.*« Und er fügt als Argument hinzu, was so sinnvoll begonnen habe, könne nicht so sinnlos enden: »*Deshalb ist es zulässig und legitim, wenn wir darauf vertrauen, daß die kosmische Geschichte nicht einfach abbrechen, sondern vielmehr ›ihr‹ Ende finden wird.*« Diese fast logische Forderung nach einer Symmetrie von Anfang und Ende wird wohl auch der bestechend finden, den kein religiöser Wunsch zu dieser Lösung drängt.

Das Ende also als Vergeistigung der Materie? Nach Ditfurth wird das Ende in dem Punkt erreicht, »*in dem der Geist diese Welt in sich aufgenommen haben wird*«. Damit stünde dann am Ende doch nicht die Zerstörung, sondern ein neuer Anfang in Herrlichkeit. Wir gingen auf eine Vollendung zu, die dem Wunder des Anfangs würdig wäre.

Ob man das annimmt, ist natürlich eine Glaubensfrage. Wie man sich entscheidet, hängt davon ab, ob man die Intelligenz, von dem dieses Universum ohne Zweifel bestimmt wird, für einen Geist »im« Universum hält oder für ein geistiges Wesen, das »hinter« dem Universum steht. Oder anders gesagt, ob man diesen intelligenten Geist für einen *»natürlichen Gott«* hält, wie ihn Paul Davies in seinem neuen Buch ›Gott und die Physik‹ beschreibt, oder für einen übernatürlichen, wie es die meisten Religionen tun.

Eins ist klar, der »natürliche Gott« stirbt mit seinem Universum. So sagt es auch Paul Davies von seinem erklärtermaßen »natürlichen« Gott: Der wird, *»indem das Universum langsam . . . erstickt, gemeinsam mit ihm sterben«*. Es sei denn, das Universum könne sich irgendwie erneuern – und mit ihm sein Gott. Ebenso denkt Harald Fritzsch, für den Gott auch innerweltlich, nämlich *»die Einheit des Universums«* ist, woraus folgt: *»Einen ewigen Gott gibt es damit ebensowenig wie ein ewiges Leben.«*

Glaubt man jedoch an einen göttlichen Geist, der nicht bloß im Universum wirkt, sondern hinter ihm als sein Urheber steht, dann stirbt er nicht zusammen mit seinem Werk. Dann könnte er, während er die Materie zerfallen läßt, das Geistige – losgelöst von allem Materiellen – fortleben lassen zu neuen, wahrhaft erhabenen Zielen einer weiteren Evolution.

Ich habe mich für diese zweite Auffassung entschieden, und das vor allem deswegen, weil ich meine, daß sich der Glaube an einen Schöpfer genau hier, am Ende der Schöpfung, bewähren muß. Gibt es kein sinnvolles Ende, so war auch der Anfang nicht sinnvoll.

Teil II: Was aus dem Nazarener wurde

10 Ein Prophet in seinem Vaterlande
Die paar Dinge, die man von Jesus weiß

Es mag im Jahre 52 unserer Zeitrechnung gewesen sein, da saß in der griechischen Stadt Ephesus der Prediger einer neuen jüdischen Sekte und schrieb an einige seiner Anhänger im Lande Galatien einen Brief. Die Sektenangehörigen nannten sich Christen, der Prediger hieß Paulus, und er empfand sich als Apostel eines Mannes namens Jesus von Nazaret, den er selbst nie gesehen hatte, den er aber landauf, landab als den Messias, den Christus, verkündigte.

Seinen Brief an die Christen in Galatien schreibt Paulus mit entschlossener Wut. Er ist wütend darüber, daß andere Prediger des neuen Glaubens die Gemeinden, die er, Paulus, gegründet hat, mit einer etwas anderen Auffassung vom Christenglauben verwirren. Einer seiner Gegner ist der Vorsitzende der sogenannten Christen in Jerusalem, ein gewisser Jakobus. Und obwohl Paulus wirklich allen Grund hat, gerade diesem Jakobus die Autorität abzusprechen, gibt er ihm den Respektsnamen »Herrenbruder«. Denn dieser Jakobus ist ein leiblicher Bruder von Jesus, der für den Apostel Paulus der Herr ist.

Von diesem Brief des hocherregten Apostels habe ich am Anfang berichtet, weil er das älteste Dokument ist, in dem bezeugt wird, daß Jesus wirklich gelebt hat. Vorausgesetzt, der Brief ist echt. Auch das ist von kritischen Gegnern des Christentums früher bestritten worden. Aber es ist ganz unwahrscheinlich, daß ein Brief wie der an die Galater, der so heftig und persönlich ist, erdichtet wurde.

Es bleibt erstaunlich, daß es keinen älteren oder besseren Beweis dafür gibt, daß Jesus wirklich gelebt hat, als diesen Paulusbrief. In einem Werk des jüdischen Historikers und Zeitgenossen Jesu, Josephus, wird zwar Jesus einmal erwähnt, aber es ist nicht ganz sicher, ob die Stelle echt oder später eingefügt worden ist. So bleibt uns als ältestes historisches Zeugnis jener Brief an die Galater.

Auch er ist erst etwa zwanzig Jahre nach Jesu Tod verfaßt worden.

Hat Jesus denn überhaupt gelebt? Ist er eine historische Figur? Auf diese Frage kann man trotz der spärlichen Zeugnisse mit einem eindeutigen Ja antworten. Zweifelhaft ist nur, ob er wirklich all das gesagt und getan hat, was von ihm berichtet wird, und ob ihm die Bedeutung zukommt, die man ihm bald zuschrieb.

Als Paulus seinen leidenschaftlichen Kampfbrief verfaßte, gab es noch keine schriftlichen Unterlagen über Jesus. Die Evangelien des Neuen Testaments sind erst ein paar Jahrzehnte später niedergeschrieben worden. Allerdings gab es in einigen Gemeinden des neuen Christenglaubens schriftliche Sammlungen, die von Worten und Taten Jesu berichteten. Und es gab Glaubensbekenntnisse, die den Glauben an den Herrn Christus, der von Gott erhöht wurde, zusammenfaßten, so ähnlich, wie es heute noch das Glaubensbekenntnis tut.

Wer versucht, etwas über Jesus, wie er wirklich gewesen ist, in Erfahrung zu bringen, der hat es also nicht leicht. Auf Augenzeugen kann er sich nicht berufen. Die Evangelien sind, wie gesagt, recht späte Berichte, die zudem weniger dokumentieren wollen, wie es wirklich war, als bezeugen wollen, daß gerade Jesus der lange erwartete Heilsbringer, der Messias war. Das heißt, den historischen, den leibhaftigen Jesus müssen wir hinter den Evangelien zu erkennen versuchen wie hinter einer Scheibe aus trübem Glas. Es ist allerdings nicht richtig, was von einigen Zweiflern wie Rudolf Augstein behauptet wird, der schreibt: *»Jesus kennen wir nicht. Wir wissen nicht, was Jesus ›gewollt hat‹.«* Richtig ist nur, daß man keine Biographie mehr rekonstruieren kann und daß man von dem Heiligenbild, das uns die Evangelien überliefern, erst die Übermalungen sorgsam abtragen muß. Dann ergibt sich immer noch kein Leben Jesu und kein Charakterbild, aber Botschaft und persönlicher Anspruch werden erkennbar.

Die Theologie hat diesen Versuch seit zweihundert Jahren mit großem Scharfsinn unternommen, ist damit aber eingestandenermaßen nicht weit gekommen. Zuverlässig sind die Evangelien aber in ihrer sehr lebhaften

Schilderung der Art, wie Jesus aufgetreten ist und wie er auf seine Zeitgenossen gewirkt hat.

Jesus zieht in seiner Heimat, das ist der nördlichste Teil Palästinas, Galiläa genannt, von Ort zu Ort umher. Es folgen ihm dabei Anhänger, nicht nur Männer, sondern – durchaus ungewöhnlich – auch Frauen und Kinder. Ich versuche, mir das vorzustellen. Zu der merkwürdigen Gefolgschaft, die sich, umherziehend, abends einem Dorf nähert, zählen auch Jünger, die er besonders berufen hat. Am Rande des Dorfes läßt sich die Gesellschaft nieder, Dorfbewohner kommen ihnen entgegen. Sie sind neugierig auf den Wunderrabbi und gewaltigen Redner, das treibt sie her. Man bringt auch Kranke, weil man gehört hat, daß dieser Prophet heilen kann. In diesen Wundern wird – für ihn und die Umstehenden – die Wirksamkeit und Nähe Gottes sichtbar, die er verkündigt.

Allerdings war Jesus kein Magier, obwohl das in neuerer Zeit der Historiker Morton Smith hat nachweisen wollen. Wunder tat er nebenbei, meist aus Mitgefühl. Er war ein Lehrer, ein Rabbi, freilich einer, der mit einer bettelnden Sippschaft von Nichtseßhaften umherzog und der keine Schüler annahm, sondern Jünger in die Nachfolge berief. Den ordentlichen Rabbinern konnte er pointierte Wortgefechte liefern. Sonst wählte er als »Proletarier« – so nennt ihn der deutsche Soziologe Anton Mayer, ein passionierter Jesusforscher – die »Sprache der Arbeiterklasse«, und die war sehr schlicht.

Er sprach dabei von Gott und vom Willen Gottes, als habe er eine besondere Verbindung zu ihm, kenne dessen Forderungen und spüre seine Nähe. Manchmal sagte er »Abba« (Papa) zu ihm. Das war vertraulich, aber nicht ganz ungewöhnlich. Wir müssen uns Jesus als souverän vorstellen, als jemanden, der sicher und entschieden auftrat. Das hat offenbar eine starke Wirkung auf seine Mitmenschen ausgeübt.

Die Evangelien überliefern uns, daß seine Zuhörer erschrocken waren von der Gewalt seiner Worte. »Sie entsetzten sich, denn er lehrte als einer, der Vollmacht hat, und nicht wie die Schriftgelehrten.« Gewiß konnte er sehr zornig werden gegen verstockte Zuhörer, aber auch gegen seine Mutter oder seinen wichtigsten Jünger, Petrus, den er einmal anfuhr: »*Hinweg von mir, Satan, denn du willst nicht, was göttlich, sondern was menschlich ist.*« Zu Kindern und Hilflosen war er nachsichtig und liebevoll. Im Urteil der Anständigen war er sogar sträflich nachlässig im Umgang mit Verachteten und Betrügern, mit Dirnen und Ehebrecherinnen.

Der mittellosen Landbevölkerung hat er Gottes Güte versprochen: »*Selig ihr Armen, denn euer ist das Reich Gottes!*«, so überliefert es Markus. Diese Neigung zu den Entrechteten hat die spätere Überlieferung korrigiert. Bei Matthäus lautet der Satz schon so: »*Selig die Armen im Geiste.*« So verstand man Jesus zu einer Zeit, als er längst Kultfigur geworden war und für die besseren Kreise stadtfein zu sein hatte.

Seine Familie hält ihn zeitweise für verrückt. Gegner nennen ihn, da er kein Asket ist, einen Säufer und Fresser. Wahrscheinlich haben es seine Zeitgenossen genauso schwer gefunden, sich für oder gegen ihn zu entscheiden, wie wir es tun. Er war anziehend und abstoßend, hochfahrend und sanft, extrem in seiner Verschärfung des überlieferten Gesetzes und doch grundlos großzügig, streng konservativ und doch auch mancher Neuerungen verdächtig. Was war dieses Neue?

Er verkündigte das Reich der Himmel und sagte, diese Herrschaft Gottes sei nahe: »Reich der Himmel« hieß, daß Gott bald eingreifen und sein Volk erlösen werde. Diese Erwartung war allgemein verbreitet. Neu an Jesu Predigt war, daß er sagte: Gottes Herrschaft ist schon da! Er drückte das auch in Gleichnissen aus, etwa vom Senfkorn, das zunächst ganz klein ist und doch, in die Erde gelegt, heranwächst. Diese Idee von der im stillen wachsenden Gottesherrschaft war typisch für Jesus. Der amerikanische Theologe Norman Perrin beschreibt das so: »*Die Menschen, die dem Wirken Jesu begegnen, sollen erkennen, daß dies der Anfang und nicht das Ende ist.*«

Er war kein Apokalyptiker, der sagte: Das Ende steht bevor! Nein, er sagte umgekehrt: Das Neue hat schon angefangen. Das ist ein wichtiger Unterschied, von dem die Theologen zu Recht viel Aufhebens machen. Wäre Jesu Verkündigung apokalyptisch (einen Zeitplan aufdeckend) gewesen, so hätte er sich wie alle Endzeitpropheten vor ihm und nach ihm geirrt. Muß man aber seine Worte eschatologisch (auf das Ende bezogen) verstehen, dann haben sie den immer gültigen, eindringlichen Sinn: Gott ist ganz nahe, ihr lebt schon unter seinen Augen!

Ein geringer Zweifel bleibt, ob Jesus nicht doch das nahe Weltende prophezeit und sich damit schlicht geirrt hat. Die Evangelisten wußten ja schon, daß kein Ende eingetreten war, also könnten sie Jesusworte über das Ende weglassen und zugleich seiner Verkündigung einen Sinn gegeben haben, der sich auf die Gegenwart bezieht, auf das Heil, das mit Jesus schon gekommen ist. Wie gesagt, das läßt sich nicht ganz ausschließen. Aber auch wenn sich Jesus in der Erwartung des Endes geirrt haben sollte, würde das den Wert seiner Botschaft kaum in Frage stellen.

Wie hat sich Jesus nun selbst eingeschätzt? Hielt er sich für den Messias? Jesus verstand sich offenbar nicht nur als den Propheten der Herrschaft Gottes, sondern er sah sich selbst auch als das erste Zeichen dafür, daß die Gotteskraft schon zu wirken begonnen hatte. Den Messiastitel hat er für sich wohl nicht ausdrücklich beansprucht. Er empfand sich als Sohn Gottes – aber alle Menschen waren für ihn Kinder Gottes –, und er hat vielleicht angenommen, daß der »Menschensohn«, dessen Kommen »vom Himmel herab« allgemein erwartet wurde, niemand anders sein werde als er selbst. Jedenfalls hat er wohl geglaubt, daß sich Gott noch einmal – am Ende aller Tage – offen zu seiner, Jesu, Verkündigung bekennen werde.

Und was verkündigte Jesus? Seine Predigt enthält zwei Elemente. Sie sind beide radikal, und sie scheinen sich auf paradoxe Weise zu widersprechen.

Einerseits hat Jesus – eine Konsequenz der neuen Nähe Gottes – das Gesetz verschärft. Der Mensch soll nicht einmal schimpfen, nichts vergelten, kein Gericht anrufen, keinen Widerstand leisten, ja sogar seine Feinde lieben; er soll auf Besitz verzichten, nicht für den nächsten Tag sorgen, sich nicht scheiden lassen; ein Mann soll nicht einmal ein Weib begehrlich ansehen. Diese Dinge werden von Jesus nur als Beispiele genannt, nicht als neues Gesetzeswerk. Es werden auch den Menschen, die diese Vorschriften erfüllen wollen, keine Versprechungen gemacht. Diese Forderungen sind wohl auch nicht erfüllbar – aber, wie man unmittelbar spürt, sie sind wahr.

Andererseits hat Jesus in gleicher Weise die Gnade Gottes radikalisiert. Gott freut sich über jeden, der umkehrt. Er nimmt die verlorenen Kinder wieder auf, ohne Wenn und Aber. Jesus hat es vorgelebt und den Armseligen und Ohnmächtigen die Gnade reichlich geschenkt. Worte wie »dir sind deine Sünden vergeben« scheint er an keine herkömmliche Bedingung mehr geknüpft zu haben.

Beide Teile der Botschaft – schärfste Forderung und schrankenlose Gnade – stehen, wie gesagt, in einem paradoxen Widerspruch zueinander. Jesus, der zum Glück kein Theologe war, hat das wohl nicht gestört. Er macht überhaupt kein System aus dem, was er sagt und tut. Er geht einfach auf seine Mitmenschen zu. Der Neutestamentler Herbert Braun stellt fest: *»Die von Jesus ausgesprochene Forderung ebenso wie die von ihm zugesprochene Gnade Gottes sind Erweisungen, die nicht eine allgemeine Wahrheit aussprechen, sondern jedem einzelnen zugewendet werden.«* Und gerade darum werden sie historisch echt sein.

Wahrscheinlich ist Jesus nicht viel länger als ein Jahr in der äußersten Provinz, seiner Heimat Galiläa, umhergezogen. Dann faßte er den Entschluß, nach Jerusalem zu ziehen, sicherlich den entscheidenden Schritt in seiner öffentlichen Wirksamkeit. Es sollte in Jerusalem um Sieg oder Niederlage gehen. Dort sollten sich Gott und das Volk zu ihm bekennen. In den Evangelien wird gesagt, Jesus habe seinen Tod als Gottes Willen vorausgesehen. Das wird eine spätere Deutung der christlichen Gemeinde sein. Aber mit einem gewaltsamen Tod mußte Jesus sicherlich rechnen. Wir wissen nicht, wie Jesus seinen drohenden Tod gedeutet hat; diese Unwissenheit nannte Rudolf Bultmann *»die größte Verlegenheit für den Versuch, ein Charakterbild Jesu zu rekonstruieren«.* Vielleicht hat Jesus, wie der Religionswissenschaftler Carsten Colpe vorgeschlagen hat, sich als Prophet gesehen und gewußt, daß dieses Amt mit dem Tod zu *»besiegeln«* war. Umzukommen war Prophetenschicksal.

Der Wanderlehrer aus der Provinz zieht in die Hauptstadt ein, begleitet von einer Schar seiner Anhänger. Es sind die Tage vor dem Passahfest, um diese Zeit strömen Zehntausende von Pilgern ebenfalls in die Stadt. Wahrscheinlich kam es an solch einem hohen Feiertag häufig vor, daß sich unter den Frommen spontan der Eindruck verbreitete: Jetzt ist das Ende gekommen, der Messias ist schon unterwegs. Denkbar ist, daß Jesus von seinen Anhängern, die in ihm den letzten Endzeitboten Gottes sahen, als Messias ausgerufen worden ist.

Jedenfalls muß der Mann aus Galiläa auch in der Hauptstadt großes Aufsehen erregt haben. Er wagt eine Provokation, indem er in den Vorhof des Tempels geht und dort einige Tische der Geldwechsler umstößt. Das war weniger ein Angriff auf die »*kapitalistische Zentralbank*« (Anton Mayer) als die Anmaßung Jesu, für die Reinheit des Tempels verantwortlich zu sein. Es war zugleich ein Signal, das zur religiösen Massenbewegung hätte führen können. Die Priester und Beamten mußten aufs äußerste alarmiert sein und erreichten schließlich, daß Jesus von der Besatzungsmacht als Aufrührer verurteilt wurde, übrigens zusammen mit zwei wirklichen politischen Widerstandskämpfern, während ein anderer Aufständischer, Barabbas, begnadigt wurde.

Über keinen Lebensabschnitt Jesu wissen wir durch die Evangelien so viel wie über seine letzten Tage. Man hat die Evangelien sogar als »*Passionsgeschichten mit ausführlicher Einleitung*« (Martin Dibelius) bezeichnet. Der historische Ablauf ist dennoch unklar, weil die Evangelien bei ihrer ausführlichen Darstellung nämlich nur ein Interesse haben: dies offenbar schändliche Scheitern eines angeblichen Messias zu deuten als ein Werk Gottes, das in der Schrift seit langem angekündigt gewesen sei. Jedoch war ein Messias, der elend umkam, von der jüdischen Tradition nicht erwartet worden.

Dieser »Schriftbeweis« ist vielfältig produktiv geworden und hat zu Legenden geführt, vom Einzug auf einem Esel bis zu den letzten Worten am Kreuz. Andere Tendenzen mengen sich ein, etwa die Absicht, die Römer von der Schuld am Tod Jesu zu entlasten – das sollte den Gemeinden im Römischen Reich einen politischen Makel nehmen. Oder das letzte Abendmahl wird so erzählt, wie es in den Gemeinden gefeiert wurde, als »Stiftungslegende« des christlichen Kultes, nicht unbedingt so, wie es von Jesus selbst gehalten wurde.

Nach dem letzten Mahl mit seinen Jüngern geht Jesus aus der Stadt heraus zum Garten Getsemane. Dort hat er im Gebet mit seinem Gott gehadert: *»Abba, alles ist dir möglich. Laß diesen Kelch an mir vorübergehen. Doch nicht wie ich will, sondern wie du willst.«* So ist es bei Markus überliefert. Obwohl diese Worte keinen Ohrenzeugen gehabt haben werden, mögen sie so ähnlich gesprochen worden sein. Jedenfalls zeigen sie uns nicht den später verehrten allmächtigen Gottessohn, sondern einen von Angst erfüllten, aber gottergebenen Menschen im Angesicht des Todes.

Jesus wird verhaftet, von den Juden verhört und von den Römern verurteilt zu der brutalsten Strafe, die man damals kannte, zur Kreuzigung, bei der das Opfer wie in einer Folter langsam verendete. Diese Strafe war für entlaufene Sklaven, desertierte Soldaten und Aufständische vorgesehen. Gewöhnlich dauerte die Todesqual mehr als einen Tag, für Jesus ist sie schon nach sechs Stunden zu Ende. Ein angesehener Lokalpolitiker aus Jerusalem, Josef von Arimatia, ist tapfer genug, sich auch jetzt zu diesem Gottesmann zu bekennen. Er bittet die römischen Besatzer um die Leiche und bestattet sie im eigenen Familiengrab. Wie in vornehmen Kreisen üblich, ist dies Grab eine Felsenhöhle, die mit einem Stein, der rund wie ein Rad geformt ist, verschlossen werden kann.

Das Ende der Jesusbewegung scheint gekommen. Die Jünger sind geflohen, die Niederlage könnte nicht schmachvoller sein. Kein Hoffnungsschimmer, kein Zeichen von Größe in diesem Sterben, kein römischer Hauptmann, der, wie erzählt wird, vor diesem Sterbenden zu dem Glauben kam, er sei wahrhaftig Gottes Sohn gewesen. Keine Sonnenfinsternis, kein Donnern. Der Vorhang im Tempel zerriß nicht. Das Gottesurteil war scheinbar eindeutig: Dies war nicht der Messias gewesen.

Schon nach wenigen Tagen kamen die Frauen, die Jesus nachgefolgt waren, und seine Jünger zu einer überraschenden neuen Gewißheit und zu einem neuen Glauben. Und das nur, weil sie überzeugt waren, ihnen sei ihr Meister leibhaftig erschienen. Diese Begegnungen ließen für sie nur einen Schluß zu: Nun hatte sich Gott doch noch zu seinem Boten bekannt. Dieser ganz und gar unerhörte Vorgang einer Auferweckung ist zu allen Zeiten auch stark bezweifelt worden. Die Fragen, wie gut er bezeugt ist und was man von der Auferstehung halten soll, will ich, weil es sich hier um den entscheidenden Schritt in der Geschichte des christlichen Glaubens handelt, im nächsten Kapitel ausführlich zu beantworten suchen.

Der neue Glaube, deutlich anders als der alte, hat sich bekanntlich außerordentlich schnell ausgebreitet. Nun hieß das Credo: Er ist für dich gestorben, und er ist auferweckt worden. Bald wurde Jesus überhöht zum Gottessohn, zum Erlöser, zum Herrn, ja zum Gott. Dieser Wandel ist oft als Verfälschung abgelehnt worden. Rudolf Augstein erhob den Vorwurf, hier habe »*eine religiöse Idee sich in eine andere, fast in ihr Gegenteil verwandelt*«. Und schon Goethe dachte wie die meisten aufgeklärten Geister seiner Zeit und reimte im ›Westöstlichen Divan‹, milde tadelnd: »*Jesus fühlte rein und dachte / nur den einen Gott im stillen / wer ihn selbst zum Gotte machte / kränkte seinen heil'gen Willen.*«

Niemand hat die Glaubensentwicklung, die zu einer mystischen Erlösungsreligion führte, so entschieden vorangetrieben wie der Apostel Paulus. Der hatte Jesus nicht gekannt, und er kommt in seinen Briefen so gut wie nie auf Botschaft und Leben Jesu zu sprechen. Für ihn heißt es fast nur noch Jesus Christus, wobei »Christus« (der Hoheitstitel »Gesalbter«, hebräisch: Messias) wie ein Nachname wirkt. Oder er ist für ihn der »Kyrios«, der »Herr«. Diese Umdeutung ist oft bedauert worden. Was man Paulus vorwirft, hat der Journalist Johannes Lehmann zusammengefaßt: »*An dem Leben des Wanderpredigers Jesus interessiert ihn sein Tod, nicht seine Lehre. Er fragt nicht, was zum Tod geführt hat, sondern sieht nur, was dieser Tod für ihn persönlich bedeutet. Er macht aus einem Menschen, der zur Versöhnung mit Gott ruft, den Erlöser selbst.*«

Noch krasser hat es Joel Carmichael, ein Orientalist, formuliert: »*Der Triumph des Paulus bedeutete die end-*

gültige Auslöschung des historischen Jesus; der historische Jesus ist auf uns gekommen, eingeschlossen im Christentum wie eine Mücke im Bernstein.«

Kann sich der Christusglaube gar nicht auf Jesus selbst berufen? Ich glaube, daß es wenigstens drei Verbindungswege gibt, aber sie sind schmal.

Erstens hat Jesus in seiner Verkündigung selbst eine Rolle gespielt. Der spätere Personenkult ist also so neu nicht. Jesus ist nämlich nicht nur der Verkündiger des nahen Heils, er ist – auch nach seiner eigenen Vorstellung – zugleich derjenige, in dem das Heil schon offenbar wird. Er hat sich als Sohn Gottes verstanden, wenn auch in einem anderen Sinn, als man ihm später unterstellt hat: nicht als würde er dadurch selbst zum Gott, aber doch so, daß er eine besonders innige und vertrauliche Nähe zu Gott hatte und Gottes Kraft in sich wirken sah.

Zweitens hat auch Jesus eine Art Heilserweis, irgendeine Bestätigung durch Gott erwartet. Während Jesus wohl glaubte, Gott werde ihn zum Menschensohn (dem erwarteten Erlöser) erhöhen und sich damit zu seinen Worten und Taten bekennen, variierte der neue Glaube das: Gott habe sich durch ein anderes Wunder, nämlich die Auferweckung, zu Jesus bekannt. Und der neue Glaube fügt hinzu: nicht nur zu seinem Leben, sondern auch zu seinem Sterben, das damit ebenfalls als gottgewollt und heilsträchtig erschien.

Drittens hat auch Jesus schon die Gnade verschenkt und die Sünden vergeben, als wolle er die Praxis der neuen Religion vorwegnehmen, die ja nichts anderes behauptete, als daß den Gläubigen durch Jesus und um Jesu willen die Sünden erlassen seien.

Diese drei Verbindungen zwischen dem historischen Jesus und dem neuen Christuskult sind allerdings unsicher. Wie so oft in religiösen Fragen hängt alles am seidenen Faden, weil es auch eine Frage der Interpretation ist. Hat er sich wirklich selbst eine Rolle im neu anbrechenden Heil zugeschrieben? Hat er das Eingreifen Gottes erwartet? Hat er wirklich die Sünden vergeben – oder ist das alles späte, rückwirkende Deutung? Das sind Fragen, die jeder wieder anders beantworten wird. Die Entscheidung ist niemandem abgenommen.

Auf die dritte Verbindungslinie muß ich noch einmal zurückkommen. Kaum ein Vorwurf gegen den neuen Christusglauben wiegt so schwer wie der der »billigen Gnade«. Ist es nicht, so wird gefragt, allzu bequem, wenn man das Heil schon dadurch erlangen kann, daß man »an Christus glaubt«, statt »wie Jesus zu handeln«? Das Christentum hat schließlich dem Judentum im Römischen Reich schon deshalb den Rang abgelaufen, weil es als eine Religion ohne Thora (das jüdische Gesetz) schon demjenigen alles bot, der sich bloß dem Glauben an ein Erlösungsmysterium unterwarf.

Es ist wohl kein Zufall, daß kein anderer Kritiker den Christen in diesem Punkt das Gewissen so eindringlich geschärft hat wie Erich Fromm, der aus der jüdischen Glaubenstradition stammte. Er hat den Übergang von der Nachfolge zur Anbetung als einen moralischen Abstieg gesehen. Und er stellte die Frage, ob nicht immer nur das eigene Tun, das uns keiner abnehmen kann, einen Menschen rettet.

Was der historische Jesus für das Christentum bedeutet, ist freilich nie ganz in Vergessenheit geraten. In unserer Zeit hat der progressive katholische Theologe Edward Schillebeeckx festgestellt, Jesus sei *»der bleibende Gegenpol«* zu einer Kirche, die sich zu Christus bekennt. Er sagt das warnend, weil er weiß, daß die *»Christologisierung«* Jesu seine Botschaft und Praxis *»kaltstellen«* kann.

Beide, Jesus und Christus, haben in der Geschichte unterschiedliche Wirkungen gehabt. Davon soll im übernächsten Kapitel die Rede sein. Viele Christen könnten heute auf die Hoheitstitel, die man alsbald Jesus anzuhängen begann – selbst »Hoherpriester« und »Oberhirte« fehlen im Neuen Testament nicht –, verzichten. Es würde ihnen genügen, sich den Worten anzuschließen, die schon die Jünger zu Jesu Lebzeiten gesprochen haben sollen:

»Herr, zu wem sollen wir gehen? Du hast Worte des ewigen Lebens, und wir haben geglaubt und erkannt, daß du der Heilige Gottes bist.«

Noch heute ist das Hamburger Gymnasium Johanneum
eine angesehene Schule. Vor zweihundertfünfzig Jahren
aber war es eine Hochburg der Gelehrsamkeit und der
Aufklärung; und das nicht zuletzt durch den Professor
für Orientalische Sprachen, Hermann Samuel Reimarus,
einen gebürtigen Hamburger, der dort mit zweiunddrei-
ßig Jahren Gymnasiallehrer geworden war und bis kurz
vor seinem Tod 1768 gewirkt hat. Er war von gewissen-
hafter Frömmigkeit, ging in die Kirche und nahm am
Abendmahl teil, und dennoch war von ihm bekannt, daß
er eigentlich nur an Gott glaubte und nicht an den Herrn
Christus. Er war, wie man damals sagte, ein aufgeklärter
Deïst. Und man munkelte noch mehr: In seiner Studier-
stube sitze der gelehrte Orientalist bis spät in die Nacht,
nur damit beschäftigt, die Bibel zu widerlegen, insbesondere aber die Wunderberichte und Offenbarungen des
Neuen Testaments. Woran Professor Reimarus wirklich
schrieb, blieb bis über seinen Tod hinaus dunkel. Nur
wenige Freunde waren eingeweiht, denn Kritik am Christentum war damals sogar in der liberalen Hansestadt
Hamburg eine gefährliche Sache.

Wenn sich Theologen bis heute, besonders zu Ostern,
des gelehrten Hermann Samuel Reimarus erinnern, so
deshalb, weil er sich mit dem größten Eifer und mit dem
verheerendsten Ergebnis ausgerechnet der Ostererzäh-
lungen des Neuen Testaments angenommen hat. Nach
langen, scharfsinnigen Analysen war er zu dem erschrek-
kenden Ergebnis gekommen, die einzelnen Geschichten,
die in den Evangelien berichtet werden, seien so widersprüchlich, unzuverlässig und legendenhaft, daß er ihnen
keinen Glauben schenken könne. Heute kann man sich
die Sprengkraft dieser Einsicht kaum mehr vorstellen.

Nach dem Tod ihres Vaters übergaben die Kinder von
Reimarus die geheimen Arbeiten dem einzigen Mann in
Deutschland, der es wagen konnte, sie zu veröffentli-
chen, dem Dichter und Publizisten Gotthold Ephraim

Lessing in Wolffenbüttel. Er, der schon manchen Strauß mit Theologen ausgefochten hatte, veröffentlichte Teile des ketzerischen Lebenswerks tatsächlich als »Fragmente« eines »Ungenannten« in den Jahren zwischen 1774 und 1778. Besonders das Fragment ›Über die Auferstehungsgeschichte‹, als vorletztes veröffentlicht, erregte die Gemüter des ganzen gebildeten Deutschland. Fast jeder diskutierte mit, ob tief beunruhigt oder triumphierend. Die theologischen Erwiderungen zählten zu Dutzenden. Als zwei Jahre später Lessings Schauspiel ›Nathan der Weise‹ aufgeführt wurde, empfanden viele die Fabel als religiösen Trost. Später haben sich die Theologen der Kritik gestellt und gebeugt, aber es ist noch immer ein mühsamer Weg, der durch diese Zweifel zu einem neuen, geläuterten Glauben an die Auferstehung führt. Zunächst einmal waren Spott und Erregung unter den jüngeren Zeitgenossen allgemein. Johann Wolfgang von Goethe, damals sechsundzwanzig Jahre alt, ist für immer von diesem Geist des Zweifels und der Kritik geprägt worden. Über die Auferstehung schrieb er: »*Offen steht das Grab. Welch herrlich Wunder. Der Herr ist auferstanden. Wer's glaubt. Ihr Schelmen, ihr trugt ihn ja weg.*«

Genau das war nämlich die Schlußfolgerung, die Reimarus nahegelegt hatte: Das Grab Jesu sei leer gewesen, weil seine Jünger den Leichnam weggeschafft hätten, um ein Wunder vorzutäuschen. Ein alter Vorwurf, wie wir sehen werden, der Goethe und seinen Zeitgenossen plötzlich wieder einleuchtend schien. Das ist, offen gesagt, nicht das Urteil, zu dem man heute noch kommen muß. Aber sehen wir uns zunächst einmal die biblischen Zeugnisse für die Auferstehung Jesu nacheinander an. Fünf solche Zeugnisse gibt es, sie stammen von den Aposteln Paulus, Markus, Matthäus, Lukas und Johannes. Ich schlage vor, daß wir sie zunächst einmal einzeln als Zeugen hören. Dabei gilt von allen fünf, daß sie nicht selbst Augenzeugen waren; sie berichten nur, was man sich in der Urgemeinde erzählt hat. Und das waren ziemlich unterschiedliche Dinge. Paulus, bekanntlich der Apostel, der als letzter berufen und dann am erfolgreichsten war, schreibt in seinem ersten Brief an die Korinther, im 15. Kapitel, was er über die Auferstehung Jesu gehört hat. Mit anderen Worten, er gibt eine Glaubensformel wieder, in der die Ereignisse zusammengefaßt sind:

»Ich habe euch in erster Linie überliefert, was ich auch empfangen habe, daß Christus für unsere Sünden gestorben ist, nach den Schriften, und daß er begraben und daß er auferweckt worden ist am dritten Tag, nach den Schriften, und daß er dem Petrus erschien, dann den zwölf Jüngern. Hernach erschien er mehr als fünfhundert Brüdern auf einmal, von denen die Mehrzahl bis jetzt noch am Leben ist, einige aber entschlafen sind. Hernach erschien er dem Jakobus, dann den Aposteln allen. Zuletzt aber von allen erschien er gleichsam als der Fehlgeburt auch mir.«

Offenbar eine knappe, formelhafte Aufzählung, in der über den Vorgang der Auferstehung nichts gesagt wird, auch nichts über längere Begegnungen, über Gespräche und gemeinsames Essen. Der Herr hat sich mehrfach den Seinen gezeigt – das ist alles, was diese Formel sagt. Der erste Korintherbrief ist übrigens das älteste schriftliche Zeugnis der Auferstehung, obwohl er auch erst um das Jahr 55 geschrieben worden ist. Die Formel, die Paulus zitiert, wird jedoch älter sein. Und wahrscheinlich waren zur gleichen Zeit längst auch Erzählungen in Umlauf, die von den Erscheinungen des Auferstandenen berichteten.

Gehen wir gleich zu unserem nächsten Zeugen über, das ist Markus, der sein Evangelium, das älteste, das wir haben, etwa um das Jahr 70 niedergeschrieben hat. Seinem literarischen Charakter nach kurz, schlicht und geradeheraus, kennt es nur eine einzige Ostererzählung, nämlich die von den Frauen am Grab. Es folgen noch ein paar Schlußsätze, die aber, wie man – nach eingehenden Textanalysen – heute weiß, nicht von Markus stammen. Die Geschichte vom leeren Grab ist also die einzige bei Markus, und er erzählt sie mit wenigen Worten. Unstimmigkeiten und Merkwürdigkeiten nimmt er in Kauf. So bleibt etwa die Frage unbeantwortet, warum die Frauen einen Leichnam noch salben wollen oder warum sie sich zum Grab aufmachen, obwohl das Grab mit einem Stein verschlossen ist, den sie nicht wegrollen können. Aber gerade diese Naivität, mit der Markus auch Unwahrscheinliches berichtet, macht seine Erzählung vielleicht wieder glaubhaft. Markus schreibt:

»Als der Sabbat vorüber war, kauften Maria aus Magdala und die Maria des Jakobus und Salome Balsam, um hinzugehen und ihn zu salben. Und sehr früh am ersten Tag der Woche kamen sie zur Gruft, als die Sonne aufgegangen war. Und sie sagten zueinander: Wer wird uns den Stein von der Tür der Gruft wegwälzen? Und wie sie aufblickten, sahen sie, daß der Stein fortgewälzt war. Er war nämlich sehr groß. Und sie gingen in die Gruft hinein und sahen einen Jüngling zur Rechten sitzen, bekleidet mit einem langen weißen Gewand; und sie erschraken. Er aber sagte zu ihnen: Erschreckt nicht! Ihr sucht Jesus von Nazaret, den Gekreuzigten; er ist auferweckt worden, er ist nicht hier; siehe da den Ort, wo sie ihn hingelegt haben.

Aber gehet hin, saget den Jüngern und dem Petrus: Er geht euch voran nach Galiläa; dort werdet ihr ihn sehen, wie er euch gesagt hat. Und sie gingen hinaus und flohen vor der Gruft, denn Zittern und Entsetzen hatte sie ergriffen. Und sie sagten niemandem etwas, denn sie fürchteten sich.«

Die Geschichte ist einfach und schön. In ihrer Mitte steht der Satz, auf den es offenbar allein ankommt: *»Er ist auferweckt worden, er ist nicht hier.«* Vergleicht man Markus mit Paulus, so fällt der Unterschied auf. Paulus sagt nichts über das leere Grab, nichts über die Frauen. Markus berichtet nichts von Erscheinungen des Auferstandenen. Beide Überlieferungen lassen sich also schwer miteinander in Harmonie bringen.

Unser nächster Zeuge ist der Evangelist Matthäus, der den Text seines Kollegen Markus gekannt hat und sich auf ihn stützt. Allerdings hat er weitere Einzelheiten, von denen er gehört hatte, hinzugefügt. Auch bei ihm steht die Geschichte von den Frauen am leeren Grab im Mittelpunkt. Nun ist sie aber umgeben von dem Bericht, die Machthaber hätten das Grab Jesu bewachen lassen, damit die Jünger nicht den Leichnam stehlen konnten. Zwar hätten, sagt Matthäus, die Wachen die Auferstehung erlebt, später aber seien sie bestochen worden, zu behaupten, die Jünger hätten doch den Leichnam gestohlen.

Dieses Gerücht halte sich bis heute. So endet der Evangelist seinen Bericht. Daraus kann man schließen, daß zu Zeiten des Matthäus von vielen Nicht-Christen der Vorwurf erhoben wurde, das Grab sei leer gewesen, weil die Jünger den toten Jesus entwendet hätten. Es muß eine solche Verdächtigung gegeben haben, anders läßt sich der Zusatz, von dem Markus noch nichts weiß, nicht erklären.

Auch die Szene, wie die Frauen an das Grab kommen, hat Matthäus mit Einzelheiten ausgeschmückt, von denen der schlichtere Markus noch nichts weiß. Ein kurzes Zitat mag das zeigen:

»*Nach dem Sabbat aber, als es zum ersten Tag der Woche aufleuchtete, kamen Maria aus Magdala und die andere Maria, um das Grab zu besehen. Und siehe, es geschah ein großes Erdbeben; denn ein Engel des Herrn kam aus dem Himmel herab, trat hinzu, wälzte den Stein weg und setzte sich darauf. Sein Aussehen aber war wie der Blitz und sein Kleid weiß wie der Schnee . . .*«

Vieles ist hier neu, das Erdbeben, der Engel, der den Stein wegwälzt, und schließlich, das habe ich hier nicht zitiert, ein Gespräch zwischen Jesus und den Frauen am Grab. Man kann vielleicht schon jetzt sagen, die Zeugen sind sich, hört man sie so nacheinander, nicht einig. Doch rufen wir den nächsten auf, den Evangelisten Lukas.

Dort ist, leider, alles wieder ziemlich anders. Am meisten fällt auf, daß bei Lukas sich alle Erscheinungen des Auferstandenen in Jerusalem und Umgebung ereignen, während in den anderen Evangelien der Herr sich den Seinen zumeist weit im Norden des Landes, in Galiläa, zeigt. Nein, für Lukas sind die Jünger in der Hauptstadt Jerusalem versammelt, dort erscheint ihnen Jesus. Und nun hat er nicht nur zu ihnen gesprochen, er tritt auch den Beweis dafür an, daß er wirklich der Gekreuzigte ist. Ein neues Motiv also, das wohl die Annahme widerlegen sollte, bei den Erscheinungen habe es sich um Visionen gehandelt. Nach Lukas sagt Jesus zu den versammelten elf Jüngern:

»*Was seid ihr erschrocken, und warum steigen Bedenken in eurem Herzen auf? Sehet meine Hände und meine*

Füße, daß ich es selbst bin! Rühret mich an und sehet! Denn ein Geist hat nicht Fleisch und Bein, wie ihr seht, daß ich es habe. Da sie aber in ihrer Freude noch nicht glaubten und sich verwunderten, sagte er zu ihnen: Habt ihr etwas zu essen hier? Da reichten sie ihm ein Stück von einem gebratenen Fisch. Und er nahm es und aß vor ihren Augen.«

Wahrscheinlich sollte diese Einzelheit die Glaubwürdigkeit der Christuserscheinungen erhöhen; auf einen modernen Menschen wirkt es aber kaum überzeugender, wenn er nun auch noch liest, daß Jesus sich hat anfassen und etwas zu essen geben lassen. Wer sich ein wenig in der Bibel auskennt, wird wissen, daß die schönste aller Ostergeschichten auch bei Luskas steht, nämlich die Erzählung von den Jüngern zu Emmaus. Emmaus ist eine Art Vorort von Jerusalem. Als zwei Jünger dahin unterwegs sind, gesellt sich zu ihnen ein Fremder, den sie später, als er mit ihnen am Tisch sitzt und das Brot bricht, als ihren Herrn erkennen.

Wir kommen damit zu unserem fünften und letzten Zeugnis, das ist das Johannes-Evangelium. Es unterscheidet sich in Tonfall und Inhalt erheblich von den drei ersten Evangelien, ist auch viel später geschrieben und sicherlich, wie man heute weiß, nicht von einem Jünger Jesu. Manches erinnert hier an die Darstellung bei Lukas: Alle Geschichten spielen in Jerusalem – jedenfalls die, die ursprünglich zum Johannes-Evangelium gehören, es gibt einen späteren Zusatz –; und auch Johannes erzählt, daß Jesus sich habe anfassen lassen, nämlich in der berühmten Geschichte vom ungläubigen Thomas. Um so größer sind die Unterschiede zu Markus und Matthäus. Wir können uns das ein wenig genauer ansehen, wenn wir die Beschreibung des leeren Grabes betrachten, die bei Johannes durchaus anders klingt. Nur noch eine Frau geht zum Grab, und sie kehrt gleich wieder um. Statt dessen veranstalten Petrus und Johannes – das ist der Jünger, den der Herr lieb hatte, wie es bei Johannes heißt – eine Art Wettlauf zum Grab. Johannes schreibt:

»Am ersten Tage der Woche aber kommt Maria aus Magdala früh, als es noch dunkel war, zur Gruft und sieht den Stein von der Gruft hinweggenommen. Sie läuft

nun und kommt zu Simon Petrus und zu dem andern Jünger, dem, den Jesus liebhatte, und sagt zu ihnen: Sie haben den Herrn aus der Gruft hinweggenommen, und wir wissen nicht, wo sie ihn hingelegt haben. Da gingen Petrus und der andere Jünger hinaus und machten sich auf den Weg zur Gruft. Die beiden liefen aber miteinander. Und der andere Jünger lief voraus, schneller als Petrus, und kam zuerst an die Gruft. Und wie er sich hineinbeugt, sieht er die leinenen Binden daliegen; doch ging er nicht hinein. Nun kam auch Simon Petrus, der ihm folgte, und ging in die Gruft hinein. Und er sieht die Binden daliegen und das Schweißtuch, das auf seinem Haupte gewesen war, nicht bei den Binden liegen, sondern an einem Ort für sich zusammengewickelt. Da nun ging auch der andere Jünger hinein, der zuerst an die Gruft gekommen war, und sah und glaubte.«

Eine merkwürdige Geschichte von der Konkurrenz zweier Jünger. Zwar kommt Johannes zuerst am Grab an, er läßt aber Petrus den Vortritt. Johannes aber ist es, der zum Glauben an die Auferstehung kommt, das wird von Petrus nicht gesagt. Sonderbar die Einzelheiten von den Binden, die der Tote abgelegt hat. Auffallend auch, daß nun nicht mehr die Frauen die ersten Zeugen des leeren Grabes sind, sondern Männer, die beiden führenden Apostel.

Damit aber möchte ich meinen Gang durch die verschiedenen Ostergeschichten beenden. Als erster Forscher hatte sich, wie gesagt, Hermann Samuel Reimarus die Aufgabe gestellt, die biblischen Osterüberlieferungen miteinander zu vergleichen; und er war – das kann uns nun nicht mehr verwundern – zu dem Schluß gekommen, die Berichte ließen sich nicht zu einem einheitlichen Handlungsablauf zusammensetzen. Es gibt Widersprüche und Ungereimtheiten bei den Zeugenaussagen, die jeden Richter stutzig machen müßten. Ich fürchte, daß ich mit der Darstellung dieser Schwierigkeiten bei meinen Lesern mehr Zweifel geweckt habe, als ihnen lieb ist. Ich habe das getan, weil ich davon überzeugt bin, daß der Osterglaube es nicht nötig hat, seine Schwierigkeiten zu überdecken. Er ist sowieso eine Zumutung – das kann nicht anders sein; er war es für die ersten Jünger ebenso wie für uns aufgeklärte Menschen des 20. Jahrhunderts. Wer der Osterbotschaft, diesem Wort »Der Herr ist auferstanden« wirklich glaubt, der darf auch zugeben, wieviel Vernunftgründe gegen diesen Glauben sprechen. Oder habe ich etwas falsch gemacht?

Wir haben uns bisher die fünf Berichte über die Auferstehung wie Zeugenaussagen in einem Prozeß angehört. Ich habe mich dabei verhalten wie ein Untersuchungsrichter, der herausfinden will, was damals wirklich vorgefallen ist. Den Berichten selbst und ihrer Absicht bin ich damit freilich nicht gerecht geworden. Wenn man die biblischen Verfasser selbst reden lassen könnte, würden sie sich vielleicht so darstellen: *Wir wollen keine Zeugen sein, die ein Ereignis rekonstruieren helfen. Sonst hätten wir fünf uns ja auch untereinander abstimmen können. Wir wollten nur den Auferstehungsglauben verkündigen, und das in Form von Erzählungen, die – zugegeben! – mehr eine Botschaft vorbringen als in kriminalistischer Weise Spuren sichern wollen.*

Etwas merkwürdig ist das für moderne Menschen, die doch immer nach Fakten fragen, durchaus. Die theologische Forschung räumt deshalb ein, daß die Lage nicht günstig ist. Ganz Mutige wie Herbert Braun haben schon vorgeschlagen, die Auferstehung als unwesentlich zu streichen. Herbert Braun verweist in seinem Jesus-Buch darauf, daß in der Antike von vielen großen Männern erzählt wurde, sie seien auferstanden. Und er folgert daraus, daß »*der Glaube an die Auferstehung . . . eine altchristliche Ausdrucksform*« sei, und zwar eine »*zeitbedingte*«, die »*wir heute . . . nicht als für uns verbindlich empfinden können*«.

Die meisten Forscher – vor die Wahl gestellt, welchem Zeugen sie folgen wollen – entscheiden sich für Paulus und seine Mitteilung, Jesus sei ursprünglich dem Apostel Petrus erschienen. Die relative Echtheit dieser Überlieferung schließt man daraus, daß Petrus in den Evangelien als der Gründer der Kirche bezeichnet wird und in der Urgemeinde zu Jerusalem eine große Rolle spielt. Er muß also der Erneuerer des Glaubens gewesen sein, wahrscheinlich eben durch eine Vision des Auferstandenen. Petrus mag daraufhin die versprengten Jünger zusammengerufen haben, die dann die Vision noch einmal erlebten. Damit wäre also dem Zeugnis des Paulus, dem ältesten, aber knappsten, recht gegeben.

Dann kann aber der zweitälteste Text, die Erzählung von Markus nicht stimmen, ebensowenig die Texte der anderen Evangelisten, die den Bericht von Markus übernehmen und ausschmücken. Es geht hier um das leere Grab. Man kann sich die Entstehung der Markusgeschichte so denken: Als in später Zeit – die Evangelien waren aber noch nicht geschrieben – die Verdächtigungen gegen den christlichen Auferstehungsglauben zunahmen, ersann man »Beweise«, die man nicht hatte, weil zunächst ja auch keine Beweise nötig waren. Das leere Grab wurde erzählend vorgezeigt – in einer Geschichte, die nicht historisch echt sein muß –, um die Behauptung zu belegen, bei den Visionen des Auferstandenen habe es sich nicht um Einbildung gehandelt. Es sollte gezeigt werden, er habe wirklich nicht mehr im Grab gelegen. Auch die anderen Evangelien lassen deutlich erkennen, daß sie erzählend gegen weitere Verdächtigungen durch Nicht-Christen argumentieren wollen.

Auf das leere Grab beruft sich Paulus noch nicht. Dennoch mag Jesu Grab immer schon bekannt gewesen, vorgezeigt und auch schon früh von der Gemeinde verehrt worden sein. Immerhin klingt die Geschichte bei Markus so, als sei sie geschrieben für den Ostergottesdienst, und zwar für einen Gottesdienst, der schon bald jeweils zu Ostern am Grab gefeiert worden sein könnte. Der Engel macht alles so schön feierlich und sagt dann auch noch: »Siehe, hier ist der Ort, an dem man ihn hingelegt hat!« Dann hätten wir es bei Markus mit einer Art liturgischem Text zu tun.

Der Neutestamentler und evangelische Bischof Ulrich Wilckens hat, was christliche Fachleute zur Forschungslage sagen, in der Ansicht zusammengefaßt, das leere Grab könne man weder beweisen noch bestreiten. Und er fährt fort: »Der Historiker steht in dieser Hinsicht vor einem Vorgang, der schlechterdings nicht mehr zu erhellen ist und nach der Vorstellung der urchristlichen Überlieferung auch nicht erhellt werden kann.« Eine gewiß unbefriedigende Auskunft. Aber es bleibt dabei, mehr ist nicht feststellbar. Ich möchte den Eindruck noch in einem Bild beschreiben.

Stellen wir uns einen tiefen Krater in der Erde vor. Er ist groß, ein Erdwall umgibt ihn. Unklar ist, wie dieser Krater entstanden ist: eine Explosion? Ein Vulkanausbruch? Der Einschlag eines Meteors? Oder ein ganz anderes Ereignis? Man weiß es nicht. Zu sehen ist nur der Krater.

Sie werden das Bild verstehen. Die Auferstehung Jesu ist offensichtlich die Mitte und Ursache unseres Glaubens, aber wir wissen nichts von ihr. Der Rand des Kraters, das sind die biblischen Geschichten, aber wir können sie nicht auf eine Reihe bringen, jeder Zeuge sieht das zentrale Ereignis aus einer anderen Richtung – und ist doch gerade über diesen Ursprung stumm. Tatsächlich sagen die Evangelien über den Vorgang der Auferstehung nichts. Sie sind nur ein Echo, ein Widerschein ihrer Wirkung.

Und nun müssen wir das Bild noch erweitern. Wir, die wir heute leben, können gar nicht sehr nah an den Krater heran. Wir können an die Zeugen nicht die Frage stellen, die wir gerne stellen würden. Genaugenommen sind ihre Zeugnisse nicht einmal zuverlässige Beschreibungen der Ereignisse *nach* der Auferstehung. Wir stehen also erst in einem noch weiteren Kreis um den Krater herum und können nur soviel feststellen: Es kamen viele Jünger zum Glauben. Das allerdings können wir mit Sicherheit feststellen, handelt es sich doch um eine der erstaunlichsten Wirkungen, die in der Geschichte der Menschheit je ausgelöst worden sind.

12 Schmerzensmann und Weltenrichter
   Das Bild des Erlösers schwankt

Der oströmische Kaiser Marcian war im Jahre 450 gerade auf den Thron gekommen, als er beschloß, das wichtigste politische Problem anzupacken, von dem sein Reich bedroht wurde. Er wollte ein für allemal klären lassen, wie Jesus Christus richtig zu verstehen sei. Zwar glaubten alle in seinem Reich an diesen Herrn, uneins waren sich seine Untertanen aber darin, ob Christus nur Gott oder ob er sowohl Mensch als auch Gott gewesen sei. Kaiser Marcian berief ein Konzil für das Jahr 451 in die kleine Bischofsresidenz Chalzedoń ein, nicht weit von Konstantinopel gelegen.

Mehr als fünfhundert Bischöfe erschienen. Unter kaiserlichem Druck verabschiedete die Mehrheit eine neue Formel, die zusammengefaßt lautet: »*Christus ist sowohl ganz Mensch wie ganz Gott, zwei Naturen sind in ihm unvermischt und doch untrennbar verbunden.*« Stolz und zufrieden erschien der Kaiser – in Begleitung seiner Gemahlin Pulcheria – auf der Schlußsitzung und verherrlichte so durch seine höchste Gegenwart die feierliche Unterzeichnung der neuen Glaubensformel.

Frieden hat er unter seinen Untertanen damit allerdings nicht stiften können. Der Streit ging weiter. Noch heute kann man einen grundlegenden Unterschied zwischen der orthodoxen Kirche des Ostens und den westlichen Kirchen entdecken. Auf den Darstellungen der östlichen Ikonen kommt Jesus als der leidende Mensch einfach nicht vor. Ein Historiker unserer Zeit, Peter Kawerau, hat den Unterschied beschrieben: »*Niemals steigert sich die Darstellung der Kreuzigung zu dem entsetzlichen Realismus des Schmerzensmannes. Eine solche Christusauffassung ist dem Osten im Innersten fremd geblieben. Bei Dostojewski wird zum Beispiel ein tiefgläubiger orthodoxer Christ geschildert, der schaudernd zurückfährt, als er zum ersten Male eine westliche Darstellung der Kreuzigung sieht. Er empfindet sie als unchristlich und unreligiös, denn Christus, die zweite Person in der trini-*

tarischen Gottheit, darf man nicht schmerzverzerrt als schwachen, armseligen Menschen darstellen.«

Das Bild, das man sich von Jesus Christus machen kann, ist eben, wie sich auch hier zeigt, vielfältig. Doch was als verwirrende Fülle erscheint, kann geordnet und gedeutet werden. Die Vielfalt gehört grundlegend zum Christentum, sie ist seine Stärke und Schwäche. Der Christus-Kult war nämlich, religionspsychologisch gesehen, schon in den ersten Jahrhunderten deshalb eine so erfolgreiche Religion, weil er die Vereinigung des Gegensätzlichen bot. Er galt einem leibhaftigen Menschen, der zugleich ein mächtiger Himmelsherrscher ist; oder anders gesagt, einem milden Wundertäter, der sich gleichwohl als strenger Herr erweist.

Selbst die antike Götterwelt färbte ab. Die ersten Bilder Jesu, etwa in römischen Katakomben, zeigen einen heldischen Jüngling als den guten Hirten: Schön und kraftvoll blickend, könnte er ein glücklicher römischer Halbgott sein. Auch als Steuermann im Schiff der Seinen wird er gemalt oder als der gehorsame Sohn, der vom Vater die Taufe erhält. Die Idylle ändert sich mit einem Schlag, als das Christentum zur Staatsreligion wird. Nach der Machtübernahme wechselt der gute Hirt zum Herrscher der ganzen Welt, dessen strenges Bildnis von den Kirchengewölben herabblickt. Jesus als der siegreiche Feldherr. Er sitzt auf dem himmlischen Thron, während die irdischen Herrscher ihm huldigen und dafür von ihm gesegnet und bestätigt werden. Die Karriere vom Menschen zum Gott, wie sie in den Evangelien vorgezeichnet ist, hat sich hier in großem Stil vollzogen. Der Rabbi aus Nazaret als Garant der weltlichen Herrschaft.

Auch in den folgenden Jahrhunderten sind die Verwandlungen überaus erstaunlich. Wer von Jugend an gewohnt ist, Jesus Christus mal so oder so dargestellt zu sehen, merkt nicht, wie stark die Gegensätze ausgeprägt, wie streng die Abfolge des Zeitgeschmacks geordnet ist und wie klar sich die wechselnden sozialen Verhältnisse in den Darstellungen widerspiegeln.

Erst im 10. Jahrhundert wagt man es, den Herrn am Kreuz zu zeigen, was uns so selbstverständlich scheint. Aber wie eigentümlich geschieht das! Er wird zum Ausdruck der Herrscherideologie des frühen deutschen Kaiserreichs. Edelstes Menschentum steht da am Kreuz vor uns und hinterläßt einen tiefen Eindruck. Nicht der Leidende ist es, sondern der göttliche König mit der Krone, genauer: der germanische Heerführer nach gerechtem Kampf. *»Trotz seines Erlösertodes ist dieser Christus am Kreuz nicht tot, sondern er lebt, ohne zu leiden. Mit beiden Füßen steht er fest und sicher auf einem Sockel, die Füße sind zwar wie die Hände von Nägeln durchbohrt, aber das beeinträchtigt die feierliche Haltung nicht. Die Arme sind waagerecht ausgestreckt, als wollten sie alle Gefolgsleute und die getreuen Mannen noch einmal umfangen«* (Alois Weimer).

Im nächsten, im 11. Jahrhundert prägt der rigorose Ernst der Reform in den Mönchsklöstern die Christusgestalt der Kathedralen. Nun tritt sie aus der Kirche heraus und empfängt die Gläubigen schon im Bogen über dem Portal – in einer neuen Rolle, nämlich als der Richter im Jüngsten Gericht, gerade wie es der rigorosen neuen Frömmigkeit entspricht. Es blickt der Richter mal gütig, mal furchterregend, während er die Bösen von den Guten scheidet.

Vom 13. Jahrhundert darf man wohl sagen, es sei eine glückliche Zeit gewesen, Wissenschaft und Kunst standen in Blüte, man las Aristoteles. Nun zeigt sich Christus als freistehende Figur im Inneren der Kirchen, ein himmlischer Gottmensch im faltenreichen Gewand. Ein »Herr«, aber jetzt im Sinne einer »vornehmen Erscheinung«. *»Das leicht gewellte Haar, der kurzgestutzte Bart, die großen Augen und die hohe Stirn lassen ihn zum schönen Menschen werden, vom Himmel herabgestiegen, doch gekommen, um sich der irdischen Gemeinde menschenfreundlich mitzuteilen«* (Alois Weimer). Ein wahrer Bräutigam der Seele, ein Vorbild adliger Kultur.

Das 14. Jahrhundert, eher von Katastrophen geprägt, stellt Jesus als den Schmerzensmann am Kreuz dar. Statt der Goldkrone eine Dornenkrone, statt königlicher Würde eine Leidensmiene. Das Gesicht verquollen und schmerzverzerrt, scheint der Gemarterte den Betrachter zum Mitleiden aufzufordern. Das Bild von Schweiß, Blut und Tränen ist dem Betenden nun ganz nahegerückt –

und er wird sich in ihm wiedergefunden haben. Noch Matthias Grünewald hat ihn so für den Isenheimer Altar gemalt: als einen geschundenen Menschen ohne Haltung und Würde.

In der Renaissance wünschte man einen ganz anderen Jesus. Leonardo hat ihn beim Abendmahl als den verehrungswürdigen Idealmenschen gezeigt, der in seiner Vollkommenheit auch unsere Natur verherrlicht und erhöht. Im Barock wiederum wird Jesus zum Kraftmenschen oder zum Herz-Jesu-Kitsch, er lächelt als Gärtner oder wird verniedlicht zum Hirtenkind, das die Lämmer hütet. Im Jahre 1822 wird Christus vom Kopenhagener Bildhauer Thorwaldsen als würdevoller Edelmensch dargestellt: marmorkalt und makellos. Der radikale Christ Sören Kierkegaard hat dem Bildhauer zu Recht vorgeworfen, an diesem vollkommenen Übermenschen sei nichts mehr anstößig und aufrüttelnd. Nach dem Ersten Weltkrieg hat George Grosz seinem Jesus am Kreuz eine Gasmaske umgehängt, er wurde wegen Gotteslästerung angeklagt.

Die fast willkürliche Fülle der Darstellungen kann man erbaulich deuten: jeder Gläubige bringt sich eben anders unter im Reichtum dieses vielseitigen Heilands. Man kann auch ideologiekritisch argumentieren: Weil diese Religion in sich widersprüchlich und zugleich so undeutlich ist, bietet sie für jeden etwas und befriedigt fast alle Bedürfnisse. Deutlich wird das in einer Reisebeobachtung aus Lateinamerika von Anton Lenneg (1973): *»In fast jeder Dorfkirche, in jeder Kapelle der Elendsviertel findet man den Heiland auf zwei verschiedene Weisen dargestellt. Einmal ist er die geschundene Kreatur, blutend am Kreuz oder auf den Knien seiner weinenden Mutter. Ganz nah ist dem Gläubigen diese Darstellung, von brennenden Opferkerzen umstellt, und lädt zur Zwiesprache ein. Hier betet der arme Indio und findet sich selbst in dieser Erniedrigung wieder. Es fehlt aber auch nicht das Bildnis des erhöhten Herrn. Meist schwebt es hoheitsvoll weiter oben und blickt von ferne herab, als wollte es, ganz Stellvertreter der Herrschenden, dem Volke die bestehende Ordnung einschärfen. Und tatsächlich sorgen die Besitzenden zusammen mit der Regierung dafür, daß dieser Christus im Kult des Volkes nicht fehlt.«*

Der Unterschied von Jesus und Christus zeigt sich auch hier. Es ist zugleich der Gegensatz von Oben und Unten, den Jesus zwar in seiner Person überwunden hat, der aber durch die sozialen Unterschiede hier auf Erden immer wieder neu aufbricht. Die Doppelrolle jeder Religion, Trost der Armen und Instrument der Mächtigen zu sein, ist auch dem Christentum nie erspart geblieben.

Es gibt unter den Hunderten von Deutungen Jesu Christi freilich auch noch ganz andere Gegensätze. Für die einen ist er der heilige, unveränderliche Gott, die anderen sehen in ihm einen der großen Reformer und Lehrer der Menschheit. Einerseits erscheint er als rigoroser Moralist, vor dessen Forderungen niemand bestehen kann, andererseits als der gütig Verzeihende, den man am liebsten mit dem Wort zitiert ». . . der werfe den ersten Stein«. Jesus wird mal als Sozialrevolutionär gepriesen, mal als einer verdächtigt, der den Menschen das Himmelreich versprach, statt sie über ihre sozialen Verhältnisse aufzuklären.

Für einige ist Jesus der bewunderte Kumpel und vertraute Weggefährte, für andere der entrückte Erlöser im Lichtschein des göttlichen Mysteriums. Dafür zwei Beispiele. Der amerikanische Schriftsteller Henry Miller, der ein freies Leben geführt und dies oft beschrieben hat, sah in Jesus ein Vorbild an Freiheit: *»Jesus besaß nicht einmal eine Zahnbürste, soviel man weiß. Kein Gepäck, keine Möbelstücke, keine Wäsche, kein Taschentuch, keine Kennkarte, kein Scheckbuch, keine Versicherungspolice, kein Haus (nicht mal einen Winterpalast), er brauchte auch keine Briefe zu lesen und zu beantworten. Soviel wir wissen, schrieb er nie eine Zeile. Heimat war für ihn, wo er sich gerade befand. Nicht, wo er seinen Hut aufhängte, denn er besaß keinen.«*

Und nun das Gegenstück dazu. Der katholische Priester und Kulturphilosoph Romano Guardini veröffentlichte 1939 ein Buch über Jesus Christus; es führt sein Programm im Titel: ›Der Herr‹. Dieser Herr heißt hier selten Jesus, meist Christus, und ihm gegenüber gibt es *»nur eine gemäße Haltung: die Bereitschaft, zu hören und zu gehorchen«.* Mit dieser Unterwerfung hat sich der Gläubige zugleich erhöht, er wird nämlich *»einer Über-*

legenheit des Gedankens inne, die keine natürliche Einsicht geben kann. Nun ist die Gestalt Christi über alle Maßen hinausgewachsen. Für sie gibt es kein Maß. Sie selbst ist das Maß. Darum ist er der Herr. Herr von Wesen zu Wesen. Darum ist er auch der Richter, und der Maßstab des Gerichtes ist wiederum er selbst. Was der Mensch für oder gegen Christus tut, bildet den Inhalt des Gerichts.«

Beide, der Bohemien und der Priester, sehen in Jesus Christus, was sie suchen. Es handelt sich möglicherweise um die Idealisierung der eigenen Person.

Als Parteigänger muß der Nazarener allenthalben herhalten. In unserem Jahrhundert hat es sogar Versuche gegeben, Jesus als ersten Vegetarier und Antialkoholiker hinzustellen. Ein Spiritist unserer Tage hat ihn als das größte Medium aller Zeiten bezeichnet. In den zwanziger Jahren erschien in den USA ein Buch, in dem Jesus als der beste Geschäftsmann der Welt empfohlen wurde, der einfach immer Erfolg hatte. Das Buch wurde ein Bestseller, über viele Jahre. Im Dritten Reich versuchte der Göttinger Theologieprofessor Emanuel Hirsch allen Ernstes nachzuweisen, daß Jesus, rassisch gesehen, Arier war und deshalb von den Juden gehaßt wurde. Jesus Christus wurde in beiden Weltkriegen wie ein Kriegsgott gepriesen, als Vorbild aller heldischen Menschen. Heute gilt er eher als Pazifist. Und Sicherheitspolitiker warnen davor, seine Bergpredigt allzu wörtlich zu nehmen.

Die Bilder bedrängen uns, und die Frage wird unabweisbar: »Kann denn eine Religion, die so unterschiedlich verstanden und verwendet wird, wahr sein?« Dieser Zweifel ist begründet. Er sollte uns dazu verpflichten, jede Deutung Jesu, die uns angeboten wird, darauf zu prüfen, ob sich nicht hinter ihr ein Interesse verbirgt, das nur fromm kaschiert werden soll. Jesus als Herrscher, Jesus als Revolutionär, Jesus als Arier, Jesus als Lehrer der Menschheit ... Wem soll das jeweils nützen? Der Mißbrauch lauert überall. Ich stimme Leszek Kolakowski zu, wenn er warnt: *»Ein Christentum, das stillschweigend annimmt, Gott stehe zu unseren Diensten, um irgendeine Sache, Doktrin, Ideologie oder politische Partei zu schützen, ist verkleidete Gottlosigkeit.«*

Doch sehen wir uns zunächst noch ein wenig um, denn nach eigenem Interesse und Geschmack dürfen schließlich auch wir entscheiden. Zwei Gedichte will ich einander gegenüberstellen. Erich Kästner hat 1930 mit Jesus sympathisiert, indem er ihn – eine Hymne parodierend – bedauerte:

Zweitausend Jahre sind es fast,
seit du die Welt verlassen hast,
du Opferlamm des Lebens!
Du gabst den Armen ihren Gott.
Du littest durch der Reichen Spott.
Du tatest es vergebens!

Du sahst Gewalt und Polizei.
Du wolltest alle Menschen frei
und Frieden auf der Erde.
Du wußtest, wie das Elend tut,
und wolltest allen Menschen gut,
damit es schöner werde!

Du warst ein Revolutionär
und machtest dir das Leben schwer
mit Schiebern und Gelehrten.
Du hast die Freiheit stets beschützt.
Und doch den Menschen nichts genützt.
Du kamst an die Verkehrten!

Du kämpftest tapfer gegen sie
und gegen Staat und Industrie
und die gesamte Meute.
Bis man an dir, weil nichts verfing,
Justizmord, kurzerhand, beging.
Es war genau wie heute.

Die Menschen wurden nicht gescheit.
Am wenigsten die Christenheit,
trotz allem Händefalten.
Du hattest sie vergeblich lieb.
Du starbst umsonst. Und alles blieb
beim alten.

Das andere Gedicht, das Jesus als Sieger und als bleibende Hoffnung verkündigt, ist vierzehn Jahre später entstanden; Albrecht Haushofer, Mitverschwörer des 20. Juli, hat es in der Todeszelle verfaßt. Beschrieben wird eine Bildtafel des Isenheimer Altars, auf der Matthias Grünewald den auferstehenden Christus gemalt hat, wie er, vom Licht umstrahlt, das Grab verläßt.

In tausend Bildern hab' ich ihn gesehn.
Als Weltenrichter, zornig und erhaben,
als Dorngekrönten, als Madonnenknaben –
doch keines wollte ganz in mir bestehn.

Jetzt fühl' ich, daß nur eines gültig ist:
wie sich dem Meister Mathis Er gezeigt –
doch nicht der Fahle, der zum Tod sich neigt –
der Lichtumfloßne: dieser ist der Christ.

Nicht Menschenkunst allein hat so gemalt.
Dem Grabesdunkel schwerelos entschwebend,
das Haupt mit goldnem Leuchten rings umwebend.
Von allen Farben geisterhaft umstrahlt,
noch immer Wesen, dennoch grenzenlos,
fährt Gottes Sohn empor zu Gottes Schoß.

Zwischen beiden Gedichten wieder jener scheinbar unüberbrückbare Widerspruch der Auffassungen, der Gegensatz, der unseren Zweifel nährt. Doch scheint es mir in diesem Fall weniger ein Gegensatz von Interessen zu sein – obwohl wir zugeben müssen, daß sich ein Literat im Jahre 1930 in einer anderen Lage befindet als ein Verurteilter in seiner Todeszelle. Und doch meine ich: Dieser Widerspruch zwischen Scheitern und Sieg ist schon im Evangelium angelegt.

Der nächste Schritt, den wir bei der Prüfung der Bilder tun sollten, ist der Versuch, zu den Quellen zurückzugehen. Jeder ordentliche Glaube fängt beim Jesus der Evangelien an. Das wird uns, die wir in eine christliche Kultur geboren sind, nicht leicht gemacht; wir wissen immer schon zuviel über Jesus, da wir die Tradition kennen, die ihn als Gottessohn, als Heiland und Erlöser deutet. Leider kann niemand von uns mehr diese Qualitäten unbefangen für sich entdecken, wie es vielleicht die Jünger Jesu konnten, die den Meister erlebten und zu einem eigenständigen Urteil darüber kommen konnten: Wer ist er?

Die Suche nach dem wahren Christusbild führt uns also zur Bibel zurück. Ich habe im zehnten Kapitel eine Skizze von Jesu Leben versucht und muß an dieser Stelle darauf verweisen. Nur eine Stimme zum historischen Jesus will ich hier noch zu Wort kommen lassen, weil darin deutlich wird, wie entscheidend die Person Jesu für den Glauben der Jünger war – was uns zu erleben leider verwehrt ist.

Der tschechische Marxist Milan Machovec hat in seinem Buch ›Jesus für Atheisten‹ gemeint, Jesu Lehre habe die Welt in Brand gesetzt, »*weil er selbst identisch mit diesem Programm war, weil er selbst mitreißend wirkte*«. Jesus habe die Nähe des Gottesreiches, die er verkündigte, selbst vorgelebt: »*Er wirkte, riß die Schüler mit, sie ›verstanden‹ ihn, ›glaubten an ihn‹, nicht weil er spekulativ dachte, weil er ihnen Gedanken vorsetzte, sondern weil er so war, weil er diese gelebte Zukunft mit seinem ganzen Wesen verkörperte. Sie sahen in ihm einen bereits zu diesem künftigen Königreich Gottes gehörigen Menschen . . .*«

Vielleicht hatten es die Jünger wirklich besser. Aber auch wenn es uns Nachgeborenen versagt ist, Jesus selbst zu erleben, so muß doch jeder Glaube bei ihm und seinem Erdenleben beginnen. Eindeutigkeit freilich gibt es auch hier nicht, schon deswegen nicht, weil auch die Evangelisten sehr unterschiedliche Auffassungen von Jesus vertreten. Für Markus war Jesus Wundertäter und Gottessohn, allerdings einer, der in seinem Inkognito nicht erkannt werden wollte. Der Evangelist Matthäus beschreibt Jesus als den Lehrer, der das alte Gesetz noch verschärft; als den Messias des jüdischen Volkes. Lukas stellt seiner eher gebildeten Leserschaft Jesus vor als den barmherzigen Heiland, der sich der Sünder annimmt, der die Armen segnet und den Verachteten nachgeht. Johannes verklärt Jesus zum ewigen Logos und zum Offenbarer des Vaters; die Figur des Erlösers scheint bei ihm kaum irdisch, sie schwebt über dem Boden, alles Licht liegt auf ihr, die Umwelt bleibt im Halbdunkel.

Kein Wunder, daß auch die Theologie Jesus immer wieder anders dargestellt hat. Nur ein paar Beispiele: Der liberale Protestantismus des vorigen Jahrhunderts sah Jesus zumeist als den vollkommenen Vollender des Menschlichen. Karl Barth setzte in unserem Jahrhundert dagegen: Jesus Christus war ein Knecht, er war nicht der erhöhte Mensch, sondern der erniedrigte Gott. Rudolf Bultmann, lange der Gegenspieler Barths, meinte, vom historischen Jesus könne man nicht viel wissen, entscheidend sei Jesus als das Wort Gottes, das uns auch heute noch treffen könne. Paul Tillich, halb Philosoph und halb Theologe, in den USA sehr einflußreich, sah Jesus als den wahren Menschen, wie Gott ihn will, der uns zu Gott zurückholen kann, indem er uns das »Neue Sein« bringt.

Die Reihe der Beispiele ist zufällig und kann hier ebenso willkürlich abgebrochen werden. Sollen wir Jesus wichtig nehmen – und wenn, dann welchen? Es ist wie immer, die Entscheidung kann uns niemand abnehmen. Mein Rat in dieser Lage ist dreifach: die Bilder prüfen mit der Frage, welche Interessen sich vielleicht dahinter verbergen; zu den Quellen gehen, denn die Person Jesu bestimmt alles; und schließlich eine Entscheidung treffen, in die auch eigene Neigungen und Vorlieben eingehen dürfen.

Eine Entscheidung scheint mir wirklich unausweichlich. Wir leben allerdings in einem religiösen Klima, das es uns kaum nahelegt, eine Wahl zu treffen. Der normale Christ ist heute ein Konsument, der sich die Zumutungen der Religion vom Leibe zu halten versteht, sich ihre Wohltaten jedoch gelegentlich gefallen läßt.

13 Jesus war Jude
   Ein Christ war er jedenfalls nicht

Nach dem Ersten Weltkrieg – einen Staat Israel gab es noch lange nicht – lehrte in Jerusalem der jüdische Historiker Joseph Klausner Geschichte an der Hebräischen Universität. Er bemerkte bei seinen Studenten in einem Punkt bald große Unkenntnis: Es gab für sie in der jüdischen Vergangenheit ein unbeschriebenes Blatt, das war die Geschichte des Juden Jesus.

Und so verfaßte Joseph Klausner das erste hebräische Jesusbuch neuerer Zeit. Es erschien 1922 in Jerusalem. Darin heißt es: »*In allen seinen Handlungen und Ansichten war Jesus ein Jude. Er erfüllte alle Gebote wie ein frommer Israelit, er sah in Gott seinen Vater im Himmel, erbarmte sich der Armen, stützte die Strauchelnden und liebte die Bußfertigen... Er war auch mit den typischen Fehlern der Juden behaftet: Nie sah er das Erhabene und Schöne in der Natur, und er lächelte niemals. Unter Tränen, Drohungen und Verheißungen übte er sein Lehramt aus...*« Joseph Klausner steigerte sich sogar zu der Schlußfolgerung: »*Jesus war der jüdischste aller Juden; jüdischer sogar als der große Lehrer Hillel.*«

Besonders angetan war Klausner von der Morallehre des Rabbis aus Nazaret und nannte sie einen »*der kostbarsten Schätze der israelischen Literatur*«. Mit dieser Einschätzung Jesu begann, was man später die »Heimholung« Jesu ins Judentum genannt hat. Es war für Juden sicherlich eine Überraschung, auf diese Weise die Symbolgestalt ihrer Verfolger als einen der ihren vorgestellt zu bekommen.

Nicht weniger befremdlich war der Vorgang für die Christen, die es gewohnt waren, Jesus im Gegensatz zum Judentum zu sehen. Für sie war der Hohepriester Jude, Judas Ischariot war natürlich auch Jude – aber Jesus? Und all seine »heiligen« Jünger? Da mußte man erst umlernen. Bald merkten einige Christen auch, daß es für sie nicht ungefährlich war, wie man da ihren Jesus heimholte. Wurde er dabei nicht eingeschmolzen ins Judentum, ging nicht seine Originalität verloren, mußte nicht all das dabei verblassen, was er Neues gebracht hatte?

Im Jahre 1931 veröffentlichte auch ein amerikanischer Jude, Ernest R. Trattner, ein Buch über Jesus. Trattner meinte, die Juden könnten Jesus nicht länger ignorieren, Jesus sei schließlich »*der einflußreichste Jude gewesen, den die Welt je gesehen*« *habe.* Wir Christen könnten uns, wenn wir dies hören, geschmeichelt fühlen. Aber mit welcher Einbuße wird Jesus hier heimgeholt? Wird er dabei nicht zu einem ganz gewöhnlichen großen Juden gemacht? Trattner schreibt: »*Jesus hat nichts gesagt, was ganz neu wäre. Mit einer Klarheit und Einfachheit wie vielleicht kein anderer jüdischer Lehrer hat er mehrere Aspekte von tiefer geistlicher Bedeutung aus der Religion seiner Väter ans Licht gebracht... Er nahm alte Steine für neue Bauten.*«

Es hat seitdem eine ganze Reihe von Jesusdarstellungen jüdischer Autoren gegeben, die sich auch untereinander nicht immer einig sind. Zwi Werblowski, ein ebenso geist- wie temperamentvoller Religionshistoriker aus dem heutigen Israel, warnt davor, Jesus ins Judentum »heimzuholen«, und macht die Christen darauf aufmerksam, was dabei aus Jesus wird: »*... ein Rabbi, ein pharisäischer Lehrer, der bloß insofern ein bißchen aus dem Rahmen seiner Zeit fällt, als er recht schwärmerisch, etwas allzu aufgeregt-endzeitlich, originell und überspitzt das Gesetz auslegt.*« Diese Warnung macht die Frage noch dringlicher, was Jesus denn nun – sieht man ihn als Kind seiner Zeit und als Teil seines Volkes – Neues gebracht hat.

»Alles an Jesus war jüdisch.« Stimmt das? Da gibt es spontane Einwände. Soviel glauben die meisten von uns noch aus dem Religionsunterricht zu wissen: »*Jesus verkündigte die Nächstenliebe – und das Alte Testament ist die Religion des Auge um Auge, Zahn um Zahn!*« Wer es so sieht, hat die historische Wahrheit allerdings nicht ganz getroffen. Sicherlich, Jesus verkündigte die Nächstenliebe – nur glauben viele Christen zu Unrecht, allein ihre Religion sei, im Gegensatz zum Judentum, die Religion der Nächstenliebe. Das Gebot, den Nächsten zu lieben, steht schon im Alten Testament und war den Juden zu allen Zeiten als Inbegriff ihres Glaubens sehr wohl gegenwärtig. Jesus mußte dies Gebot nicht einmal erneuern. Nur seine Steigerung der Nächstenliebe zum Gebot der »Feindesliebe« war neu. Das Christentum ist also – auf dem Papier zumindest – die Religion der Feindesliebe, während das Judentum sich mit der Nächstenliebe begnügt.

Ein weiterer populärer Einwand zur Verteidigung der christlichen Originalität lautet: *»Das Vaterunser, das haben die Juden nicht!«* Das stimmt, das Vaterunser ist ein besonders schönes, kurzes Gebet, hat aber in allen seinen Bitten ein jüdisches Vorbild oder Gegenstück. Jesus schöpfte die einzelnen Bitten aus Gebeten seiner Zeit. Er fügte sie ebenso knapp wie sinnvoll zusammen, eine Kunst, die heute auch von Juden anerkannt, ja sogar bewundert wird.

Was gibt es noch für Argumente? Häufig wird dies genannt: *»Jesus hat immerhin als erster zu Gott ›Vater‹ gesagt, während die Juden Gott als strengen Herrn und fernen König sahen!«* Dazu wäre zu sagen, die Anrede »Vater« war den Juden durchaus geläufig, auch in den Schriften des Alten Testaments wird Gott als »Vater« angeredet. Nicht einmal die besondere Form, die Jesus auch verwendet hat, nämlich »Abba«, scheint neu gewesen zu sein. Das ist (wie an anderer Stelle schon erwähnt) die kindliche Koseform, unserem »Papa« vergleichbar, was zeigt, mit welcher Hingabe Jesus sich dem Vater verbunden fühlte. Aber es war auch sonst die Anrede für Gott.

Nun, die Reihe der Einwände gegen die These, alles an Jesus sei jüdisch gewesen, ist noch nicht zu Ende: *»Jesus hat sich ganz anders verhalten, als es in seiner Zeit üblich war, da er sich mit Zöllnern und Sündern gemein machte, ja sogar mit ehemaligen Dirnen Umgang hatte.«* Jüdische Historiker und christliche Kenner der Jesuszeit meinen jedoch, Jesu Zuneigung zu den Armen und zu den Sündern, den Zöllner und Dirnen sei, so merkwürdig das klingt, auch bei seinen Gegenspielern, den Pharisäern, vorgekommen. Auch hier ist Jesus durchaus noch jüdisch.

»Dann bleibt aber die Bergpredigt. Der Geist der Berg-

predigt ist wirklich neu!« Auch dies stimmt so nicht ganz. Einige Autoren in Israel meinen, ohne der positiven Originalität Jesu Abbruch tun zu wollen, *»daß alle Bausteine der Bergpredigt aus rabbinischen Steinbrüchen stammen«*, und räumen nur ein, daß der Baustil und die Architektur allerdings auf Jesus zurückgehen.

»Nun, dann ist wenigstens nicht zu leugnen, daß Jesus das Gesetz, das schwer auf dem Volk Israel lag, nicht gebilligt und sogar gebrochen hat.« Ja, Jesus hat sich über manchen Brauch hinweggesetzt. Auch hat er andere Gesetze verschärft. Aber all diese Abweichungen von dem damals Üblichen stellten noch keinen Bruch mit der Thora, dem heiligen Recht, dar. Ein katholischer Kenner, Johann Maier, urteilt heute so darüber: *»In keinem einzigen konkreten Fall liegt ein grundsätzlicher Konflikt mit dem Gesetz vor.«* Und Zwi Werblowski, der erwähnte jüdische Religionshistoriker aus Israel, sagte dasselbe so: *»Jesus stand voll und ganz auf dem Boden der Thora, erstens weil er Jude war und zweitens weil ansonsten kein jüdisches Ohr überhaupt zugehört hätte.«*

Die Reihe der Einwände, die von den Fachleuten abgelehnt werden, ist ziemlich lang. Für viele Christen jedoch noch kein Grund, sich schon ganz geschlagen zu geben. Wollte ein Christ Jesu Einzigartigkeit hervorheben, würde er jetzt vermutlich sagen: *»Jesus hat sich als Sohn Gottes gesehen, als Menschensohn, als Messias!«* Hier sind wir bestimmt an einem Punkt, an dem die Besonderheit Jesu erkennbar wird. Nur: als Messias hat er sich selbst nicht bezeichnet (wie in Kapitel zehn erwähnt).

Allerdings meint mancher Kenner unter Juden und Christen, Jesus habe sich selbst im stillen für den Messias gehalten und sei auch so aufgetreten. Ungewöhnlich sind jedenfalls Anspruch und Autorität Jesu. Laurenz Volken, ein katholischer Theologe, der lange Zeit in einem Jerusalemer Kloster gelebt und gelehrt hat, urteilt: *»In Jesu Haltung klingt etwas an, was Juden als ›unjüdisch‹ empfinden: seine erstaunliche Vollmacht, zusammen mit einem unerhörten Selbstbewußtsein: Jesus erweckt Tote . . ., ohne zu beten, von sich aus durch Befehl. Ohne sich auf Autoritäten zu berufen, spricht er wie ein Gesetzgeber. ›Ich aber sage euch!‹ Von ihm überliefert das*

Neue Testament Erklärungen wie diese: ›... *Himmel und Erde werden vergehen, meine Worte aber werden nicht vergehen.*‹«

Jesus hat den Sabbat nicht streng geheiligt, als er seinen Jüngern erlaubte, Ähren abzureißen. Und er verteidigte das auch noch, indem er sich auf König Davids Vorbild berief, als sei er dem ebenbürtig. Dann wird er auch noch grundsätzlich und sagt: »*Der Sabbat ist für den Menschen da und nicht der Mensch für den Sabbat.*« Das war schon recht kühn.

Mit den Pharisäern gab es eine Auseinandersetzung darüber, ob man sich wirklich vor dem Essen die Hände waschen muß, um den Reinheitsvorschriften zu genügen. Der Streit ist uns wohl nur deshalb überliefert, weil Jesus eine klassisch schöne Entgegnung vorgebracht hat, nämlich den Grundsatz: »*Nichts, was von außen in den Menschen kommt, kann ihn unrein machen, sondern was aus dem Menschen herauskommt, das macht ihn unrein.*«

Das war neu damals, und es kann auch einem heutigen Juden gefallen. Salman Chen, ein israelischer Autor, Jahrgang 1929, hat Jesus wegen seiner teilweise überzogenen Ansichten kritisiert, folgert dann aber: »*Man darf also am Sabbat Ähren raufen und Kranke heilen. Diese Einsicht stellt zweifellos einen wesentlichen Fortschritt dar. Hier finden wir einen weitgehenden prophetischen Anspruch verwirklicht. Indem er festlegte, daß nicht das, was in den Mund eingeht, sondern was aus ihm herauskommt, den Menschen verunreinigt, hat er eine neue Grundlage für die Speisegesetze geschaffen: medizinische, moralische und ästhetische Richtlinien anstelle von Tabus.*«

Salman Chen schließt daraus, Jesu Standpunkt sei noch heute modern: »*Seine Einstellung ist in der Tat die der allermeisten Juden im heutigen Israel. Solches Umdenken, das die Reformideen Jesu kennzeichnet, ist dringend nötig.*«

Also hat Jesus doch Neues gebracht, wenigstens in dem Sinne, daß er ein jüdischer Reformer war – oder sogar bis heute ist. Ja, aber eben ein sehr *jüdischer* Neuerer! Das bestätigt auch einer der bedeutendsten Religionsforscher Israels, David Flusser, der zugleich ein ungewöhnlich guter Kenner der Jesusüberlieferung ist. Er meinte 1974 in einem Aufsatz, den er für Christen schrieb, gerade die Neuerungen, die Jesus eingeführt habe, könnten noch heute Juden nachdenklich machen: *»Dem Christen wird es paradox erscheinen, daß der Jude von Jesus lernen kann, wie er beten soll, was der richtige Sinn des Sabbats ist, wie man fasten soll, was die Bedeutung des Königreichs des Himmels und des Jüngsten Tages ist. Immer wird der aufgeschlossene Jude von der Ansicht Jesu tief beeindruckt; und er verteht: Hier spricht ein Jude zu den Juden.«*

Wirklich, er sprach zu den Juden, zu seinem Volk, sogar einzig und allein zu ihm. Heute würde man vielleicht sagen, er habe sein Vaterland über alles gestellt. Und das rechnen ihm einige Israelis auch hoch an. Als er einmal gegen seine Gewohnheit die Landesgrenze überschritt und als eine Ausländerin, eine Syrophönizierin, ihn um Hilfe bat, da antwortete er: *»Ich bin nur zu den verlorenen Schafen des Hauses Israel gesandt.«* Und er ging anschließend so weit, die Ausländer mit Hunden im Haus zu vergleichen, die nicht so gut behandelt werden sollen wie die Kinder des Hauses.

Aber man machte ihn als Religionsstifter ausgerechnet zum Retter der Heiden. Es ist fast paradox, daß er bei dieser Einstellung schließlich zu dem wurde, in dessen Namen man den Gott Israels den Heiden brachte. Zum Messias gerade der Nicht-Juden.

Wir haben bisher immer nur erörtert, was an Jesus jüdisch war. Irgend etwas hat ihn aber doch über die jüdische Tradition hinausgeführt, wodurch er zum Gründer einer neuen Religion wurde. Wir müssen allmählich mal diesen Punkt bezeichnen, er ist aber schwer zu finden.

Die historische Forschung hat sich bemüht herauszuarbeiten, was Jesus wirklich getan und gesagt hat und was spätere Zutaten sind, die ihm in den Evangelien zugeschrieben werden. Dieser sogenannte »historische Jesus« scheint sich durchaus »gut jüdisch« verhalten zu haben. Er hat vor allem verkündigt, das Himmelreich sei nahe. Auch das kann man noch als »gut jüdisch« bezeichnen. Seine Botschaft war: *Gott ist euch viel näher, als ihr es bisher gewußt habt. Er liebt den, der umkehrt, und schenkt ihm seine Gnade.* Man mag auch das als traditionell jüdisch ansehen, Jesus hat jedoch diese Wahrheit besonders eindringlich gesagt, gültig für alle Zeiten. Allenfalls daß er sich selbst dabei als erster Zeuge und Bringer des Heils verstanden hat, könnte für die frommen Juden anstößig gewesen sein. Aber nicht einmal wenn seine Anhänger ihn als den Messias ausgerufen haben sollten, wäre das nach jüdischem Recht strafbar gewesen.

Gern gesehen war der Messiasanspruch bei Juden jedoch nicht. Zu Beginn unseres Jahrhunderts soll ein intelligenter Jude gesagt haben: *»Jesus brachte viel Neues und viel Gutes. Aber das Neue war nicht gut, und das Gute war nicht neu.«* So ist das wohl immer, wenn die ältere Religion über die neue Glaubensrichtung urteilt, die aus ihr hervorgegangen ist: Nur das Neue scheint dann nicht gut zu sein.

Bis zur Hinrichtung am Karfreitag hat Jesus nichts getan, was nicht unter frommen, eifernden, von Gott ergriffenen Juden denkbar gewesen wäre – und vielleicht auch sonst vorgekommen ist, sosehr uns die Eigenwilligkeit und Größe dieses Mannes auch beeindrucken muß. Das ändert sich mit der Auferstehung. Doch auch die war kein so großes Ärgernis für fromme Juden, wie man denken könnte. Vor einiger Zeit hat der jüdische Religionswissenschaftler Pinchas Lapide ein Buch veröffentlicht, das die Auferstehung als traditionell jüdischen Gedanken darstellt.

Zum Bruch zwischen den Jesusanhängern und den rechtgläubigen Juden kam es erst, als Jesus zum alleinigen Heilsweg erklärt wurde, zum Erlöser, der es dem Gläubigen erspart, das Gesetz zu halten. Diese Entwicklung zum neuen Glauben nach Ostern hat niemand so geprägt wie Paulus. Deshalb halten ihn viele für den eigentlichen Gründer des Christentums. Das sehen insbesondere Juden so.

Ein evangelischer Theologe von heute, Markus Barth, der mit vielen Juden gesprochen hat, hat ihre Ansicht so zusammengefaßt: *»An Jesus von Nazaret ist nichts auszusetzen. Er repräsentiert das Beste im Judentum, und Juden können viel von ihm lernen. Als aber Paulus von Tarsus zum Apostel wurde, begannen die Sorgen. Seinet-*

wegen ist die Kirche von Israel getrennt, und seinetwegen kam es zu immer neuen antisemitischen Ausbrüchen unter den Völkern.« Und darum findet die sogenannte »Heimholung« Jesu heute nur begrenzt statt – ohne Christus.

Diese Heimholung fällt in eine Zeit, in der auch die Christen wieder mehr den ursprünglichen Jesus entdecken – und der Himmelsherrscher Christus ihnen fremd geworden ist. Ich habe schon angedeutet, daß diese »Heimholung« Jesu ins Judentum dem rechtgläubigen Christen gefährlich erscheinen könnte. Hier bricht nämlich, wenn die Juden nur die eine Hälfte von Jesus Christus haben wollen, der alte Unterschied wieder auf, den die Christenheit immer zu kitten versucht hatte: eben der Unterschied zwischen Jesus und Christus.

»Jesus war Jude«, hieß es bisher. Man muß wohl noch zugespitzter formulieren und sagen *»Jesus war kein Christ!«* Ja, Jesus war kein Christ, er gehört noch ganz in die Glaubenswelt des Judentums. Das hat übrigens niemand schärfer betont als Rudolf Bultmann. Jesus war Jude nicht nur seiner Herkunft nach – er blieb es. Ich weiß, daß diese zugespitzte Behauptung, sosehr sie auch historisch richtig sein mag, doch auf viel Widerstand stößt. Man fragt sich, wenn man das hört, unwillkürlich voller Sorge, ob denn unser Glaube keinen Halt in Jesus selbst findet. Doch, das tut er. Vielleicht würde man die Sache darum besser so ausdrücken: Jesus fühlte wie ein Jude, er handelte wie ein Jude, und doch haben sich die Christen zu Recht auf ihn berufen, weil er zum Inbegriff seiner eigenen Botschaft wurde: Er war selbst die Nähe und Güte Gottes, die er verkündigte.

Er verkörpert damit das eigentlich Christliche selbst. Wenn alles Gute aber schon im historischen Jesus, im guten Juden Jesus da war – warum brauchen wir dann noch den geheimnisvollen Christuskult des Paulus von Tarsus, den die weitaus meisten Juden abgelehnt haben und der eben, das ist die Verlegenheit, heute auch vielen Christen fremd geworden ist? Vielleicht ist dieser Christuskult, der den Nazarener alsbald zum Gott machte, doch reichlich weit ausgebaut worden.

Verständlich ist mir jedenfalls, warum die Juden diesen

Weg nicht mitgehen wollten. Bis heute nicht. Ein bewegendes Zeugnis für diese Einstellung findet sich in dem Roman ›Der Letzte der Gerechten‹, der in den sechziger Jahren erschienen ist. Geschrieben hat ihn der französische Jude André Schwarz-Bart, dessen Familie in Auschwitz umgebracht worden ist. Er läßt ein junges verlobtes Paar, Golda und Ernie, den Tod vor Augen, über Jesus sprechen. Golda hatte ihren Verlobten gefragt, warum die Christen die Juden so schrecklich hassen.

»Ernie legte feierlich seinen Arm um ihre Schultern: ›Das ist alles sehr geheimnisvoll‹, murmelte er auf jiddisch, ›sie wissen es selber nicht genau. Ich war in ihren Kirchen und habe ihre Bibel gelesen. Weißt du, wer der Christus eigentlich war? Ein einfacher Jude wie dein Vater. Eine Art von Chassid.‹ Golda lächelte: ›Du hältst mich wohl zum besten!‹ – ›Nein, wirklich, du kannst es mir glauben. Ich wette mit dir, die beiden hätten sich sehr gut verstanden, weil er wirklich ein guter, frommer Jude war... Die Christen behaupten, sie lieben ihn, aber ich glaube, sie hassen ihn, ohne es zu wissen. Darum drehen sie das Kreuz um, nachdem ein Schwert daraus und schlagen uns damit... Verstehst du, Goldele, er war ein altmodischer kleiner Jude, ein richtiger Gerechter, weißt du, wie alle unsere Gerechten.‹«

Ein Chassid, ein Gerechter. Mit diesem Wort ist viel gesagt über Jesus. Ein Christ wird sich damit noch nicht begnügen müssen. Für ihn ist der Jude Jesus noch mehr. Das möchte ich zum Schluß in einem Satz aussprechen, der – nach dem bisher Gesagten – wohl nicht mehr ganz so paradox klingen muß: Alles an Jesus war jüdisch, und doch hat er das entscheidend Neue gebracht, nämlich sich selbst als die leibhaftige Einladung an alle Menschen, ein Fest zu feiern in der Gegenwart Gottes.

14 Der heilige Bürostuhl
Ein Gespräch über die Kirche

Was diese Kirchengemeinde da in Bremen gemacht hat, halte ich für unglaublich, pochen auf ihre Besitzrechte und lassen ihre Launen eiskalt an denen aus, die nicht . . .

Welche Bremer Gemeinde meinen Sie denn?

Ich meine diese kirchliche Friedhofsverwaltung, die darauf pocht, daß das schließlich ein kircheneigener Friedhof ist und daß da keiner beerdigt wird, der nicht in der Kirche war, egal ob einer schon seit Jahrzehnten sein Familiengrab bezahlt hat.

Ach ja, diese Geschichte! Die Witwe des Seemanns war machtlos, ihr verstorbener Mann durfte nicht in die Familiengrabstätte, nur weil der aus der Kirche ausgetreten war.

Und das Verwaltungsgericht gibt denen auch noch recht! Bleibt dem kirchenlosen Fahrensmann nur noch die Seebestattung.

Das ist so egoistisch und kleinkariert, wie man sich die Kirche gerade nicht wünscht.

Und wie sie genau ist! Ich kenn' den Verein doch. Verwaltung ist ja an sich schon was Schlimmes, unpersönlich und nach Schema F. Aber in der Kirche ist sie noch schrecklicher, weil sie nicht dahin paßt.

Ich würde das aber nicht so verallgemeinern. In der Kirche ist manches auch menschlicher als anderswo, selbst bei Grundstücksgeschäften . . .

. . . Machen die auch noch Grundstücksgeschäfte? Hätte ich mir ja denken können. Jesus wußte nicht mal, wo er abends seine Pantoffeln hinstellen sollte . . .

Er trug Sandalen.

Meinetwegen . . ., und die Kirche, die sich nach ihm nennt, handelt mit Grundstücken!

Sie handelt nicht damit, aber sie verhält sich eben wie ein guter Hausvater. Muß sie mal ein Grundstück verkaufen, erwirbt sie für den Erlös ein neues. Alles ist langfristig geplant und wird gut verwaltet.

Das ist ein Thema, das mich schon lange beschäftigt. Und nicht nur mich. Mir scheint, Verwaltung, das paßt doch zum Glauben wie die Faust aufs Auge. Wenn man das Neue Testament aufgeschlagen hat und gerade liest: »Die Füchse haben Höhlen, aber der Menschensohn hat keinen Platz, wo er sein Haupt niederlegen kann« – und wenn man dann das Neue Testament zuklappt und das ›Gesetzesblatt der Evangelischen Landeskirche Hannover‹ aufschlägt, dann ist man in einer anderen Welt.

Weiß Gott! Aber Sie vergleichen jetzt zwei Dinge, die man kaum vergleichen kann: Jesus und die Kirche.

Das kommt davon, wenn man Besitz hat. Was kann man denn verwalten, wenn nicht Besitz? Vermögen verwaltet man, Angestellte, Macht – alles Dinge, die eine Kirche eigentlich nicht haben sollte.

Ja. Jesus hat vor dem schnöden Mammon gewarnt, also vor dem Geld.

Und er hat uns versichert: Ihr könnt nicht zwei Herren dienen, Gott und dem Mammon.

Er hat aber in dem Gleichnis von den anvertrauten Pfunden auch geraten, man solle sich Freunde machen mit dem ungerechten Mammon. Also wenn man etwas hat, soll man davon den richtigen Gebrauch machen.

Ob Sie es glauben oder nicht, seit der Nachkriegszeit haben sich die jährlichen Einnahmen der Kirche mehr als verzwanzigfacht. Stellen Sie sich das mal vor. Soviel ist doch schon mal klar: Eine Kirche, die gewohnt ist, soviel Geld einzunehmen, gewinnt einfach eine andere Einstellung zum Geld, als Jesus sie hatte, dieser wandernde Bettelprophet.

Ich glaube, da berühren Sie einen wunden Punkt. Schon innerhalb des Neuen Testaments kann man in der Frage »Wie hältst du's mit dem Geld?« eine Entwicklung beobachten. Mit anderen Worten: Die Abschwächung von Jesu harten Forderungen hat schon früh begonnen. Schon der Evangelist Lukas, der selbst ja kein Jünger mehr war, hat mit dieser Abschwächung begonnen. Statt zu schreiben: »Lehnt das Geld ab!«, wie Jesus das wohl gesagt hat, schreibt er nun: »Macht den richtigen Gebrauch von eurem Geld!« Das ist natürlich etwas anderes. Und so können die Kirchen auch heute noch sagen: Man kann ruhig Geld haben, es kommt darauf an, was man damit macht.

Und sie fügen selbstgefällig hinzu: Wir tun doch viel Gutes damit, selbst mit unseren Grundstücksreserven.

Das stimmt sogar! Altersheime oder Kindergärten, Beratungsstellen oder Heime für Behinderte, es sind ja wirklich alles gute Zwecke. Man könnte also sagen, wer in dieser Welt Gutes tun will, braucht eben Geld. Sogar viel Geld. Jedenfalls kann sich die Kirche nicht auf kostenlose Wunderheilungen verlassen, wie das noch zu Jesu Zeiten möglich war.

Ja, ja, deshalb zahlen die Leute ja auch noch ihre Kirchensteuern, in dem Vertrauen, daß die Kirche sich wenigstens Freunde schafft mit dem ungerechten Mammon. Damit erkaufen sich die Kirchenchristen ein gutes Gewissen.

Und Sie? Sind Sie noch drin?

Ja, ja! Irgendwie ja, aber ich weiß, offen gesagt, meist auch nicht mehr so genau, weswegen eigentlich. Die Kirche, an die ich glauben könnte, die müßte erst noch gegründet werden.

Die wahre Kirche, das ist die unsichtbare Kirche, an die kann man nur glauben. Die sichtbare Kirche ist nur ein Abbild, ein – zugegeben – unvollkommenes Abbild der wahren, unsichtbaren Kirche.

Diese Unterscheidung habe ich immer für eine ganz billige Ausrede gehalten.

Wieso Ausrede?

Weil sich die Kirchen aller Schattierungen und aller Jahrhunderte mit dieser Unterscheidung herausreden konnten und sich gedrückt haben vor dem Anspruch, eine wahre Kirche im Sinne Jesu zu sein.

Sie sind ein Radikaler, scheint mir.

Mag sein, aber dann war Jesus auch einer.

Nur mit dem Unterschied, wenn ich das erwähnen darf, daß er gar keine Kirche vorgesehen hat.

Wahrscheinlich! Es hat zu Beginn unseres Jahrhunderts eine heiße Debatte darüber unter modernen Theologen gegeben, ob Jesus eigentlich die Kirche gestiftet hat. Mit dem Ergebnis: Er hat sie nicht gestiftet!

Und die Worte »Du bist Petrus, auf diesen Fels will ich meine Kirche gründen«, die hat Jesus wahrscheinlich nie gesprochen. Wer einmal in der Kuppel der Peterskirche in Rom gestanden hat, der weiß, daß diese Worte da in riesigen Lettern als umlaufendes Mosaik stehen. Sicher, die katholische Kirche beruft sich darauf ...

Und doch sind diese Worte spätere Zutat, aus der Zeit, als es die Kirche eben schon gab. Jedenfalls ist der Rabbi aus Nazaret, der umherzieht und das Ende der Zeit für gekommen hält, nicht vorstellbar als einer, der sich darum kümmert, eine römische Kirche zu gründen und Vorsorge zu treffen, daß auch alles geregelt ist. Jesus predigte »Das Himmelreich ist nahe!« Und was kam? Die Kirche.

Sie meinen, da hätten wir einen schlechten Tausch gemacht.

Ja. Der Satz eben war übrigens ein Zitat. »Jesus verkündete das Reich Gottes – und was kam, war die Kirche.« Der Pariser Theologe Alfred Loisy hat das so geschrieben und damit fast einen Skandal ausgelöst, weil man glaubte, er wollte die Grundlage der katholischen Kirche untergraben.

Auch Sie halten eben die Kirche für ein Unglück und berufen sich lieber auf den moralisch rigorosen Wanderprediger Jesus von Nazaret.

Im Ernst, wollen Sie mir einreden, ich sollte lieber an die Kirche glauben als an Jesus? Vor diese Wahl gestellt, kann man sich doch nur an Jesus und seine Worte halten, »Jesus ja – Kirche nein!«, um es mit einem Schlagwort zu sagen.

Aber nur, wenn Sie das als Alternative sehen.

Das kann man nicht anders sehen, fürchte ich. Jesus verlangte eine ehrliche Gesinnung, eine Umkehr, ein neues Leben. Und die Kirche? Sie forderte alsbald den »Glauben an ...«, nämlich den Glauben an Jesus statt ein Leben wie Jesus.

Jesus sagte: »Folge mir nach«, und die Kirche lehrte statt dessen: »Bete ihn an!« Das ist ein Vorwurf, den in unserer Zeit vor allem Erich Fromm erhoben hat. Das trifft natürlich.

Genau das ist der Unterschied. Und wie hat sich Jesus gegen die jüdische Religion seiner Zeit aufgelehnt, wie hat er Dogma und Kultus gering geachtet und statt dessen eine neue Gesinnung und neue Taten gefordert. Wie hat er die Pharisäer gescholten. Und was hatten wir keine dreißig Jahre später? Eine neue Priesterkaste, diesmal eine christliche. Das ist der ganze Unterschied.

Alles zugegeben, und doch muß ich Ihnen widersprechen. Die Kirche bewahrt viel von dem, was Jesus wollte . . .

Das seh' ich nicht. Nur ein Beispiel. Jesus sagt: Ihr alle untereinander seid Brüder, ihr sollt keinen »Vater« nennen, denn es gibt nur einen Vater, das ist unser Vater im Himmel. Und wie ist es in der Kirche? Was heißt denn Pater anderes als Vater, ganz zu schweigen vom »Heiligen Vater« in Rom. Ich möchte ja mal wissen, wie der Matthäus 23 auslegt; da steht das nämlich, daß man zu keinem Mitchristen »Vater« sagen darf.

Ihr radikaler Standpunkt hat den Vorteil, daß er unwiderlegbar ist.

Noch eine Frage: Wer gründete die Kirche?

Ich weiß. Auch so ein Kampfthema, damals, um die letzte Jahrhundertwende. Auch schon bei Nietzsche. Die Kirche habe Paulus gegründet, sagte man damals, mit Abscheu.

Ich halte das für die Wahrheit, nur heute redet man nicht mehr darüber.

Aber die Lage nach Tod und Auferstehung des Herrn war schwierig. Da bildeten sich Führungstalente aus, und die noch gefährdeten Gemeinden konnten Führung brauchen. Da ist es nur menschlich, wenn sie sich Älteste gewählt haben und bald auch Bischöfe. Und so weiter.

Alles, was Jesus nicht wollte. »Die Letzten sollen die Ersten sein.« Was heißt das denn? Die Geringsten werden von Gott bevorzugt. »Wer der Erste sein will, der sei aller Diener.« Das ist die Umkehrung der sozialen Ordnung, das Gegenteil von Hierarchie. Und was haben wir in der Kirche? Das ist doch der Inbegriff von Oben und Unten. Auch in den protestantischen Kirchen. Der Bischof und sein ganzer Hofstaat, die Oberkirchenräte. Dazu die Verwaltung mit ihrer heimlich-unheimlichen Macht, die so weit reicht . . .

Das Pikante ist aber, daß in der Kirche, zumal in der evangelischen, weniges so gern betont wird wie dies: daß es nur ums Dienen geht. Auch der mächtigste Mann in der Kirche herrscht nicht, nein, er dient! Und er meint das auch so . . .

Das sagen die Politiker auch alle. Die tun es auch nur um des Gemeinwohls willen. Und die Beamten? Alles Staatsdiener.

Mit dem Unterschied, daß die Kirchenleute sich fest einbilden, auch den geringen Schwestern und Brüdern unter sich zu dienen. So wie es Jesus verlangt hat: Wer der Erste unter euch sein will, der diene den anderen.

Die sollten sich doch offen dazu bekennen, daß auch in der Kirche geherrscht wird. Instanzenzug vom Heiligen Stuhl bis hinunter zum heiligen Bürostuhl, auf dem der letzte kleine Kirchenbeamte noch Macht ausübt. Genauso in der protestantischen Kirche.

Die alte lutherische Behauptung, jeder Christ sei sein eigener Priester und habe unmittelbar Zugang zu Gott, die ist leider niemals Wirklichkeit geworden.

Wir haben eine Pastorenkirche, die nichts so sorgfältig unterscheidet wie »Amt« und »Gemeinde«. Das Amt, das ist der evangelische Priester, die Gemeinde ihm gegenüber, das sind die Laien.

Die heißen auch wirklich »Laien«, man sollte es nicht glauben. Eigentlich durfte man ja annehmen, Luther habe das abgeschafft und »Laien« gäbe es nur noch in der römischen Priesterkirche. Aber nichts da! Die lutherischen Geistlichen reden ungeniert von »Laien«, als habe die Reformation nie stattgefunden.

Ich sehe, wir sind uns einig.

Nicht nur. Sie formulieren alles so zugespitzt und schütten das Kind mit dem Bade aus.

Und Sie sind der Leisetreter vom Dienst. Entschuldigen Sie, aber es klingt immer alles so verbindlich bei Ihnen, als wären Sie der Pressesprecher einer Landeskirche.

Im Gegenteil. Ich erzählte Ihnen ein Beispiel. Es ist noch nicht lange her, da habe ich mal bei einer Veranstaltung der Landeskirche hier als Moderator auf dem Diskussionspodium ausgeholfen. Nachher bekam ich vom Veranstalter, einem Landessuperintendenten, ein Buch als Dankeschön.

Ist doch nett!

Sicher! Aber er überreichte es mir mit den Worten: »Es

freut mich, daß wir Sie zu solchen Veranstaltungen gewinnen können, obwohl Sie doch eigentlich nicht zur Kirche gehören.« – »Was?« habe ich geschrien, »ich gehöre nicht zur Kirche?« Das verstand der gar nicht und meinte, ich arbeitete doch schließlich beim NDR. Und ich verstand nicht, wieso er behaupten konnte, ich gehörte nicht zur Kirche, bis mir dämmerte: Es gibt für ihn noch die »eigentliche Kirche«, das sind diejenigen, die da angestellt sind.

Das ist wie bei der Gewerkschaft. Typisch Funktionär. Die sagen auch am liebsten »wir«, wenn sie die Kollegen Funktionäre meinen.

Genauso ist es wohl auch, fürchte ich, in der Kirche. Und da wundern sich die Herren immer, wenn man abfällig von der Amtskirche spricht und damit meint, die wahre Kirche finde sich dort, wo eine Gemeinde lebendig ist.

Sie sehen die Kirche also doch wie ich. Das freut mich. Warum nicht gleich.

Oh, da gibt es Unterschiede.

Und die wären?

Jesus und die spätere Kirche haben, meine ich, doch viel mehr miteinander zu tun, als Sie glauben wollen.

Also, da bin ich wirklich mal gespannt.

Ich sehe es jedenfalls so: Jesus wollte alle Menschen retten und gewinnen, gerade auch die Schwachen, ja auch die Lauen und Halbherzigen ...

Darf ich Ihnen widersprechen? Ich glaube, das ist genau der Punkt. Diesen Kompromiß will ich nämlich nicht mitmachen. Mir ist dieses eine Wort Jesu wichtig: ». . . der nehme sein Kreuz auf sich und folge mir nach!« Wer das wegstreicht, zähmt und verharmlost alles. Entschuldigen Sie, aber ...

Das ist der Unterschied zwischen Ihrer und meiner Auffassung. Ich glaube, daß die frühe Kirche ganz im Sinne von Jesu Barmherzigkeit gehandelt hat, als sie auch denen den Weg zum Heil geebnet hat, die nun wirklich keine religiösen Helden waren. Die Kirche als Heilsveranstaltung, die für alle da ist. War das nicht im Sinne Jesu?

Anbeten statt Nachfolge. Sakrament empfangen statt

das Kreuz auf sich nehmen. Das nenne ich Bequemlichkeit. Und eine Verfälschung. Vom Jünger zum Mitläufer. Das wurde bald typisch für die Kirche. Wie Sie schon sagten, der Vorwurf von Erich Fromm.

Die Alternative dazu ist die Sekte der fanatischen Anhänger. Entschuldigen Sie, aber Fanatismus macht mich schaudern. Ich bin froh, daß auch Jesu Gemeinde keine Sekte der Heiligen und Reinen geworden ist. Dann schon lieber ein Kult oder, wie Sie sagen, eine Heilsveranstaltung, die die Sünder annimmt.

Was mich stört, ist etwas anderes. Eine – wie soll ich sagen – eine Verengung. Jesus sagt nur: »In Gott ist das Heil.«

Ich weiß nicht, worauf Sie hinauswollen.

Jesus sagte nur, »in Gott ist das Heil«. Die ersten Christen verengten das schon und sagten, »nur in Christus ist das Heil«. So bei Paulus zu lesen. Und alsbald hieß es dann gegen alle Ketzer: »Nur in der Kirche ist das Heil.« Sehen Sie, und das mache ich nicht mit. Ich bleibe bei dem, was ich von Jesus höre: »Allein in Gott ist das Heil.«

Darin zeigt sich, zugegeben, eine Verengung. Aber ich möchte noch mal auf Ihre Vorliebe für die radikale Nachfolge zurückkommen. Wissen Sie, in welchem Verdacht ich Sie habe?

Wen, mich?

Ja. Ich vermute, daß alle Leute, die selbst nicht glauben können und zu einer entschiedenen Nachfolge schon gar nicht in der Lage sind, sich ihre Christen so wünschen: glaubensstark und heldenhaft asketisch. Darf ich Sie einfach mal fragen: Fühlen Sie sich als Christ?

Eigentlich wollte ich mich von Ihnen nicht prüfen lassen. Aber ich bin bereit zu sagen: Ich bewundere Jesus sehr.

Eben. Und deshalb wollen Sie auch die Christen als bewundernswerte, opferbereite Menschen. Die Volkskirche erscheint Ihnen als der Neckermann-Weg ins Paradies. Ich möchte aber gern ein gutes Wort für die Volkskirche bei Ihnen einlegen.

Ich will Sie nicht hindern. Aber: Volkskirche, das ist doch nun die endgültige Verflachung des Anspruchs, den der Nazarener erhoben hat. Einmal Sessellift für jeder-

mann auf die Achttausender des religiösen Gefühls.
Volkskirche als Massentourismus für fußkranke Himmelsstürmer...

Volkskirche, das hatte ursprünglich nicht diesen billigen Beigeschmack, das hieß vor hundertfünfzig Jahren, als der Romantiker unter den großen Theologen, Friedrich Schleiermacher, diesen Begriff prägte: eine Kirche, die nicht von den Schwarzröcken bevormundet wird, sondern als Volk Gottes selbst bestimmt, was es glauben will und kann.

So wäre es mir recht. Dann hätten ja der Heilige Stuhl und auch der heilige Bürostuhl im Landeskirchenamt ausgedient.

Ich kenne Ihre Vorliebe für die kirchliche Verwaltung. Aber eins sollten Sie doch bedenken. Auch das Gottesvolk braucht eine Verwaltung. Wer soll denn sonst dafür sorgen, daß es gerecht zugeht? Die Gesetze und Verordnungen sollen doch deshalb jeden Fall regeln, damit jeder Fall gleich geregelt wird.

Das ist ja eben das Entsetzliche. Unter Schwestern und Brüdern alles nach Schema F!

Weil Sie ein guter Demokrat sind, sollten Sie das zu schätzen wissen, wenn alle gleichberechtigt sind und gleich behandelt werden. Die christliche Urgemeinde war die Keimzelle der Idee von der Gleichheit aller Menschen. Und die moderne Bürokratie mit ihren Fragebögen ist nur die Verwirklichung dieser Idee.

Sie verderben mir meine ganzen Aggressionen.

Die können wir uns doch gemeinsam aufsparen für die Bremer Egoisten, die den kirchlichen Friedhof für diejenigen sperren wollen, die nicht in der Kirche waren.

Ja, Kirche ist Kirche für andere. Oder sie hat den Namen Kirche nicht verdient.

15 War Jesus wirklich auf dem Wasser?
Nur der Glaube sieht das Wunder

Es war am 9. Juni 1970 gegen acht Uhr abends. Der Schweizer Pfarrer Josef Leutenegger stand in einer kleinen Kapelle im Allgäu am Altar. Er war zur Aushilfe nach Deutschland gekommen, um einen anderen Priester zu vertreten. Etwa fünfzehn Erwachsene und einige Kinder bildeten die kleine Gemeinde. Nachdem Pfarrer Leutenegger im Verlauf der Messe den Wein, wie es heißt, »gewandelt« hatte, sah er einen unerklärlichen großen Fleck auf dem Altartuch, umgeben von kleinen Flecken. Tief bewegt und erschrocken hielt er ein Wunder für möglich und sandte die Altardecke später an die Poliklinik der Universität Zürich. Ergebnis: Blutflecken. Fünf Wochen später bat der fromme Priester in derselben Kapelle um ein neues Wunder. Und es ereignete sich. Josef Leutenegger holte die andächtigen Gläubigen einzeln an den Altar. Viele von ihnen erbleichten, weil sie kleine Kreuze in den Flecken sahen.

Ein Wunder? Pfarrer Leutenegger ist davon überzeugt. Er hat auch Anhänger für seinen Glauben an das neue Blutwunder gefunden. Ein Büchlein ist darüber erschienen. Schon ist eine erste Heilung zu melden: Ein neunjähriger Knabe genas von einem Gehirntumor, als Pfarrer Leutenegger ihm das so wundersam getränkte Altartuch auf den Kopf legte. Mit Verbitterung jedoch muß der Priester vermerken, daß der zuständige Bischof von Augsburg eine Kommission eingesetzt hat, die das Wunder einfach bestreitet.

Die katholische Kirche, die ohne Wunder nicht zu denken ist, ist bei der Bestätigung neuer Wunder sehr vorsichtig. Die Wunder jedoch, die schon ein ehrwürdiges Alter vorweisen können, bleiben meist unangefochten. Am berühmtesten ist wohl das Blutwunder des heiligen Januarius in Neapel. An drei bestimmten Tagen im Jahr versammelt sich das gläubige Volk Neapels in seiner Hauptkirche und wartet auf das Wunder. Ein Blutklümpchen des Heiligen, aufbewahrt in einer gläsernen

Ampulle, soll sich verflüssigen. Und tatsächlich, während das Kirchenvolk laut und inbrünstig zum Schutzpatron der Stadt betet und ein Priester die silberne Büste des Heiligen mit allen Ehrenzeichen schmückt, geschieht es fast regelmäßig: In der kleinen Glasampulle scheint sich das Blutklümpchen zu verflüssigen, ja, manchmal scheint es regelrecht aufzuschäumen. Die Gläubigen Neapels nehmen es mit Inbrunst als Zeichen dafür, daß der Schutzpatron auch weiterhin für seine Stadt sorgen wird.

Vielen modernen Katholiken sind solche Wundererscheinungen fremd, vielleicht sogar unheimlich oder unappetitlich. Und erst recht unter Protestanten gibt es Zweifel, ob diese Wunder noch zeitgemäß sind. Einen evangelischen Christen trennt ja sogar eine doppelte Schranke von diesem Wunderglauben. Die erste Schranke ist die Reformation, die mit dem Heiligenkult auch den Glauben an Wunder abgeschafft hat. Die andere historische Schranke ist die Zeit der Aufklärung. Damals, vor zweihundert Jahren, waren die führenden Köpfe so gut wie alle überzeugt, daß es auf der Welt nichts Übernatürliches geben könne. Angebliche Wunder, so schien es den Aufklärern, mußten auf einem Irrtum beruhen, wenn nicht gar auf Betrug.

In einer Broschüre, die im Jahre 1812 in Stuttgart erschien, sie heißt ›Auswahl belustigender Kunststücke zur Unterhaltung‹, findet sich auch eine Anleitung zum Verfertigen einer roten Salbe, die wie getrocknetes Blut aussieht und bei Wärme flüssig werden kann. Spöttisch heißt es zu diesem Rezept: »*Das auf diese Art verfertigte Blut des heiligen Januarius ist ein wesentlicher Schatz der Hauptkirche zu Neapel.*« Sollte sich dies Wunder so einfach erklären lassen? Viele Menschen meinen das auch heute noch, so der Journalist Theo Löbsack in seinem religionsfeindlichen Buch ›Wunder, Wahn und Wirklichkeit‹, in dem er die Wundersalbe beschreibt.

Auch die Gegenseite, also in diesem Fall die Anhängerschar des Wunders von Neapel, beruft sich gern auf die Wissenschaft. Stolz erklären die Gläubigen, es gebe sogar achtzehn wissenschaftliche Untersuchungen des Blutklümpchens; schon im Jahre 1902 habe ein Professor die erste Spektralanalyse durchgeführt. Natürlich mit dem

Ergebnis, daß es sich hier um menschliches Blut handelt. Vielleicht müssen wir also fairerweise die Streitfrage offen lassen.

Ich könnte mir denken, daß Sie von mir jetzt erwarten, daß ich zu der Frage Stellung nehme, ob es Wunder gibt oder nicht. Diese Erwartung werde ich aber nicht erfüllen. Und, offen gesagt, was hätten Sie auch davon, wenn ich mich nun zum Lager entweder der Anhänger oder der Gegner des Wunders schlüge. Die Echtheitsfrage wäre dann doch so unentschieden wie eh und je. Ich möchte Ihre Aufmerksamkeit vielmehr auf eine andere Frage lenken. Braucht der Mensch Wunder? Und glauben wir nicht alle, Sie und ich, irgendwie an Wunder – oder wollen wenigstens dran glauben? Gewiß, Wunder sind, wie Goethe etwas spöttisch gesagt hat, »des Glaubens liebstes Kind«. Aber, wie ich hinzufügen möchte, nicht nur des religiösen Glaubens. Jeder Mensch sucht Wunder für seine Art von Glauben – und sei es der Glaube an die Technik. Auch er kennt seine Wunder.

Soviel anders als die Katholiken stehen auch die Protestanten nicht da. Auch sie haben zum Beispiel noch jahrhundertelang an die angeblichen Zaubereien von Hexen geglaubt. Und kaum war die Zeit der Aufklärung vorbei, da entdeckte man in der nächsten Epoche der Geistesgeschichte, in der Romantik, überall die unheimlichen Wunder des Übersinnlichen. Es spukte übrigens zuerst im Hause eines sehr frommen methodistischen Predigers im Staat New York. Gewiß, der Spiritismus ist keine religiöse Erscheinung, aber es scheint so, als könne man den Wunderglauben eben nicht aus der Religion verbannen, ohne daß er dann in weltlicher Form als Aberglauben zurückkehrte.

Dafür ein Beispiel aus den Anfängen des nichtreligiösen Wunderglaubens. Der schwäbische Arzt und Dichter Justinus Kerner nahm im Jahre 1826 eine Patientin zu sich ins Haus, die in ständigem Halbschlaf erzählte, was sie sah und erlebte. Justinus Kerner hat über die hellsichtige Frau berichtet in seinem Buch ›Die Seherin von Prevorst‹. Weil die Patientin einige Zeit nicht abließ, eine alte Rechnung zu beschreiben, die im nahen Amtsgericht unter den Prozeßakten liege, ging Kerner zum Oberamtsrichter und holte die Rechnung hervor. Es stellte sich heraus, daß der Richter genau dies übersehene Blatt brauchte, um eine in Verdacht geratene alte Frau endlich freisprechen zu können.

Auf die heutige Begeisterung für Psi und Parapsychologie, für Spiritismus und Okkultismus brauche ich wohl kaum zu sprechen zu kommen. Das Bedürfnis, Wunder zu sehen, muß heute, in einer Zeit, die weniger christlich und sehr rational ist, nicht unbedingt abnehmen.

Die alten Wundergeschichten richtig zu verstehen fällt uns heute aber um so schwerer. Jesus hat, so berichten es die vier Evangelien, Kranke geheilt, sogar Verstorbene zum Leben erweckt; er hat Dämonen ausgetrieben und Wasser in Wein verwandelt.

Wohl keine Wundergeschichte Jesu ist heute so bekannt und ist so oft verspottet worden wie die, die davon berichtet, daß Jesus über das Wasser des Sees Genezaret gegangen sei. Die Fähigkeit, übers Wasser zu gehen, gilt heute als Beispiel entweder für Größenwahn oder für Betrug. Viele Witze, die allerdings nur mäßig komisch sind, erzählen davon, wie Jesus sein Kunststück zuwege gebracht habe; etwa indem er eben besser als andere wußte, wo im See Genezaret die Trittsteine verborgen liegen.

Ich zitiere die Geschichte, wie sie bei Markus steht; Matthäus erzählt sie etwas anders: *»Jesus forderte seine Jünger auf, ins Boot zu steigen und vorauszufahren nach Betsaida, während er selbst das Volk entließ. Als er sie verabschiedet hatte, ging er auf den Berg, um zu beten. Und als es Abend geworden war, befand sich das Boot mitten auf dem See, und er war allein an Land. Als er sah, wie sie sich beim Rudern abmühten – sie hatten nämlich Gegenwind –, kam er um die vierte Nachtwache, auf dem See wandelnd, zu ihnen. Er wollte an ihnen vorübergehen. Als sie ihn aber auf dem See wandeln sahen, meinten sie, es sei ein Gespenst, und schrien laut auf; denn alle sahen ihn und waren entsetzt. Er aber redete sie sogleich an und sprach zu ihnen: ›Nur Mut, ich bin es! Fürchtet euch nicht!‹ Dann stieg er zu ihnen ins Boot, und der Wind legte sich. Da gerieten sie ganz und gar außer sich.«*

Diese Geschichte ist allzu sonderbar. Jesus als Gespenst, so glauben es im ersten Augenblick seine Anhänger. Und nachdem er sie so erschreckt hat, beruhigt er sie auch noch mit Worten, die so klingen, als sei das nichts Besonderes, was er da gerade getan hat. Die Jünger, so hören wir, waren vor Entsetzen ganz außer sich. Und ich nehme an, daß wir als Leser der Geschichte auch entsetzt sein sollen. Aber wie das so ist, nicht jeder Leser reagiert so, wie er soll. Heute werden, statt ergriffen zu sein, manche Menschen sich mit einem spöttischen Lächeln der Wirkung entziehen, während die Menschen der Antike wohl wirklich durch solche Geschichten zum Glauben gewonnen werden konnten.

Werden Wunder grundsätzlich diskutiert, so ruft fast jeder ihrer Gegner die Naturgesetze als Zeugen an. Max Planck, einer der Begründer der modernen Physik und zur Frömmigkeit neigend, lehnte wie fast alle Wissenschaftler diese Seite des Glaubens ab: »*Ein Wunder kennt die Physiologie ebensowenig wie die Physik.*« Kein Theologe hat diese Position in unserem Jahrhundert so entschieden vertreten wie der große Aufklärer Rudolf Bultmann. Für ihn waren die biblischen Wunder »*Mirakel*«, und die seien, meinte er, »*erledigt*«, für uns »*unmöglich geworden, weil wir das Naturgeschehen als gesetzmäßiges Geschehen verstehen*«. Um so deutlicher wollte Bultmann am eigentlichen Wunder des Glaubens festhalten. Der Glaube erlaubt, schrieb er, »*immer neue Wunder zu sehen*«, denn der Gläubige erkenne die Welt als eine »*Welt, in der Gott handelt*«.

Die Gegenposition in der Wunderfrage wird von Christen vertreten, denen es auf die Allmacht Gottes ankommt. »Bei Gott ist nichts unmöglich«, sagen sie und sehen in der Unterwerfung unter diesen Satz einen Akt des Glaubens. Nur ein einziger unter den bekannten Physikern unserer Zeit hat diese Ansicht zu stützen versucht, Pascual Jordan. Seine Fachgenossen haben ihm energisch widersprochen, von etlichen Christen ist er aber wie ein Prophet aufgenommen worden.

Sehen wir uns die Argumentation einmal an. Jordan war an einer Ehrenrettung der Wundergeschichten persönlich interessiert. Er suchte eine Erklärung für die biblischen Wunder. Und er glaubte, sie in einer Eigenschaft der Atome entdeckt zu haben, die man »Indeterminiertheit« nennt. Indeterminiert, also unbestimmt oder zufällig, ist das Verhalten des einzelnen Atoms in dem Sinne, daß der Beobachter nicht in allem voraussagen kann, wie es sich verhalten wird. Nur für eine große Zahl von Atomen kann man eine statistische Voraussage machen. Diese Erkenntnis stammt im wesentlichen von Werner Heisenberg, aber Jordan war doch an der Entdeckung als ganz junger Mann beteiligt.

Später deutete Jordan diese Unbestimmtheit als Einfallstor für Gottes wunderbares Eingreifen in den Naturprozeß. Gott könne ja, wenn er wolle, diesen Zufall des atomaren Verhaltens steuern und zum Beispiel in Kana aus Wasser Wein machen. Auch die zusätzliche vierte Dimension, die von der neuen Physik eingeführt worden war, nutzte Jordan, um sich die Himmelfahrt Christi und das Jenseits zu erklären. Wie gesagt, gefolgt ist ihm darin kein Fachmann, die Christen sollten sich also vorsehen.

Und außerdem nimmt eine jede Erklärung den Wundergeschichten auch etwas von ihrer Kraft. Sie wollen doch unbegreifbar sein und den Hörenden staunen machen.

In der heiklen Wunderfrage gibt es natürlich viele Standpunkte, nicht nur das »Alles oder Nichts«, das ich bisher genannt habe. Vermittelnd wird oft gesagt, die biblischen Geschichten wollten schon darum nicht von einer Durchbrechung der Naturgesetze erzählen, weil man solche Gesetze damals noch gar nicht kannte. Der katholische Fachmann Alfons Weiser, der ein beschwichtigendes Fachbuch für Laien verfaßt hat, behauptet sogar: »*Zur Annahme, daß etwa Naturgesetze durchbrochen worden seien, nötigt kein einziger Wunderbericht der Bibel.*« Und zur Begründung führt er an: schon deshalb nicht, weil die Berichte sich so unklar ausdrückten. Das heißt dann doch, die Anstößigkeit wegerklären.

Die meisten Theologen, die sich mit der garstigen Wunderfrage beschäftigt haben, beeilen sich, darauf hinzuweisen, daß Jesus es abgelehnt hat, Wunder zu tun, nur um Glauben zu wecken; daß er geheilt habe, um zu helfen und weil er darum gebeten worden war. Daß Jesus überhaupt geheilt hat, wird von kaum einem Theologen bestritten. Als besonders schlichtes und deshalb glaubhaftes Beispiel wird angeführt, wie Jesus die Schwiegermutter des Apostels Petrus (er hieß eigentlich Simon) geheilt hat:

»Sie gingen alsbald aus der Synagoge in das Haus des Simon... Die Schwiegermutter Simons lag und hatte Fieber. Alsbald sagten sie ihm von ihr. Er ging zu ihr, faßte sie bei der Hand und richtete sie auf. Das Fieber verließ sie, und sie diente ihnen.« Auffallend bei Jesu Wundern ist, daß er nie zuvor betet, wie das andere fromme Heiler taten, also nicht Gott um Hilfe bittet; und daß er auch keine Praktiken anwendet, sein Wort oder eine Geste genügen. So auch hier.

Andere Wundergeschichten sind offenbar später erzählt worden, um den Glauben an Jesus, den »erhöhten Herrn«, auszudrücken. Ob sie wirklich einmal geschehen sind, ist offen. Zu diesen Erzählungen, die man auch »Christologie-Geschichten« genannt hat, gehört wohl die vom Wandeln auf dem Wasser. Man muß ja auch zugeben: Die symbolische Kraft dieser Szene wirkt bis heute stark nach. Jesus kommt, als die Seinen verzweifelt gegen den Sturm ankämpfen, auf wunderbare Weise zu ihnen und nimmt ihnen die Angst. Der Sturm legt sich, die Fahrt geht weiter. Das ist ein eindrucksvolles Bild, das sich der Weltrat der Kirchen als Symbol der Kirche gewählt hat: das kleine Boot in den großen Wellen und dazu der rettende Herr.

Ein Detail aus dem Text stützt diese mehr symbolische Deutung. Mitten in der Geschichte steht der Satz: *»Er wollte an ihnen vorübergehen«,* ein Detail, an dem sich die Ausleger schon immer gestoßen haben. Denn der Satz scheint unsinnig, wollte Jesus doch ursprünglich nur nachkommen zu seinen Jüngern. Dann aber fiel einem Ausleger auf, daß dies »Vorübergehen« oft von Gottvater im Alten Testament gesagt wurde; den sahen Menschen allenfalls einmal, während er vorüberging. Das ist also der Sinn und Ursprung dieses sonst unsinnigen Satzes: Er soll Jesus als den Christus erweisen. Und diese Tendenz hat die ganze Wundergeschichte.

Verstanden wird das Wunder nur von dem, der schon

glaubt. Davon bin ich überzeugt, auch wenn es oft umgekehrt gesehen wird. Auch spontan erlebt werden Wunder nur von denen, die auch bereit sind, daran zu glauben. Nirgends wird das anschaulicher als in der Liebe. Die beiden Liebenden sehen Wunder über Wunder, wo die stocknüchterne Umwelt nichts Auffälliges bemerken kann. Das spricht sicherlich nicht gegen die Liebe.

Ich möchte zum Schluß noch eine Definition des Wunders wagen. Es ist eine Definition, die wiederum nicht die Frage beantworten will, die immer gestellt wird und die vielleicht unbeantwortbar ist: ob es, objektiv gesehen, überhaupt Wunder geben kann. Nein, ich möchte ganz subjektiv formulieren: *Ein Wunder ist alles, was einen Glauben bestätigt.* Damit ist zugleich gesagt, daß nur der Gläubige oder Glaubensbereite es erlebt. Der Außenstehende hat keinen Zugang zum Wunder, weil er es nicht erkennt.

Daraus ergibt sich auch, daß man die Menschen, die fähig sind, Wunder zu erleben, nicht gleich für einfältig halten sollte. Im Gegenteil, man kann sie durchaus beneiden. Denn nur wer noch staunen kann, erlebt das Überraschende. Nur wer sich noch wundern kann, erlebt ein Wunder. Wieviel ärmer stehen die daneben, die für alles schon eine Erklärung haben, weil ihr Weltbild seit langem als abgeschlossen gelten kann.

Christian Morgenstern hat den Gedanken, daß wir Wunder oft nicht sehen, so umschrieben: »*Wer die Welt nicht von Kind auf gewohnt wäre, müßte über ihr den Verstand verlieren. Das Wunder eines einzigen Baums würde genügen, ihn zu vernichten.*«

16 Priester oder Prophet?
   Wie ein Pfarrer sein soll

Am 16. Juni 1986 versammelten sich im Ökumenischen Zentrum in Genf viele kirchliche Mitarbeiter zu einem Gottesdienst anläßlich des Weltgebetstages für Südafrika. Nach der Feier wurden alle Anwesenden aufgefordert, das südafrikanische Freiheitslied ›Nkosi sikilele i Afrika‹ zu singen und dabei – zum Zeichen der Solidarität mit den unterdrückten Schwarzen – die Faust zu erheben, so wie es auch die Afrikaner tun.

Unter denen, die da stehend und mit erhobener Faust das Freiheitslied sangen – in einer Kirche wohlgemerkt – war auch Gunnar Staalsett, Generalsekretär des Lutherischen Weltbundes, der zuvor norwegischer Pfarrer und Politiker gewesen ist. Das Bild dieses führenden Lutheraners, der die Faust revolutionär erhebt, wurde veröffentlicht und kam auch dem früheren deutschen Bundespräsidenten Karl Carstens zu Gesicht, der sich dem Lutherischen Weltbund eng verbunden fühlt. Er beschwerte sich bei Staalsett und hielt ihm vor, »*daß die Hand des Pfarrers segnen, aber nicht revolutionären Ideen Ausdruck geben soll*«. Staalsetts erhobene Faust habe ihn, fügte Carstens noch hinzu, vor allem deshalb »*tief erschreckt*«, weil er bei dieser politischen Geste einen Talar getragen habe,

»*Die Hand des Pfarrers soll segnen*«, das ist die Überzeugung vieler guter, traditionsverbundener Christen. »*Die Hand des Pfarrers soll handeln oder wenigstens in einer spontanen Geste Verbundenheit mit den Unterdrückten beweisen*«, so sehen es andere, progressive Christen. Wer hat recht? Ich glaube, daß sich beide Auffassungen – was oft nicht gesehen wird – auf die Bibel berufen können. Die »segnenden Hände des Priesters« sind nicht die einzig wahre biblische Haltung für einen Pfarrer, wie Altbundespräsident Carstens wohl glaubte.

Lassen wir mal beide Traditionen zu Wort kommen in einem fiktiven, aber dennoch wahren Podiumsgespräch.

Ja bitte, Pfarrer Wilhelmi, Sie haben sich gemeldet.

Wilhelmi: »*Jesus selbst zeigt uns, was wir tun sollen. Er war kein Politiker. Ihm ging es um die Frage, wie kann der Mensch vor Gott bestehen, nicht darum, wie wir diese Welt verbessern können. Diejenigen Pfarrer aber, die heute in der Kirche aus Violett am liebsten Rot machen würden, die trifft man ja mehr auf Demos als am Altar. Nein, ein Pfarrer soll nicht Partei ergreifen, sondern er soll das Evangelium verkündigen, soll die Menschen segnen.*«

Ich sollte noch nachtragen: Pfarrer Wilhelmi ist, wenn man ihn so sieht mit seiner dunklen Hemdbrust und dem weißen Kragen, eine wahrhaft priesterliche Gestalt, wie man so sagt. Korrekt und schön in den Gebärden, mit sprechenden Handbewegungen, würdevoll, aber immer verbindlich und voller Menschenfreundlichkeit. Und nun zu Ihnen, Pfarrer Kaske:

Kaske: »*Die Religion ist immer schon dazu mißbraucht worden, jeden Protest zu unterdrücken und die bestehende Herrschaft abzusegnen. Aber Jesus hat sich mit den Herren dieser Welt angelegt, er war ein Störenfried. Er hat die Mißstände beim Namen genannt, die Armen selig gepriesen und ihnen die künftige Macht zugesprochen. Er ist damit ja auch nicht sehr alt geworden. Daß er Priester gewesen sei, habe ich zwar noch nie gehört, aber ich höre in der Kirche immer ›Versöhnung, Versöhnung!‹ rufen. Damit zeigt sie nur, wie weit sie sich von ihm entfernt hat.*«

Das war also Pfarrer Kaske. Ich sollte ihn noch vorstellen. Daß er Pfarrer ist, würde man auf den ersten Blick nicht sehen, Sozialarbeiter, Handwerker, Freiberufler würde man vielleicht denken. Ein Mann, der mitten im Leben steht. Doch nun wieder zu Ihnen, Herr Wilhelmi. Noch besser paßt zu Ihnen die Anrede »Pfarrer Wilhelmi«! Was sehen Sie als Ihre eigentliche Aufgabe?

Wilhelmi: »*Das Gebet. Ohne Zweifel. Auch wenn es ein Gebet nie ohne das Tun gibt, das aus ihm folgen muß.*«

Das wundert mich, daß Sie das Beten zuerst nennen.

Wilhelmi: »*Warum wundert Sie das. Was kann einem Christen wichtiger sein als die Zwiesprache mit Gott?*

Und was kann wirksamer die Welt verändern als die Fürbitte...«

Sie wollen mit Beten etwas verändern?

Wilhelmi: »*Gestaltend in diese Welt eingreifen, das kann ein Christ gar nicht machtvoller als durch intensives Gebet. Und ich versichere Ihnen, das tun Menschen auch. Es gibt auch heute noch diese Erfahrung mit der Allmacht Gottes, gerade heute.*«

Für Sie lösen sich alle Probleme der Welt im Gebet?

Wilhelmi: »*Ich nenne Ihnen ein Beispiel. Als wir im Frühjahr den Arbeitskampf hatten, da habe ich im Gottesdienst in den Bänken auch das aktive Gewerkschaftsmitglied gesehen und auch den selbständigen Handwerksmeister. Ich habe nicht über die umstrittene 35-Stunden-Woche gepredigt. Das haben beide auch nicht von mir erwartet. Aber am Schluß sind beide zum Abendmahl gegangen. Das ist Versöhnung in Gott, das ist innerer Friede, aus dem auch der soziale Friede in unserem Land erwachsen kann.*«

Entschuldigen Sie, mir kommt es doch so vor: hinter verschlossenen Türen die segnenden Hände und die religiöse Erbauung. Aber draußen Streit, Unterdrückung und Elend – eben »die Welt«.

Wilhelmi: »*In unsere Gemeinde kommen auch ehemalige Drogensüchtige und finden Halt; es kommen Menschen, die bis dahin nur noch über ihre Rechtsanwälte miteinander verhandelt haben; und wir tun im stillen außerdem viel, sehr viel für die christliche Entwicklungshilfe.*«

Ich unterbreche hier und stelle die gleiche Frage an Pfarrer Kaske: Was ist Ihnen an Ihrem Beruf das wichtigste?

Kaske: »*Daß ich für die eintreten kann, die sich nicht selbst helfen können. Das versuche ich im Namen Jesu. Jesus hat sich verantwortlich gefühlt für seine Mitmenschen, auch politisch...*«

Sie verstehen Ihre Aufgabe also politisch?

Kaske: »*Ich bin kein Politiker. Aber ich kann die Politik nicht allein den Politikern überlassen. Und wer behauptet, er sei unpolitisch, der unterstützt damit nur die bestehende Politik. Es hilft nichts: Nachfolge heißt, sich für andere einsetzen, für die Mühseligen und Beladenen.*«

Also das heißt: demonstrieren, protestieren ...

Kaske: »Das ist das Zerrbild, wir probten die Weltrevolution, das in den Medien von uns verbreitet wird. Wo es uns doch um das Reich Gottes geht. Aber es genügt nicht, religiösen Trost zu spenden, es geht um die Ursachen des Elends. Und das heißt, wir müssen die Strukturen ändern. Ganz konkret: Wenn Jesus die Feindesliebe von uns verlangt, müssen Christen gegen den Massenmord, der vorbereitet wird, ihre Stimme erheben.«

Sie geraten in Eifer. Aber soviel Gelegenheit haben Sie doch gar nicht zu solchen Bußpredigten und Strukturveränderungen. Meist müssen Sie Säuglinge taufen, Trauerpredigten halten oder gar Halbwüchsige auf die feierliche Konfirmation vorbereiten ...

Kaske: »Sie dürfen mir glauben, daß es mir weiß Gott oft schwerfällt, den ›geistlichen Buchsbaum‹ zu spielen. Immer diese ...«

Was heißt das, »geistlicher Buchsbaum«?

Kaske: »Das ist so ein Ausdruck dafür, daß Pfarrer bei Kulthandlungen so wichtig sind wie die Buchsbäume, damit es feierlich ist. So ist das in einer organisierten Religion. Man hat zu funktionieren. Da ist man Zeremonienmeister, also eigentlich überflüssig.«

Und Sie erfüllen dann brav Ihre Pflicht – trotzdem?

Kaske: »Meine Pflicht wäre es wohl eher, diesen Leuten das Urteil ins Gesicht zu schleudern, das Gott über sie – über uns alle – gesprochen hat. Aber das unterbleibt gewöhnlich. Aus Barmherzigkeit übrigens ...«

Zwei Pfarrer haben wir gehört, es sind keine zufälligen Verschiedenheiten, die da zutage treten. Es sind zwei Auffassungen vom Christentum und vom Amt des Pfarrers, die sich beide auf die Bibel berufen können. Vor zweieinhalbtausend Jahren standen sich plötzlich beide Auffassungen davon, was der göttliche Auftrag sei, in Israel schroff gegenüber: Den Priestern waren nämlich in den Propheten Konkurrenten, ja Feinde erwachsen. Die Propheten beriefen sich auf einen Auftrag zur Bußpredigt, den sie unmittelbar durch Gott bekommen hatten. Es begann ein historischer Streit, und bis heute ist er nicht geschlichtet. Es geht um nicht weniger als um die Frage, was Gott von uns will. Um das deutlicher erkennbar zu machen, fordere ich unsere beiden Pastoren einmal auf, ihre Position biblisch zu begründen.

Wilhelmi: »*Ich habe in der Tat zunächst einen priesterlichen Dienst wahrzunehmen, ich habe die Gewissen zu schärfen, aber nicht anzuklagen. Der Priester segnet seine Gemeinde mit den Worten, die schon im 4. Buch Mose stehen: ›Der Herr segne dich und behüte dich; der Herr lasse sein Angesicht leuchten über dir und sei dir gnädig; der Herr erhebe sein Angesicht über dich und gebe dir Frieden.‹ Segen zu spenden, Segen zu sein ist die Aufgabe des Priesters – und damit auch die des evangelischen Pfarrers.*«

Und was tut der Priester noch?

Wilhelmi: »*Er folgt dem Auftrag Jesu: ›Gehet hin in alle Welt und machet zu Jüngern alle Völker...‹ Jesus sagte nicht: Gehet hin in alle Welt und ändert die Strukturen... Ja, der Priester dient am Altar, er verkündigt die Erlösung, die durch den Sühnetod Jesu geschehen ist. Er trägt dabei den Talar, das priesterliche Gewand, das ihn heraushebt und ihn dazu verpflichtet, über dem Streit und den Dingen dieser Welt zu stehen.*«

Damit wird der Pfarrer zugleich der Garant der bestehenden Ordnung.

Wilhelmi: »*Ich weiß nicht, ob die Priester in Israel je so gewirkt haben, ich weiß nur, wir sollen Gott mehr gehorchen als den Menschen. Der Priester ist allein Gott verantwortlich.*«

Danke, Pfarrer Wilhelmi: Bei Aufklärern aller Schattierungen hat der Priester jedoch leider keine »gute Presse«, und das seit zweihundert Jahren. Andererseits wollen auch heute noch viele, auch evangelische Christen, diese segnenden priesterlichen Hände, sie wollen den priesterlichen Pfarrer, der über den Parteiungen der Tagesereignisse steht. Sie wollen Trost und Kraft zugesprochen, aber keine Bußpredigten und apokalyptischen Schreckensgeschichten zu hören bekommen.

Kaske: »*Leider! Genauso wünschen sich die Leute ihre Geistlichen!*«

Ja, Herr Kaske, jetzt sind Sie wieder dran. Sie wollen offenbar diese Rolle nicht übernehmen.

Kaske: »*Es wird immer gesagt, die Leute brauchten*

das. Aber welche denn? Das sind doch die Etablierten, die gesegnet sein wollen. Die anderen wollen ganz konkrete Erlösung, nämlich zunächst die Befreiung aus den Zwängen und Ängsten dieser Welt, hier und jetzt! Aber all die gepflegten Versammlungen, zum Beispiel zur Konfirmation. Die Herren im guten Blauen, die Damen frisch vom Friseur ...«

Was will Gott denn statt dessen?

Kaske: *»Das hat schon der Prophet Amos gesagt im Auftrag Gottes, als er den Priestern und Gläubigen seiner Zeit entgegenschleuderte: ›Ich bin euren Feiertagen gram und verachte sie und mag eure Versammlungen nicht riechen ...‹«*

Der Prophet Amos scheint Ihr besonderes Vorbild zu sein?

Kaske: *»Ja, Amos war der erste, der im Namen von Recht und Gerechtigkeit gegen die Mißstände seiner Zeit aufgestanden ist. Ein ungeheurer Mann. Natürlich hat er sich damit oben mißliebig gemacht. Und wer hat ihm den Mund verbieten wollen? Der Oberpriester vom Heiligtum Betel persönlich. Der denunzierte ihn beim König, indem er dem Herrscher melden ließ: ›Amos macht einen Aufruhr gegen dich, das Land kann seine Worte nicht ertragen.‹ Schon damals also: untragbar. Und zu Amos gewandt, sagt dieser Oberpriester: ›Geh doch in die DDR und halte da deine Haßtiraden ...‹«*

Sehr frei übersetzt.

Kaske: *»Gut, meinetwegen, sagen wir: ›... geh doch nach drüben, aber weissage nicht mehr in Betel, denn es ist des Königs Heiligtum und ein Reichstempel.‹ Da haben wir die Einheit von Thron und Altar. Darum ist mir das Priestertum auch heute irgendwie verdächtig. Der Pakt mit den Mächtigen, die herrschenden Verhältnisse segnen wie früher die Waffen. Die religiöse Verklärung des bestehenden Unrechts durch Priester ...«*

Soweit diese beiden sehr unterschiedlichen Pfarrer, von denen wir uns nun verabschieden können. Sie berufen sich auf zwei verschiedene biblische Traditionen, auf Priester und Propheten, die sich noch nie grün waren. Die Alternative zwischen beiden Parteien hieß immer:

165

segnen oder anklagen, trösten oder kämpfen, bewahren oder verändern. Man kann auch sagen: Halt geben oder Anstoß sein, darüberstehen oder engagiert sein. Zwei Arten von Religion und anscheinend miteinander unvereinbar, unversöhnlich.

Wenn es im Alten Testament zwei Strömungen gab – wie war es dann bei Jesus? Wer von beiden darf sich zu Recht auf ihn berufen? Jesus war einerseits eine priesterliche Gestalt: *»Kommet her zu mir alle, die ihr mühselig und beladen seid, ich will euch erquicken.«* Er war – zumindest wie ihn die Evangelisten zeichnen – entrückt, stand über den Dingen: *»Mein Reich ist nicht von dieser Welt.«* Und: *». . . ich aber habe die Welt überwunden.«* Da wundern wir uns nicht mehr, daß Christus im Neuen Testament ganz spät sogar als »Hoherpriester« bezeichnet wird; sein Stellvertreter auf Erden nannte sich bald »Pontifex maximus«, zu deutsch »Höchster Priester«.

Aber Jesus war zugleich auch völlig anders. Ganz wie einer der biblischen Propheten war er, sogar voll flammendem Zorn: *»Ein Feuer auf die Erde zu bringen, bin ich gekommen, und wie sehr wünschte ich, es wäre schon entfacht.«* Er hat im Tempel einen Aufruhr gemacht und sich mit den »Geistlichen« seiner Zeit angelegt, indem er ihnen, ganz im Stil der Propheten, Amtsmißbrauch und Heuchelei vorwarf.

Irgendwie war Jesus also einerseits Priester, andererseits Prophet. Aber wie sollte heute solch ein Kompromiß aussehen? Vielleicht wäre es eine Lösung – und die möchte ich hier vorschlagen –, keinen Kompromiß, sondern eine paradoxe Gleichzeitigkeit zu versuchen.

In der evangelischen Kirche scheint das kaum möglich. Wenn sich die kirchlichen Gremien zusammensetzen und eine gemeinsame Resolution formulieren wollen, kommt gewöhnlich bloß ein Einerseits/Andererseits heraus. Profil zeigen nur die beiden gegensätzlichen Positionen. *»Allein das Heil ist der Kirche aufgetragen. Christus hat nicht die Welt in Ordnung gebracht, sondern unser Verhältnis zu Gott«*, so rufen die einen und haben doch nur die halbe Wahrheit ausgesprochen: *»Es geht auch um das Wohl der Menschen. Die Kirche hat früher die Sklaverei geduldet, die Arbeiter nicht befreit, die Juden nicht* *geschützt. Sollen wir jetzt immer noch schweigen – zu den Befreiungsbewegungen unserer schwarzen Schwestern und Brüder? Oder zum Schicksal der Indios?«* So argumentieren die anderen. Es geht hin und her, bis ein blasser Kompromiß gefunden ist, eine sogenannte »Kompromißgeburt«.

Zu Beginn der Nazizeit, als die Christen in unserem Land ähnlich zerstritten waren wie heute, war man sich nicht einig: Soll man kämpfen oder sich besinnen? Soll man für die verfolgten Juden eintreten? Soll man die Kirche erneuern, indem man zum wahren, liturgischen Gebet zurückfindet? Da gab der später so berühmte Theologe Dietrich Bonhoeffer eine überraschende Losung aus. Er forderte: *»Für die Juden schreien und gregorianisch singen.«* Eine ebenso verblüffende wie einleuchtende Formel, weil sie behauptet, die Extreme ließen sich doch vereinen.

Wenigstens sollten beide Arten von Gläubigen, die priesterlichen und die prophetischen Christen, erkennen, daß sie einander wohl brauchen. Eine Kirche, der das Priesterliche verlorengeht, kann auch nicht lange prophetische Kraft haben, und umgekehrt. Priester und Propheten, die Tröster und die Kämpfer – Gott scheint beide zu wollen, auch wenn beide Charaktere eher in Jesus Christus selbst vereint sind, als daß sie sich in einem von uns wirklich gleich stark ausprägen könnten.

Dafür aber gibt es die Gemeinschaft der Gläubigen mit ihren verschieden talentierten Mitgliedern. Die Christen könnten ihrem Vorbild Jesus besser nachfolgen, wenn sie sich gegenseitig gelten ließen und ihre charismatischen Gaben beide ungestört entfalteten. Diese Gaben widersprechen einander zwar, aber sie sind dennoch aufeinander angewiesen.

Glauben steht, hört man auf den Volksmund, nicht gerade in hohem Ansehen. »Wer's glaubt, wird selig«, ruft man zweifelnd, um eine Unwahrheit abzuwehren, und verspottet damit so nebenbei auch die fromme Erweckungspredigt und das Bibelwort, das sich bei Markus findet: »Wer da glaubet und getauft wird, der wird selig werden.« Man will nicht als einfältig gelten, sich keinen Bären aufbinden lassen. Gut, aber ist das Evangelium etwas für Leichtgläubige?

Gerade das Überirdische weckt besonderes Mißtrauen, nur das Handfeste ist gefragt. *Ich glaube nur eins: Aus fünf Kilo Rindfleisch läßt sich eine gute Suppe kochen.*« So irdisch soll es zugehen. Was man in der Hand hat, heißt es, braucht man nicht zu glauben: »*Der beste Glaube ist bares Geld.*« Kredit ist schon Vertrauenssache, das Credo auch. Und wer gibt gar dem Credo Kredit?

Man sagt täglich: »Ich glaube.« Das bedeutet in unserer Umgangssprache soviel wie: »Ich vermute.« Das meint auch das Sprichwort: »*Glauben heißt nicht wissen.*« Das wird gern von Lehrern zitiert, wenn ein Schüler zögernd seine Antwort mit »Ich glaube . . .« beginnt. Da kann es dem Christen schon mal genauso ergehen, wenn er sagt: »Ich glaube an die Auferstehung«, und ihm ein Mitmensch ironisch dazwischenruft: »*Glauben heißt nicht wissen!*«

Weil dieser Zweifel weiter nicht Stellung nimmt, nicht argumentiert, ist man oft sprachlos. Und der Zweifel wird vielleicht zum Selbstzweifel des Christen: Ist »Glauben« nicht wirklich nur ein Notbehelf für die Fälle, in denen man nicht genau Bescheid weiß? Und sollte man nicht lieber schweigen, wo man nicht wissen kann? Vielleicht – aber wir sollten nie vergessen, daß »Glauben« nach der Meinung der Bibel nicht ein Für-wahr-Halten ist, sondern Vertrauen meint, sogar »Sich-Anvertrauen«.

Ohne Vertrauen ist menschliches Leben nicht möglich,

nicht einmal intellektuell, weil sich dauernde Skepsis nicht konsequent durchhalten läßt. Schon gar nicht geht es ohne das mehr seelische Vertrauen, das als Ur-Vertrauen in der Kindheit gelernt wird.

»*Glauben ist leichter als Denken*«, auch ein Sprichwort. Wenn ich es richtig verstehe, will es sagen: »Du hast es gut, du bist beschränkt, denn du glaubst einfach, wo ich mich bemühe zu denken!« Das hat, nur etwas zurückhaltender, der zeitgenössische Philosoph Max Bense auch gesagt, übrigens ein entschiedener Gegner jeder Religion: »*Denken ist [im Prinzip] wissen, wovon die Rede ist; glauben ist [im Prinzip] nicht wissen, wovon die Rede ist.*« Wahrscheinlich ist das nur ein Mißverständnis, aber mit Sicherheit ein verbreitetes.

Nun haben allerdings Christen schon immer geantwortet, erst wo das Denken aufhöre, da beginne der Glaube; nicht früher, aber dann bestimmt. Der Glaube betreffe die jenseitigen, die transzendenten Dinge, von denen wir nichts beweisbar wissen könnten. Das ist das Angebot, Glauben und Denken schiedlich-friedlich nebeneinander bestehen zu lassen. Aber ich fürchte, diese Entgegnung reicht noch nicht, denn damit ist ein anderer Streit, nämlich der um die richtige Grenzziehung zwischen Denken und Glauben, noch nicht beendet. Das drückt ein Vierzeiler von Ludwig Robert aus, einem Schriftsteller der Romantik (der bürgerlich Markus Levin hieß und ein Bruder von Rahel Varnhagen war):

> *Zu dem Adler sprach die Taube:*
> *›Wo das Denken aufhört, da beginnt der Glaube.‹*
> *›Recht‹, sprach jener, ›mit dem Unterschied jedoch:*
> *wo du glaubst, da denk' ich noch.‹*

Ein überlegenes Wort. Man soll das Denken eben nicht zu früh aufgeben. Immerhin scheint der Vierzeiler dem Glauben noch zuzugestehen, daß er überhaupt einmal beginnen darf. Das klingt schon anders bei Ludwig Feuerbach, dem Denker, dessen Atheismus Generationen beeinflußt hat. Das bekannte Wort aus dem Korintherbrief des Paulus, »*der Glaube kann Berge versetzen*«, hat Feuerbach auf listige Weise wörtlich genommen: »*Berge versetzt der Glaube, jawohl! Die schweren Probleme löst der Glaube nicht auf, sondern er verschiebt sie nur.*«

Ein englischer Schriftsteller des vorigen Jahrhunderts sagte über seinen Vater, der das Kunststück fertigbrachte, Naturwissenschaftler und zugleich bibelfromm zu sein: »*Mein Vater hatte wirklich den erlösenden Glauben, der Berge von wissenschaftlichen Gegenargumenten versetzen konnte.*« Friedrich Nietzsche hat die Satire wohl auf die Spitze getrieben, als auch er das Bergeversetzen aufgriff und dabei noch so tat, als wisse er nicht, woher das Wort stammt: »*Zwar hat der Glaube bisher noch keine wirklichen Berge versetzen können, obschon dies, ich weiß nicht wer, behauptet hat. Aber er vermag Berge dorthin zu setzen, wo keine sind.*«

Nietzsche scheint vorauszusetzen, daß man den Glauben aus dieser Welt auch wegdenken könne und es dann weniger Probleme gäbe. Das ist wahrscheinlich nicht richtig. Irgendeinen Glauben hat wohl jeder Mensch, sei er weltanschaulicher oder politischer, religiöser oder mehr technisch-wissenschaftlicher Art. Und wer sagt, er hege keine solchen Vorstellungen, ist deshalb noch nicht freigesprochen von der Vermutung, er habe sich seine eigenen Voraussetzungen und Vorurteile nur noch nicht klargemacht.

Zu den wenigen, die sich wirklich bemüht haben, ihre eigenen Vorprägungen zu klären, gehörte Jean-Paul Sartre, der von sich sagte: »*Es bedarf verzweifelter Anstrengung, nicht zu glauben.*« Das imponiert mir, wenn mir der Ausspruch auch etwas zu heroisch klingt. Es ist demnach nicht einfach, den Glauben abzuschaffen und durch Wissen zu ersetzen. »*Ich halte mich nur an die Vernunft.*« Wer so spricht, hat es mit der Vernunft noch nicht allzuweit gebracht, sonst müßte ihm seine Vernunft gezeigt haben, daß sie unfähig ist, sich selbst zu begründen (dazu steht etwas mehr im Kapitel vier über die Wissenschaft).

»*Wo ist denn Gott, ich habe ihn noch nie gesehen.*« Das Argument ist ebenso alt wie wirksam. Man kann wenig dazu sagen. Versuchen wir es tiefsinnig mit dem Hinweis, Gott sei – schon dem Begriff nach – unfaßbar. Nein, das ist viel zu abstrakt! Besser sagen wir es mit

Christian Morgenstern so: »*Gott wäre etwas gar Erbärmliches, wenn er sich in einem Menschenkopf begreifen ließe.*« Man kann es dem Ungläubigen auch etwas deftiger heimzahlen, das hat sich ausgerechnet der feinsinnige Blaise Pascal ausgedacht, und er hat es auf einem Zettelchen als Dialog notiert: »*Warum zeigt Gott sich nicht?*« – »*Sind Sie dessen würdig?*« – »*Ja.*« – »*Sie sind vermessen und daher unwürdig.*« Übrigens der klassische Fall einer Zwickmühle – von Psychologen auch »doublebind« genannt –, denn wie der Ungläubige auch antwortet, er hat schon verloren.

»*Warum beweist Gott nicht einfach, daß er existiert, zum Beispiel durch ein Wunder?*« Auch die Frage trifft die Gläubigen nicht unerwartet. Der katholische Schriftsteller Bruce Marshall hat sich eine Geschichte ausgedacht, in der ein Wunder geschieht (ein sündiger Barbetrieb verschwindet spurlos), und niemand will das Wunder anerkennen. Lassen sich also keine eindeutigen Beweise für Gott denken? Es gibt keine, meint jedenfalls der Philosoph Leszek Kolakowski: »*Was für außergewöhnliche Wunder könnte Er tun, so daß niemand, der seine fünf Sinne beisammen hat, umhin könnte, darin Seine Hand zu erkennen? Daß Er nichts dergleichen tun könnte, ist unschwer einzusehen. Ein geübter Skeptiker könnte davon gänzlich ungerührt bleiben. Gott ist also außerstande, irgendeinen empirischen Beweis für seine Existenz zu liefern...*« Das hängt wohl damit zusammen, daß jedes Wunder auf der Erde notwendig irdisch sein müßte und damit keinen eindeutigen Hinweis auf Gott erbrächte.

Kommen wir zum nächsten Teil unserer Aufzählung von Einwänden gegen den Glauben. Unter Intellektuellen ist kein Argument so beliebt wie dies: Der Glaube sei etwas für schwache Naturen, er sei ein Rettungsring für Nichtschwimmer, ein Betäubungsmittel für Leidende. Oder volkstümlich vereinfacht: »*Wer glaubt, hat's nötig.*« Ein Mensch mit gesundem Selbstvertrauen komme allein zurecht, Religion sei etwas für alte, unselbständige oder kränkelnde Leute. Hier muß ich zur Illustration unbedingt einen – allerdings recht bekannten – Witz einfügen. *Ein Mann kommt in die Buchhandlung. »Ich möchte gern etwas für einen Kranken«, sagt er. »Darf es etwas Religiöses sein?« fragt die Buchhändlerin. »Nein, danke, es geht ihm schon wieder besser.«*

Auch der Pastor sei ja nur was für Unmündige und Greise. Das einzig wahrhaftige Gebet sei das Stoßgebet, heißt es. Mit Kurt Tucholsky gesprochen: »*Der Mensch hat zwei Beine und zwei Überzeugungen: eine, wenn's ihm gutgeht, und eine, wenn's ihm schlechtgeht. Die letztere heißt Religion.*«

Mich hat allerdings der flotte Ausspruch: »*Wer glaubt, hat's nötig*«, immer an den anderen erinnert: »*Wer sich wäscht, hat's nötig*«, der den Selbstwiderspruch nun allerdings mit Absicht zutage treten läßt. Der Vergleich von Glauben und Waschen mag hinken, aber ich finde, er hinkt ins Ziel. Wem diese Gleichsetzung dennoch zu weit geht, dem setze ich gern ein anderes Beispiel vor: Wenn sich jemand in psychotherapeutische Behandlung begibt, ist der nun kränker als andere Menschen oder vielleicht nur einsichtiger und klug genug, um zu wissen, daß ihm etwas fehlt? Und steht nicht derjenige, der sagt, »ich habe keine Behandlung nötig«, auch unter Verdacht, wenn auch unter einem anderen?

Der Gläubige jedenfalls wird beargwöhnt, das ist ganz offenbar. Er steht in dem Verdacht, aus lauter Angst religiös zu sein, zum Beispiel aus Angst vor dem Sterben und dem, was nachher kommt. Das hat auch Robert Lembke im Auge gehabt, als er in sein ›Zynisches Wörterbuch‹ die Scherzfrage aufnahm: »*Was ist Religion? Eine Versicherung im Diesseits gegen Feuer im Jenseits.*« Gut, akzeptiert, lieber Herr Lembke, weil's wirklich spitz gesagt ist. Aber sonst – es ist schon merkwürdig, wie leicht es sich die Ungläubigen machen, indem sie sich, ehe sie ihn »durchschauen«, den Glaubenden wie einen Popanz aufbauen, der ohne die Krücke Religion angeblich keinen Schritt humpeln kann.

Die Vermutung, Religion komme aus Bedürftigkeit, steckt auch in dem Argument, das Bertolt Brecht seinem Herrn Keuner in den Mund gelegt hat. Dem Gläubigen sagt Herr Keuner, ihn durchschauend, schließlich auf den Kopf zu: »*Du brauchst einen Gott.*« (Das ganze Argument von Herrn Keuner habe ich schon ausführlich im dritten Kapitel behandelt). Es könnte ja aber auch – so möchte ich gegen Brechts Grundannahme einwenden – umgekehrt sein: daß der Glaube weniger Krückstock und Korsett ist als Herausforderung und Aufgabe.

Dabei fällt mir ein Radio-Eriwan-Witz ein, der ein subtiles Argument für diese andere Sicht des Glaubens sein könnte. *Frage an Radio Eriwan: Kann man auch Marxist und zugleich Christ sein? Antwort von Radio Eriwan: Im Prinzip ja. Aber warum wollen Sie sich das Leben doppelt schwer machen?*

Ja, das Leben wird nicht unbedingt leichter, wenn man den Glauben ernst nimmt, nur vielleicht vollständiger und sinnvoller. Aber in den Köpfen ihrer Gegner erscheint die Religion meist als Hilfs- und Heilmittel. Das steckt ja auch in dem bekannten Wort, Religion sei das »Opium des Volkes«, das die Unterdrückten nehmen, um die Schmerzen zu betäuben. Etwas modernisiert heißt das gleiche Argument heute. *»Religion ist Valium gegen die Existenzangst.«* Ich will nur auf den ungewollten Nebeneffekt des Arguments hinweisen: Die Christen werden damit zu angstfreien Menschen erklärt, auch wenn diese Ausgeglichenheit »von oben« gekommen sein soll.

Valium, das klingt einigen Kritikern des Glaubens noch zu günstig, denn immerhin ist Valium eine wirksame Substanz. Also heißt die neueste Fassung: *»Gott ist ein Placebo.«* (Ein Placebo ist ein Scheinpräparat, das nur verschrieben wird, um dem Patienten das Gefühl zu geben, er bekomme eine Arznei). Das Argument mit dem Placebo hat natürlich doch gesessen. Die Glaubenden mußten sich eine Antwort überlegen, die etwa lautete: Ein Placebo wirkt nur so lange, wie der Patient nicht ahnt, was er da schluckt; die angebliche »Droge Gott« wirkt aber auch dann, wenn dem Gläubigen jede Art von religionskritischer Aufklärung mitgegeben worden ist.

Der Placebo-Vorwurf ist damit noch nicht abgeschmettert. Denn als Zusatz-Argument wird jetzt die Erfahrung nachgeschoben: Klinische Tests haben ergeben, daß Placebos auch dann als wirksam empfunden werden, wenn die Ärzte den Patienten vorher sagen, daß es ein Scheinpräparat ist.

So haben sich beide Seiten in ihren Argumenten verfangen, und wir sind bei einem etwas verzwickten Standpunkt angekommen. Er erinnert mich an folgenden Witz: *»Sagen Sie mal, warum haben Sie ein Hufeisen über der Haustür? Glauben Sie etwa an so etwas?«* – *»Nein, überhaupt nicht, aber ich nehme an, daß es auch dann hilft, wenn man nicht dran glaubt.«*

Mit dieser paradoxen Pointe sind wir einem treffenden Argument gegen den Glauben sehr nahe gekommen. Man braucht jetzt nur noch zu sagen: Der heutige Durchschnitts-Christ verhält sich zum religiösen Erbe genau wie der Hausbesizer zu seinem Hufeisen. Er glaubt nicht dran, hält es aber für nützlich. Es gibt so ein beruhigendes Gefühl – und wer weiß?

Das würde bedeuten, daß der aufgeklärte Christ sich heute so verhält wie der Arzt, der einen anderen fragt: *»Und Sie, Herr Kollege, welches Placebo nehmen Sie am liebsten?«* Aber das wäre wohl eher eine Kritik am Normalzustand einer »spätchristlichen Epoche« als am echten, ursprünglichen Glauben selbst.

Es gibt natürlich auch Kritik speziell an der christlichen Religion, an der Kirche und den frommen Christen. Die sollten wir uns auch noch kurz ansehen. Während viele Menschen dem Christentum vorwerfen, zu weltlich zu sein, argumentieren andere mit dem Gegenteil: *»Durch das Christentum ist die Welt auch nicht besser geworden!«* Den Vorwurf müssen die Christen wohl auf sich sitzen lassen.

Das Christentum sei an sich gut, man müßte es nur auch anwenden, auch das sagen manchmal Gegner des Glaubens. Friedrich Nietzsche nahm bei seinen Angriffen auf das Christentum gelegentlich Jesus in Schutz: *»Die Kirche ist exakt das, wogegen Jesus gepredigt hat – und wogegen er seine Jünger kämpfen lehrte.«* Ähnlich glänzend knapp und verblüffend stichelte zuvor schon der französische Aufklärer Denis Diderot: *»Gibt es denn Christen? Ich habe noch nie welche gesehen.«*

Der Vorwurf gegen die Christen lautet hier: Sie sind nicht so selbstlos und liebevoll, wie sie nach der Bibel sein müßten. Gut, hier wird ja immerhin ein Bild vom glaubenden Menschen vorausgesetzt, das sehr viel zutreffender ist als das andere, das wir zuvor kennengelernt haben, wo der religiöse Mensch als einer dargestellt wurde, der aus Schwäche und Bequemlichkeit zur Droge »Glauben« greift. Beide Bilder widersprechen sich.

Offenbar malen sich die Glaubenskritiker den Glaubenden, wie sie ihn gerade brauchen können: Einmal unterstellt man, »*der Glaubende ist ein Schwächling*«, der auf eine Droge angewiesen ist; das andere Mal setzt man voraus, »*zum Glauben gehört übermenschliche Stärke*«, und baut damit eine Prüfung auf, bei der man jeden Gläubigen einzeln durchfallen lassen kann. Damit ist eine Falle aufgebaut, aus der es für den Gläubigen kein Entrinnen gibt.

Was der Glaubende gern sagen möchte, um aus der Zwickmühle der Unterstellungen herauszukommen, wäre doch wohl: Ich glaube nicht aus Schwäche und Bequemlichkeit; ich versuche es mit der schwierigen Nachfolge, möchte aber andererseits nicht schon deshalb ganz verworfen werden, weil ich sie nur halb schaffe.

Das Verhalten der Gläubigen unterliegt natürlich ebenfalls der Kritik, was in jedem Einzelfall auch gerechtfertigt sein kann. Da ist der Vorwurf der Frömmelei: »*Täglich in die Kirche, aber wenn's ums Helfen geht...*« Solche Klagen und Anklagen hat man früher oft gehört. Ein französisches Sprichwort sagt es ähnlich: »*Trau keinem, der sich zwei Messen hintereinander anhört.*« Dagegen ist nichts zu sagen. Der österreichische Schriftsteller Karl Peltzer hat es so auf den Begriff gebracht: »*Gott müßte die Frömmelei so zuwider sein wie einem ehrenhaften Menschen die Schmeichelei.*« Auch akzeptiert.

Wenn umgekehrt jedoch ein Christ mal Gutes tut, und sei es im stillen, so ist auch das nicht immer recht. »*Das tun die wahrscheinlich nur, um ihr Gewissen zu beruhigen.*« Solche Deutungen machen keinen guten Eindruck, finde ich, weil jede Unterstellung auf den Unterstellenden zurückfällt. »*Mutter Teresa will sich eben ein Plätzchen im Himmel erwerben.*« Vergessen wir das.

Als letztes Zitat ein Hohnwort des deutschen Schriftstellers und Publizisten Ludwig Marcuse, das sich gegen religiöse Demut wendet: »*Hinknien ist noch kein Beweis – weder für einen Gott noch für einen Gläubigen: nur dafür, daß einer nicht mehr stehen kann.*« Das würde ich weniger gern hinnehmen. Hinknien, das sollte dem nicht fremd sein, der überhaupt noch zu Verehrung und Ergriffenheit fähig ist. Willy Brandt fällt einem da ein, sein Kniefall am Mahnmal für die Opfer des Warschauer Gettos. Eine solche symbolische Handlung ist auch dem Gläubigen erlaubt.

Zum Schluß komme ich noch einmal auf das *»Wer glaubt, hat's nötig«* zurück. Ich habe dieser Ansicht widersprochen, doch jetzt will ich ihr auch ihr Recht lassen. Ich tue das wieder mit einem Zitat, diesmal freilich mit einem, das für den christlichen Glauben eintritt und ihn – auf eine Art, in die ich mich gut einfühlen kann – verteidigt. Das Wort stammt von dem jüdischen Dichter Franz Werfel, der dem Christentum sehr nahegestanden hat.

»Gott bittet uns, ihn zu lieben, nicht weil er unsere Liebe zu ihm braucht, sondern weil wir unsere Liebe zu ihm brauchen.«

In diesem Sinn brauchen wir den Glauben doch. So ausgesprochen, ohne Unterton und Unterstellung, ist es doch richtig: Du brauchst einen Gott. Und wer glaubt, hat's nötig. Ja, wer hätte es nicht nötig.

18 Ein Weihnachtsmann will zur Krippe und sagt, er wär' der Nikolaus

Jedes Jahr vor Weihnachten erneut die Gewissensfrage: Wohin mit dem Hexenhäuschen? Nein, »Hexenhäuschen« sollte ich nicht sagen. Es handelt sich um ein wunderschönes Knusperhäuschen aus der Familie meiner Frau. Auch heute soll es wieder mit Lebkuchen und Zuckerguß geschmückt werden, und dann wird es unter den Weihnachtsbaum gestellt. Eine Taschenlampenbatterie wird dafür sorgen, daß von innen ein stimmungsvolles Licht durch die bunten Fenster schimmert, und weißer Watterauch quillt aus dem Schornstein. Das Ganze durfte bisher unter dem Weihnachtsbaum stehen, nicht weit von der Krippe, die wir natürlich auch haben. Es handelt sich da um ein friedliches Nebeneinander. Noch sind mir keine Klagen von der Heiligen Familie zu Ohren gekommen, wenn ich auch zugeben muß, daß so ein Knusperhäuschen in der biblischen Weihnachtsgeschichte nicht direkt erwähnt wird.

Doch ich frage mich, was hat ein Hexenhäuschen unter dem Weihnachtsbaum zu suchen? Jetzt habe ich schon wieder »Hexenhäuschen« gesagt. Wohl deshalb, weil unsere Kinder in den letzten Jahren, damit die Sache auch echt aussieht, ein kleine Hexe vor das romantisch erleuchtete Haus gestellt haben. Ich glaube, sogar ein schwarzer Kater fand sich; das Ganze sah recht einladend aus. Wer mir aber nicht ins Haus kommt, ist der Weihnachtsmann.

Bin schon da!

Oh, was war das? Hab' mich wohl verhört. Also, der Weihnachtsmann, dieser etwas aufgeblasene alte Herr, ist doch der Bannerträger des deutschen Einzelhandels, der Halbgott des Konsums. Dick, freundlich und großzügig, aber im Grunde seines Herzens ein hemmungsloser Materialist und schamloser Knecht der Verkaufsstrategen. Wenn ich diesen Wattebart schon durch die Fußgängerzone wanken sehe, weiß ich, harmloser ist der Antichrist noch nie aufgetreten. Der soll uns doch nur von dem ablenken, was eigentlich der Sinn des Christfestes ist, nämlich . . .

Also, das finde ich ausgesprochen ungerecht, wenn ich mich da mal einmischen darf.

Mein Gott, wer hat sich hier eingeschlichen? Wo kommt die Stimme her?

Ich bin's! Ja, hier!

Das gibt's doch nicht. Der Schokoladenweihnachtsmann . . .

Ich gelte zwar überall als netter Kerl, aber beleidigen lasse ich mich nicht. Erlauben Sie, daß ich dazu etwas sage.

Bitte . . . Ja, bitte!

Wir Weihnachtsmänner sind die neue Form des heiligen Nikolaus, des wohl beliebtesten Heiligen der Christenheit. An seinem Festtag, es ist, wie jeder weiß, der 6. Dezember (übrigens sein Todestag), feiert man in aller Welt, in Ost und West, diesen Freund der Kinder, der eigentlich Bischof von Myra war, und zwar vor ziemlich langer Zeit. Er selbst hat noch die letzte Christenverfolgung im Römischen Reich miterlebt. Also dürfen Sie ruhig ›Sankt Nikolaus‹ zu mir sagen und ein wenig mehr Respekt haben. Und übrigens: Dem Christkind will ich an seinem Festtage wirklich nicht die Schau stehlen, wie immer wieder gesagt wird. Doch im Vertrauen: Als ich noch Bischof von Myra war, da gab es das Weihnachtsfest noch gar nicht! Wenn ich auch jederzeit bereit bin, das Knie vor der Krippe zu beugen . . .

Nein, nein, einen Weihnachtsmann in anbetender Haltung habe ich noch nie gesehen. Und überhaupt kommt mir Ihre Herleitung aus der Nikolausgestalt recht fragwürdig vor. Der Nikolaus ist der Nikolaus. Und der kommt zur Bescherung am 6. Dezember. Also hat er in der Weihnachtsstube nichts zu suchen. Und daher möchte ich Sie in aller Form bitten, entweder den Raum zu verlassen oder Ihren Schokoladenmund zu halten.

Wir können gern alles diskutieren. Schließlich war es Ihr Herr Martin Luther, der den Weihnachtsmann erfunden hat.

Das ist nun wirklich nicht wahr! Er hat sich nur zu Recht darüber geärgert, daß in der damaligen Christenheit der heilige Nikolaus maßlos verehrt wurde. Und da hat er dem Nikolausfest ein bißchen das Wasser abgraben wollen und hat ...

... den Weihnachtsmann erfunden, oder besser gesagt: Durch die Reformation ist es dazu gekommen, daß der vertriebene Heilige sich nun zu Weihnachten wieder eingefunden hat.

Soviel ich weiß, war es so: Kein Heiliger war so beliebt wie der spendierfreudige Kinderfreund aus Myra, eben der Sankt Nikolaus. Man nannte ihn schon im Mittelalter einen »zweiten Erlöser«, und unter den Slawen ging das Scherzwort um: »Wenn Gott einmal sterben sollte, würden sich die Menschen den heiligen Nikolaus zum Gott wählen.« Da mußte Luther eingreifen, indem er die Kinderbescherung einfach auf den ...

Er hat dafür gesorgt, daß die Kinder nicht mehr am 6. Dezember beschert wurden, sondern am Christfest.

Genau! Damit allen Kindern und ihren Eltern klar werde, wer der Bringer aller guten Gaben ist: der Heiland und nicht irgend so ein populärer Heiliger.

Mit Verlaub, erreicht hat er das nicht. Der verehrungswürdige Heilige setzte sich durch, und am Ende beherrscht er nun die Szene vom 6. Dezember bis zum zweiten Weihnachtsfeiertag. Das kommt davon, wenn man uns Heilige verdrängen will.

Ich möchte Ihnen eins ganz entschieden sagen ...

Bitte, ich höre.

Sie sind ein Weihnachtsmann!

Na, und?

Und nicht der heilige Nikolaus! Sehen Sie sich doch einmal an. Roter dicker Mantel mit weißer Einfassung, Kapuze, Rauschebart – Sie sind in Wirklichkeit der Herr Winter. So nämlich tauchte diese Gestalt vor mehr als hundertfünfzig Jahren auf Zeichnungen des deutschen Romantikers Moritz von Schwind auf. Dieser Herr Winter drängte sich dann Mitte des vorigen Jahrhunderts auch mehr und mehr in die Darstellungen des Weihnachtsfestes und wurde bald als Weihnachtsmann bezeichnet. Die erste Erwähnung dieses Wortes stammt von 1820, beliebt geworden ist er durch das Lied ›Morgen kommt der Weihnachtsmann‹ aus dem Jahre

1837. Es stammt vom Dichter unserer Nationalhymne, Hoffmann von Fallersleben. Der Herr Winter heißt in Osteuropa immer noch so weltlich, wie er angefangen hat: Väterchen Frost. – Nun, Herr Winter, Sie sagen ja nichts dazu, daß Sie ein falscher Heiliger sind!

Ach, wissen Sie, es fließen immer viele Traditionen zusammen. Ich sehe mich eben als Nikolaus.

Daß Sie der nicht sind, erkennt man doch schon an Ihrem Aufzug. Ein ordentlicher Nikolaus ist in Süddeutschland und im Rheinland, wo man sich noch mit den Heiligen auskennt, als Bischof gekleidet, mit Mitra und Krummstab. Seinen Knecht Ruprecht oder den Krampus hat er immer bei sich. Er taucht auch nur an seinem Fest auf, eben am 6. Dezember. Aller klar?

So klar nun auch wieder nicht. Sehen Sie, irgend jemand muß doch zu Weihnachten die Gaben bringen, nachdem die Reformatoren nun schon mal die – zugegeben: etwas umstrittene – Idee hatten, ausgerechnet das Christfest zum Tag der Geschenke zu machen. Das Christkind konnte es doch schlecht tun, dem bringt man bekanntlich selbst Gaben, die Hirten haben das vorgemacht und die Heiligen Drei Könige auch. Also? Wer sollte zu Weihnachten die Geschenke bringen? Was lag näher, als zu diesem protestantischen Zweck noch mal den ollen katholischen Heiligen zu reaktivieren, der sich als der Mann mit dem Gabensack ja schon einschlägig bewährt hatte. Nur daß er jetzt eben in Verkleidung aufzutreten hatte, angezogen wie der Herr Winter, damit er bloß nicht zu katholisch wirkte. Und doch ist er der gute alte Nikolaus, direkt vom Himmel. In England und Amerika komme ich deshalb auf einem Rentierschlitten herabgeschwebt. Und ich gelte allgemein als Gottes Bote. Ehrlich!

Und genau aus diesem Grunde haben Sie auch in unserer Weihnachtsstube nichts zu suchen. Aus, basta, beschlossen!

Ein kleines Plätzchen neben dem Hexenhäuschen ... Also, es wär' doch sonst ungerecht. Ich plack' mich ab, und wenn Heiligabend ist, habe ich ausgedient. Dann deuten sowieso alle Eltern an, daß sie es waren, die alles gekauft haben. Und ich bin vergessen.

Bei uns kommt das Christkind! Der Weihnachtsmann bleibt draußen!

Dann nehmen Sie mich doch als den heiligen Nikolaus, der ich eigentlich bin. Ich habe in meinem Bistum Myra (war früher griechisch, liegt an der Südküste der Türkei) – ich habe, wie gesagt, in meinem Bistum schon die Kinder gerettet und beschenkt, als es das Weihnachtsfest noch gar nicht gab! Ich darf als Erfinder der Kinderbescherung gelten. Während es doch, unter uns gesagt, zum Christfest nicht paßt, daß man sich da was schenkt, von den heutigen Orgien mal ganz abgesehen, die ich selbst nicht billigen kann.

Was sagen Sie da? Sie waren Bischof und haben das Weihnachtsfest nicht gefeiert? Das war doch, na, so ganz grob gesprochen, um das Jahr 330, da war Jesus schon dreihundert Jahre tot. Und da hat man in Ihren Gemeinden Weihnachten nicht gefeiert?

Nicht nur bei uns nicht, nirgends! Im Gegenteil, am 25. Dezember feierten die Heiden den Staatsfeiertag des »Sol Invictus«, der unbesiegbaren Sonne, weil die an diesem Tag ja beweist, daß sie einfach nicht unterzukriegen ist und wiederkommt. Mit diesem 25. Dezember hatten wir Christen damals nichts zu tun.

Und die Geburt unseres Herrn und Heilands, wann hat man die gefeiert?

Eigentlich gar nicht.

Wieso?

Ach, wissen Sie, Geburtstage zu feiern, das galt als heidnisch. Kaiser und Götter ließen ihren Geburtstag feiern, wir Christen feierten den Märtyrertod unseres Herrn, nicht seine Geburt. Und man feierte außerdem den Tag seiner Taufe, den Epiphaniastag, den 6. Januar.

Es ist ja heute noch so, daß einige Katholiken weniger ihren Geburtstag feiern als ihren Namenstag, der ja früher meist auch der Tag ihrer Taufe war.

So in dem Sinne. Geburtstag war heidnisch. Aber dann hat man sich doch noch drauf besonnen, daß man auch den Geburtstag des Herrn feiern könnte. Das kam zu meiner Zeit erst auf, war so eine Tendenz.

Es gab ja nun auch mal die schöne Geburtsgeschichte im Lukasevangelium, die mußte man ja auch feiern und ausgestalten.

*Und es gab noch einen Grund, warum die Christen im
4. christlichen Jahrhundert begannen, am 25. Dezember
die Christgeburt zu feiern . . .*

Weil man den Heiden den Festtag wegnehmen wollte.
Der mußte ja nun, nachdem das Christentum Staatsreligion geworden war, irgendwie christlich besetzt werden,
und da bot sich als einziges Heilsereignis, das noch keinen Termin hatte, die Geburt Jesu an, und die legte man
dann eben auf den Tag der Sonnenwende, auf den ehemaligen heidnischen Staatsfeiertag des Sol Invictus.

*Mag auch eine Rolle gespielt haben. Wichtiger war noch
ein theologischer Grund. Sie kennen vielleicht das berühmte Konzil von Nizäa, das im Jahre 325 stattfand.*

Sagen wir mal, ich habe davon gehört.

*Ich war, wenn ich das bemerken darf, als Bischof von
Myra auch unter den Konzilsvätern. Damals haben wir
beschlossen, daß Jesus Christus nicht erst durch die Taufe
im Jordan zum Gottessohn geworden ist, sondern daß er
das von Geburt an war. Und sehen Sie, da war es nur
konsequent, daß man später daranging, auch . . .*

. . . diese Geburt als das Wunder der Menschwerdung
Gottes zu feiern. Nicht mehr die Taufe, also das Epipha-
niasfest war wichtig . . .

*. . . sondern der Geburtstag, ganz recht. So wurde die
als heidnisch verschriene Geburtstagsfeier plötzlich christlich.*

Und woher wußte man, wann Jesus geboren war?

*Das wußte man nicht. Aber durch kühne theologische
Spekulation hat man es herausgefunden.*

Wie das?

*Kurz gesagt: Gott schuf die Erde zur Zeit der Tag-und-
Nachtgleiche im März, zu Frühlingsanfang. Weil geschrieben steht, daß er Tag und Nacht teilte.*

Wirklich?

*Und die zweite Schöpfung, seinen Sohn, machte Gott
natürlich ebenfalls zu Frühlingsanfang, und neun Monate
später wurde er geboren. Genau am 25. Dezember.*

Donnerwetter! Und ich dachte, die Christen wären auf
den 25. Dezember gekommen, weil dieser Termin dringend christlich besetzt werden mußte. Und weil es so
symbolisch ist zu sagen: In der Natur wird es wieder hell,

182

und es wurde eben hell, als der Christus in die Welt kam. Das Licht der Welt scheint uns in die Finsternis.

Offen gesagt, das mag bei der Wahl des Termins auch ein wenig mitgespielt haben. Zugegeben.

So ganz paßt ja aber der Termin mitten im Winter nicht zu der Weihnachtsgeschichte bei Lukas. Die Hirten, die des Nachts ihre Herde hüteten, die gibt es mitten im Winter in Palästina nicht, da sind die Schafe nachts im Stall.

Es ist überhaupt nicht alles mit rechten Dingen zugegangen, mit Verlaub.

Was weckt denn sonst noch Ihren Verdacht?

Ja, sehen Sie sich doch mal die Krippe an da drüben. Ich weiß ja nicht, aber wir in der Ostkirche glauben, daß Jesus in einer Höhle geboren worden ist und nicht in einem Stall. Und dann diese Herren da aus dem Morgenland. Das sollen Sterndeuter oder Magier gewesen sein, obwohl die Bibel sonst etwas gegen Astrologie hat. Und später hat man sie dann auch noch zu Königen erklärt, also das kann wohl kaum sein. Sehr bedenklich. Bei Ihrer Krippe haben die Herren auch Kronen auf. Da stimmt doch etwas nicht.

Man machte sie vielleicht zu Königen, weil man sich genierte, ausgerechnet Magier an der Krippe zu sehen. Und Könige, das paßte immerhin auch besser zu der Vorstellung, Jesus Christus sei der König der Könige, dem alle weltlichen Herrscher huldigen müssen.

Und daß man überhaupt die Geburt feiert. Ich kann mich nicht daran gewöhnen.

Immer noch nicht?

Bei uns Heiligen feiert man den Todestag, und der ist meist auch historisch exakt bekannt. Nehmen Sie mich als Beispiel. Mein Todestag ist der 6. Dezember, und der wird gefeiert, wie es sich gehört.

Aber erlauben Sie mal! Sie sind doch der Heilige, von dem man nicht einmal irgendeine Spur finden kann. Sie haben keine Zeile hinterlassen, kein Dokument! Man weiß nicht einmal, ob Sie überhaupt gelebt haben.

Aber immerhin, mein Todestag ist bekannt, der 6. Dezember.

Sie sind also der Heilige, von dem man nicht weiß, ob

er gelebt hat, nur wann er gestorben ist. Sie scheinen mir obendrein recht ehrgeizig. Sie sind doch eifersüchtig auf das Christfest mit der Krippe!

Wie könnte ich. Sehen Sie mal, das ist der Unterschied: Ich beschere die Kinder, aber der Jesus in der Krippe ist doch selbst ein Kind und wird beschert. Und daher, wenn die Kinder wählen können, bin ich ihnen meist sympathischer.

Jetzt sprechen Sie aber ganz wie der Weihnachtsmann. Sehr weltlich, als der Bescherungsonkel, der für Karies sorgt.

Nicht doch, aber man hat eben viele Rollen. Heutzutage ist man als Weihnachtsmann besonders beliebt, und der Nikolaustag ist schon eine Weile her. Aber wenn ich offen sprechen darf: Ich bin lieber Nikolaus als Weihnachtsmann. Denn als Nikolaus hat man so etwas Heiliges, hat auch einen Knecht dabei.

Und als Weihnachtsmann?

Als Schokoladenweihnachtsmann lebt man ständig in der Sorge, eingeschmolzen zu werden und dann wieder neu auf den Markt geworfen zu werden – als Osterhase.

Na gut, dann will ich Sie mal beruhigen und Ihnen ausdrücklich erlauben, sich bei uns unter den Weihnachtsbaum zu stellen.

Sehr erfreut. Sie wissen ja, ich habe mich schon im vorigen Jahr mit der zahnlosen Dame vor dem Knusperhäuschen gefunden. Wir haben uns gleich verstanden, denn wir bieten ja beide – jeder auf seine Weise – den Kindern Leckereien an. Und wenn wir dann noch den schwarzen Kater meiner Lebensgefährtin ins Körbchen legen und wenn Sie vielleicht noch Hänsel und Gretel auftreiben könnten, die als Pilger kommen, dann wären wir doch ein wunderschönes Gegenstück zu Ihrer Krippe aus Tonfiguren und zu dem Stall, an dem es nicht mal was zu knabbern gibt.

Mein Lieber, nun hör mal gut zu. Wenn du bei uns in die Weihnachtsstube darfst, dann nur unter einer Bedingung: daß du als echter Sankt Nikolaus kommst und dich nicht ans Hexenhäuschen stellst.

Sondern?

An die Krippe. Und mit gebeugtem Knie, wie sich das

für Hirten, Sternkundige und alle übrigen Sterblichen gehört.

Wird gemacht. Aber ich möchte mich vorher noch umziehen. Sie wissen ja, als Nikolaus mit Mitra und Bischofsstab fühle ich mich viel wohler. Bin gleich zurück.

Oh, nun ist er verschwunden, plötzlich weg. Netter Kerl übrigens. Nimmt dem Christkind den ganzen Rummel ab und tritt Heiligabend still in den Hintergrund. Betet zu Weihnachten das Kind an, das nichts zu verschenken hat als sich selbst. Und ich habe immer gedacht, diese Jahresendfigur im roten Mantel wollte dem Heiland Konkurrenz machen, würde sich am liebsten noch selbst in die Krippe legen. War ungerecht. Richtig vorbildlich, der Mann.

Teil III: Das Moralische versteht sich von selbst

»Nein danke, ich habe heute schon viel zuviel gesündigt!« Wenn ich den Herrn richtig verstanden habe, dann hat er an diesem Tage bereits mehr gegessen, als seiner Gesundheit zuträglich ist. Und was kann in unserer Umgangssprache »sündigen« sonst noch heißen? »Oh, guck mal, die wär' 'ne Sünde wert.« Da sind wir wohl am Zentrum der heutigen Wortbedeutung angelangt. Der alte Sünder und die Sünderin, was die wohl miteinander machen? *»Kann denn Liebe Sünde sein?«* fragt der alte Schlager, und die Antwort ist eindeutig.

Man kann mit dem Wort »sündigen« aber auch spotten und verharmlosen. *»Er hat sich gegen die heiligen Anordnungen des Chefs versündigt, und jetzt muß er das natürlich büßen.«* In diesem Sinne redet man auch vom »Steuersünder«, wenn man zeigen will, wie gut man es doch verstehen kann, wenn jemand den Staat betrügt. Am bekanntesten ist wohl der Verkehrssünder. Offenbar gilt jede Übertretung im Verkehr als verzeihlich. Bis sie ein Menschenleben fordert – dann ist das ein tragischer Unfall. Solche Sünder gibt es viele: Temposünder, Gelbsünder, Parksünder. Und außerdem gibt es noch die Leute, die man nachsichtig als »Umweltsünder« bezeichnet.

Der Sprachwissenschaftler Otto Nüssler hat diesen neuen Sprachgebrauch so umschrieben: *»Die jahrhundertelang eindeutigen Begriffe ›Sünde‹ und ›Sünder‹ sind so ziemlich passé. Infolgedessen spricht man um so lieber davon; aber nicht ernsthaft mit christlichem Hintergrund, sondern aufgeklärt und scheinbar entschärft.«*

Einen christlichen Hintergrund hat das Wort wirklich. Und selbst der Spott, den man heute damit treibt, scheint noch so etwas wie eine Befreiung von dem alten religiösen Bann zu sein.

Das ist die Antwort auf die Art, wie die Kirche seit Jahrhunderten gegen die Sünde gepredigt hat. Die verheerenden Folgen lassen sich am heutigen Sprachgebrauch ablesen. Typisch für diese Predigt war, daß die Kirche bei der Sünde immer wieder besonders die Sexualität im Auge hatte.

Bis in unseren Wortschatz sind wir von dem Vorurteil geprägt, die eigentliche Sünde sei sexueller Art. Woran denkt man bei dem Wort »unsittlich«? An Wendungen wie »er hat mich unsittlich berührt«, nicht aber an Ausbeutung und Unterdrückung. Woran denkt man bei dem Begriff »unmoralischer Lebenswandel«? An sexuelle Ausschweifungen, nicht so sehr an Luxus und Hartherzigkeit. Woran denkt man bei dem Wort »unanständig«? An Aktbilder, nicht aber an Waffenschiebung und Grundstücksspekulation.

Gegen diese Festlegung unserer Moralvorstellungen aufs Sexuelle, als gäbe es nichts Schlimmeres, hat der Soziologe und Philosoph Herbert Marcuse einmal protestiert, indem er neu bestimmte, was obszön, also was unanständig sei: »Nicht das Bild einer nackten Frau, die ihre Schamhaare entblößt, ist obszön, sondern das eines Generals in vollem Wichs, der seine in einem Aggressionskrieg verdienten Orden zur Schau stellt.«

Wahrscheinlich steht diese Ansicht der Bibel durchaus nahe. Es ist jedenfalls keineswegs so, als hätte Jesus von Nazaret sexuelle Verfehlungen besonders streng verurteilt. Im Gegenteil, wir hören immer wieder, daß er Hochmut und Heuchelei verurteilt, daß er dem reichen Mann, der nicht teilen will, droht; und daß er den ablehnt, der den überfallenen Reisenden am Wege liegen läßt. Erstaunlich milde aber verfährt Jesus ausgerechnet mit einer Ehebrecherin, die man auf frischer Tat ertappt hat und zu ihm bringt. Nach dem Gesetz muß sie gesteinigt werden, und man fragt Jesus, was mit ihr geschehen solle. »Aber Jesus bückte sich nieder und schrieb mit dem Finger auf die Erde. Als sie nun anhielten, ihn zu fragen, richtete er sich auf und sprach zu ihnen: ›Wer unter euch ohne Sünde ist, der werfe den ersten Stein auf sie.‹ Und bückte sich wieder nieder und schrieb auf die Erde. Da sie aber das hörten, gingen sie hinaus, einer nach dem andern, von den Ältesten an; und Jesus ward allein gelassen und die Frau in der Mitte stehend. Jesus aber richtete sich auf und sprach zu ihr: ›Weib, wo sind sie, deine Ankläger? Hat dich niemand verdammt?‹ Sie aber sprach: ›Herr, niemand.‹ Jesus aber sprach: ›So verdamme ich dich auch nicht; gehe hin und sündige hinfort nicht mehr.‹«

Es ist wohl an der Zeit, daß wir unsere Moralvorstellungen ändern. Die Worte »Sünde«, »unmoralisch«, »unsittlich«, »unanständig« sollten einen anderen Sinn bekommen, den ursprünglich biblischen. Der überragende katholische Theologe unseres Jahrhunderts, Karl Rahner, hat festgestellt, daß sich die katholische Kirche mehr zur Sexualität geäußert habe als zu Problemen der Wirtschaft und Gesellschaft. Rahner meint bedauernd: »*Der in seinem Gewissen blind irrende katholische Kapitalist in Südamerika hat sich doch zweifellos in der Praxis von der Kirche weniger bedrängt und beunruhigt empfinden müssen als der christliche Ehemann in der Frage der Geburtenregelung.*« Die Theologie der Befreiung spricht von »*struktureller Sünde*« und meint damit, es gebe nicht nur das Unrecht als Tat, sondern auch das Unrecht, das erstarrt ist zu Strukturen, die der Mehrheit der Menschen unrecht tun. Es macht sich jeder mitschuldig, der dieses Unrecht hinnimmt oder der gar daran mitwirkt. Doch wie kann man diese Sünde begrifflich fassen, wo doch die Kirche gewohnt ist, Sünde nur auf einzelne Menschen zu beziehen? Und muß sich die Christenheit nicht angesichts dieser Strukturen, so fragt Michael Sievernich, noch dringender, statt anzuklagen, einem »*leidüberwindenden Handeln aus christlicher Hoffnung*« zuwenden?

Dafür, daß wir auch im Alltag umzulernen haben, hat schon vor vielen Jahren der kritische Christ Carl Amery ein provozierendes Beispiel erdacht. Für Carl Amery sind Verstöße gegen den Umweltschutz schlimmer als Verstöße gegen die noch herrschende Sexualmoral. Er schrieb: »*Erlaubt sei hier ein etwas frivoles Beispiel: Ein junger Mann fährt zum Rendezvous mit einer verheirateten Frau. Vor fünfzig Jahren war dies noch ein Problem ersten Ranges, auch ein moralisches Problem. Wir sind heute gestimmt, es toleranter zu behandeln. Ich würde trotzdem daran festhalten, daß der junge Mann seine Verantwortlichkeit gegenüber den Mitmenschen – der*

Dame selbst, ihrem Gemahl, vielleicht ihren Kindern –
wohl erwägen sollte, desgleichen die Wirkung, welche das
Unternehmen auf ihn selbst hat. Was jedoch unverzeih-
lich ist, sind Dinge, die er überhaupt noch nicht in Erwä-
gung zieht, zuvörderst die Tatsache, daß er in einem
Kleinauto mit schlechtem Vergaser und bleigespicktem
Benzin fährt. Hier stiftet er quantitativ feststellbaren
Schaden; hier nimmt er in aller Unschuld an einer welt-
weiten Verschwörung teil, die für unsere Enkel wesent-
lich gefährlicher ist als die bisher so genannten morali-
schen Folgen seiner Unternehmung.«

Es geht mir bei diesen Beispielen um den Nachweis,
daß der heutige Sprachgebrauch von »Sünde« in einem
doppelten Sinne unbiblisch ist. Erstens ist die Sünde
keine Bagatelle, wie es das Wort »Verkehrssünder«
nahelegen will. Und zweitens ist mit Sünde, biblisch gesehen, nicht vor allem eine sexuelle Übertretung gemeint. Es gibt, weiß Gott, Schlimmeres.

Wenn alles ein Mißverständnis ist – was meint denn das
Christentum ursprünglich mit dem Wort »Sünde«? Tatsächlich ist dieser Begriff für den christlichen Glauben so
zentral, daß man das Christentum als eine »Sündenreli-
gion« bezeichnen könnte. Sie will die Entstehung des Bösen in der Welt erklären und es überwinden. Deshalb ist
in der Bibel ständig von Schuld und Vergebung die Rede:
Die Weltgeschichte beginnt mit dem Sündenfall, mit der
Übertretung eines göttlichen Gebots; in der Sintflut vernichtet Gott – bis auf die Familie Noahs – die Menschheit, weil sie schuldig wurde; und er schickte seinen Sohn
auf die Erde, um die Menschheit von der Schuld zu befreien und das Böse zu besiegen.

Das kann leicht selbstverständlich klingen. Handelt davon nicht jede Religion? Keineswegs. Andere Religionen
haben sich andere Aufgaben gestellt. Der Buddhismus
zum Beispiel, die Lehre Buddhas, handelt fast nur davon,
wie das Leid entsteht und wie es im Leben des einzelnen
überwunden werden kann. Es ist die Stärke des Buddhismus, seinen Anhängern, sofern sie ihr Leiden überwinden wollen, helfen zu können. Der Hinduismus bietet Erleuchtung und Erlösung, vermittelt durch einen
Guru, schon in diesem Leben; der Hinduismus kann

körperliche und seelische Kräfte wecken, von denen andere Religionen nichts wissen.

So hat jede Religion ihr besonderes Thema; und es ist nicht Einseitigkeit, wenn die Hilfen, die eine Religion bietet, besonders dem nützlich sind, der von ihrem Thema schon bewegt wird. Wer die Frage nach der Schuld bereits in sich trägt, wird deshalb die Botschaft des Christentums am ehesten als hilfreich verstehen. Als Beispiel für diese Frage nach der Schuld möchte ich aus einem Gedicht von Bob Dylan zitieren, das vielleicht gerade deswegen geeignet ist, die Frage nach der Schuld zu veranschaulichen, weil es nicht sehr religiös ist. Bob Dylan hat das Gedicht überschrieben mit der Frage: »Wer tötete Davey Moore? Wie kam er zu Tode, und wer ist schuld daran?« Es handelt vom Tod eines Boxers und der Schuld aller Beteiligten. Wer ist schuld?

Ich nicht, sagt der Schiedsrichter;
Zeigt mit eurem Finger nicht auf mich;
Du hättest den Kampf in der achten Runde abbrechen
    sollen,
Um ihn vor seinem schrecklichen Schicksal zu
    bewahren.
Aber die Menge hätte mich bestimmt ausgebuht.
Sie wollen etwas für ihr Geld haben.
Schade um ihn.
Aber ich stehe eben unter Druck.
Nein, ich kann nichts dafür, daß er starb,
Mich kann man nicht dafür verantwortlich machen.

Ich nicht, sagt die aufgebrachte Menge,
Deren laute Schreie durch die Halle gellen.
Sagt: Wie fürchterlich, daß er heute nacht starb,
Aber wir wollten doch nur einen spannenden Kampf
    sehen;
Uns kann man nicht für seinen Tod verantwortlich
    machen;
Wir wollten nur ein bißchen Schweiß sehen;
Daran ist doch nichts Schlimmes.
Nein, wir können nichts dafür, daß er starb.
Uns kann man nicht dafür verantwortlich machen.

Ich nicht, sagt der Mann, dessen Fäuste ihn
  niederschlugen.
Schließlich kam er aus Kuba, wo das Boxen nicht mehr
  erlaubt ist.
Ich habe ihn getroffen, das stimmt zwar,
Dafür werde ich ja bezahlt.
Nennt es nicht Mord oder Totschlag,
Es war Schicksal, es war Gottes Wille.

Das Gedicht Bob Dylans habe ich so ausführlich zitiert, weil es mir auf eine verständliche und sogar ziemlich weltliche Weise zu veranschaulichen scheint, wie sich die Schuldfrage stellt, auf die uns das Christentum aufmerksam gemacht hat und die es beantworten will. Nur zeigt das Gedicht auch, wie diese immer noch lebendige Frage heute zu Verlegenheiten führt, weil sie zwar noch aufgeworfen, aber nicht mehr beantwortet werden kann. Geerbt hat man vom Christentum die Sensibilität, nicht aber die Bearbeitungstechnik für die Schuld. Wo Schuld nicht mehr benannt und vergeben werden kann, kommt es in einer Gesellschaft, die sich von Gott emanzipiert hat, notwendig zu einem »*unheimlichen Entschuldigungsmechanismus*« und schließlich zum »*heimlichen Unschuldswahn*«, so formulierte es ein Beschluß der katholischen Synode der Bistümer in der Bundesrepublik. Für beide Beobachtungen ist die Geschichte vom toten Boxer ein Beispiel. Der evangelische Theologe Gerhard Ebeling zweifelt ebenso daran, daß unsere Gesellschaft noch weiß, wie sie Schuld loswerden kann, denn wir lebten in einer Welt, »*die weder die Sprache besitzt, Sünde auszusprechen, noch Orte der Vollmacht, von Sünde loszusprechen, und die darüber hinaus beides nicht zu vermissen scheint*«.

Selbstverständlich ist es keineswegs, daß man die Schuldfrage überhaupt stellt oder gar die Anklage auf sich selbst gerichtet sieht. Zwei Voraussetzungen, die das Christentum macht, kann man an Bob Dylans Gedicht ganz gut ablesen. Die eine ist: Alle Menschen sind schuldig. »*Sie sind allzumal Sünder und mangeln des Ruhmes, den sie bei Gott haben sollten*«, heißt es an einer zentralen Stelle im Römerbrief des Apostels Paulus. Keiner kann sich herausreden, niemand ist ganz unschuldig. Das ist das eine. Und das andere ist: Niemand hat das Böse wirklich gewollt. Das ist auch eine sehr typisch christliche Ansicht. Paulus sagt das ebenfalls im Brief an die Römer von sich und von allen Menschen: »*Ich weiß nicht, was ich tue. Denn ich tue nicht, was ich will; sondern was ich hasse, das tue ich.*« Dies ist genau das Lebensgefühl, auf das das Christentum seine entscheidende Antwort gibt. Wenn dieses Gefühl der eigenen Ohnmacht und Verstrickung nicht da ist, kann die christliche Botschaft nicht wirklich verstanden werden.

Leider liegt es für christliche Prediger seit eh und je nahe, die Schuldgefühle, die beim Zuhörer vielleicht gar nicht da sind, erst einmal zu wecken. Ein ganz extremes Beispiel, fast schon eine Karikatur, bot ein alter Missionar bei den Eskimos, Dr. Chisholm, der gesagt haben soll: »*Wissen Sie, jahrelang konnten wir mit diesen Eskimos überhaupt nichts anfangen. Es gab bei ihnen überhaupt kein Gefühl für Sünde. Jahrelang mußten wir ihnen die Sünde beibringen, ehe wir bei ihnen etwas ausrichten konnten.*« Ich bin mir, wie gesagt, nicht sicher, ob der Ausspruch zuverlässig überliefert ist, vielleicht ist nur ein Körnchen Wahrheit daran; aber so ähnlich mag es hie und da in der Mission ausgesehen haben.

Was das Christentum tatsächlich an Hilfe zu bieten hat, wird an diesem Beispiel noch nicht deutlich. Und es bleibt fraglich, ob jemand, dem man die Schuld erst mit solcher Mühe hat einreden oder klarmachen müssen, das Befreiende am christlichen Glauben je erleben kann. Oder, um es mit einem anderen Bild zu sagen: Jeder religiöse Glaube kann wie ein Heilmittel oder wie ein Gift wirken. Die Hilfe, die das Christentum bietet, wird erst für den deutlich, der an seiner eigenen Unvollkommenheit leidet. Er freilich hat die Chance, eine Befreiung zu erleben. Sie wird ausgelöst durch die Erkenntnis, daß die Schuld, die er empfindet, eine Schuld vor Gott ist. Genau das besagt nämlich das Wort »Sünde«. Es meint: Schuld vor Gott.

Damit bekommt die Schuld also ein Gegenüber. Wieso soll das eine Hilfe sein? Zugegeben, diese Personalisierung der Schuld, die nun eine Schuld vor Gott sein soll, kann auch als zusätzliche Last empfunden werden. Viele werden denken: *»Meine Schuld ist mir schon vor mir selbst peinlich genug. Wenn ich mir vorstellen soll, sie sei ein Vergehen gegenüber Gott, dann wird mir meine Schuld nur noch bedrohlicher.«* Für andere Menschen ist es jedoch ein befreiender Gedanke, daß ihre Schuld Sünde ist, also Schuld vor Gott. Denn damit ist ihnen die Aussicht eröffnet, daß die Schuld auch vergeben werden kann.

»Gott sei mir Sünder gnädig!« So lautet das kurze Gebet des Zöllners im Gleichnis vom Pharisäer und Zöllner. Das Gegenüber Gottes wird dabei nicht als zusätzliche Bedrohung, sondern als mögliche Entlastung aufgefaßt. Etwas Ähnliches findet übrigens heute in therapeutischen Sitzungen statt. Während der Behandlung wird der Therapeut immer mehr zu der Instanz, gegen die und vor der der Patient seine Fehler im Leben begangen hat. Und dadurch gewinnt der Therapeut die Macht, diese Fehler aufzuheben. Das ist also ein ganz ähnlicher Vorgang wie in der christlichen Religion, besonders in der Beichte.

Ich möchte zum Schluß noch etwas zu meiner Rechtfertigung sagen. Es wirkt vielleicht etwas sonderbar, wenn ich hier den christlichen Glauben empfohlen habe als eine Art Therapie und Hilfe. Denn ein Glaube sollte nie verstanden werden als ein Instrument, das man zu einem bestimmten Zweck einsetzt. Ein Glaube ist immer eine Wahrheit, die um ihrer selbst willen besteht. Und doch schien mir diese Empfehlung nötig. Denn der Sinn des Wortes »Sünde« ist so verdunkelt, daß ich auf die Hilfe, die er ursprünglich bot, einmal hinweisen wollte.

Das Wort »Sünde«, in unserer Umgangssprache heruntergekommen, mag nicht mehr zu retten sein. Die Sache aber, die mit dem Wort gemeint war, besteht als ein Angebot unverändert fort.

Es gibt kaum ein Wort, das so unmodern ist wie das Wort »Gehorsam«. Früher stand es hoch im Kurs. Gehorsam galt als Tugend, auch in der Bibel. *»Man muß Gott mehr gehorchen als den Menschen«*, heißt es da. Und im Hebräerbrief wird von Jesus gesagt, im Leiden am Kreuz habe er am Karfreitag Gehorsam gelernt. Ist er damit zum moralischen Vorbild für uns geworden? Lange hat man Jesus so verstanden, als Inbegriff des guten Sohnes. Gehorsam schien den Menschen notwendig. Das sehen heute die meisten anders.

Wenn ich herumfrage, was man heute vom Gehorsam hält, höre ich meist Ablehnung: *»Nein, Gehorsam möchte ich nicht leisten, verlange ich auch von niemandem.«* Aber im Beruf, wie ist es da? *»Da gibt's wohl Vorschriften, auch Pflichten. Man muß sich fügen, auch mal Arbeiten übernehmen, die einem nicht schmecken. Aber das ist doch kein Gehorsam. Es gibt schließlich auch keine Befehle.«* Und in der Kindererziehung: *»Wenn Sie mich fragen, ich lehne schon das Wort ›Erziehung‹ ab. Gewiß, auch Kinder müssen sich in die Gemeinschaft einfügen, aber doch nicht durch Gehorsam, eher durch Einsicht.«*

So sieht man das heute. Früher verlangte man Gehorsam; eifrige Pädagogen traten sogar dafür ein, die Autorität des Erziehers nicht etwa dadurch zu schwächen, daß man dem Zögling auch noch Gründe für den Befehl nenne. Im vorigen Jahrhundert warnte ein Erzieher: *»Zu den Ausgeburten einer übel verstandenen Menschenliebe gehört auch die Meinung, zur Freudigkeit des Gehorsams bedürfe es der Einsicht in die Gründe des Befehls, und jeder blinde Gehorsam widerstreite der Menschenwürde. Werden Gründe mitgeteilt, so weiß ich überhaupt nicht, wie wir noch von Gehorsam sprechen können. Der Erzieher, welcher seine Befehle mit Gründen begleitet, räumt zugleich Gegengründen eine Berechtigung ein, und damit wird das Verhältnis zum Zögling verschoben.«*

Es ist oft gesagt worden, daß eine Erziehung zum blinden Gehorsam entsetzliche Wirkungen haben kann. Als 1960 Adolf Eichmann, der Organisator der Judenmorde, in Israel dem Polizeioffizier Avner Less gegenübersaß, berief sich Eichmann, dieser pedantische Bürokrat, darauf, daß er nur seine Pflicht getan, nämlich Befehlen gehorcht habe: »*Ich war mein ganzes Leben an Gehorsam gewöhnt gewesen, von der Kinderstube angefangen bis zum 8. Mai 1945 – ein Gehorsam, der sich in den Jahren der Zugehörigkeit zur SS zum Kadavergehorsam, zum bedingungslosen Gehorsam entwickelte.*«

Als Less den Gefangenen fragte, ob er sich nicht klargemacht habe, was er da organisierte, antwortete Adolf Eichmann: »*Was soll ich als kleiner Mann mir Gedanken darüber machen? Ich bekomme den Befehl von meinem Vorgesetzten und schaue nicht rechts und nicht links. Denn es ist nicht meine Aufgabe. Ich habe zu gehorchen und zu parieren. Herr Hauptmann, wenn man mir um jene Zeit gesagt hätte:* ›*Dein Vater ist ein Verräter*‹, *also mein eigener Vater ist ein Verräter, und ich hätte ihn zu töten, hätt' ich das auch getan.*« Manch ein Vater, der seine Kinder auch zum Gehorsam erzogen hat, wird spätestens hier erschrecken, wo er hört, wie leicht sich der Gehorsam auch gegen den Vater richten kann. Schon das Wort aber ist, wie gesagt, heute verfemt.

Als ich erfahren wollte, was Pädagogen heute von Gehorsam halten, schlug ich ein umfangreiches evangelisches Lexikon der Pädagogik auf. Das Stichwort »Gehorsam« gibt es dort gar nicht. »*Die Zeiten, Gehorsam einfach zu verstehen, sind vorüber*«, schrieb schon 1966 Peter Brückner, damals Sozialpädagoge und Psychologe mit Erfahrungen in der Heimerziehung.

In der Bundeswehr allerdings spricht man noch vom Gehorchen, das ist im Soldatengesetz so festgelegt. Noch ausführlicher allerdings werden die »Grenzen des Gehorsams« beschrieben. Niemand ist gezwungen, einen Befehl auszuführen, der die Menschenwürde verletzt und der gar ein Verbrechen oder ein Vergehen fordert. Auch sonst wird bei der Bundeswehr das Wort »Gehorsam« lieber vermieden. Unter den Zielen der Erziehung in den Streitkräften findet sich der Gehorsam ebenfalls nicht, da ist nur von »Disziplin« und »Verantwortung« die Rede. Auch das Wort »Befehl« wird gern durch zivile Umschreibungen ersetzt. In den ›Hilfen für die Innere Führung‹ heißt es: *»Der Vorgesetzte bemüht sich, seinen Soldaten die Notwendigkeit der ihnen erteilten Aufträge zu erläutern und Verständnis für seine Anforderungen zu wecken.«* Die Soldaten sollen, wie es heißt, »aus Einsicht« handeln, das ist das Ziel. Zu Recht, denn blinder Gehorsam kann gefährlich sein. Das hat sich in den sechziger Jahren auch in einem psychologischen Experiment gezeigt, das nach seinem Erfinder »Milgram-Experiment« genannt wird.

Dem Teilnehmer, der sich zum Test gemeldet hatte, wurde erklärt, er solle die Rolle des Lehrers übernehmen. Der »Lehrer« sah durch eine Glasscheibe in den Nebenraum, wo ein Schüler an einen Stuhl festgebunden und ihm ein Handgelenk an eine Elektrode angeschlossen wurde. Der »Lehrer« hatte nun die Aufgabe, dem Schüler, wenn er schlecht lernte, Elekroschocks zu versetzen. Dabei konnte der »Lehrer« die Dosis von fünfzehn Volt bis zum Dreißigfachen steigern. Bei der Höchstdosis krümmte sich der Schüler vor Schmerzen. Um es gleich zu sagen, der sogenannte »Schüler« war in Wirklichkeit nicht an den Stromkreis angeschlossen, er spielte seine Schmerzen nur sehr echt. Aber das wußte der Lehrer nicht. Das Ergebnis des Tests war, daß die meisten Versuchspersonen, also die Lehrer, bereit waren, immer heftigere Schocks zu erteilen, wenn sie vom Versuchsleiter dazu gedrängt wurden. Der Versuchsleiter setzte dabei seine ganze Autorität als Wissenschaftler ein, und die Versuchspersonen, die die Rolle des Lehrers übernommen hatten, folgten, wenn auch meist widerwillig und gegen ihr Gewissen.

Stanley Milgram hat zusammengefaßt, in welchen Konflikt zwischen Autorität und Gewissen die Testpersonen kamen, wenn sie einerseits sahen, wie sich die Schüler vor Schmerzen wanden, und wenn andererseits der Versuchsleiter zum Weitermachen aufrief. Für die Versuchsperson ist die Lage ernst. *»Ihr Konflikt ist heftig und deutlich erkennbar. Einerseits drängt die offenkundige Qual des Schülers die Versuchsperson dazu, die Sa-*

che aufzugeben. Andererseits befiehlt ihr der Versuchslei-
ter – also eine legitimierte Autorität, der sie sich in ge-
wisser Weise verpflichtet fühlt –, das Experiment fortzu-
setzen. Jedesmal wenn die Versuchsperson zögert, den
Schockknopf zu drücken, befiehlt ihr der Versuchsleiter
fortzufahren. Um sich aus dieser Situation freizumachen,
muß die Versuchsperson einen klaren Bruch mit der
Autoritätsperson herbeiführen.«

Das Experiment ist mit sehr vielen Menschen gemacht
worden, die etwa dem Bevölkerungsdurchschnitt ent-
sprachen. Zwei Drittel von ihnen gehorchten den Anweisungen des Versuchsleiters, wenn auch viele unter
Gewissensnöten. Einige setzten die Quälerei sogar, wie
befohlen, bis zum höchsten Schock fort.

Wie kann es zu solchen Grausamkeiten kommen? Stanley Milgram sagt in der Beschreibung des Experiments,
man müsse offenbar kein Sadist sein, um unmenschlichen
Befehlen zu gehorchen. Auch Adolf Eichmann, meint er,
sei kein Sadist, sondern nur gehorsam gewesen. *»Dies ist*
vielleicht die fundamentalste Erkenntnis aus unserer Un-
tersuchung: Ganz gewöhnliche Menschen, die nur schlicht
ihre Aufgabe erfüllen und keinerlei persönliche Feind-
seligkeit empfinden, können zu Handlungen in einem
grausigen Vernichtungsprozeß veranlaßt werden.« Ich
glaube, dieses Experiment zeigt auch, in welch hohem
Ansehen heute die Vertreter der Wissenschaft stehen.
Ihnen glaubt man, ihnen gehorcht man auch am ehesten
unter allen Autoritäten. Die Wissenschaft ist die Religion
unserer Zeit.

Mit dieser Bemerkung möchte ich überleiten zu einem
anderen Gebiet, nämlich zum christlichen Glauben. Das
liegt schon deswegen nahe, weil nicht einmal beim Mili-
tär oder beim Staat so strenger Gehorsam gefordert worden ist wie in der Kirche, vor allem in den Ordens-
gemeinschaften. Gehorsam ist eins der drei klassischen
Mönchsgelübde. Kann ein Kloster überhaupt auf Gehorsam verzichten? Im Jahre 1970 versammelten sich fran-
ziskanische Ordensleute, weibliche und männliche, zu
Werkwochen, bei denen über den Gehorsam gesprochen
werden sollte. Der Franziskaner Erwin Eilers sagte zu
Beginn seines Referats: *»Das Wort ›Gehorsam‹ scheint*

immer mehr aus dem Vokabular unserer Sprache zu schwinden. Eine mündig gewordene Gesellschaft ›gehorcht‹ nicht mehr. Sie kennt andere Bezüge und Verhaltensweisen. Im sozialen Bereich will man Gerechtigkeit; Bemühungen um Ein- und Unterordnung patriarchalischer Art sind verdächtig. Das Leben aber, in dem wir als klösterliche Menschen stehen, ist tiefgreifend bestimmt vom Gehorsam.«

Nun war jedoch nach dem Vatikanischen Konzil und vor allem nach der Unruhe der Jugend der Gehorsam auch Ordensleuten nicht mehr selbstverständlich. Sie diskutierten auf den Werkwochen ihre Erfahrungen in Gruppen und berichteten davon den anderen. Schwester Lioba Schreyer aus Dillingen notierte in ihrem Protokoll: *»Eine Schwester sagte, daß ihre Novizenmeisterin lehre: ›Der Gehorsam muß fraglos, klaglos, eilig und heilig sein.‹ Die Schwestern, die so fraglos zu gehorchen lernten, brauchten sich nicht die Mühe zu machen, selbst zu denken und zu überlegen. Mit der Zeit überließen sie gern alle Verantwortung ihrer Oberin. Eine Schwester äußerte: ›Wir wurden zum Schweigen erzogen, und jetzt, da Dialog gefordert wird, sind wir unfähig, miteinander zu reden.‹«*

Eine andere Schwester beklagte eine falsche Auffassung von Gehorsam. Einer Mitschwester, die neu eintrat, habe man gesagt: *»Du brauchst nur mitzulaufen.«* Das fanden nun die meisten Ordensangehörigen nicht mehr richtig. Der Franziskanermönch Reinhold Haskamp sagte es während der Werkwochen so: *»Hier handelt es sich mehr oder weniger um Unterwürfigkeit. Wahrer Gehorsam kann von solchen Menschen nicht geleistet werden.«* Was wäre dann aber wirklicher Gehorsam? Der Franziskaner Bonifazius Strack erklärte, der wahre Gehorsam prüfe alles an der Wahrheit und am ethisch Erlaubten, er denke kritisch mit: *»Daher kann es keinen Gehorsam geben, der nicht in sich selber die Möglichkeit des Widerspruchs offenhält.«* Alle waren sich auf den Werkwochen der Franziskaner einig darüber, daß auch beim Gehorsam allein Jesus und sein Verhalten das Vorbild sei. Von Jesus aber heißt es im Neuen Testament, daß er Gott gehorsam gewesen sei. Der Apostel Paulus zitiert ein Glaubensbekenntnis, das sich schon sehr früh in den Gemeinden gebildet haben muß: »*Er entäußerte sich selbst, indem er Knechtsgestalt annahm und den Menschen ähnlich wurde; und der Erscheinung nach wie ein Mensch erfunden, erniedrigte er sich selbst und wurde gehorsam bis zum Tode, ja, bis zum Tode am Kreuz.*« Das sei aber keine Unterwerfung oder Selbstverleugnung gewesen, hieß es bei den Franziskanern. Jesus habe sich mit dem Vater eins gefühlt und das Werk des Vaters vollendet, wie es bei Johannes heißt. Nicht einmal alle Gesetze habe er gehalten.

Einer der Franziskaner zitierte, um die Selbständigkeit Jesu deutlich zu machen, einen Jesuitenpater, der einmal über den falschen Gehorsam im Kloster gesagt habe: »*Es gab Kriecher, Knechtsnaturen, die niemals ihren Vorgesetzten widersprachen und doch keine Spur jener erhabenen Gesinnung in sich trugen, in der Christus ›gehorsam geworden ist bis zum Tod‹.*«

Ich glaube auch, daß Jesus alles andere als ein unselbständiger, folgsamer Mensch war. Unterwürfig ist er schon gar nicht gewesen. Liest man die Berichte der Evangelisten, dann merkt man, wie eigenwillig, ja herausfordernd selbständig Jesus aufgetreten ist. Seinen Anhängern hat er kaum Vorschriften gemacht, er hat sie aber mitgenommen auf seinen Lebensweg, der schließlich nach Jerusalem und ans Kreuz führte. Der Neutestamentler Hans Conzelmann weist darauf hin, daß Jesus keine heilige Gemeinschaft, keinen Orden gründen wollte, mit anderen Worten, »*daß Jesus seinen Jüngern keine regulierte Lebensordnung vorschreibt, die sie von der Öffentlichkeit absondern würde*«. Er gibt keine Befehle, das scheint uns so selbstverständlich, daß wir es kaum als etwas Besonderes wahrnehmen. Conzelmann meint, Jesus rufe »*je und je in die Nachfolge: dann ist sie unbedingt gefordert. Aber er macht dieses Nachfolgen im äußeren Sinn nicht zur allgemeinen Bedingung des Heils, das heißt, er stiftet keine Sekte.*«

Später erst, in den frühen christlichen Gemeinden, hat sich das Oben und Unten, die Struktur von Befehl und Gehorsam, kurzum die Hierarchie ausgebildet. Es war bald die Überzeugung verbreitet, die Vorgesetzten, also die Bischöfe, seien Vertreter Gottes und könnten Gehorsam beanspruchen – den Gehorsam, den der Mensch eigentlich Gott schuldet. Die kirchlichen Oberen meinten es vielleicht gut damit, faktisch erlangten sie aber nur den Vorteil, scheinbar an Gottes Macht teilzuhaben. Bis vor gar nicht langer Zeit beanspruchten das einige christliche Pädagogen noch ganz ungeniert für sich. Ein katholischer Fachmann schrieb unter dem Stichwort »Gehorsam« in einem offiziellen Lexikon aus dem Jahre 1960, der Zögling schulde dem Erzieher Gehorsam, weil der die Stelle Gottes vertrete: *»Die tiefste und wirksamste Grundlegung und Pflege findet der Gehorsam in der christlichen Erziehung aus dem Gehorsamsverhältnis zu Gott und Christus, als dessen Repräsentanten und Mitarbeiter die Erzieher gelten.«* Nein, das könnte dem Herrn Pädagogen so passen, daß er sich ein göttliches Mäntelchen umhängen dürfte.

Da halte ich mich lieber an den großen Theologen Karl Rahner, der, obwohl als Jesuit zu besonderem Gehorsam (»Kadavergehorsam«) verpflichtet, auf den Vorgesetzten keinen Abglanz Gottes erkennen konnte: *»Man kann heute unbefangener damit rechnen, daß ein Oberer guten Glaubens öfter einmal einen Befehlt gibt, gegen dessen Inhalt der ›Untergebene‹ ein bescheidenes, aber eindeutiges Nein setzt, weil er den Befehl mit seinem Gewissen einfach nicht vereinbaren kann. Auch wenn man an Gottes Vorsehung glaubt, braucht man nicht zu meinen, die ›Oberen‹ hätten eine direktere und sichere Telefonverbindung mit dem Himmel und ihre Entscheidungen seien bei all ihrer Verbindlichkeit mehr als mit gutem Wissen und Gewissen getroffene Ermessungsentscheide mit allen Bedingtheiten und Irrtumsmöglichkeiten im einzelnen.«* Das ist revolutionär gedacht in einer hierarchischen Kirche – und ist doch im Sinne Jesu.

Jesus forderte, wie gesagt, keinen Gehorsam. Dazu hätte er Befehle geben müssen, also genaue Anweisungen, die der Glaubende gehorsam ausführen soll. Aber so war es nicht. Er hat gesagt: *»Folge mir nach.«* Ein sehr merkwürdiges, dunkles Wort. Zunächst galt es für die Jünger noch im wörtlichen Sinn, sie zogen mit ihm über Land. Manchmal findet sich auch ein Zusatz: *»Verkaufe* *alles, was du hast«*, sagt Jesus zum reichen Jüngling. *»Wer mir nachfolgen will, der nehme sein Kreuz auf sich«*, heißt es ein andermal; oder Jesus fordert: *»Folge mir nach und laß die Toten ihre Toten begraben.«* Immer wieder: *»Folge mir nach!«* Aber was bedeutet das genau? Jeder ahnt, daß Jesus etwas Ungeheures erwartet, etwas sehr Radikales. Etwas, von dem wir schon lange wissen, daß wir es tun sollten und nicht tun.

Es ist erstaunlich, daß die Urgemeinde die radikalen Forderungen Jesu, wie die Lilien auf dem Felde zu leben oder als wandernde Missionare, die asketisch von Almosen leben sollten, umherzuziehen, überhaupt überliefert hat. Denn wer konnte schon ein Interesse daran haben, diesen Lobpreis einer extremen Nachfolge als »Herrenworte« von Generation zu Generation in den Gemeinden, die traditionell lebten, weiterzureichen? Wahrscheinlich waren es auch gar nicht die Gemeinden, die die Erinnerung an die radikalen Jesusworte wachgehalten haben, sondern es waren bettelarme, missionierende Christen, die von Ort zu Ort zogen und die »Nachfolge« wörtlich nahmen. Daß es diese frühen »Charismatiker« (Begnadete) gegeben hat, ist von dem Heidelberger Neutestamentler Gerd Theißen in einem Aufsatz über frühchristlichen »Wanderradikalismus« überzeugend nachgewiesen worden. Er meint, aus den Worten Jesu von der Nachfolge spreche *»die Härte der heimat- und schutzlosen vogelfreien Existenz wandernder Charismatiker, die ohne Besitz und Arbeit durch die Lande ziehen«* und Jesu Botschaft überbringen. Es waren übrigens Leute, die schon damals den braven Christen ein schlechtes Gewissen machten und ihnen als ungebetene Gäste gelegentlich lästig wurden.

Jeder muß für sich selbst herausfinden, wie für ihn diese Nachfolge heute praktisch aussehen könnte. Das ist der entscheidende Punkt. Deshalb kann man den Anspruch, den Jesus erhebt, nicht als die Forderung nach Gehorsam bezeichnen. Es ist vielmehr umgekehrt: Jesus fordert nicht die Unterwerfung und das Befolgen von Anweisungen, sondern er zeigt uns, daß wir uns aus bestehenden Bindungen befreien und mitwandern könnten, um etwas Großes zu tun. Daß er die Ausführung der

Nachfolge unserer Phantasie überlassen hat, macht das Angebot nur noch faszinierender. Oder auch unmöglich. Denn wäre es nicht viel einfacher – und für die Menschen bequemer –, wenn Jesus genaue Vorschriften erlassen hätte, hinter denen man hertrotten könnte, ohne weiter nachdenken und sich entscheiden zu müssen?

Die Theologin Dorothee Sölle hält eher die Phantasie für eine christliche Tugend als den Gehorsam. Sie schreibt: »*Suche ich ein Vorbild für jene weithin noch unbekannte Art der Phantasie, so finde ich es in dem Menschen, den ich für den glücklichsten halte: in Jesus von Nazaret.*« Sie verstehe Phantasie, sagt Dorothee Sölle, »*als eine Form der Freiheit, die ein Mensch in seinem Leben gewinnen kann.*« Und diese Freiheit in Jesu Leben umschreibt sie dann so: »*Jesus hat die Menschen gesund gemacht, ohne nach dem Dank zu fragen. Er hat Leuten ihre Wünsche erfüllt, ohne nach deren Berechtigung zu fragen. Er hat Phantasie walten lassen, ohne nach Ordnung zu fragen. Er hat die religiösen Verpflichtungen wie Fasten, Brotbrechen, Danken ernst genommen und auch fallenlassen. Er hatte eine Unbefangenheit gegen Freunde wie gegen Feinde, als seien die Gruppierungen von Menschen jederzeit aufhebbar.*«

Auch in dieser neuen Deutung ist Jesus für andere da, er gibt sich selbst. Dorothee Sölle lehnt das Wort »Gehorsam« in diesem Zusammenhang nicht einmal ab, aber sie meint, wirklich gehorsam habe Jesus eben nur sein können, weil er zuerst frei und er selbst war: »*Selbstlosigkeit und Opferbereitschaft können erst dort entstehen, wo ein Mensch zu sich selber gekommen und ein bestimmter Stand der eigenen Freiheit erreicht ist. Der Gehorsam hat nur dann Sinn, wenn er in Übereinstimmung des Menschen mit sich selber geleistet wird.*« Darauf kommt es an. Jesu Freiheit ist das Maß. Es hilft uns nichts, wir können nicht zu einem bequemen Gehorsam zurückfinden, es wird nicht weniger von uns erwartet als eine schöpferische Nachfolge.

Und das Gewissen bleibt, wie im nächsten Kapitel gezeigt werden soll, dabei die entscheidende Instanz.

Im Gewissen meldet sich die Stimme Gottes. Das ist die
Überzeugung vieler Menschen bis in unsere Zeit. Aber
sie bröckelt. Wie groß die Unsicherheit ist, wenn dieser
Glaube zerbricht, habe ich in meiner Jugend selbst erfahren. In meinem Elternhaus wurde das Gewissen als die
höchste und letzte Instanz in Ehren gehalten. Unausge-
sprochen galt der Grundsatz: *Die innere Stimme weiß
immer, was man tun muß. Wie ein unerschütterlicher
Kompaß gibt sie die Richtung an. Man muß nur auf diese
Stimme wirklich hören.*

Alles schien also für immer festgelegt, Gut und Böse
ein System von Ewigkeit zu Ewigkeit. *Man klaut keine
Blumen zum Muttertag. Seinen Mitschülern darf man
zwar helfen, selbst soll man aber nicht abschreiben, sonst
meldet sich das Gewissen. Beim Anblick von Mädchen
soll ein Junge keine schlechten Gedanken haben ...* Und
so weiter. Aber es mußte der Tag kommen, an dem
dieses wohlgegründete Gebäude meiner Gewissensmoral
zu wanken begann.

Als ich mir heimlich ein Buch aus dem Zimmer meines
Vaters holte, das den vielversprechenden Titel ›Das Sexualverhalten von Mensch und Tier‹ trug, war es soweit.
Nicht, daß ich das Buch heimlich ausgeliehen hatte, war
schlimm. Nein, gefährlicher war sein Inhalt. Die Autoren, amerikanische Wissenschaftler, hatten es darauf abgesehen, dem Leser jeden Glauben an eine vorgegebene,
ewig und überall gültige Moral zu nehmen. Zu diesem
Zweck verglichen sie die sexuellen Bräuche und Vorschriften bei etwa hundert einfachen Völkerstämmen mit
tierischem Verhalten. Es stellte sich heraus, daß die eher-
nen Moralgesetze überall anders aussahen. Es gab alles:
*die strenge Einehe wie den Partnertausch als Brauch und
Stammesgesetz; die Forderung nach Keuschheit vor der
Ehe ebenso wie das Gebot an die Vierzehnjährigen, sich
paarweise in den Busch zurückzuziehen; das strenge Verbot der Homosexualität wie auch umgekehrt die Aner-*

kennung der Homosexualität als einzige in der Öffentlichkeit geduldete Liebe.

Sagt denn das Gewissen jedem auf der Welt etwas anderes? Mein Glaube an den Kompaß in mir und an die ewige Gültigkeit der Moralgesetze, die in mich eingepflanzt sein sollten, wankte. Wenig später muß mir auch noch anderes aufgefallen sein. Italiener fangen Singvögel und essen sie, offenbar ohne schlechtes Gewissen. Umgekehrt pflegen viele Deutschen ihre Kinder zu schlagen und haben ein gutes Gewissen dabei, was die Italiener wiederum abscheulich finden.

Irgendwann muß ich mich wohl von dem Glauben an die absolute Stimme des Gewissens getrennt haben. Vielleicht schon damals mit dieser Einsicht: *Das Gewissen scheint einem immer nur das vorzuschreiben, was bei einem zu Hause üblich und erlaubt ist.* Sehr viel später habe ich im ›Kinsey-Report‹ gelesen, daß sogar innerhalb desselben Volkes die Stimme des Gewissens sehr unterschiedlich ausfallen kann. Der amerikanische Zoologe Alfred Charles Kinsey hatte nach dem Zweiten Weltkrieg das Sexualverhalten amerikanischer Männer erforscht. Dabei hatte er unter anderem einen sehr auffallenden Unterschied zwischen der Moral der Unter- und der Oberschicht festgestellt.

In der Unterschicht gilt alles als erlaubt, was »natürlich« ist, dazu gehört auch voreheliche Geschlechtsverkehr. Als »pervers« werden hingegen die Liebestechniken verurteilt, die in den Ehen der Oberschicht verbreitet sind. Die Oberschicht wiederum findet voreheliche Beziehungen »unmoralisch«, hält die eigenen Formen des Liebesspiels hingegen für verfeinerte Techniken. Kinsey kommentiert diesen Unterschied der Schichten mit der bissigen Bemerkung: »*Den Legenden über die Unmoral der niederen Schichten stehen die Legenden über die Perversion der höheren Schichten nicht nach.*«

Die Zweifel an der Autorität des Gewissens, die ich hier anhand eigener Eindrücke wiedergegeben habe, sind, wie gesagt, typisch für einen Umbruch in unserem Jahrhundert. Während man früher meist sagte: »*Die Stimme des Gewissens ist die Stimme des Sittengesetzes, ja die Stimme Gottes*«, heißt es jetzt meist kühl und ernüchternd: *»Was das Gewissen des einzelnen ablehnt oder billigt, ist während der Erziehung festgelegt worden, bei der sich Eltern und Erzieher bemühen, im Heranwachsenden eine Vogelscheuche aufzupflanzen. Der Soziologe Peter Brückner sprach dabei von ›Geßlers Hut‹.«*

Meldet sich im Gewissen nur die Stimme der Erziehung? Vielleicht nicht nur – aber etwas muß an dieser These dran sein. Ich glaube jedenfalls, daß jeder von uns in seinen Hemmungen und Festlegungen schon die Mahnungen der Eltern und Erzieher wiedererkannt hat. Zum Beispiel so: *»Ich kann keinen Kanten Brot in den Mülleimer werfen, weil unser Pastor früher gesagt hat, Brot wirft man nicht weg.«* Das geht bis in die Kleinigkeiten hinein, die den Alltag bestimmen, etwa wenn ein erwachsener Mann sagt: *»Ich kann mich nicht mit schwarzen Fingernägeln an den Tisch setzen, weil mein Vater da schon immer geschimpft hat.«*

Das Echo der eigenen Erziehung, es ist leicht herauszuhören. So nahe diese Erkenntnis zu liegen scheint, wissenschaftlich hat zuerst wohl Sigmund Freud, der Begründer der Psychoanalyse, im Gewissen die Prägung durch die Eltern erkannt: *»Das Schuldbewußtsein war ursprünglich Angst vor der Strafe der Eltern, richtiger gesagt: vor dem Liebesverlust bei ihnen; anstelle der Eltern ist später die unbestimmte Menge der Mitmenschen getreten.«*

Die Stimme der Eltern und Erzieher, so meint Freud, trägt jeder Mensch in sich. Freud nennt sie das Über-Ich. Und er hat das Über-Ich meist mit dem Gewissen gleichgesetzt. Im Über-Ich meldet sich nicht nur ein Wissen von Gut und Böse, sondern ebenso die Autorität, die fähig ist, die Gebote im Menschen auch durchzusetzen. Es ist also der strenge Teil der Erziehung, der sich da in uns erhalten hat. Freud schreibt: *»Das Über-Ich scheint in einseitiger Auswahl nur die Härte und Strenge der Eltern, ihre verbietende und strafende Funktion aufgegriffen zu haben, während deren liebevolle Fürsorge keine Aufnahme und Fortsetzung findet.«*

Damit wäre – nach Freud – alles erklärt: das Gewissen als die lebenslang fortwirkende Erziehung. Aller Jenseitigkeit und Ewigkeit beraubt, steht es entzaubert vor uns, ein bloßer Spiegel der moralischen Urteile und Vorurteile der vorangehenden Generation. Es gibt noch schlichtere Erklärungsmodelle. Eins finden wir bei Hans Jürgen Eysenck, sonst ein Gegner Freuds, der in diesem Fall Freuds mechanisches Modell einer frühen Prägung noch überbietet; durch Intelligenzforschung berühmt geworden, huldigt er einem extremen Rationalismus. Eysenck erinnert den Leser zunächst einmal an den bekannten Pawlowschen Hund. Der russische Physiologe Iwan Petrowitsch Pawlow, der 1904 den Nobelpreis bekam, ist der Entdecker des »bedingten Reflexes«. Pawlow hatte bekanntlich einem Hund beigebracht, daß immer dann, wenn ein Glöckchen erklingt, auch das Futter kommt. Kaum hatte der Hund das gelernt, ließ Pawlow nur noch das Glöckchen ertönen – und siehe da, dem Hund floß der Speichel aus dem Maul, auch wenn gar kein Futter da war. Genauso sei das mit dem Gewissen, meinte fünfzig Jahre später Hans Jürgen Eysenck. Zuerst bekommt ein Kind beides zu spüren: das Drohwort »verboten!« und eine Ohrfeige. Später könne man die Ohrfeige weglassen, das Drohwort »verboten!« allein reiche auch aus, um das Kind von der Tat abzuhalten. Das schlechte Gewissen melde sich beim Menschen also – meint Eysenck – wie der Speichelfluß beim Hund. Schließlich funktioniere das Verbot sogar ohne die Eltern. *»Ist eine kindliche Handlung sowohl mit Ohrfeigen bedroht wie auch mit der Bedeutung ›verboten‹ verknüpft, so wird dies Verbot (im Sinne eines Gefahrensignals) später dieselbe Wirkung auch ohne Ohrfeige haben; das Kind wird die Handhabung unterlassen. Und das geschieht auch noch im Erwachsenenalter, wenn man es selbst ist, der das Verbot im Gedächtnis wiederholt.«*

Ich glaube, daß an diesem Modell fast alles falsch ist. So einfach wie die Programmierung eines Automaten funktioniert die Erziehung nämlich nicht. Sie besteht nicht nur darin, daß man oben ein Programm eintippt, das unten ausgeführt wird. Das Gewissen ist eben mehr als die Summe aller Erziehungseinflüsse. Sehen wir uns einmal an, wie eine neuere und differenziertere Theorie sich heute die Bildung des Gewissens beim kleinen Kind erklärt. Nach ihr wird der Mensch schon mit wenigstens zwei Voraussetzungen für das Gewissen geboren, die oft übersehen werden:

Die eine verbindet ihn mit dem Tierreich. Es gibt bei vielen höheren Tieren angeborene Instinkte, die das Tier zum Beispiel dazu veranlassen, schwächeren Artgenossen zu helfen, oder die das Tier daran hindern, einem Artgenossen unnötigen Schaden zuzufügen. Man hat das ein »moralanaloges« Verhalten genannt. Wahrscheinlich wird auch jeder Mensch mit dieser instinktiven Anlage geboren. Das hieße, wir kämen schon mit einem Teil unseres Gewissens auf die Welt; es ist allerdings kein starres Programm und kann, wie ich noch zeigen möchte, wieder gelöscht werden.

Die zweite Voraussetzung, mit der jeder Mensch geboren wird, ist die Gabe, überhaupt ein Gewissen entwickeln zu können. Auch wenn das Gewissen inhaltlich erst nach der Geburt gefüllt und damit festgelegt wird, sollte man das Wunder nicht übersehen, daß der Mensch überhaupt dafür eingerichtet ist. Das unterscheidet ihn nämlich von jedem Tier. Der Mensch ist nicht an seine Instinkte gebunden, sondern ist prägbar und kann schließlich zu einer freien, autonomen Persönlichkeit heranwachsen.

Nun aber zu der Frage, wie sich beim kleinen Kind das Gewissen bildet. Ich möchte gleich ein Ergebnis der Forschung vorwegnehmen: Ohne Liebe geht es nicht. Gewiß, das Wort »Liebe« mag etwas gefühlvoll und unwissenschaftlich klingen, und – zugegeben – in der Fachwelt wird nur von »Bindung« oder von der »Bezugsperson« gesprochen. Aber ich möchte es bewußt Liebe nennen. Ohne Liebe zwischen dem Säugling und dem Menschen, bei dem er aufwächst, entsteht kein Gewissen. Fehlt die Liebe, so dringt der Erwachsene gar nicht so tief in das Gemüt des Kindes ein, daß er das Gewissen bilden und prägen könnte. Dann gibt es nur eine Dressur, die das Kind später abschütteln kann. Ich glaube, damit wird schon deutlich, warum die Ansicht von Eysenck, das Kind sei mit Verboten und Ohrfeigen programmierbar, so abwegig ist.

Schon Anna Freud, der Tochter Sigmund Freuds, war aufgefallen, daß ein einjähriges Kind seine erste große

Leistung, nämlich sauber zu werden, der Mutter zuliebe erbringt. Sein Bravsein ist Teil eines Liebeswerbens um die Mutter. Die Kindertherapeutin Alice Balint faßt die Einsicht so zusammen: »*Die Erzogenheit des Kindes beruht also ursprünglich nicht auf Einsicht, sondern auf Gefühlen. Eben deshalb können wir die Erfahrung machen, daß das Kind in seinen früheren Zustand zurückfällt, wenn die Mutter das Kind für eine Zeit verläßt oder sonst eine Bezugsperson, der zuliebe es brav ist, weggeht.*«

Das gleiche sagt der deutsche Psychiater Heinz Häfner, wenn er vor einem lieblosen Zwang in der Erziehung warnt, der zu einer bloß äußerlichen Unterwerfung des Kindes führe: »*Das Kind muß von den Eltern liebend angenommen sein, bevor es Gebote und Verbote zu hören bekommt; sonst kann sich das Gewissen nicht richtig entwickeln. Nur wenn das Kind sich von den Eltern geliebt weiß, liegt ihm auch innerlich an der Erfüllung ihrer Gebote.*«

Die Liebe zwischen Eltern und Kind scheint die wichtigste Voraussetzung dafür zu sein, daß sich das Gewissen richtig entwickelt. Fehlt sie, so bildet sich das Gewissen zu sehr oder zu gering aus. Eltern können zum Beispiel ihre Kinder in übergroße Schuldgefühle treiben, was dann besonders schlimm ist, wenn sie ihren Kindern nicht zugleich Möglichkeiten anbieten, diese Schuldgefühle auch wieder loszuwerden. Das kann dann zu einer neurotischen Zwanghaftigkeit führen. Die Flucht in die Neurose ist auch gedeutet worden als die Flucht vor einem übermäßig strengen, lebensfeindlichen Gewissen.

Ebenso schlimm sind die Folgen, wenn sich das Gewissen nur unzureichend hat bilden können. Was fühlen und denken jugendliche Straftäter? Diese Frage ist schon des öfteren untersucht worden. Das Ergebnis war immer sehr ähnlich: Wenn man ihnen ethische Fragen stellt, urteilen straffällig gewordene Jugendliche – rein verstandesmäßig – so wie andere Jugendliche auch. Sie wissen also durchaus, welches Verhalten richtig und welches falsch ist. Aber den Straftätern fehlt es oft an Schuldgefühlen; sie werden auch weniger von ihren moralischen Einsichten gesteuert als ihre Altersgenossen.

Woran sich zeigt, daß das Gewissen eben nicht bloß ein Wissen ist; es ist eine Instanz, die den Willen bestimmt. Wer keine liebevolle Kindheit mit festen Bezugspersonen gehabt hat, dessen Chance ist gering, sein Handeln durch sein Gewissen wirklich steuern zu können.

Zu diesem bedrückenden Ergebnis kommt auch die umfangreiche Untersuchung von Eugen Wiesnet und Balthasar Gareis, die beide in der Jugendvollzugsanstalt Ebrach mit jugendlichen Delinquenten gearbeitet haben. Ihr Buch will für diese frühgeschädigten Jugendlichen mit dem Argument eintreten, daß man von niemandem ein Gewissen verlangen sollte, der nie Gelegenheit hatte, es zu bilden.

In vielen Befragungen stellte sich heraus, daß die weitaus meisten Jugendlichen in Ebrach wußten, was ein Gewissen ist, und daß die meisten auch bei sich ein Gewissen spürten. Aber von einigen wurde das Gewissen auch rundheraus abgelehnt, etwa so: »*Gewissen hatte ich schon als Kind keines. Ich dachte immer, die Welt wird schon nicht untergehen, wenn ich dies oder jenes klaue.*« Ein anderer befragter Jugendlicher hatte sich ganz in eine intellektuelle Selbstrechtfertigung zurückgezogen: »*Ich pflege meine Handlungen in der Regel so genau zu durchdenken, daß ich hinterher gar kein Schuldgefühl haben kann. Daß ich jetzt im Knast bin, ist nichts weiter als ein dummer Zufall, ein vermeidbarer ›Betriebsunfall‹, der mit mehreren Fehlern, die ich gemacht habe, zusammenhängt. Aber ich werde mich verbessern! Da ich das sogenannte ›Gewissen‹ nur als angezüchtete Angstneurose des Menschen ansehe, die sogar zur ausgeprägten Paranoia werden kann, habe ich mich persönlich von der Vorstellung ›Gewissen‹ getrennt. Ich fühle mich ohne Gewissen wohler.*« Man kann aus diesen Worten wohl noch den Trotz heraushören, der sich in Arroganz flüchtet, um den eigenen Mangel wie einen Vorzug darstellen zu können.

Die beiden Befrager der Häftlinge, Wiesnet und Gareis, äußern zu Recht ihr Mitgefühl mit denen, die in der Kindheit keine Liebe gefunden haben: »*Frühgeschädigte, die nicht die Möglichkeit hatten, sich mit den Einstellungen und Verhaltenswünschen von geliebten Bezugsper-*

212

sonen zu identifizieren, bleiben in der Folge orientierungsunsicher. Sie gleichen Piloten, die Nachtflüge ohne funktionierendes Radargerät durchzuführen haben. Die Absturzgefahr ist fast zwangsläufig mitgegeben.« Dieses Bild vom Radar zeigt ganz treffend, wie wichtig ein Gewissen ist und wie viel einem Menschen fehlt, der nicht von seinem Gewissen geleitet wird.

Aber ist das Gewissen nur ein Radar? So einleuchtend das Bild scheint, es ist auch wieder unzureichend. Ein Radarschirm zeigt ja nur etwas an. Das Gewissen aber ist zugleich eine Macht, die uns den Weg weist und uns vorwärts drängt. Vielleicht ist dies überhaupt das eigentliche Wunder: daß das Gewissen kein bloßes Wissen ist, sondern Macht über uns hat. Es ist jedoch kein Programm, das uns zu einem bestimmten Verhalten zwingen würde. Im Gegenteil, es läßt uns eine Freiheit, ja, es macht diese Freiheit sogar erst möglich, weil es uns auf der Bahn hält und unseren freien Willen so leicht nicht der Beliebigkeit überläßt.

Ich nähere mich dem Ende meiner Darstellung des Gewissens – und doch habe ich das Gefühl, das Wichtigste noch gar nicht gesagt zu haben. Bisher war viel zu oft davon die Rede, daß die Stimme des Gewissens vieldeutig und widersprüchlich ist; daß sich die Verbote der Eltern darin bemerkbar machen; daß es übermäßig wuchern kann bis zur Neurose oder ganz fehlen kann bis zur hemmungslosen Kriminalität. In Wirklichkeit ist das Gewissen weit mehr. Fast möchte ich es so ausdrücken: Das Gewissen ist doch, wie oft gesagt worden ist, die Stimme Gottes. Freilich nicht so, daß sich in jedem einzelnen von uns eindeutig Gottes Wille zu erkennen gäbe. Das nicht. Die Inhalte sind nicht göttlich. Aber daß wir als Geschöpfe mit einem Gewissen ausgestattet sind, das scheint mir doch eine Gabe Gottes zu sein. Daß wir gesteuert werden, ohne dabei unsere Freiheit zu verlieren, zeigt: Wir sind freigelassen, ohne verlassen zu sein.

22 Ein Blindversuch für die Gerechtigkeit
Die Moral ist unbegründbar

Manchmal kommt es vor, daß man mit seinen Mitmenschen in Streit gerät über Fragen von Gut und Böse. Dabei kann es um die Abtreibung gehen, um Kernkraftwerke oder um die Schwarzarbeit. Jeder der Streitenden glaubt, die Moral ganz auf seiner Seite zu haben, und oft glaubt er sogar noch, das auch beweisen zu können. Aber kann man wirklich moralische Streitfragen auf einem gesicherten Fundament entscheiden?

Auch im Alltag kommt es zu solchen Debatten. Ich stelle mir einen Vater vor, der seiner soeben volljährigen Tochter zeigen möchte, daß es beweisbare moralische Pflichten gibt. Es soll dabei nicht um die eine oder andere praktische Frage gehen, sondern darum, ob auf dem Gebiet der Ethik überhaupt etwas zwingend begründbar ist oder nicht.

Also Vater und Tochter:

Du mußt dir, glaube ich, mal die Zähne putzen, entschuldige . . .

Nun hört's aber auf. Ich bin schließlich volljährig. Und was heißt hier überhaupt »mußt«. Ich muß überhaupt nichts.

Entschuldigung. Vielleicht hätte ich das nicht sagen sollen. Aber eins ist sicher: Manches muß man. Nachweislich!

Ja. Gesetze und so. Was vorgeschrieben ist, wozu die einen zwingen können. Aber sonst nichts.

Doch, es gibt auch ein sogenanntes »Moralgesetz«.

Wenn ich das Wort »Moral« schon höre.

Nenne es meinetwegen, wie du willst. Ich beweis' dir das auch ohne das Wort »Moral«.

Und wie? Bitte schön?

Nehmen wir ein ganz einfaches Beispiel. Jemand liegt schwerverletzt auf der Straße. Da muß man einfach helfen. Man muß.

Das sehe ich ganz anders.

Das kann man gar nicht anders sehen. Der unerbittliche moralische Zwang ist hier offenkundig.

Überhaupt nicht. Ich würde freiwillig helfen, weil ich das gern tun würde, weil ich es will. Außerdem ist es, soviel ich weiß, vom Gesetz vorgeschrieben, sonst kriegen sie dich wegen unterlassener Hilfeleistung. Aber von Moral keine Spur.

Doch, man muß aus moralischen Gründen allen Menschen helfen. Das ist nun mal so. Albert Schweitzer hat das »die Ehrfurcht vor dem Leben« genannt.

Und warum tust du's dann nicht? Vierzigtausend Menschen verhungern jeden Tag. Millionen Verfolgter müßten wir als Asylanten aufnehmen, wenn's danach ginge.

Das brauchst du mir nicht vorzuwerfen.

Tu ich ja auch nicht.

Ja, sag mal, worüber streiten wir uns denn jetzt eigentlich?

Weil du behauptet hast, du könntest mir beweisen, daß es ein Moralgesetz gibt, das mir zwingende Vorschriften macht.

Ach so, ja. Zum Beispiel die Nächstenliebe. Es leuchtet jedem ein, daß man seine Mitmenschen ... ich will mal sagen, wenigstens grundsätzlich lieben soll.

Dann bin ich vielleicht nicht vernünftig. Für mich ist Liebe was Einmaliges.

Also gut, jetzt hab' ich's aber, glaub' ich. Mit der Nächstenliebe war auch Quatsch, die kann man nicht moralisch verlangen. Aber da gibt es in der Bibel auch noch die Goldene Regel. Und die gilt nun wirklich. Die heißt ungefähr so: »Was du nicht von anderen erleiden möchtest, das tu anderen auch nicht an.« Tobias 4, Vers 15.

»Was du nicht willst, das dir man tu, das füg auch keinem andern zu.«

Genau. So sagt es das deutsche Sprichwort. Das ist eine Grundregel, ohne die keine Gemeinschaft auskommen kann.

Aber sie reicht nicht weit. Wir haben gerade genau darüber in der Schule lange diskutiert. Das ist doch'n Abzählvers fürs Kinderzimmer, der besagt überhaupt nichts. Heute kannst du damit keine Frage klären, nicht den

Schwangerschaftsabbruch, nicht die Kernkraftwerke oder die Atomrüstung. Nicht mal die Forderung »Gleichen Lohn für Frauen« kannst du damit zwingend begründen. Weil die Männer dann sagen, wenn sie selbst Frauen wären, würden sie mit weniger Lohn zufrieden sein. Die Goldene Regel setzt voraus, daß alle Menschen gleich sind, und das sind sie noch lange nicht.

Ich sage ja auch nicht, daß es eine Zauberformel gäbe, nach der man alle moralischen Streitfragen entscheiden könnte. Aber so als Grundsatz: Niemanden quälen, zum Beispiel ...

Ja, ja, das haben wir unserer Lehrerin damals auch gesagt, dann soll sie uns auch keine schlechten Noten geben, weil sie das ja auch nicht erleiden wollte.

Jetzt ziehst du das Ganze ins Lächerliche.

Da ist es ja schon. Die Kruse hat damals wenigstens gelacht, die hat noch Humor.

Ich habe auch Humor, den solltest du mir nicht absprechen. Du willst ja auch nicht, daß ich ihn dir abspreche. Also! Aber im Ernst: Könnten wir uns nicht darauf einigen, daß man das Gute tun muß. Nur das: »Man muß das Gute tun.«

Meinetwegen. Aber was heißt »das Gute«? Genau darum geht's doch. Und was heißt im übrigen »man muß«. Wer sagt das?

Das ist eben so.

Glaub' ich nicht.

Wir wollen Vater und Tochter in ihrem Steit allein lassen, sie sind ja auch zunächst einmal am Ende, und wir können uns fragen, ob sich wirklich keine Begründung moralischer Forderungen findet. Nebenbei bemerke ich nur, daß es ein paar Dinge gibt, auf die man sich leicht einigen kann – darauf etwa, daß Mord verwerflich ist. Aber für unsere Suche nach Fundament und System bringt das nicht viel. Aus den paar Selbstverständlichkeiten ergibt sich kein System, und sogar sie selbst sind nicht eindeutig. Nehmen wir wieder das Beispiel Mord. Schon benachbarte Fragen – also Blutrache, Todesstrafe, Abtreibung oder Krieg – sind heftig umstritten. Hier finden wir keinen systematischen Ansatz.

Solch einen Ansatz, solch ein Fundament zu finden haben Philosophen oft versucht. Aber kein Versuch konnte bisher alle überzeugen. Zwei berühmte Versuche will ich zunächst vorstellen, Kants kategorischen Imperativ und die Wertethik.

Der kategorische Imperativ war unseren Urgroßeltern heiliger als die Bibel. Der Königsberger Philosoph Immanuel Kant hat ihn vor zweihundert Jahren aufgestellt. Kategorischer Imperativ heißt soviel wie »unbedingte Aufforderung«. Kant hat ihn mehrfach formuliert, zum Beispiel so: »*Handele nur nach derjenigen Maxime, durch die du zugleich wollen kannst, daß sie ein allgemeines Gesetz werde.*« Mit anderen Worten: Mein Tun soll immer so sein, daß es Vorschrift für alle anderen Menschen sein könnte. Oder noch schlichter übersetzt: Man soll sich immer fragen: Wie wäre es, wenn das nun alle täten? Der Wortlaut bei Kant ist ein bißchen komplizierter, weil er uns zugleich noch etwas anderes sagen will: daß nämlich keine Tat an sich gut ist, sondern allenfalls meine Gesinnung dabei. Sie soll reine Pflichterfüllung sein. Nur darauf kommt es an. Und was Pflicht ist, das wird mir schon deutlich werden, wenn ich mich frage, ob meine Gesinnung in dieser Sache auch allgemeines Gesetz werden könnte.

Vielleicht wird es Sie wundern, daß man den kategorischen Imperativ auch ablehnen kann. Ja, wahrscheinlich trete ich einigen unter Ihnen zu nahe, wenn ich gestehe, daß ich ihn wirklich bedenklich finde.

Kants Imperativ ist eine sehr deutsche Angelegenheit geblieben, von Ausländern – Engländern und Franzosen etwa – oft als »typisch deutsch« bestaunt. Wir würden vielleicht genauer sagen: »typisch preußisch«, wie auch Kant selbst preußisch war. Der kategorische Imperativ schärft uns die Pflichterfüllung ein – und damit ist er leider auch genau die richtige Moral für alle Diktaturen. Kant selbst hat schon die Konsequenz einräumen müssen, daß ein sogenannter »Ketzerrichter« in der Inquisition seine Opfer völlig zu Recht in den Feuertod schickt, solange er das mit anständiger Gesinnung und in treuer Pflichterfüllung tut. Kant selbst war, nebenbei gesagt, ein heftiger Verteidiger der Todesstrafe. Natürlich kann man auch in der Demokratie nach dem kategorischen Imperativ leben, auffällig ist nur, daß er gegen die Staatsform und die darin herrschenden Normen weitgehend neutral ist. Er läßt jedes Verhalten zu, solange sich damit ein Gemeinwesen aufbauen und erhalten läßt. Auch Sklaverei und Eroberungskriege sind dann gedeckt, nur nicht Lügen, Stehlen, Hochverrat, Steuerhinterziehung und andere, die Gemeinschaft schädigende Handlungsweisen.

Dieser Nachteil des kategorischen Imperativs, bloß »formal« zu sein, fiel im vorigen Jahrhundert einigen Philosophen auf. Man versuchte daher, auch inhaltlich zu definieren, was gut und erstrebenswert sei. Ein neuer Begriff wurde eingeführt, es kam in Mode, von den »Werten« zu sprechen. Von den moralischen Werten, versteht sich, die materiellen hatte man schon, denn es war die Zeit des Frühkapitalismus. Tatsächlich ist die Moral der Werte diesen Makel, ein bloßes Gegenstück zur Verehrung der materiellen Werte zu sein, nie ganz losgeworden. Unser Handeln sollte damit abgesichert sein durch eine moralische Währung, die auf so ewigen Werten wie Liebe, Treue, Patriotismus und Ehrlichkeit basierte. Und ausgerechnet in der Inflationszeit nach dem Ersten Weltkrieg blühte diese Goldwährung noch einmal auf in der Anerkennung für das Hauptwerk des katholischen Philosophen Max Scheler über die materiale Wertethik, das er in den Jahren 1913 bis 1916 geschrieben hatte.

Heute denkt man von den Werten kritischer, weil sich allzu deutlich herausgestellt hat, wie sehr sie mit der Mode wechseln. Ausgedient haben längst »Gehorsam«, »Vaterlandsliebe«, »Ehre«, »Treue« oder »Keuschheit«. Und wer weiß, wie lange sich moderne Gegenstücke wie »Emanzipation«, »Chancengleichheit« und »Pluralismus« halten werden. Zudem widersprechen die Werte einander. Für den Wert »Freiheit« zum Beispiel kann man konsequent nur eintreten, wenn man bereit ist, auf den Wert »Frieden« vorübergehend zu verzichten. Und das schöne Prinzip der Gleichheit aller Menschen ist schnell beschädigt, wenn man sich an einen anderen Wert hält: daß Leistung auch belohnt werden soll.

Um aus dem Dilemma herauszukommen, haben viele Fachleute – zuerst in den angelsächsischen Ländern –

von »Normen« gesprochen. Sie seien dazu da, den Alltag so zu regeln, daß ein Zusammenleben möglich ist. Allzu deutlich wird auch hier der neue Zeitgeist, es ist der des technischen Zeitalters, der überzeugt ist, alles könne genormt werden und jedes Problem lasse sich regeln. In der Bezeichnung »Werte und Normen« – so heißt das Unterrichtsfach Ethik in einigen Bundesländern – finden sich die beiden so lange verehrten Begriffe aus dem vorigen und diesem Jahrhundert einträchtig vereint.

Ewige und bleibende Prinzipien sind offenbar nicht zu entdecken. Hat also die »praktische Philosophie« mit ihrer Ethik ausgedient? In dieser Radikalität bestreiten das die meisten Philosophen, auch wenn sich viele aufs Machbare, auf eine »pragmatische Ethik« beschränken wollen, weil sie wissen, daß alle Versuche der Letztbegründung gescheitert sind. Eingeräumt wird jedoch auch, daß eine grundsätzliche Skepsis nicht zu widerlegen ist und daß *eine endgültige Begründung moralischer Forderungen nie vorgelegt werden* kann (Günter Patzig). Aber, so heißt es, schon der Versuch einer solchen Begründung sei sinnvoll.

Man kann drei Typen, die Ethik zu begründen, unterscheiden. Zwei haben wir schon kennengelernt, nämlich die Berufung auf die Pflicht und auf den Wert. Drittens kann man auch auf »die Folgen des Handelns« sehen. Eine Ethik, die auf die Folgen des Handelns sieht, wird auch als »utilitaristisch« bezeichnet, weil sie nach der Nützlichkeit des Tuns fragt. Freilich ist es nicht die Nützlichkeit für den einzelnen, das wäre ja auch eine Form des Egoismus, sondern die Nützlichkeit für alle. Diese Betrachtungsweise kann man kombinieren mit einer mehr formalen und dann von einer »formal-utilitaristischen Ethik« sprechen, wie sie Günter Patzig entwirft. Formal ist diese Ethik, weil sie sich zunächst auf Grundsätze wie den kategorischen Imperativ beruft. Was der erlaubt, wird dann weiter gesichtet. Eine Tat gilt dann als »richtig«, wenn von ihr *erwartet werden kann, daß sie einen günstigeren Zustand für alle Beteiligten herbeizuführen geeignet ist als jede andere der zur Diskussion stehenden Handlungsweisen* (Patzig).

Vielleicht hat es in unserem Jahrhundert nur einen genialen Entwurf zur Begründung der Ethik gegeben – die Idee von John Rawls, Moral im Blindversuch herzustellen. Rawls, Philosoph in Harvard, hat seinen Entwurf in dem Buch ›Eine Theorie der Gerechtigkeit‹ vorgelegt. Er greift die Idee vom Gesellschaftsvertrag auf, den schon Locke, Rousseau und Kant dem menschlichen Zusammenleben zugrunde liegen sahen. Dieser Vertrag wird bei Rawls in einem Spiel neu festgelegt, wobei die Mitspieler wissen, daß sie anschließend gemeinsam nach diesem Vertrag leben müssen.

Damit diese Gesellschaft auch gerecht – und das heißt nach Rawls: fair – sein wird, hat sich der Autor einen genialen Trick ausgedacht, nämlich die Bedingung, daß keiner der Mitspieler und Vertragsentwerfer »seine Stellung in der künftigen Gesellschaft kennt, seine Klasse oder seinen Status, ebensowenig sein Los bei der Verteilung natürlicher Gaben wie Intelligenz oder Körperkraft«. Keiner weiß also, welches Los ihm später zufallen wird, ob er als Bettler oder als erfolgreicher Unternehmer in das System einzusteigen hat. Damit soll jedes Vorurteil und heimliche Interesse der Planer ausgeschlossen werden. Rawls geht noch einen Schritt weiter: »Ich nehme sogar an, daß die Beteiligten ihre Vorstellung vom Guten und ihre besonderen psychischen Neigungen nicht kennen.« Dadurch wird erreicht, daß die Mitspieler gezwungen sind, gerecht zu sein, denn »die Grundsätze der Gerechtigkeit werden hinter einem Schleier des Nichtwissens festgelegt« und sind dadurch notwendig fair. Diese Unkenntnis zwingt die Beteiligten, die Interessen aller späteren Rollenträger gleichermaßen zu berücksichtigen, was zu einer starken Angleichung der Chancen für alle führt. Wie Rawls selbst meint, kommt am Ende ziemlich genau der kapitalistische Sozialstaat heraus, den die westlichen Industrieländer schon ausgebildet haben – mit Leistungsanreizen für Stärkere und sozialer Sicherung der Schwächeren.

Aber Stoff zum Streit wird es unter den Planern dennoch reichlich geben, zumal manche denken werden, Bettler hätten nun mal, auch wenn sie selbst es wären, kein anderes Los verdient. Oder weil sie glauben, die

Todesstrafe sei auch dann gerecht, wenn sie selbst ihr Opfer würden. Auch der Entwurf selbst ist nicht wertfrei, kann es nicht sein. Er erstrebt offen eine allgemeine Gleichheit, die die meisten Menschen nicht wollen, zu der sie hier aber dadurch gezwungen werden, daß ihr eigener Egoismus ihnen während des Blindversuchs diese Gleichheit nahelegt – man kann ja nicht wissen, welches Los einen später erwartet.

In diesem Punkt erinnert Rawls' Entwurf etwas an die Konstruktion der religiösen Moral, die in ihrer alten Form ja auch immer die Ungewißheit mit einbezog, wie einst im Himmel die Taten vergolten werden. Auch das religiöse System führte so zu einer starken Angleichung auf Erden durch die ausgleichende Gerechtigkeit im Himmel. (»Wer jetzt leidet, soll es später doppelt gut haben.«) Vielleicht darf man daher in dem sinnvollen Spiel von Rawls so etwas sehen wie eine weltlich gewordene Form religiöser Erwartung.

In diesem Kapitel wollte ich Ihnen zeigen, daß es der menschlichen Vernunft nicht möglich ist, eine Moral zu entwerfen, die allen einleuchtet und die zugleich verbindlich und konkret ist. Von diesem Scheitern habe ich auch mit einer Nebenabsicht berichtet: Ich wollte zeigen, daß die christliche Moral keineswegs überholt oder in Zukunft durch eine autonome Vernunftmoral ersetzbar ist. Die Moral der Nächstenliebe ist in der Tat dasjenige christliche Erbe, das unser Zusammenleben am stärksten geprägt hat. Das wird sich zum Glück wohl auch nicht mehr ändern.

23 »Lutherische Putzfrau gesucht«
Bruderliebe, die verfälschte Nächstenliebe

Ein evangelisches Studentenwohnheim, in einer norddeutschen Stadt gelegen, suchte eine neue Putzfrau. Es bewarben sich mehrere Damen; die Studenten und die Heimleitung wählten eine Bewerberin, die allerdings gleich angemerkt hatte: *»Ich bin aber katholisch!«* Das mache nichts, sagte die Heimleitung, schließlich seien auch nicht alle Studentinnen und Studenten des Heimes evangelisch. So eng wolle man das nicht sehen.

Nicht zufrieden mit dieser Entscheidung war allerdings eine andere Bewerberin, die sich zurückgesetzt fühlte. Sie wandte sich an die Gemeindehelferin ihrer Gemeinde und brachte folgende Gründe für ihre Empörung vor: *»Auch ich bin auf das Geld angewiesen und suche dringend Arbeit. Schließlich ist dies ein evangelisch-lutherisches Heim, und ich bin lutherisch. Wozu habe ich immer Kirchensteuer gezahlt und mich lutherisch genannt, wenn es jetzt, wo es darauf ankommt, gar keine Solidarität gibt? Wenn es um Nächstenliebe geht, wäre ich hier doch wohl die Nächste gewesen. Die andere Bewerberin kann doch in einem katholischen Heim putzen. Schließlich halten die Katholiken auch zusammen. Das ist ja bekannt.«*

So kam es, daß der Fall strittig wurde und auf höherer Ebene durch die Landeskirche entschieden werden mußte. Die Vertreter des evangelischen Studentenwohnheims rechtfertigten ihre Wahl mit dem Hinweis, die Nächstenliebe gelte schließlich allen Menschen und nicht nur den Mitgliedern der eigenen Kirche. Man wolle es gerade nicht wie die Gewerkschaften machen, die praktisch nur Leute einstellen, die das Mitgliedsbuch besitzen. Aber die Kirchenleitung entschied anders. Sie schrieb dem Heim: *»Es scheint Ihrer Aufmerksamkeit entgangen zu sein, daß wir bereits im Jahre 1976 durch Runderlaß verfügt haben, bei mehreren gleichqualifizierten Bewerbern sei immer derjenige einzustellen, der evangelisch-lutherischen Glaubens ist. Daher fordern wir*

Sie auf, den Vertrag rückgängig zu machen und die Bewerberin mit lutherischem Bekenntnis einzustellen.«

Wie angeordnet, so geschah es auch. Aber die Debatte um die Entscheidung war damit noch nicht zu Ende. Die Bewohnerinnen und Bewohner des Studentenheims waren unzufrieden, einige empörten sich. *»Wir hätten wohl gleich annoncieren müssen: ›Lutherische Putzfrau gesucht!‹«*, sagten einige. Andere meinten: *»Die Kirche ist wohl doch ein Verein wie jeder andere, richtiger Vereinsmief mit Vetternwirtschaft ist das.«* Wieder andere hatten Verständnis für die Entscheidung: *»Mensch, ihr redet immer von Solidarität, und wenn's drauf ankommt, vergeßt ihr die. Das ist doch nur natürlich, daß man denen nähersteht, die zur eigenen Kirche gehören. Alle Bewerberinnen waren arbeitslos und hatten den Job nötig. Da ist es doch verständlich, wenn man diejenige wählt, die das richtige Gesangbuch hat.«*

Ich glaube, in dieser Debatte wird schon deutlich, daß es um zwei Prinzipien geht. Einerseits ist die Nächstenliebe an alle Menschen gerichtet und soll nicht nach dem »Gesangbuch«, wie man so sagt, unterscheiden. Andererseits scheint es einem durchaus »natürlich« zu sein, daß diejenigen, die einem näherstehen, bevorzugt werden. Schließlich wird es ja überall so gemacht. Auch in den Kirchen. So hat zum Beispiel die Badische Landeskirche am 1. Mai 1984 beschlossen, Mitglieder anderer Kirchen könnten nur »ausnahmsweise« angestellt werden. Ausnahmen bedürfen der Zustimmung der Kirchenleitung in Karlsruhe. Auch hier wurde allerdings eingeräumt, eine türkische Putzfrau könne, selbst wenn sie zum Islam gehöre, eingestellt werden. Aber natürlich gehen evangelische Bewerberinnen vor.

Doch bleiben wir bei dem Fall, der uns am Anfang beschäftigt hat. Als die Studenten des Wohnheims allzuoft von Nächstenliebe gesprochen hatten, fühlten sich die kirchlichen Mitarbeiter der Landeskirche zu einer Stellungnahme herausgefordert. Einen Bewerber aus der eigenen Kirche zu bevorzugen, das sei schon ganz in Ordnung, meinte die Mitarbeitervertretung: *»Man muß auch fragen: Wem bin ich die Nächstenliebe besonders schuldig? Darauf hat schon der Apostel Paulus eine eindeutige*

Antwort gegeben, wenn er im Galaterbrief (Kapitel 6, Vers 10) die Gemeinde ermahnt: ›So lasset uns Gutes tun an jedermann, allermeist aber an des Glaubens Genossen.‹ Damit hat Paulus, wie wir meinen, die Bevorzugung der Schwestern und Brüder des gleichen Glaubens klar gefordert.«

». . . allermeist aber an des Glaubens Genossen«, das ist in der Tat ziemlich eindeutig. Und den Satz muß man wohl »gut biblisch« nennen, denn er stammt immerhin von Paulus, der die christliche Lehre fast ebenso stark geprägt hat wie Jesus Christus selbst. Oder sollte Paulus seinen Herrn und Meister falsch verstanden haben? Hat er eine andere Liebe gefordert als Jesus?

Eine schwierige Frage. Ich schlage Ihnen vor, wir sehen uns erst einmal die Praxis der Kirchen an. Die Ermahnung des Apostels Paulus: *»So lasset uns Gutes tun an jedermann, allermeist aber an des Glaubens Genossen«,* hat in der Kirchengeschichte eine große Rolle gespielt. Es war der Leib- und Magenspruch des protestantischen »Gustav-Adolf-Vereins«, der es sich im vorigen Jahrhundert zur Aufgabe gemacht hatte, Geld zu sammeln für diejenigen evangelischen Gemeinden, die verstreut in katholischen Gebieten leben mußten. Diesen armen und bedrängten Glaubensbrüdern, hieß es, müsse man vor allem helfen. Auch heute noch ist es in einigen christlichen Gemeinschaften, die man auch »Sekten« nennt, üblich, die Opferbereitschaft und tätige Nächstenliebe allein den eigenen Mitgliedern zukommen zu lassen. Das gilt zum Beispiel von der recht großen Neuapostolischen Kirche oder von den Zeugen Jehovas. Für ihre Glaubensschwestern und -brüder tun sie alles. An der allgemeinen Wohltätigkeit aber beteiligen sie sich bewußt nicht. Sie machen vor allem den zweiten Satz des Apostels Paulus wahr: *». . . allermeist aber an des Glaubens Genossen«.*

Grundsätzlich anders eingestellt sind die Großkirchen. Die katholische Caritas und die evangelische Diakonie stehen von vornherein allen Menschen offen. Das gilt vom evangelischen Kindergarten ebenso wie vom katholischen Krankenhaus. Sammeln die Kirchen bei uns Spenden für Indien, so kommen sie dort nicht nur den christlichen Gemeinden zugute, sondern zunächst denen, die es am nötigsten haben. Hat es ein Erdbeben in der Türkei gegeben, wo bekanntlich kaum Christen leben, so helfen Caritas und Diakonie auch dort, ohne nach der Religion zu fragen.

Das entspricht der heute weit verbreiteten Auffassung von Nächstenliebe als einer Liebe, die, ohne Ansehen der Person, dem gewährt wird, der es nötig hat. Dieses Verständnis von Nächstenliebe orientiert sich am berühmten Gleichnis vom Barmherzigen Samariter. Die Geschichte ist bekannt, aber wir sollten uns noch den Rahmen dieses Gleichnisses ansehen. Jesus erzählt die Geschichte nämlich für einen skeptischen Schriftgelehrten, der ihm die Frage gestellt hatte: *»Wer ist denn mein Nächster?«* Also genau die Frage, auf die wir hier auch eine Antwort suchen. Das Ergebnis ist, daß der Samariter dem unter die Räuber Gefallenen »der Nächste« war. Das kann uns nicht verwundern, schließlich ist der Samariter seitdem der Inbegriff des hilfreichen Nächsten. Und doch ist die Sache ein wenig paradox, und das mit Absicht. Denn dieser Samariter kannte ja das Opfer des Raubüberfalls gar nicht; er hatte auch nicht die gleiche Konfession; sozial stand er ihm keineswegs am nächsten. Der Samariter handelte also bestimmt nicht aus Gruppensolidarität. Und doch wurde er seinem Schützling zum Nächsten. Dieser paradoxe Gegensatz ist sogar die Pointe des Gleichnisses.

Die Bezeichnung »Nächster« ist nur leider etwas mißverständlich, Jesu provozierende Absicht wird zumeist nicht mehr verstanden. Allzu leicht denkt man beim »Nächsten« an Wendungen wie »meine nächsten Verwandten« oder »alle, die mir nahestehen«. Das ist offenbar gerade nicht gemeint. Mit den natürlich bestehenden Bindungen hat Nächstenliebe nichts zu tun. Aber jeder Mensch kann mir »zum Nächsten werden«, wenn er meine Hilfe braucht – so sehr er mir bisher auch ferngestanden haben mag.

Ich glaube, es wird schon deutlich, wie sehr sich die Auffassung, die Jesus von der Liebe hatte, von dem unterscheidet, was der Apostel Paulus seinen Gemeinden in Galatien schrieb: *»So lasset uns Gutes tun an jedermann, allermeist aber an des Glaubens Genossen.«* Während Paulus die Liebe eher einengt auf die eigene Gemeinde, sieht es Jesus offenbar gerade umgekehrt. In der Bergpredigt greift er ja das alte Gebot der Nächstenliebe, das sich schon im Alten Testament findet, auf, um es radikal zu erweitern: *»Ihr habt gehört, daß gesagt ist: ›Du sollst deinen Nächsten lieben und deinen Feind hassen.‹ Ich aber sage euch: liebet eure Feinde, segnet, die euch fluchen; tut wohl denen, die euch hassen...«* Das sind die vielleicht bekanntesten, wahrscheinlich auch die wichtigsten Worte aus der Botschaft Jesu. Die Nächstenliebe, die, wie wir gesehen haben, gerade auch dem fremden Menschen gilt, wird hier noch erweitert zur Feindesliebe. Sicherlich eine sehr radikale Forderung; wir wollen und können hier nicht fragen, wieweit sie erfüllbar ist und ob das Christentum zu Recht als die »Religion der Liebe« bezeichnet wird.

Was aber ist aus Jesu Forderung nach schrankenloser Nächstenliebe eigentlich unter seinen ersten Anhängern geworden? Was haben die Apostel, die Jesu Lehre verbreitet haben, was hat vor allem Paulus von der Nächsten- und Feindesliebe gelehrt? Wie hat man sich dazu in den ersten Gemeinden verhalten? Ich habe in den Briefen des Neuen Testaments nachgelesen, und das Ergebnis hat mich erstaunt.

Als die frühesten Dokumente der entstehenden christlichen Gemeinden gelten die Briefe des Paulus. Unter ihnen ist wiederum der 1. Thessalonicherbrief der älteste. Auch hier ist von der Liebe die Rede und gleich in der jetzt tyischen Weise: *»Von der brüderlichen Liebe aber ist nicht not euch zu schreiben; denn ihr seid von Gott gelehrt worden, euch untereinander zu lieben.«* Das ist genau die Liebe, um die es jetzt, erst eine Generation nach Jesu revolutionärer Verkündigung, geht. Gefordert wird die ›brüderliche Liebe‹ der Gemeindemitglieder »untereinander«.

Kommt Paulus hingegen einmal auf das zu sprechen, was der Christ allen Menschen schuldet, so klingt das recht matt, weil er nicht von Liebe spricht: *»Eure milde Güte lasset alle Menschen spüren!«* Eine Forderung, die über keine gängige Lebensweisheit hinausgeht. Auch sonst hat sich beim Völkerapostel Paulus der Sprachgebrauch gewandelt. Schreibt er in seinen Briefen vom ›Nächsten‹, so ist gewöhnlich der Mitchrist gemeint. Und immer wieder heißt es: *»Liebet euch untereinander!«* Wohlgemerkt: untereinander.

In diesem Sinne ist wohl auch das Hohe Lied gemeint, das Paulus in seinem ersten Brief an die Korinther anstimmt und das mit bewegenden Worten die Liebe preist: *»Die Liebe ist langmütig und freundlich, die Liebe eifert nicht . . . sie verträgt alles, sie glaubet alles, sie hoffet alles, sie duldet alles.«* Welche Liebe gemeint ist, ergibt der Zusammenhang. Die Gemeinde in Korinth war nämlich zerstritten, und Paulus mahnt sie zu liebevollerem Umgang untereinander. Gemeint ist also auch hier wieder die Bruderliebe, nicht die allgemeine Nächstenliebe. – Und auch nicht, das sei hier angemerkt, die eheliche Liebe, die mit diesen Worten gern am sogenannten »Traualtar« beschworen wird. –

Haben wir erst einmal gemerkt, wie sehr Jesu Forderung in den jungen Gemeinden eingeengt wird auf die Verträglichkeit in der Gemeinde, so wundern wir uns auch nicht mehr über den Satz aus dem Galaterbrief des Paulus, von dem hier schon öfter die Rede war: *»So lasset uns Gutes tun an jedermann, allermeist an des Glaubens Genossen.«* Bisher habe ich immer aus Briefen des Paulus zitiert, man findet die gleiche Haltung aber auch in allen anderen Apostelbriefen des Neuen Testaments. Daran ist nicht zu zweifeln. Ein katholischer Theologe unserer Tage, der die Sache gründlich untersucht hat, will das Ergebnis dennoch mit den Worten entschuldigen: *»Dies bedeutet nicht eine sektenhafte Verengung der allgemeinen Nächstenliebe, sondern ihre vertiefte Geltung für den besonderen Bereich der christlichen Gemeinde.«* So mag man es deuten. Ich halte das neue Verständnis dennoch für sektenhaft.

Auffällig ist vor allem, daß auch das vierte Evangelium, das des Johannes, den Trend bestätigt. Es ist als letztes der Evangelien rund hundert Jahre nach Jesu Tod geschrieben worden und spiegelt die Auffassungen vieler Gemeinden dieser Zeit. Bei Johannes findet sich sogar Jesu eindeutiges Gebot der Nächstenliebe charakteristisch verändert. Jetzt redet Jesus nur noch seine Jünger an: »*Das ist mein Gebot, daß ihr euch untereinander liebet, gleichwie ich euch liebe.*« Hier wird der Meister überhaupt als Freund der Seinen dargestellt. Draußen aber ist die Welt mit ihrem Haß; ihr gilt die Liebe nicht. Das ist, bloß hundert Jahre nach Jesus, der Bewußtseinsstand in vielen christlichen Gemeinden. Unnötig zu erwähnen, daß von Jesu Forderung nach Feindesliebe, die noch radikaler ist, nun überhaupt nicht mehr die Rede ist. Es scheint so, als wären schon die meisten frühen Christen nicht in der Lage gewesen, das Gebot auch nur zu erfassen.

In der Frage, ob Jesus von uns die Liebe zu allen Menschen gefordert hat – oder doch eher die Gruppen- und Bruderliebe untereinander –, gibt es, wie wir gesehen haben, keine Einigkeit, weder zwischen den Evangelien noch zwischen Jesus und seinem größten Interpreten, dem Apostel Paulus. Es scheint sich um zwei ziemlich unversöhnliche Prinzipien zu handeln, auch wenn es in der Kirchengeschichte nicht an Versuchen gefehlt hat, sie miteinander zu versöhnen.

Das eine Prinzip scheint uns angeboren. Jeder Mensch lebt in einer Gruppe, sei das nun die Familie, die Clique, der Verein, die Partei oder die Gemeinde. Der Gruppe fühlt er sich verpflichtet, und von ihr erwartet er Schutz und Solidarität. Jeder Mensch weiß instinktiv, wer in diesem Sinne seine »Nächsten« sind. Wahrscheinlich ist uns dieses Gruppengefühl seit den Zeiten, als die Frühmenschen noch in Horden lebten, mitgegeben als Gruppenegoismus, als Gesetz der Urhorde. Das Gebot der Nächstenliebe hingegen, im Alten Testament ausgesprochen, von Jesus zur Feindesliebe erweitert, kann man wohl nur verstehen, wenn man es als Widerspruch zu diesen natürlichen Gruppeninstinkten auffaßt.

Ich will damit nicht leugnen, daß die Pflichten gegen die eigene Familie auch einmal vorgehen können; die blutsmäßigen Bindungen und andere solidarische Rücksichten kann man sicherlich nicht einfach für abgeschafft halten. Man muß in jedem Fall abwägen und kann sich nicht auf die gegebenen Verhältnisse von Nähe und Ferne, von Gruppe und Solidarität verlassen. Aber die englische Redensart, mit der Nächstenliebe solle man in der eigenen Familie anfangen – »*charity begins at home*« – ist nur scheinbar ein gesunder Kompromiß und Ausdruck des pragmatischen Common sense. In Wirklichkeit ist sie eine eindeutige Parteinahme für den Clan der eigenen Leute. Die Fernen haben das Nachsehen.

Damit will ich sagen, man könne die Nächstenliebe durch das Wort »*Fernstenliebe*« ersetzen. Das Wort stammt von Friedrich Nietzsche. Er hat mit seinem Buch ›Also sprach Zarathustra‹ eine Art Gegenstück zum Neuen Testament verfaßt, und er hat darin auch die Nächstenliebe behandelt. Es ist vielleicht typisch, daß er die christliche Nächstenliebe als die Liebe zu den nahestehenden Menschen verstand – dies Mißverständnis werden ihm die Christen selbst vermittelt haben. Er jedenfalls läßt Zarathustra sprechen: »*Ihr drängt euch um den Nächsten und habt schöne Worte dafür. Aber ich sage euch: eure Nächstenliebe ist eure schlechte Liebe zu euch selber ... Höher als die Liebe zum Nächsten ist die Liebe zu Fernsten und Künftigen ... Meine Brüder, zur Nächstenliebe rate ich euch nicht: ich rate euch zur Fernstenliebe. Also sprach Zarathustra.*« Nein, das überzeugt mich nun auch keineswegs. Fernstenliebe? Das ist wohl nur so ein Wort.

Am historischen Wandel von der Nächstenliebe Jesu zur Bruderliebe der ersten Christen zeigt sich, wie leicht wir dazu verführt werden, die ungeheure Radikalität von Jesu Forderung abzuschwächen. »Bruderliebe« statt dessen, was der Samariter tat, das ist eine Verniedlichung. Schon allzu früh hat die junge Christenheit das Gebot der Nächstenliebe gezähmt, hat ein braves Haustier daraus gemacht, genannt: »*Liebet euch untereinander.*« Das nimmt Jesu Forderung den Stachel und erspart uns den Konflikt unseres Gruppengefühls mit der Religion.

24 Liebe dich selbst wie deinen Nächsten!
   Die lang verpönte Eigenliebe

Als ich über das Thema »Eigenliebe« nachzudenken begann und auch mit anderen darüber sprach, meinte in einem größeren Kreis eine Studentin mit ziemlicher Entschiedenheit: »*Die Kirche sagt doch, lieben heißt sich selbst verleugnen, oder?*« Wahrscheinlich habe ich daraufhin nur geseufzt, denn es ist ebenso bedrückend wie wahr: Die kirchliche Tradition hat das lange so gesehen. Dem konnte ich also kaum widersprechen, und doch habe ich noch angemerkt, daß auch unter Theologen sich die Ansichten zu ändern beginnen.

Früher war es allerdings eindeutig. Da sagten auch viele Eltern zu ihren Kindern: »*Nimm dich selbst nicht so wichtig! Man muß selbstlos sein! Nur wer sich ganz vergißt, kann für seinen Nächsten da sein. Und nur wer von sich selbst gering denkt, ist bei Gott angesehen.*« Heute ist das, wie gesagt, zum Teil schon anders.

Ich war angenehm überrascht, als ich auf ein Büchlein stieß, das zwar aus einem fast altmodisch frommen christlichen Verlag stammt und doch den Titel trägt ›Liebe dich selbst‹. Der Autor, Walter Trobisch, ein erfahrener Theologe und Missionar, erzählt darin gleich am Anfang, wie seine Frau und er, als sie auf einer glaubenweckenden Vortragsreise in Nordeuropa waren, in ihrem Hotel Besuch von einer Zuhörerin bekamen. »*Ellen war ein hübsches skandinavisches Mädchen. Langes blondes Haar fiel ihr über die Schultern. Mit natürlicher Anmut nahm sie in dem Sessel Platz, den wir ihr anboten, und blickte uns aus lebhaften tiefblauen Augen an. Ellen litt unter einem Problem, das wir, als sie unser Zimmer betrat, zu allerletzt bei ihr vermutet hätten: Sie konnte sich selbst nicht lieben. Sie hatte Angst, Selbstbejahung bedeute, der Versuchung zum Stolz zu erliegen, und wenn sie stolz sei, würde Gott sie abweisen.*«

Das Ehepaar Trobisch versuchte es an Ort und Stelle mit einer therapeutischen Handlung. »*Wir baten Ellen, aufzustehen und in den Spiegel zu blicken. Sie wandte ihr*

Gesicht ab. Mit sanfter Gewalt zwang ich sie, sich selbst in die Augen zu blicken. Sie zuckte zusammen, als bereite ihr das körperlichen Schmerz. Es dauerte lange, bis sie – immer noch ohne Überzeugung – den Satz flüstern konnte, den ich sie zu wiederholen bat: Ich bin ein schönes Mädchen.« Eine harte Kur und sicherlich keine, die schnell zur erwünschten Selbstliebe führen konnte. Aber sie zeigte dem Mädchen wenigstens, daß das bissige »Du findest dich wohl hübsch?«, das sie zu Hause gehört haben mochte, nicht der einzig richtige christliche Kommentar ist.

Für eine solide Selbstliebe tritt auch ein anderer Theologe ein, Uwe Steffen, der ebenfalls ein Büchlein über unser Thema geschrieben hat. Er berichtet darin, wie sich eine Frau an ihn als Seelsorger gewandt hat. Sie schrieb ihm, ihr Mann gehe fremd. Die Ursache sah die Frau durchaus bei sich. Sie habe sich nämlich in ihrer Liebe zu ihrem Mann so weit aufgegeben, schrieb sie, daß kaum noch etwas von ihr übriggeblieben sei. Uwe Steffen urteilt in seinem Buch ziemlich hart darüber: *»Eine Frau, die ihr eigenes Wesen verleugnet und nur noch ein Schatten ihres Mannes ist, kann ihrem Mann kein Gegenüber sein. Hatte sie nicht zuerst – wenn auch auf eine ganz andere Weise als ihr Mann – die Ehe gebrochen?«* Ein fast ungerecht schroffes Urteil, finde ich. Und ich bin sicher, kein Seelsorger würde es einer ratsuchenden Ehefrau so ins Gesicht sagen. Aber das Urteil zeigt immerhin, wie sehr sich die Ansicht über Selbstlosigkeit und Selbstliebe in der Kirche zu wandeln begonnen hat.

Luther hat die Selbstliebe als große Sünde bezeichnet. Wahre Liebe, meinte er, bedeute zugleich, sich selbst zu hassen. Die Selbstliebe hat er als ein Laster bezeichnet, das ausgerissen und vernichtet werden müsse. Er predigte: *»Von diesem Übel wirst du nur dann frei, wenn du den Nächsten liebst, das heißt wenn du aufhörst, dich selbst zu lieben.«* So habe ich es wohl selbst noch gelernt. Ohne recht zu wissen, wie, muß mir diese Abwertung meiner selbst aber schon früh nicht recht gewesen sein. Ich stellte mir unter Selbstliebe offenbar etwas durchaus Schönes und Natürliches vor und wollte mich dessen nicht schämen müssen.

Als ich dann, ich muß wohl Anfang Zwanzig gewesen sein, Erich Fromms ›Kunst des Liebens‹ las, da waren mir die Worte dieses großen Psychoanalytikers und Menschenfreundes wie eine Befreiung: »*Es ist der Glaube weit verbreitet, daß es zwar eine Tugend ist, andere zu lieben, aber eine Sünde, sich selbst zu lieben. Man ist der Ansicht, daß man in dem Maße, in dem man sich selbst liebt, die anderen nicht liebt; daß Selbstliebe also dasselbe ist wie Selbstsucht. Aber: Die Liebe zu anderen und die Liebe zu uns selbst findet sich bei allen, die fähig sind, andere zu lieben.*« Also ist Selbstliebe doch kein Makel. Man muß sie nicht verstecken und nicht unterdrücken! Sie zeigte sich mir nun als eine wichtige Voraussetzung dafür, andere Menschen lieben zu können. Man muß sich selbst »annehmen«, wie man heutzutage sagt. Diese Einsicht ist nicht ganz neu, sie war nur allzulange verschüttet. Schon beim Kirchenvater Augustin oder bei Meister Eckehard gibt es ein Loblied auf die wohlverstandene Eigenliebe, die das Fundament jeder Liebe zu anderen ist.

An dieser Stelle sollte ich aber wohl zunächst einem Mißverständnis entgegentreten, das sich hier leicht einschleichen könnte. Ein Einwand gegen die Selbstliebe lautet: »*Sollen nun etwa die Egoisten unser Vorbild werden? Wenn man erst einmal die Selbstliebe zuläßt, ja sie sogar noch empfiehlt, dann gibt es für den Egoismus keine Grenze mehr.*« Halt, halt. Das wäre wirklich ein Mißverständnis. Es ist doch genau umgekehrt. Die Egoisten lieben sich gerade nicht selbst. Der Eitle findet sich selbst nicht wirklich schön; der Angeber glaubt in Wahrheit nicht an sich; und der Raffgierige hält sich für ganz arm. So paradox das klingt. Walter Trobisch meinte dazu: »*Man könnte es so kraß formulieren: Wer sich selbst nicht liebt, ist ein Egoist. Er muß zwangsläufig zum Egoisten werden, sich gewissermaßen selbst ständig hinterherlaufen, sich selbst ständig suchen.*«

Es gibt auch eine geradezu krankhafte Selbstlosigkeit, die ebenfalls auf einem Mangel an Selbstliebe beruht. Solch ein Mensch gibt sich zwar dem Dienst an seiner Familie und den Nächsten hin, kann sie aber nicht wirklich glücklich machen, weil er es selbst nicht ist. Auch dafür ein Beispiel: Ein Heimerzieher, vierunddreißig Jahre alt, ist nur für seine Familie und für seine Heimkinder da. Manchmal scheint es, als stöhne er leise, aber er ist unerbittlich gegen sich und tut lächelnd seine Pflicht. So bescheiden er auch auftritt, jeder spürt, wie sehr ihm an der Dankbarkeit und am Gehorsam der anderen gelegen ist. Weil er sich selbst opfert, will er auch das Opfer der anderen. Zugegeben, das ist eine unfreundliche Deutung, aber ich wollte damit zeigen, daß der Egoist und der Selbstlose – als zwei Extreme – auch Ähnlichkeit miteinander haben, weil beide unerfüllt sind und verzweifelt suchen, was sie nicht finden können.

Und wie sieht nun die wahre Eigenliebe aus, das Annehmen seiner selbst? Gerade wer viel schenken will, muß zunächst etwas für sich selbst tun. Wer nichts hat, kann nichts hergeben. Man soll nicht die Kuh schlachten, die noch Milch geben soll. Und darum soll man das eigene Ich gut behandeln, denn es wird noch gebraucht, für andere. Auch dafür ein Beispiel. Albert Schweitzer, der Urwalddoktor von Lambarene, war für die Generationen vor uns ein Vorbild an Selbstlosigkeit und Nächstenliebe. Zum Glück war er nicht nur selbstlos. Albert Schweitzer war erst Ende Zwanzig, als er schon ein in ganz Europa berühmter Mann war. Einerseits war er ein glänzender Organist und Musikwissenschaftler, andererseits ein genialer Erforscher des Neuen Testaments. Eines Sonntagmorgens beschloß er in seinem Heimatdorf im Elsaß, aus lauter Dankbarkeit für sein bisheriges Leben, von seinem dreißigsten Jahr an etwas für andere zu tun, um seiner äußeren Lebenserfüllung die innere hinzuzufügen. Albert Schweitzer hatte etwas für sich getan und konnte um so mehr geben.

Die Eigenliebe mag also sinnvoll sein. Ist sie aber auch biblisch begründet und christlich erlaubt? Diese Frage, die jeden Theologen in Verlegenheit bringen muß, habe ich noch nicht beantwortet. Um es mir einfach zu machen, weise ich zunächst darauf hin, daß das berühmte Gebot der Nächstenliebe auch die Selbstliebe enthält. *»Liebe deinen Nächsten wie dich selbst«*, lautet ein Wort Jesu, das sich auch schon im Alten Testament findet. Die Schlußworte *». . . wie dich selbst«* besagen offensichtlich, daß die Selbstliebe wenigstens stillschweigend vorausgesetzt wird. Das läßt sich auch mit anderen Übersetzungen nicht aus der Welt schaffen, etwa wenn man früher übersetzte: »*Liebe deinen Nächsten, denn er ist wie du.*« Damit wollte man wohl die verpönte Eigenliebe aus dem Gebot herausbekommen, aber im Urtext steht es eben anders: Die Selbstliebe findet sich da in schöner Eintracht neben der Nächstenliebe.

Dem Dichter Hermann Hesse ist es gerade auf dieses ausgeglichene Nebeneinander angekommen. Er stammte aus einem quälend frommen Elternhaus, in dem nur die Nächstenliebe verlangt, die Selbstliebe aber verboten war. In seinem Roman ›Steppenwolf‹ beschreibt er einen Mann, den Helden des Buches, der sich selbst nicht lieben kann und sich daher vergeblich dazu zwingt, andere zu lieben. Von ihm sagt Hermann Hesse: »*Das ›Liebe deinen Nächsten‹ war ihm so tief eingebleut wie das Hassen seiner selbst, und so war sein ganzes Leben ein Beispiel dafür, daß ohne Liebe zu sich selbst auch die Nächstenliebe unmöglich ist.*« Als sich Hermann Hesse im Jahre 1924 im Schweizer Kurort Baden aufhielt, hat er in sein Tagebuch einen Lobpreis auf das Liebesgebot geschrieben, in dem auch anklingt, wie gefährlich es ist, wenn man die Selbstliebe vergißt:

»*Das weiseste Wort, das je gesprochen wurde, der kurze Inbegriff aller Lebenskunst und Glückslehre ist jenes Wort ›Liebe deinen Nächsten wie dich selbst‹.*

Man kann den Nächsten weniger lieben als sich selbst – dann ist man Egoist . . .

Oder man kann den Nächsten mehr lieben als sich selbst – dann ist man ein armer Teufel, voll von Minderwertigkeitsgefühlen, voll Verlangen, alles zu lieben, und doch voll Ranküne und Plagerei gegen sich selber, und lebt in einer Hölle, die man sich täglich selber heizt.

Dagegen das Gleichgewicht der Liebe, das Liebenkönnen, ohne hier oder dort schuldig zu bleiben, diese Liebe zu sich selbst, die doch niemandem gestohlen ist, diese Liebe zum anderen, die das eigene Ich doch nicht verkürzt und vergewaltigt!

Das Geheimnis alles Glücks, aller Seligkeit ist in diesem Wort enthalten.«

Damit könnte man den Fall für abgeschlossen halten. Sind sich nicht die Bibel, die Psychologen, die modernen Theologen und der Dichter darin einig, daß beides harmonisch nebeneinander besteht, Nächstenliebe und Selbstliebe?

Ganz so einfach wird es uns leider nicht gemacht. Denn das Wort »Selbstverleugnung« kommt durchaus in der Bibel vor. Es ist sogar ein Wort, das erst vom Neuen Testament geprägt worden ist. Jesus soll, so berichten verschiedene Evangelisten, gesagt haben: *»Wer sein Leben liebt, der wird's verlieren ... So jemand zu mir kommt und haßt nicht sein eigenes Leben, der kann nicht mein Jünger sein ... Will mir jemand nachfolgen, der verleugne sich selbst.«*

Also doch: statt Selbstliebe Selbstverleugnung? Das sollte man nicht allzu schnell zu einer Alternative erklären. Sicher ist zunächst nur, daß Jesus die Selbstverleugnung gefordert hat. Aber er wollte keine Unterwürfigkeit, nicht einmal Gehorsam (siehe dazu Kapitel zwanzig). Er selbst erscheint uns als freier Charakter, ichstark und im Vertrauen zu seinem himmlischen Vater geborgen. Also käme es wohl darauf an, Selbstliebe und -verleugnung in die richtige Beziehung zueinander zu setzen; sie scheinen aufeinander angewiesen zu sein. Von der richtigen Reihenfolge der Selbst- und Nächstenliebe war schon am Beispiel Albert Schweitzers die Rede. Dann wäre Selbstliebe das Fundament auch der Erfüllung von Jesu Forderungen nach Selbstpreisgabe.

Die Selbstliebe ist aber nicht selbstverständlich, man muß sie in seiner Kindheit erwerben. Der evangelische Ehe- und Lebensberater Guido Groeger meint, sie sei nicht von Natur aus gegeben: *»Es scheint die Anschauung vorzuherrschen, als sei es selbstverständlich, daß jeder Mensch sich selbst liebt und es lediglich darauf ankomme, ihn ständig dazu anzuhalten, andere zu lieben. Der Tiefenpsychologe aber weiß, daß es keine angeborene Selbstliebe des Menschen gibt. Sie wird entweder erworben oder nicht. Wer sie nicht oder nur ungenügend erwirbt, ist auch nicht oder nur ungenügend zur Liebe anderen gegenüber fähig.«*

Aber woher sie nehmen, wenn sie nicht da ist? Wahrscheinlich muß die Selbstliebe einem von Mutter und Vater in frühester Kindheit geschenkt werden. Um so verzweifelter die Lage desjenigen, der sie nicht erworben hat. Wo jetzt noch den Anfang machen? Wie aus dem Teufelskreis ausbrechen?

Wenn ich jetzt noch einmal auf den Glauben zu sprechen komme, dann tue ich das nicht, um das Christentum als Therapie zu empfehlen. So einfach geht es leider nicht. Aber ich will auch nicht verschweigen, daß viele Menschen den Glauben an Gott als eine wunderbare Stärkung ihrer Selbstliebe erleben. Das mag sonderbar klingen, weil es doch oft ganz anders gelehrt wird. Gott, so heißt es, wolle uns klein machen, und er bürde uns mit strenger Miene seine Gebote auf. Aber diese Vorstellung ist falsch. Die Bibel ist kein Buch der moralischen Forderungen. Evangelium heißt Frohe Botschaft – und irgendwo muß sie doch stecken! Tatsächlich ist diese Botschaft ein Geschenk, das direkt auf die Stärkung der Eigenliebe zu zielen scheint. Die Botschaft lautet, zusammengefaßt: *Gott liebt dich wie sein eigenes Kind. Er nimmt dich an, wie du bist. Er vergibt dir und ist für dich da. Er erinnert dich dabei unausweichlich an das, was du sollst.*

Eigentlich weiß man ja, daß das die christliche Botschaft ist, aber sie geht so leicht unter, und das befehlende »Du sollst« tritt allein hervor. In Wirklichkeit aber geht die Gnade voran und sollte den Menschen zuerst erreichen. Sie wäre geeignet, das eigene Ich aufzubauen und zu stärken. Denn wenn Gott uns ohne Wenn und Aber annimmt, könnten wir zu uns selbst auch gut sein.

Ich bin Ihnen immer noch die Antwort auf die Frage schuldig, ob nicht doch die Selbstverleugnung der Inbegriff der christlichen Liebe ist. Hatte die Studentin, die ich anfangs zitiert habe, nicht recht? »*Die Kirche sagt doch, lieben heißt sich selbst verleugnen, oder?*« Ja, jetzt kann ich es zugeben, es ist richtig. Ich kann das jetzt sagen und hoffen, nicht mißverstanden zu werden. Zuerst nämlich mußte ich von der Selbstliebe sprechen. Die Selbstverleugnung ist eine letzte Weisheit, ein Geheimnis; keine Parole für Anfänger. Es ist wirklich ein Jammer, daß so oft die letzten Geheimnisse zuerst ausgeplaudert werden; daß aus Versehen das Schwerste zuerst gefordert wird.

Am Ende dieses Prozesses, so scheint mir, auf dieser höchsten Stufe, könnten dann Selbstliebe und Nächstenliebe sogar eins werden. Die Schriftstellerin Luise Rinser hat das einmal umschrieben, als sie den heiligen Franz von Assisi mit der Jugend verglich, die auf Selbstfindung aus ist. Den bettelarmen Heiligen vor Augen, sagt die Schriftstellerin von den jungen Leuten, die sich selbst zu verwirklichen suchen: »*Mit lauter Selbstsuche verlieren sie sich ganz. Man findet sich, indem man sich verliert.*«

Erst wenn die Eigenliebe ausgebildet, das Selbstbewußtsein gestärkt und das Glück da ist, kann man sich auch selbst vergessen. Seelische Gesundheit spürt man ebensowenig wie körperliche Gesundheit. Wer an sich glaubt, hat es leicht, sich zu vergessen. Die Theologin Dorothee Sölle hat in diesem Sinn gesagt: »*Je mehr Glück, um so mehr die Fähigkeit zu wirklicher Preisgabe. Je glücklicher einer ist, um so leichter kann er loslassen. Seine Hände krampfen sich nicht um das ihm zugefallene Stück Leben. Seine Hände können sich öffnen.*«

Das ist wirklich ein Wort für den Schluß. Am Anfang steht die Liebe Gottes, daraus folgt die Liebe zu uns selbst, und erst dann ergibt sich als Vollendung vielleicht das Sichverlieren an den Nächsten. Die Umkehrung des Bibelwortes, nämlich »*Liebe dich selbst wie deinen Nächsten*«, hat dann ausgedient. Hat man diese Lektion gelernt, so muß es schließlich doch heißen: »*Liebe deinen Nächsten wie dich selbst.*«

25 »Lüg nicht, Gott weiß alles!«
Spätschäden religiöser Erziehung

Die christliche Erziehung, wenn es so etwas überhaupt gibt, scheint eine schwierige Sache zu sein. Sie kann jedenfalls sehr schiefgehen und bringt dann großes Leid über diejenigen, denen man Gott hat aufzwingen wollen. Einen Gott, der alles kontrolliert. Das habe ich wieder gemerkt, als ich ein Taschenbuch gelesen habe, in dem fünfzehn meist jüngere Frauen und Männer schildern, wie bedrückend ihre Jugend für sie war, gerade weil man sie mit untauglichen Mitteln zu Christen machen wollte. Das Buch heißt denn auch: ›Der liebe Gott sieht alles‹.

Mir selbst ist es in der Jugend anders gegangen; meine Eltern waren in Glaubensdingen vorsichtig und sprachen eher nachdenklich und zögernd davon, dann allerdings so, daß wir Kinder wohl merkten, wie nahe ihnen das ging und was der Glaube an Jesus Christus ihnen bedeutete. Das Schicksal der religiös Geschädigten sieht ganz anders aus.

Einer der Autoren des genannten Buches, Johannes Glötzner, ein Schriftsteller, der in einem katholischen Internat zur Schule ging, erinnert sich: »*Als Achtjähriger wurde ich vom Religionslehrer ausgeschimpft, weil ich auf die Frage, woher die kleinen Kinder kämen, geantwortet habe: ›Aus dem Bauch der Mutter.‹ Ihm war das viel zu genau; er wollte als Antwort hören: ›Vom lieben Gott.‹ Und außerdem müsse man ›darüber‹ viel ehrfürchtiger sprechen.*« An diese Erinnerung schließt der Erzähler gleich eine Anklage an das Gottesbild dieser Internatszeit an: »*Es gab kein Entrinnen, kein Entfliehen, kein Verstecken vor dem Big Brother, vor dem Ober-Voyeur, vor dem Riesen-Polyphem mit seinem einen Auge, ›das alles sieht, auch was in dunkler Nacht geschieht‹, und alles liest, selbst unsere geheimsten Gedanken und Phantasien.*«

Unter der gleichen Beobachtung haben sich wohl unzählige Kinder gefühlt und es schwer gehabt, davon loszukommen. In dem gleichen Sammelband schreibt Eva

Gottschaldt, Tochter aus einer streng evangelischen Familie, die von der Mutter beherrscht wurde: »*Den Eltern und Gott blieb nichts verborgen. Sie fragen aus den Kindern heraus, was sie wissen wollen. Er sieht alles, auch wenn man ganz allein ist, das ist unheimlich. Man darf auch nicht darum beten, unentdeckt zu bleiben, wenn man etwas Verbotenes getan hat.*«

Mit kaum einer anderen Behauptung ist Gott so zur Karikatur und zum Buhmann gemacht worden wie mit der Drohung: »*Lüg nicht, Gott weiß alles!*« oder: »*Der liebe Gott sieht alles!*« Im Gespräch hat mir einmal eine ältere Dame anvertraut, daß sie bis in ihr Alter nicht von der Vorstellung loskomme, Gott sehe ihr ständig zu, sogar beim Waschen und bei anderen Verrichtungen. Sie selbst fühle sich als ständige Zielscheibe der Indiskretion. Obwohl sie darüber zu lachen versuchte, war es ein bitteres Lachen.

Eine Studentin der Pädagogik, mit der ich über dieses Thema ins Gespräch kam, erzählte mir, sie habe vor einiger Zeit ihre alte evangelische Kindergärtnerin wiedergesehen, und die habe ihr höchst amüsiert eine Anekdote von damals erzählt: »*Ich weiß noch genau, als einmal herausgekommen war, was du wieder angestellt hattest, da hast du ganz schlau gesagt:* ›*Der liebe Gott hat es doch schon gesehen, und der hat nichts gesagt!*‹ *Da konnte ich ja auch nichts mehr sagen.*« In diesem Fall scheint das Kind stark genug gewesen zu sein, mit dieser ewigen Drohung selbst fertigzuwerden. Den Gott, den sich die Erzieher zum Verbündeten zu machen pflegten, den hat sich dieses Kind kurzerhand zum eigenen Verbündeten gemacht. Aber nicht vielen Kindern, die ohne Privatzone und ohne Sichtschutz aufwachsen, gelingt es, sich dieser erpresserischen Entblößung zu entziehen.

Gott als Knüppel in der Hand der Erwachsenen, das geht natürlich auch ganz feinsinnig und um so wirksamer. Eine evangelisch erzogene Politologin erinnert sich an ihre Kindheit: »*Zum Essen versammelt sich die Familie um einen runden Tisch. Mutter spricht das Gebet. Unbedingt muß man sich das Lachen verbeißen, bis sie* ›*Amen*‹ *sagt, darf nicht mit den Beinen baumeln und auf gar keinen Fall vom Essen naschen.*

Nach dem ›Amen‹ fassen sich alle bei den Händen:
›Guten Appetit!‹ Das Tischgebet ist auch Strafritual.
Manchmal betet die Mutter: ›Mach, daß meine Kinder
wieder lieb sind.‹«

Vor einigen Jahren ist das Elend angesichts solch frommer Unterdrückung von Tilmann Moser geschildert worden. Der Psychotherapeut, der damit seine eigene Kindheit beschreibt, hat sein Buch ›Gottesvergiftung‹ genannt. Der Gottesvorstellung, die ihm seine Eltern beigebracht haben, hat Moser vorgeworfen, sie habe dazu gedient, daß er sich als Junge immer kontrolliert fühlte. In seinem Buch redet Tilmann Moser Gott direkt an: »*Aber weißt du, was das Schlimmste ist, was sie mir über dich erzählt haben? Es ist die tückisch ausgestreute Überzeugung, daß du alles hörst und alles siehst und auch die geheimen Gedanken erkennen kannst. Hier hakte es sehr früh aus mit der Menschenwürde; doch dies ist ein Begriff der Erwachsenenwelt. In der Kinderwelt sieht das dann so aus, daß man sich elend fühlt, weil du einem lauernd und ohne Pausen des Erbarmens zusiehst und zuhörst und mit Gedankenlesen beschäftigt bist.*« Tilmann Moser sagt es wohl bewußt so: das Schlimmste, »*was sie mir über dich erzählt haben*«. Ja, sie haben es so erzählt, wobei offenbleibt, ob Gott auch wirklich so ist, so indiskret, so entwürdigend. Nein, ich glaube, Gott ist wirklich nicht so, er ist ganz anders.

Aber bleiben wir noch einen Augenblick bei Tilmann Moser. Von dem Einfluß seiner Eltern konnte er sich in langen psychotherapeutischen Behandlungen befreien. Aber das schreckliche Gottesbild, das ihm seine Eltern vermittelt hatten, konnte er weit schwerer loswerden. Auch das schildert er, indem er Gott anredet: »*Ich habe mich in den Therapien mit den frühen Bildern der Eltern herumgeschlagen, aber nicht mit dir, obwohl oder weil du die weit ungeheuerlichere Person warst. Die frühen Elternfiguren, selbst wenn sie zu Phantomen oder Monstern verzerrt erscheinen, haben Konturen, während du konturlos allumfassend bist, unheimlich in der Vielfalt der angemaßten Funktionen: als übeväterliche oder übermütterliche Person, liebevoll und bergend; als zor-*

niger Richter, Schöpfer, Abgrund, allesdurchdringende Substanz und totales Objekt, verwirrend und erschrekkend.«

Für die Erfahrung, daß man vom falschen Gottesbild nicht loskommt, gibt es unzählige Zeugen. Unlösbar ist dieser Gott verbunden mit den eigenen Eltern, von denen man sich ohnehin schon schwer befreien kann. Eine heute dreiunddreißigjährige Buchhändlerin, zur Zeit arbeitslos, beginnt ihren Bericht über die eigene katholische Kindheit mit einem Zitat aus dem Katechismus, der sie geprägt hat: *»Habe ich Eltern oder Vorgesetzten Böses gewünscht? Bin ich zornig gewesen? Habe ich mich in der Kirche unartig betragen? Gott verspricht den guten Kindern seinen Schutz und Segen und die Seligkeit. Gott droht den bösen Kindern seinen Fluch und die ewige Verdammnis an.«*

Man kann es nur mit Schaudern lesen, wie hier selbst schon den Kindern gedroht wird, den Kindern, von denen Jesus liebevoll sagte, man solle sie zu ihm kommen lassen. Aber für viele erwachsene Christen ist der Gott, den sie den Kindern weitergeben, ihr Gott, der Beistand der Erwachsenen. Die Buchhändlerin erinnert sich daher so an ihre Schulzeit: *»Da ist die Angst und immer wieder die Angst. Die Lehrerinnen bilden mit den Eltern und dem lieben Gott eine Verschwörergemeinschaft, aus der es kein Entrinnen gibt.«*

Wer den Glauben so hat kennenlernen müssen, ist wohl darauf angewiesen, sich eines Tages aus ihm zurückzuziehen. Mit siebzehn kann diese Frau, so erinnert sie sich, nicht mehr glauben. Aber auch das ist mit Schmerzen verbunden: *»Die Zeit danach ist furchtbar. Besonders nachts. Immerzu falle ich in dunkle, schwarze Löcher. Jetzt wird das Dunkel richtig bedrohlich. Es ist niemand da, Gott ist nicht da, und ich bin ganz allein. Was passiert mit mir, wenn ich tot bin? Ich konnte mir nie richtig den Himmel vorstellen, aber nun ist da gar nichts mehr. Ich kann doch nicht irgendwann sterben und dann nicht mehr da sein.«* Damit endet ihr Bericht über ihre religiöse Entwicklung. Ein ziemlich verzweifeltes Ende, weil diese Frau weder ohne den Gottesglauben leben kann noch mit ihm.

An der Angst vor Gottes Blicken haben viele Kinder gelitten. Einen Versuch, die Sache mit Humor zu nehmen und damit dem Kindheitsschreck zu entkommen, finden wir bei dem Verseschmied Eugen Roth:

> Ein Mensch, der recht sich überlegt,
> daß Gott ihn anschaut unentwegt,
> fühlt mit der Zeit in Herz und Magen
> ein ausgesprochenes Unbehagen
> und bittet schließlich ihn voll Grauen,
> nur fünf Minuten wegzuschauen.
> Er wollte unbewacht, allein
> inzwischen brav und artig sein.
> Doch Gott, davon nicht überzeugt,
> ihn ewig unbeirrt beäugt.

Liest man von solchen Unglücksfällen bei der religiösen Erziehung, so möchte man wünschen, es gäbe in der Kindheit keinen Zwang zum Glauben und jeder Mensch dürfe Gott selbst eines Tages für sich entdecken. Als ein Gegenstück zu diesem schrecklichen Einfluß auf Kinder möchte ich einen Mann zitieren, der offenbar eine ganz andere Entwicklung erlebt hat. Ich meine den Arzt und Psychotherapeuten Albert Görres. Freimütig, nachdenklich und fröhlich wie wenige andere schreibt er über das Christentum. Er scheint in seinem katholischen Elternhaus eher mit einer religiösen Skepsis aufgewachsen zu sein. Über sich selbst sagt er: »*Als Berliner Kind vom Pluralismus in der Wolle gefärbt, ist mir die Frage früh begegnet: Warum gerade Christentum, und dazu noch katholisches?*«

Offenbar hat er den christlichen Glauben erst auf eigenes Risiko für sich selbst entdeckt und ihn dann ziemlich unbelastet annehmen können. Er schreibt: »*Für mich ist Jesus der Fund, die Entdeckung meines Lebens. Ich finde ihn so glaubwürdig und so liebenswert. Sein Blick trifft mich, sein Wort geht mir nahe. Ich fühle mich von ihm durchschaut, aber auch rundum verstanden und trotzdem geliebt. Die Menschenfreundlichkeit Gottes in Person bewegt mich.*«

Leider gibt es jedoch auch eine typische Nähe bestimmter christlicher Auffassungen zu Fanatismus und Unterdrückung, was wohl daran liegt, daß der Gottesglaube ein Glaube an einen höchsten Herrn ist, an einen Herrn, der Gehorsam und sogar Unterwerfung zu verlangen scheint. Daher glauben einige Eiferer immer wieder, man könne gar nicht unterwürfig genug sein und müsse seine Kinder zu der gleichen Selbstverleugnung anhalten. Das kann dann zu den verheerenden Folgen führen, von denen hier die Rede war. Es ist die Kehrseite des wahren Glaubens, der stärken, helfen und beglücken sollte. Der Pfarrer und Psychotherapeut Helmut Hark, der über ›Religiöse Neurosen‹ ein Buch geschrieben hat, hat an seinen Patienten die Zweischneidigkeit des Glaubens kennengelernt und meint: *»Der Glaube kann einem Menschen helfen und ihn heilen oder ihn beeinträchtigen und krank machen. Während der rechte Glaube die Menschen befreit und ihnen zum Leben verhilft, kann der verkehrte Glaube zu seelischen Verstrickungen und psychoneurotischen Schwierigkeiten führen.«* Helmut Hark empfiehlt daher eine, wie er es nennt, »ausgewogene religiöse Orientierung« und warnt vor einem religiösen Fanatismus, der manchmal sogar zu Nervenzusammenbrüchen führt. Das könne vermieden werden, meint Hark, wenn die Gefühle nicht nur in der Religion ausgelebt würden.

Hark nennt als das klassische Beispiel einer Erziehung, die zu einer religiösen Neurose hätte führen können, die Jugend des Dichters Hermann Hesse. Er wurde 1877 im südschwäbischen Calw als Sohn eines Missionars geboren, der zuvor in Indien gearbeitet hatte. Auch der mit im Haus lebende Großvater war Indienmissionar gewesen. Nicht minder strenggläubig war die Mutter des Dichters. Sie alle drei hatten den Jungen zum Theologen bestimmt und versuchten, das lebhafte, ja aufsässige Kind zu bändigen und dem Glauben zu unterwerfen. Später erinnerte sich der Dichter an die Zeit, als er zehn Jahre alt war und ihm das vierte Gebot, »Du sollst Vater und Mutter ehren«, eingeschärft wurde: *»Ich war das Kind frommer Eltern, welche ich zärtlich liebte und noch zärtlicher geliebt hätte, wenn man mich nicht schon frühzei-*

tig mit dem vierten Gebot bekannt gemacht hätte. Gebote aber haben leider stets eine fatale Wirkung auf mich gehabt, mochten sie noch so richtig und noch so gut gemeint sein – ich, der ich von Natur ein Lamm und lenksam bin wie eine Seifenblase, habe mich gegen Gebote jeder Art, zumal während meiner Jugendzeit, stets widerspenstig verhalten. Ich brauchte nur das ›Du sollst‹ zu hören, so wendete sich alles in mir um, und ich wurde verstockt. Man kann sich denken, daß diese Eigenheit von großem und nachteiligem Einfluß auf meine Schuljahre geworden ist.«

Gehorsam gegen Gott und die Eltern schien in diesen pietistischen Kreisen der Inbegriff des Christentums zu sein. Weil der junge Hermann Hesse gerade diese Unterwerfung nicht leisten konnte, wurde er, wie er meinte, kein Christ.

Als er aus einem Internat weggelaufen war, hatten die Eltern vor allem davor Angst, er könne in Sünde und Schande gefallen sein. Seine Mutter notierte in ihr Tagebuch, sie wünschte sich eher, ihr Sohn sei tot, als daß er eine Sünde begangen habe. Schließlich hat sich Hermann Hesse unter schweren Kämpfen von dieser unerträglichen Form des Christentums befreit, vor allem dadurch, daß er sich die Last von der Seele schrieb. Er hat sich also selbst therapiert und konnte später einen eigenen Glauben bekennen, der freilich nur noch von ferne Ähnlichkeit mit dem herkömmlichen christlichen Glauben hat. Nicht jedem Geschädigten gelingt eine solche Selbstbefreiung.

Offenbar kann Christentum für die einen ein Heilmittel, für die anderen Gift sein. Ungefährlich ist es jedenfalls nicht. Man fühlt sich an einen alten Grundsatz der Arzneimittelkunde erinnert: *Was nicht schaden kann, kann auch nicht helfen.* Der schon erwähnte katholische Arzt und Psychotherapeut Albert Görres schreibt: »*Das Evangelium ist nicht ungefährlich. Vielmehr ist das Wort Gottes, so steht es im Hebräerbrief, ›wie ein zweischneidiges Schwert, trennend Gelenk und Mark‹. Mit einem zweischneidigen Schwert aber sollte man in angemessener Umsicht umgehen. Das ist offenbar schwer.*« Die Alternative zum Glauben, meint Görres, sei es, daß man sich

»gar nicht erst in die eigentliche Kampfzone« begibt. Und das hieße, einer Herausforderung auszuweichen, nur weil sie auch Gefahren birgt.

Was kann man aus den vielen Fehlschlägen der religiösen Erziehung lernen? Ich meine: daß man es bei der Erziehung den Kindern überlassen sollte, ob sie den Glauben für sich entdecken können oder nicht. Dann geht die religiöse Erziehung wohl in den meisten Fällen gut. Ein stilles Vorbild allerdings sollten die Eltern dabei sein, es wird wohl nicht reichen, den Kindern ein frommes Buch in die Hand zu drücken.

Viele der Autorinnen und Autoren des Sammelbandes ›Der liebe Gott sieht alles‹, die allesamt schwer religiös geschädigt sind, versichern trotzdem, sie könnten das wahre Christentum noch erkennen. Das hat mich überrascht und ein wenig beschämt. Diese Autoren suchen, so schreibt die Herausgeberin, »die Chancen einer anderen Menschwerdung«, und sie fährt fort: »Die meisten Autoren dieses Bandes – aber nicht alle – sehen diese Chance einer anderen Menschwerdung durchaus in der Rückbesinnung auf die ursprüngliche christliche Ethik.«

Auch Tilmann Moser, der in seinem Zorn Gott zuruft: »Es ist ungeheuerlich, wenn Eltern zum Zwecke der Erziehung mit dir paktieren, dich zu Hilfe nehmen bei der Einschüchterung...«, fügt dem doch einen fast versöhnlichen Gedanken an: »Aber deine Geschichte ist ja nichts anderes als die Geschichte dieses Mißbrauchs.«

Den Gott noch zu finden, der nicht mißbraucht wurde, ist gewiß unendlich schwer. Da haben es die leichter, die sich schon in der Kindheit aus der Erpressung befreien konnten. Ich denke dabei an das erwähnte Kind aus dem Kindergarten. Dieses Mädchen konnte den Vorhaltungen entgegnen: »Der liebe Gott hat es schon gesehen, und er hat nichts gesagt.« Sie hatte offenbar Gott als ihren Verbündeten erkannt.

26 Hat Gott Humor?
Es könnte sein, daß er ihn lernen mußte

Es gibt Menschen, die sich bezichtigen, geizig zu sein oder zu lügen, manche behaupten von sich, sie seien dumm. Aber ich habe noch keinen getroffen, der von sich gesagt hätte, er habe keinen Humor. Humor gehört offenbar zum Schönsten und Wichtigsten, was ein Mensch haben kann – jeder traut ihn sich zu. Diese Feststellung über den Menschen reicht schon, um daraus eine theologische Spekulation zu entwickeln, ganz logisch in der Form einer Schlußfolgerung:

Humor ist eine erstrebenswerte Eigenschaft. Gott ist ein vollkommenes Wesen. Also hat Gott Humor.

Das ist theologische Logik. Sehr abstrakt und damit wenig überzeugend, zumal so viele Menschen, denen man in der Jugend einen Richter und Rächer vorgeführt hat, Gott anders sehen und daran leiden, wie es das vorige Kapitel gezeigt hat.

Vielleicht sollte ich an dieser Stelle zunächst einmal sagen, was ich unter Humor verstehe, wenigstens mit einer vorläufigen Definition. Ich meine, er zeigt sich in einer gewissen Gelassenheit, in der Fähigkeit, sich selbst zurückzunehmen. Am besten macht man sich das an einem Beispiel klar. Es soll noch keines sein, das von Gott handelt. Die folgenden Verse schrieb man 1804 einem Totengräber in Partschins auf das Grabkreuz – man schrieb sie so, als hätte der Totengräber, der in seiner Jugend Müller war, sie von sich selbst gesagt:

Weg von der Mühle an der Platt,
Trat ich in Dienst der Leichen.
Ich fütterte den Tod nun satt
In Hoffnung, durchzuschleichen.
Er aber sprach: Nein, was nur lebt,
Muß meine Beute sein:
Wer andern eine Grube gräbt,
Fällt endlich selbst hinein.

Wenn wir uns vorstellen, der Totengräber habe das selbst so gesagt, dann dürfen wir wohl behaupten: Der Mann hatte Humor. Ich wage hier noch eine Erweiterung meiner Definition des Humors. Wir alle stehen ja seit der Psychoanalyse in dem Verdacht, nur zwei Möglichkeiten zu haben, auf eine Zumutung zu reagieren, nämlich entweder aggressiv oder depressiv. Und der Humor ist eben die dritte Möglichkeit, behaupte ich, die uns die Chance eröffnet, selbst über unseren eigenen Tod noch zu lächeln.

Aber könnten wir uns im Ernst denken, Gott, der Herr, habe diese Art von Humor? Wir können uns der Frage: »Hat Gott Humor?« ja auch noch auf eine andere spekulative Art nähern. Gott ist der Schöpfer, sagt die Bibel. Wenn Gott die Welt geschaffen hat, dann hat er auch den Humor erschaffen. Denn den braucht man in dieser Schöpfung, um wenigstens die kleinen Widrigkeiten und Ängste zu überstehen. Was ist der menschliche Humor überhaupt anderes als eine Weise, mit den Unzulänglichkeiten der Schöpfung fertigzuwerden? Was Gott als gute Gabe geschaffen hat, muß er aber selbst im Übermaß besitzen, so der spekulative Schluß. Aber auch diese theoretische Herleitung ist noch nicht überzeugend.

In der Bibel, das muß man zugeben, zeigt Gott sich meist ziemlich streng. Denken wir an die bekannte Geschichte, wie er Abraham im Zelt besuchte und ihm und Sara, diesem hochbetagten Ehepaar, die Geburt eines Sohnes ankündigte. Hinter der Tür des Zeltes hörte Sara Gott sprechen und lachte bei sich selbst und dachte: *»Nun, da ich alt bin, soll ich noch der Liebe pflegen, und mein Herr ist auch alt!«* Wirklich, die Ankündigung ist ja nicht ohne Komik. Aber davon weiß diese Erzählung nichts, wenn sie fortfährt: *»Gott sprach zu Abraham: ›Warum lacht Sara?‹ Da leugnete Sara und sprach: ›Ich habe nicht gelacht‹, denn sie fürchtete sich. Aber Gott sprach: ›Es ist nicht so, du hast gelacht.‹«*

Keine humorvolle Nachsicht, die Verständnis zeigte für die komische Lage: Eher aggressiv. Sara hatte doch wirklich Grund zu lachen. Betrachten wir einen Augenblick Sara. Sie ist die erste, von der uns überliefert ist, daß sie auf die Zumutung, die das Heilige für uns bedeutet, mit Lachen reagierte. Offenbar eine natürliche, eine notwendige Art, sich vom Anspruch des Allmächtigen zu entlasten.

Weil man diese Entlastung braucht, kursieren übrigens nirgends so viele Witze über das Heilige wie in der Kirche. Der katholische Denker Theodor Haecker stellte darum fest, der Humor sei »*ein natürlicher Ausdruck des Menschen . . . gegenüber der unendlichen Macht, die ihn erschaffen hat, in deren unentrinnbaren Händen er ist*«. Das klingt fast beängstigend – mal davon abgesehen, daß mir die »unentrinnbaren Hände« auch grammatisch nicht ganz geheuer sind. Aber es ist wohl wahr, der Mensch braucht Humor, um Gott ertragen zu können. Der Humor ist eine momentane Loslösung aus der »schlechthinnigen Abhängigkeit« (Schleiermacher) des Menschen von Gott.

Und da wir gerade bei Gottes »unentrinnbaren Händen« sind, fällt mir die alte Geschichte vom baltischen Geistlichen ein: *Als Pastor Berkholz in Riga eingeladen wurde, an einer Segelpartie teilzunehmen, lehnte er ab. Und als man ihn mit Bedauern nach seinen Beweggründen fragte, meinte er: »Ach, wissen Sie, so im Segelboot – da ist man doch allzusehr in Gottes Hand.«*

In solcher Lage und überhaupt hilft uns auch nicht der alte fromme Trost – ich habe gehört, wie er mit tiefem Ernst ausgesprochen wurde: »Man kann nicht tiefer fallen als in Gottes Hand.« Ja, ich sehe die tröstliche Seite dieser Worte wohl, aber der Satz gewinnt doch unversehens auch noch eine ganz andere Bedeutung. Tiefer kann man dann wirklich nicht mehr fallen . . . Nach dem Motto: *Steht es schon so schlimm um uns, daß wir beten müssen?*

Das Paradoxon ist wohl immer da unvermeidbar, wo das Unendliche und das Endliche sich berühren. Der Glaube und die Theologie stecken deshalb voller Widersinn. Als Gott dem ursprünglichen Menschenpaar die erste Anweisung gab, nämlich nicht von einem bestimmten Baum zu essen, da konnten die Menschen noch gar nicht zwischen Gut und Böse unterscheiden. Das lernten sie erst durch ihre erste Sünde. Irgendwie ist da die Reihenfolge vertauscht. So ist im Glauben manches die paradoxe Bedingung des eigentlich Erstrebten. Der Tod ist die Bedingung der Unsterblichkeit, das ist schon fast komisch umständlich (warum nicht gleich?). Oder: ohne vorheriges Leid keine Erfahrung des Glücks.

Und ohne vorangehende Sünde keine Erlösung, so sonderbar das auch klingt. Gerade dieser Umstand ist schon oft belächelt worden: *Fragt der Lehrer in der Religionsstunde: »Was müssen wir tun, damit uns vergeben wird?« Langes Schweigen. Dann weiß ein Kind die Antwort: »Zuerst müssen wir sündigen.«* Das Kind hat recht. Daher ist in der Geschichte der Christenheit schon oft der Sündenfall Adams und Evas dankbar gerühmt worden, denn ohne Sündenfall keine Erlösung. (*»Oh, süße Sünde!«*)

Während sich oben das große Welttheater der Erlösung vollzieht, finden wir ein paar Stufen weiter unten eine ähnlich paradoxe Verquickung: ohne das Böse keinen Humor. In einer vollkommenen Schöpfung brauchten wir nichts mit Humor zu nehmen, da gäbe es keine menschlichen Schwächen und keine Widrigkeiten der Natur. Wir hätten, wäre diese Schöpfung nicht eine gefallene Schöpfung, im wahrsten Sinne des Wortes nichts zu lachen.

Damit bin ich immer noch nicht bei der Frage, ob Gott selbst denn Humor hat, aber ich nähere mich ihr. Immerhin sind wir jetzt schon bei dem Problem, ob es im Himmel etwas zu lachen gibt. Ja, kann man vor Freude lachen? Mark Twain, der es wissen mußte, hat gesagt: *»Die unsichtbare Quelle des Humors liegt nicht in der Freude, sondern in der Traurigkeit. Im Paradies gibt es keinen Humor.«* Das finde ich auch. Lachen kann man nur über das, was uns eigentlich bedrückt und von dem uns das Lachen befreit. Humor wird aus der Not geboren und bietet eine kleine Erlösung für den Augenblick.

Nun haben aber die frühen Christen sich die Sache gerade umgekehrt gedacht. Viele meinten, in diesem Leben dürfe der Christ nicht lachen – man spricht ja heute noch von einem »Heidenspaß«. Im kommenden Leben könne der Christ dann um so mehr lachen. Nehmen wir als Beispiel für diese griesgrämige Ansicht den großen Lehrer der Ostkirche aus dem 4. Jahrhundert, Johannes, der den Beinamen Chrysostomos bekam, zu deutsch Goldmund; so hieß er, weil er so herzergreifend predigen konnte.

In einer Predigt bewies er einmal wieder eindringlich, daß der Christ, der doch mit seinem Herrn gekreuzigt sei, niemals lachen dürfe, sondern ständig weinen müsse – worauf einige Zuhörer lachten und ihm zuriefen: »*Wir wollen Tränen sehen!*« Mit dem ständigen Weinen hat es also auch bei Johannes Goldmund nicht immer klappen wollen, und er widerlegte sich zum Glück selbst. Aber die Frage, ob der Christ lachen dürfe, ist noch lange diskutiert worden.

Humor bietet, wie gesagt, eine kleine Erlösung für den Augenblick. Vielleicht war das Lachen im Mittelalter gerade deshalb oft verpönt, wie wir zuletzt durch Umberto Eco eindringlich erfahren haben, weil es eben die Erlösung schon vorwegzunehmen scheint. Nein, man lachte damals in frommen Kreisen besser nicht. Klar schien hingegen immer, daß die Frommen dereinst im Paradies selig lachen werden. *»Selig seid ihr, die ihr jetzt weint, denn ihr werdet lachen.«* So steht es geschrieben.

Nur – worüber lachen die Seligen im Himmel? Sie tun das, hieß es, vor Glück, wenn sie an die überstandenen Leiden auf dieser Welt denken. Also, offen gestanden, das kann ich mir nicht vorstellen. Man kann nicht ewig nur darüber lachen, daß der Schmerz vorbei ist. Nein, im wahren Glück lacht man nicht, denn das wahre Glück kann man sowieso nicht steigern. Und es fehlt ja auch der Widerstand, an dem sich das Lachen entzünden könnte. Das ist wie mit der Taube, die so leicht fliegen kann. Manche Menschen denken sich: Um wieviel leichter würde sie erst fliegen können, wenn nicht der Luftwiderstand wäre. Aber das ist natürlich ein kleiner Denkfehler. Im luftleeren Raum kann niemand fliegen. Und ohne die Widrigkeiten des Lebens können wir nicht lachen.

Aber zurück zu der Frage, auf die wir noch immer eine Antwort suchen: Hat Gott Humor? Kann er eine echte Zumutung leichtnehmen? *»Kleine Sünden straft der liebe Gott sogleich«*, sagt man. Nein, so stelle ich ihn mir nicht vor. Auch nicht so, wie Gott in den vielen Witzen, die dieses Bild vom ständigen Richter immer weiterreichen, vorausgesetzt wird. Dies ist noch ein harmloses Beispiel: *Fast ist der Wanderbursche im Dorf, da bemerkt er, daß das Unwetter die Brücke fortgerissen hat. Er muß über den Mühlbach springen, und der ist jetzt so breit, daß er sich vorher zu einem kurzen Stoßgebet entschließt. Als er drüben ist, blickt er pfiffig zum Himmel und lacht: »Wär' gar nicht nötig gewesen – war ganz einfach!« Aber da rutscht er auch schon wieder zurück, und beide Stiefel laufen voll Wasser. »Ach, lieber Gott«, brummt er gekränkt, »kannst du denn gar keinen Spaß verstehen?«* Der Wanderbursche jedenfalls hatte Humor.

Gott hat auch Humor, behaupte ich, aber beweisen kann ich es nicht. Leider sehen ihn viele, allzu viele Menschen als einen strengen Moralisten, der uns hier unten auf der irdischen Bühne spielen sieht, dieses ganze Welttheater schlimm findet und sich alles merkt – für später. So aggressiv ist er uns aus den Geschichten von Sodom und Gomorrha oder vom Turmbau zu Babel in Erinnerung geblieben. Und später dann, nach der Sintflut, reagiert Gott zwar nicht aggressiv, wenn er feststellt: *»Ich will hinfort nicht mehr die Erde verfluchen um der Menschen willen; denn das Dichten und Trachten des menschlichen Herzens ist böse von Jugend auf.«* Aber das heißt wohl wirklich depressiv reagieren in dem Augenblick, da einem das eigene Werk fehlgeschlagen ist.

Hat Gott also doch keinen Humor? Ich glaube, er hatte ihn nur in der Frühzeit nicht. Aber das änderte sich. Oder ich sollte besser sagen: In den biblischen Geschichten, die literarisch jünger sind, wird Gott schon weit liberaler – ja, sagen wir es nur –, als ein Wesen mit Humor geschildert. Im Buch Hiob etwa oder in der Jona-Geschichte. Es gibt ohne Zweifel eine Evolution des Gottesbildes.

Man kennt die Geschichte von Jona, der im Walfisch war. Weniger bekannt ist das Ende dieser liebenswerten Novelle, die im Geist einer späten religiösen Aufklärung geschrieben worden ist. Jona hatte in der großen Stadt Ninive eifrig Buße gepredigt, ohne viel Erfolg. Nun ist er enttäuscht, weil Gott keine Strafgericht über Ninive verhängt und die Stadt nicht auslöscht wie seinerzeit Sodom und Gomorrha.

Was Jona nicht wissen konnte: Gott hatte sich inzwischen geändert, nämlich Humor entwickelt. Er ließ eine Staude wachsen, damit Jona Schatten habe. Über Nacht ließ Gott aber die Staude durch einen Wurm wieder eingehen. Und die Sonne, heißt es im Buch Jona, *»stach Jona auf den Kopf, daß er matt wurde«*, und er klagte laut. *»Da sprach der Herr: ›Dich jammert die Staude, um die du dich nicht gemüht hast, hast sie auch nicht aufgezogen, die in einer Nacht ward und in einer Nacht verdarb, und mich sollte nicht jammern Ninive, eine so große Stadt, in der mehr als hundertzwanzigtausend Menschen sind, die nicht wissen, was rechts oder links ist, dazu auch viele Tiere?‹«* Das ist, meine ich, doch ein Zeichen gütigen Humors, wenn erzählt wird, daß Gott eine Staude für den Schatten aufschießen und wieder eingehen läßt und mit solch einer komischen Gleichnishandlung zeigt, um wieviel großzügiger er gegen die sündige Stadt sein will als Jona.

Ich weiß gar nicht, warum das am meisten verbreitete Bild von Gott so ganz anders ist; meist sieht man ihn doch als kleinlichen Buchhalter der Sünden, der dafür sorgt, daß sich jedes böse Wort einmal rächen wird. Zum Ausgleich haben die Leute das Bild gütigen Humors, das sie so lieben, ihren Pfarrern angehängt. Die vielen Anekdoten, die von humorvollen Geistlichen handeln, sind wohl ein Abbild jener Vorstellung, die wir uns von einem sowohl gütigen wie auch großzügigen himmlischen Vater machen. *Kommt eine junge Dame zur Beichte und flüstert: »Ich habe die Sünde der Eitelkeit begangen, weil ich immer, wenn ich mich im Spiegel sehe, denke, wie schön ich bin.« Antwortet der Seelsorger: »Das ist keine Sünde, mein Kind, sondern ein Irrtum.«*

Man wird sich bei dieser Gelegenheit einmal selbstkritisch fragen müssen, warum zu allen Zeiten gerade auch Fanatiker so sehr vom Christentum angezogen worden sind. Und warum auch die meisten von uns gemäßigt Frommen, wenn auch nur halb bewußt, davon überzeugt sind, daß diese Religion um so wahrer wird, je radikaler man sie vertritt.

Da ist es schon besser, wir sehen uns einmal in der Tradition einer anderen, nämlich der jüdischen Gottesgelehrsamkeit, um. Ein heutiger jüdischer Theologe, Jakob Petuchowski, hat sogar behauptet: *»Theologie ohne Humor ist Gotteslästerung.«* So wird es wohl sein, denn die Vorstellung von einem humorlosen Gott verkleinert die Idee von einem Schöpfer. Meist sieht es unsereiner ja noch umgekehrt: daß es der Würde Gottes abträglich sei, ihn sich humorvoll vorzustellen. Die Juden sind da schon weiter – und nicht erst seit der gläubig-heiteren Erweckungsbewegung der Chassidim.

Zum Beweis seiner Behauptung, zur Theologie gehöre Humor, zitiert Petuchowski eine Geschichte aus dem Talmud, die schon tausendneunhundert Jahre alt ist und in der erzählt wird, wie sich große Rabbinen, darunter der berühmte Elieser, um eine Gesetzesauslegung streiten. Sollte man nicht Gott selbst fragen, wird vorgeschlagen. Nein, die letzte Entscheidung, so bewiesen die Rabbinen einander haarscharf, indem sie ein anderes Bibelwort aufgriffen, hatte Gott ihnen, seinen Schriftgelehrten, überlassen. Gott, so scheint es, ist damit als letzte Instanz einfach entmachtet worden. Eigentlich eine unerhörte Sache.

Die Geschichte hat aber noch eine entscheidende, wenn auch märchenhafte Fortsetzung: *Am gleichen Tage traf einer der Rabbinen, Rabbi Nathan, den Propheten Elia, der bekanntlich im Himmel und auf Erden zu Hause ist. Der Rabbiner fragte ihn etwas besorgt: »Was hat Gott eigentlich in jener Stunde, als wir uns stritten, getan?« Da antwortete der Prophet: »Gott hat gelächelt und gesagt: ›Meine Kinder haben Mich besiegt! Meine Kinder haben Mich besiegt!‹«*

Gott findet sich also damit ab, daß er entmachtet ist. Sehen wir uns gleich noch eine andere Probe dieser jüdischen Theologie an, die so viel Sinn für Gottes Humor zeigt. Wieder stammt sie aus dem 1. Jahrhundert unserer Zeitrechnung. Es geht um die richtige Auslegung jener Szene, als die Kinder Israels auf der Flucht aus Ägypten von den feindlichen Soldaten verfolgt wurden und hilflos vor dem Schilfmeer standen. Da betete Moses zu Gott.

Und was antwortete Gott? Hören wir die Auslegung des großen Rabbi Elieser:

»Der Heilige, gelobt sei Er, sprach zu Moses: ›Moses, Meine Kinder sind in Bedrängnis! Das Meer hält sie zurück, und der Feind rennt ihnen nach. Und du stehst da und machst lange Gebete. Was schreist du zu Mir?‹«

Offenbar ist in dieser Theologie die Würde Gottes nicht das wichtigste. Gott hat Sinn fürs Praktische; so kann er im Augenblick der Gefahr sehr wohl zwischen Wichtigem und Unwichtigem unterscheiden. Und diese Fähigkeit darf man als Sinn für Humor bezeichnen. In diesem Fall war eben Handeln wichtiger als Beten.

In der christlichen Tradition kommt das Lächeln Gottes leider noch nicht vor. *»Schmunzeln ist auch eine Gnade, von der leider die Theologen nicht schreiben«*, das notierte sich der katholische Priester Max Joseph Metzger, bevor er, von den Nazis verurteilt, 1944 hingerichtet wurde. Schmunzeln können über den eigenen Tod, so verstehe ich diese Worte, ist eine Gabe Gottes. Das klingt vielleicht allzu heroisch. Aber sicher scheint, daß Humor uns befreien, ja von manchem Übel erlösen kann. Vielleicht ist der Augenblick, in dem uns der Humor gelingt, überhaupt so etwas wie eine Anzahlung auf die Erlösung. Könnte es denn einen besseren Vorgeschmack auf den Himmel geben?

Ich habe mich bemüht, Ihnen den Gedanken nahezubringen, daß Gott nicht nur Humor schenkt, sondern auch Humor hat. Sicher eine Behauptung, die voraussetzt, daß Gott sich im Laufe seiner Erfahrung mit uns Menschen geändert hat – oder daß wir jedenfalls unsere Vorstellung von ihm mit Grund geläutert haben.

Wenn Ihnen diese These so oder so zu weit geht, sollten wir uns wenigstens darauf einigen, daß Gott Spaß genug versteht, uns zu erlauben, ihm Humor zuzuschreiben.

27 »Nur eine schlechte Nachricht ist eine gute«
Leben wir in der besten aller Welten?

Ein Fernsehreporter plante einen packenden Film über das letzte weiße Nashorn in Afrika. Bei den Dreharbeiten stellte er fest, die weißen Nashörner hatten sich, weil inzwischen geschützt, so vermehrt, daß er eigentlich von einer neuen Nashornplage hätte berichten müssen. Doch sein Bericht lief wie angekündigt unter dem alarmierenden Titel ›Das letzte weiße Nashorn‹. So etwas kommt einfach besser an. Diese wahre Geschichte stammt aus den Anfängen des deutschen Fernsehens.

Einen anderen Fall schilderte vor kurzem der Fernsehjournalist Franz Alt bei einer Podiumsdiskussion: »*Die ARD hat sich vorbildliche Mühe gegeben, beim Tag für Afrika um Spenden zu werben für die Sahelzone. Als dort wenige Wochen später endlich Regen fiel und das Land grün wurde, machte ein Fernsehteam aufregende Bilder davon und bot sie der ›Tagesschau‹ an. Die hat von dem Material keine Sekunde gebracht. Diesen Umgang mit Informationen nenne ich katastrophal.*« Er fügte zwar beruhigend hinzu: Es sei nicht die Regel, daß nur negative Meldungen eine Chance hätten. Und doch muß man wohl eingestehen, daß es für Journalisten viel verlockender ist, von Streit und Schrecken zu berichten als von Frieden und Glück.

Niemand bestimmt unser Weltbild heute so sehr wie die Journalisten. So taucht hier – neben der Frage nach der Qualität unserer journalistischen Informationen – auch die Frage auf, wie die Welt denn nun wirklich ist.

Daß die Welt gut sei, steht in der Bibel, was allerdings noch kein Beweis wäre. »*Und Gott sah an alles, was er gemacht hatte, und siehe, es war sehr gut*«, so heißt es am Ende der Schöpfungsgeschichte. Darüber haben – spätestens seit der Aufklärung – schon viele Menschen gelächelt, so als sei dieses Wort Ausdruck großer Naivität. Liest man nicht ständig von Elend, von grauenhaften Katastrophen? Man braucht nur die Zeitung aufzuschlagen, um zu sehen, wie die Welt wirklich ist, so argumentieren die Skeptiker. Und sie lesen vor: »*Jumbo-Jet entführt. Sieben Bergsteiger erfroren. Rauschgiftkonsum steigt weiter. Prügelei im Abgeordnetenhaus. Norden des Tschad von Hungersnot bedroht ...*«

Dem möchte ich die These entgegenstellen: In Wirklichkeit und im ganzen ist die Welt gar nicht so. Die schlechten Nachrichten stimmen zwar meist durchaus, leider. Aber in der Zeitung steht gerade nicht, wie es in der Welt gewöhnlich zugeht. – In den Geschichtsbüchern kommen auch immer nur die Kriege vor, gerade weil sie nicht selbstverständlich sind. – Wenn in den Nachrichten das vorkäme, was in der Welt üblich ist, wären es keine Nachrichten mehr. Das klänge dann etwa so: »*Heute wurde im Nahen Osten kein Flugzeug entführt. An den Grenzen Nicaraguas blieb es ruhig. Die Tee-Ernte in Kenia wird befriedigend ausfallen. Die meisten Autofahrerinnen und Autofahrer kehrten unverletzt heim.*« Das sind natürlich keine Nachrichten, denn der Normalzustand ist keine Meldung wert.

Zugegeben, wir sind hier auf einem ganz heiklen Gebiet. Immerhin geht es um den Streit, ob die Welt im ganzen gut oder schlecht ist. Und wie Sie merken, will ich den etwas sonderbaren Versuch wagen, unser »Medienweltbild« mit theologischer Absicht zu kritisieren. Ist die Schöpfung gut oder nicht? Wäre das am Ende bloße Ansichtssache? Salomonisch könnte man urteilen, das sei wie mit dem halbvollen Glas Wasser. Aber Kompromisse sind nicht gefragt. »*Nein, der Gesamtzustand der Welt ist schlecht!*« sagen manche, und sie fügen hinzu: »*Die meisten Menschen auf der Welt sind ständig arm, kränkelnd, unterernährt, bedroht, unfrei und in Angst. Das kommt zwar nicht in die Zeitung oder die Nachrichten, stimmt aber trotzdem.*« Das muß ich zugeben.

Ich behaupte dennoch, diese Welt ist die beste aller denkbaren Welten, ganz im Sinne von Leibniz. Als der Philosoph Gottfried Wilhelm Leibniz (1646 in Leipzig geboren und 1716 in Hannover gestorben) die These veröffentlicht hatte, unter allen Welten, die Gott hätte schaffen können, sei die unsere die beste aller denkbaren, wurde diese neue Weltanschauung von seinen Zeitgenossen als »Optimismus« bezeichnet; dieses uns so geläufige

256

Wort, für Leibniz ist es geprägt worden. Auch wenn Leibniz bei allem Optimismus das Böse und das Leiden in der Welt nicht geleugnet hat, er ist doch wegen seiner Schrift ›Theodizee‹, die es wagte, eine Rechtfertigung des Leidens in der Welt zu versuchen, geradezu bestaunt und belächelt worden. Als Voltaire die Nachricht vom großen Erdbeben, das Lissabon zerstörte, erhielt, soll er gerade diese Theodizee von Leibniz gelesen und sie anschließend für immer aus der Hand gelegt haben.

Leibniz konnte von der Welt vielleicht noch optimistisch denken, das geht seit Auschwitz und Hiroshima so direkt nicht mehr. Aber auch Leibniz war nicht blind. Diese Welt war für ihn nicht gut, jedoch die beste aller denkbaren. Mehr will auch ich von der Welt nicht sagen.

Darum behaupte ich auch nur so viel: Die Welt ist im Prinzip gut, und die Ausnahmen von dieser Regel kommen in die Zeitung. Ich will diesen logischen Schluß in seinen drei Schritten vorführen. Erstens: Nur die Ausnahme vom Weltgeschehen, nicht das Übliche wird eine Nachricht. Zweitens: Die meisten Nachrichten sind schlechte Nachrichten. Dann können wir daraus drittens den logischen Schluß ziehen: In der Regel läuft alles auf der Welt recht gut. Die oft festgestellte Tatsache, daß nur eine schlechte Nachricht für die Journalisten eine Nachricht ist, spricht eher für diese Welt als gegen sie.

Warum vor allem traurige Meldungen als Nachrichten erscheinen, ist umstritten. Sicher sind die Meldungen und Berichte in unseren Medien deshalb so oft negativ, weil eine Interessenkoalition von Publikum und Journalisten das so will. Nehmen wir zunächst die Journalisten. – Nebenbei gesagt, auch dieses Kapitel, von einem Journalisten geschrieben, führt eine Streitfrage vor, denn da hat der Autor am ehesten die Hoffnung, daß seine Leserschaft das Thema spannend findet. In diesem Sinn hat ein Amerikaner mal geschrieben: »*Der Himmel wäre sicher der letzte Ort, den sich ein Journalist als Arbeitsplatz wünschen würde. Man kann nicht ununterbrochen über Harmonie berichten.*« –

Spaßvögel unter den Fernseh- und Rundfunkjournalisten pflegen bei dieser Gelegenheit darauf hinzuweisen, schon bei Schiller hörten wir in den ›Piccolomini‹ den recht modernen Satz: »*Anklagen ist mein Amt und meine Sendung*«, obwohl es damals noch gar keine Sendungen gegeben habe. Aber im Ernst: Von einem guten Journalisten erwartet man, daß er ein Haar in der Suppe findet. Sonst steht er in dem Verdacht, er habe schlecht recherchiert oder sei bestochen worden. Von einem Hofhund erwartet man ja auch, daß er anschlägt, notfalls vorbeugend.

Und wie ist das mit der Entwarnung nachher? Sagen Journalisten auch, wenn sie sich geirrt haben und die Beschuldigung zu Unrecht bestand? Zitieren wir hier eine Betroffene, die Inhaberin der Batteriefabrik Sonnenschein, Marie-Luise Schwarz-Schilling, Ehefrau des Postministers. Sie äußerte sich so: »*Es geht mir um die Wahrheitsfrage bei den ganzen Skandalen, die immer aufgezogen werden und die dann im Sande verlaufen: ›Bayer vergiftet Spanien‹, ›Die Birkel-Nudeln enthalten angebrütete Eier‹, ›Die Deutsche Bank hat Zwangsarbeiter beschäftigt‹ und so weiter, so geht es auch über unser Unternehmen hin und her und ’rauf und ’runter . . . Wir müßten Mediengesetze schaffen, die ganz einfach die Journalisten verpflichten, auch über die Beendigung eines Skandals zu berichten.*«

Die Stellungnahme einer Betroffenen. Man kann sich natürlich fragen, ob diese Skandale wirklich alle »im Sande verlaufen« sind, wie Frau Schwarz-Schilling sagte. Man kann sich auch, radikaler, auf einen ganz anderen Standpunkt stellen und sagen: Unsere Medien sind immer noch viel zu angepaßt und scheuen den Konflikt. Sie bieten ihren Konsumenten ein ›Traumschiff‹ oder die heile Welt der bunten Blätter, verschließen aber vor den Mißständen nur allzuoft die Augen.

Angesichts dieser unterschiedlichen Auffassungen möchte ich auf ein merkwürdiges Paradox aufmerksam machen, das gegen beide, gegen die Unternehmerin und gegen den Enthüllungsjournalisten, zu sprechen scheint: Gerade eine Gesellschaft, die eine besonders kritische Presse hat, muß eine besonders gut funktionierende Gesellschaft sein.

Der staatstreue Jubel, Kennzeichen jeder politischen DDR-Sendung, ließ uns eher an den Zuständen drüben zweifeln. – Fragt ein West-Journalist einen DDR-Kollegen: *»Was gibt's denn bei euch für kritische Sendungen?«* Antwort: *»Drei Jahre Bautzen.«* –

Oder, um wieder von uns zu reden: Wo besonders oft Mißstände angeprangert werden, wird es besonders wenige geben. Das ist genauso wie mit dem Waschen. Wer sich viel wäscht, beweist damit ja auch nicht, daß er es besonders nötig hat. Und wer einen Mißstand aufdeckt, ist kein Nestbeschmutzer, sondern wohl eher ein *»Nestreiniger«*. Das wird nur häufig verwechselt.

Damit komme ich von den Journalisten zu den Konsumenten, die mit den Journalisten, wie gesagt, eine Interessenkoalition geschlossen haben, denn auch sie zeigen vor allem ein Interesse am Negativen. *»Handtaschenräuber immer dreister. Filmstar läßt sich scheiden. Großbrand vernichtete Lagerhalle. Neue Verhaftung im Bestechungsskandal.«* Da möchte man doch Näheres hören. Das Böse kitzelt mehr. Allerdings darf es nie so weit kommen, daß die Zeitungslektüre uns depressiv macht oder daß man sich gar aus lauter Angst vor Handtaschenräubern gar nicht mehr aus dem Haus traut. Nur solange es einem nicht zu nah auf den Leib rückt, ist das Schlimme angenehm kribbelnd wie ein Krimi.

Nicht nur bei den Nachrichten sind die Leser und Fernsehzuschauer besonders an Mord und Totschlag interessiert. Es hat sicher seinen tieferen Grund, daß die Krimis unsere beliebtesten Fernsehspiele sind. Eigentlich könnten sich die Zuschauer doch bei den harmlosen Unterhaltungssendungen mal vom Frust der wirklichen Schreckensnachrichten befreien und sich der heilen Welt zuwenden – aber nein, es muß ein Krimi sein. Das liegt vielleicht daran, daß dort das Gruseln eine erkennbar künstliche Quelle hat und deshalb erleichtert aufgenommen werden kann. Man kann sich freilich auch angesichts der Wirklichkeit beruhigen.

Die meisten Menschen hören die Rundfunknachrichten nur, um feststellen zu können, daß die Welt noch steht und nichts passiert ist – auch wenn im Pazifik ein Schiff gekentert ist. So beruhigend wirkt das Negative. Es kann auch noch eine andere, wirklich erfreuliche Wirkung haben. Viele Menschen lassen sich durch Katastrophenmeldungen dazu anregen, den Opfern mit Spenden zu helfen. Oder Menschen, die in Not sind, hören voneinander und schließen sich zu Selbsthilfegruppen zusammen.

Und dann gibt es wenigstens noch eine weitere gesellschaftliche Gruppe, das sind unsere Intellektuellen und Alleswisser, die nutzen die negativen Meldungen noch wieder anders, weil sie nämlich ihre überlegene Ruhe aus der Gewißheit beziehen, gut informiert zu sein. Sie haben alles immer schon kommen sehen. Der typische ›Spiegel‹-Leser hielt Helmut Kohl schon für einen schwachen Kanzler, als andere noch jubelten; und er erkennt immer schon in einer noch blühenden Wirtschaftskonjunktur – weit voraus am Horizont – die Anzeichen der nächsten Rezession. Das glaubt er jedenfalls von sich. So etwas hebt den Intellektuellen offenbar aus der Masse heraus.

Jeder Konsument macht aus den negativen Nachrichten eben für sich etwas Positives; meist ein Gefühl der Erleichterung oder der Überlegenheit. Und außerdem machen sich fast alle Menschen grundsätzlich Sorgen; das ist sozusagen ein natürliches Bedürfnis, das irgendwie befriedigt sein will. Und so »macht man sich« Sorgen, ganz wörtlich genommen, egal ob es lange Zeit wegen des überall lauernden Kommunismus war oder wegen der Nachrüstung, wegen der Luftverschmutzung oder der Zunahme der Kriminalität. Diese Sorgen wollen auch bestätigt sein durch die Medien. Nur nicht zu sehr.

Es gibt aber auch wirklich Anlaß zur Sorge, die Welt ist bedroht. Es kommt jedoch darauf an, was wir daraus machen, ob wir uns davon lähmen oder ansporn lassen; ob wir es überhaupt noch hören oder nicht mehr hören wollen. Eine Umfrage in den USA ergab, daß fast zwei Drittel der Bevölkerung der Meinung sind, das Fernsehen widme den schlechten Nachrichten zuviel Aufmerksamkeit.

Dieser Vorwurf hat wohl Folgen. Wie eine andere Umfrage in den USA ergab, ist das Vertrauen des Publikums in die Fernsehnachrichten dramatisch gesunken, in zehn Jahren von einundvierzig auf nur noch vierundzwanzig Prozent. Die Gründe sind viel diskutiert worden. So fragte sich der amerikanische Medienexperte Ben J. Wattenberg: »*Wenn der Moderator jeden Abend den Teufel an die Wand malt und die Amerikaner das Dargebotene einfach als weiterer Ausfluß des Negativismus abtun – wen kann der Moderator dann noch erregen? Die Medien fangen an, unwichtig zu werden. Und was wäre trauriger als ein unwichtiger Moderator?*«

Überdruß und Abstumpfung des Publikums sind die eine mögliche Folge, wenn das Negative und Sensationelle sich häuft. Die andere mögliche Folge davon wäre, daß sich eine depressive Stimmung in einem ganzen Land ausbreitet. Mir scheint es denkbar, daß einige Menschen durch erschreckende Nachrichten auf die Dauer mutlos werden – gerade die Feinfühligen, die nicht abstumpfen. Endzeitstimmung und Resignation, wie sie in den siebziger Jahren verbreitet waren, sie könnten auch diese Quelle gehabt haben; das ist jedenfalls manchmal vermutet worden, obwohl man die Wirkung der Medien auch nicht überschätzen soll.

Es gibt noch eine weitere Folge der eigentümlichen Medienöffentlichkeit, die wir uns eingerichtet haben. Jede Gruppe, die sich heute international Gehör verschaffen will, muß irgendwie erreichen, in die Schlagzeilen zu kommen. Seit zwei Jahrzehnten tut man das am wirksamsten, indem man ein Flugzeug kapert, Geiseln nimmt, Attentate verübt oder einfach mit Sprengstoff die Aufmerksamkeit der Weltpresse auf seine Forderungen lenkt. So ist die Medienöffentlichkeit längst zu einer Klaviatur gemacht worden, auf der auch ungebetene Gäste mitspielen, die ohne diese Klaviatur nie auf die Idee gekommen wären, Schreckensnachrichten zu inszenieren. Unsere Medienkultur fabriziert auf diese Weise längst einige ihrer Nachrichten selbst.

Es geht natürlich auch ohne Gewalt. Friedlichere Demonstranten klettern auf den Mast einer Stromleitung oder entrollen ihr Transparent in eisigem Wind auf der Zugspitze. Die Medien reagieren, wie sie sollen und müssen: Sie berichten.

Meist genügt es jedoch, im Medientheater nur mit Worten mitzuspielen. Um noch einmal Ben J. Wattenberg zu zitieren: »*Politiker wissen, daß schlechte Nach-*

richten die Aufmerksamkeit der Fernsehkameras auf sich ziehen. Wer immer ins Fernsehen will, Wissenschaftler, Umweltschützer, rechte Prediger, Feministen und Antifeministen, sie alle kennen und beherzigen die eine Formel: Wenn du gesendet werden willst, dann sage etwas Schreckliches.«

Auch hier: Unser Geschmack am Aufregenden reproduziert sich selbst. Wir kriegen auf diese Weise von dem, was wir gern hören wollen, mehr, als wir bestellt hatten. Die Erwartung provoziert ihre Erfüllung selbst. Man bekommt eben das Weltbild, das man sich verdient hat.

In einer wissenschaftlichen Studie wurden in den USA im Jahre 1982 die Nachrichten aus der Wirtschaft verglichen mit den Kommentaren, die darüber gesendet wurden. Die Berichte waren zu fünfundneunzig Prozent positiv. Aber von den Kommentaren waren gleichzeitig fünfundachtzig Prozent negativ.

Das muß einen gar nicht wundern. Diese kommentierenden Wirtschaftsjournalisten waren gar nicht alle gegen die Regierung. Aber man steht als Journalist so blöd da, wenn man optimistisch ist. Das wirkt einfach naiv. Unter Journalisten ist kein Urteil über die Arbeit eines anderen so vernichtend wie das Wort »unkritisch«. Wer mäkelt, gewinnt Ansehen. Wer in einem Kreis von Genießern den Wein schlecht findet, gilt als Kenner. Wer gegen einen Vorschlag Bedenken äußert, wirkt weitblickend. Darum kommentiert man auch rosige Wirtschaftsdaten grau in grau.

Von anderen Gebieten gilt das gleiche. Etwa vom Feuilleton. *»Ich verehre Heinrich Böll außerordentlich.«* Nein, das sagt man so nicht. Eher sagt man: *»Ich halte Böll bei aller persönlichen Sympathie, die ich für ihn hege, doch für leicht überschätzt.«* Erst durch Skepsis wird man glaubwürdig.

Und wo bleibt das Positive? Das hat es bei dieser Marktlage schwer. Wenige wollen es aussprechen, noch weniger Menschen wollen es hören. *»Wo bleiben die positiven Meldungen über unsere Kirche in der Öffentlichkeit?«* fragt der Bischof seinen Pressesprecher. »Es gibt doch soviel Positives zu berichten!« sagte aufmunternd die Unternehmerin Marie-Luise Schwarz-Schilling zu

Vertretern der Medien. Und woran dachte sie? *»Zum Positiven zählt für mich etwa Natur, Kunst, Musik, Liebe, Menschsein, Tugend, Redlichkeit, Dankbarkeit...«*

Frau Schwarz-Schilling nannte damit Themen, die, wie sie beklagte, in den Nachrichten und Berichten so gut wie gar nicht vorkommen. Die Journalisten fragen zurück: *»Dankbarkeit, sollen wir Dankbarkeit äußern?«* – *»Wir haben viel Grund zur Dankbarkeit, schließlich ging es uns noch niemals so gut...«*, rechtfertigte sich die Unternehmerin. Vielleicht hat sie dafür ja gute Gründe. Und doch, es wirkt meist peinlich, wenn man zur Dankbarkeit aufgefordert wird. Wem soll man denn dankbar sein? Der Wirtschaft etwa? Der Regierung? Dem Schicksal? Oder Gott? Nein, das bringt man nicht fertig, erst recht nicht in der Öffentlichkeit. Schon diese Aufforderung zur Dankbarkeit hat einen Beigeschmack von Herablassung.

Die Welt wird immer schlimmer – oder es kommt uns so vor wegen der vielen Informationsmöglichkeiten, die wir heute haben. *»Nicht die Welt ist soviel schlechter geworden, die Berichterstattung ist heute nur sehr viel besser«*, hat schon vor einem halben Jahrhundert der englische Journalist Gilbert K. Chesterton geschrieben – übrigens auch ein frommer Christ, vielleicht denke und argumentiere ich deshalb so wie er; uns liegt an der Rechtfertigung des Schöpfers.

Wie die Welt wirklich ist, kann man sowieso nicht wissen. Das ist Glaubenssache. Vielleicht ist sie die beste aller denkbaren Welten. Die vielen negativen Nachrichten jedenfalls sprechen, das wollte ich zeigen, nicht gegen diese Annahme. Solange uns das Böse erschreckt und das Leid erregt, weil wir beides nicht erwarten und in dieser guten Welt nicht erwarten müssen, kann die Schöpfung so schlecht nicht sein.

Und im übrigen, wie verzerrt immer uns diese Welt gezeigt wird und wie gut oder schlecht sie uns vorkommt, die Hauptsache scheint mir, daß wir den Glauben daran, sie verbessern zu können, nicht aufgeben.

Teil IV: Was ist der Mensch, daß du seiner gedenkst?

Die Dame vom Institut für Demoskopie in Allensbach
saß im Wohnzimmer eines Reihenhauses und hatte an einem kalten Märztag des Jahres 1986 den Familienvater
schon über eine Stunde lang nach seinen Kaufgewohn-
heiten befragt. Zum Schluß zog sie ein weiteres Blatt
hervor, entschuldigte sich, daß sie noch eine letzte, zusätzliche Umfrage anhängen müsse, und las vor: »*Man
fragt sich manchmal, wofür man lebt, was der Sinn des
Lebens ist. Worin sehen Sie vor allem den Sinn Ihres Lebens? Könnten Sie es nach dieser Liste hier sagen?*« Und
damit legte sie eine Seite vor, auf der sechzehn mögliche
Antworten formuliert waren. Man brauchte nur noch
anzukreuzen. Der Familienvater, schon etwas erschöpft
vom langen Interview und ärgerlich, daß sein Feierabend
auf diese Weise dahinschwand, überflog die vorgegebenen Antworten. Da stand zum Beispiel:
   »*Daß meine Familie versorgt ist.*«
   »*Daß man das Leben genießt.*«
   »*Daß ich es zu einem eigenen Haus, zu einem Eigen-
heim bringe.*«
   »*Ganz für andere dazusein, anderen zu helfen.*«
   »*Das zu tun, was Gott von mir erwartet.*«
Insgesamt sechzehn mögliche Antworten. Die Inter-
viewerin sagte noch, man könne auch mehrere Sätze an-
kreuzen. Der Befragte stöhnte leise, las die Liste noch
einmal durch und meinte dann: »»*Daß meine Familie
versorgt ist*‹, das kann ich schon mal anstreichen.« Und
die fast gleichlautende Antwort, »*daß es meine Kinder
gut haben*«, nahm er gleich auch noch mit auf.
Als Monate später, im Sommer 1986, die Auswertung
der zweitausend Umfragebögen veröffentlicht wurde
und das Ergebnis in der Zeitung stand, blickte der Familienvater beim Frühstück auf und sagte zu seiner Frau:
»*Weißt du, was die meisten damals auf die Frage nach
dem Sinn geantwortet haben? ›Daß ich glücklich bin, viel
Freude habe.‹ Das hätte ich von den Deutschen nicht*

gedacht!« Und seine Frau, die die Meldung auch gelesen hatte, fügte hinzu: »*Zum ersten Mal, seit es diese Umfrage gibt, seit 1974, ist diese Antwort ›daß ich glücklich bin‹ am meisten angekreuzt worden. Armes Deutschland.*«

Sagen wir es ganz nüchtern und ohne Vorwurf so: In den vergangenen Jahren war die »Familie« immer am häufigsten genannt worden, diese Antwort lag knapp vor »daß ich glücklich bin«. Nun haben die Spitzenreiter zum ersten Mal die Plätze getauscht. Um den Trend noch deutlicher herauszustellen, kann man auch darauf verweisen, daß am Anfang der Umfragetradition, also 1974, das Bekenntnis zum Glücklichsein erst auf Platz fünf lag. Woraus man wohl schließen darf, daß heute mehr Menschen als in früheren Jahren bereit sind, diesen Wunsch offen zu nennen.

Ein weiterer, sehr ähnlicher Sinn des Lebens hat bei der Umfrage mit den Jahren ebenfalls Karriere gemacht, nämlich »*das Leben genießen*«. Das haben anfangs nur siebenundzwanzig Prozent der Befragten angekreuzt; im Jahre 1986 fanden sich schon vierundvierzig Prozent in diesem Wunsch wieder. Die Auswerter von Allensbach haben denn auch den Zeigefinger nicht in der Hosentasche gelassen und sahen in ihrem Kommentar einen schlimmen Trend, nämlich »*eine ganz eindeutige Tendenz zu einem immer stärkeren Selbstbezug der Menschen (um nicht Egoismus zu sagen)*«. Von Egoismus haben sie damit doch gesprochen, auch das Wort vom »*umstandslosen Hedonismus*« (Genußsucht) fällt. Und es fehlt auch nicht der Hinweis, daß in der jüngsten Altersgruppe der Befragten (sechzehn bis neunundzwanzig Jahre) das Glücklichsein (mit dreiundsiebzig Prozent) und das Genießen zur einsamen Spitze unter allen Lebenszielen geworden sind.

Ich möchte das Ergebnis ein wenig anders deuten. Ich glaube nämlich nicht, daß sich die Einstellung der Menschen sehr gewandelt hat; nur ihre Bereitschaft, sich zu den eigenen Wünschen auch zu bekennen, ist gewachsen. Auch der Unterschied zwischen den Jungen und den Alten ist wohl leichter verständlich, wenn man vermutet, alle suchten ihr Glück, die Jüngeren nur eben unmittelbar, die Älteren eher mittelbar über ihre Familie. So sieht es wohl auch ein wortspielender Kommentar aus Allensbach: »Die unter Dreißigjährigen suchen ihren Lebenssinn eher im Glück; die über Dreißigjährigen suchen das Glück eher in einem sinnvollen Leben.«

Es gibt auch andere Unterschiede zwischen den Generationen. Während die Jüngeren oft wünschen, »*die Welt kennenzulernen*«, lautet der Lebenssinn bei den Älteren häufiger, »*daß ich vor mir selbst bestehen kann*«. Und während die Jungen gern bei anderen »*beliebt*« sein wollen, geht es den Alten eher darum, »*geachtet*« zu sein.

Die sechzehn Fragen sind in drei systematische Gruppen eingeteilt, überschrieben: ›Privates Glück‹, ›Beziehung zur Gesellschaft‹ und ›Ethische Verpflichtung‹. Die ganz beliebten Antworten finden sich alle beim privaten Glück, aber erstaunlicherweise haben auch viele Befragte sich für die ewigen Werte der dritten Gruppe entschieden. Spitzenreiter ist hier, »*daß ich vor mir selbst bestehen kann*«, gefolgt von der sinngleichen Angabe, »*tun, was mein Gewissen mir sagt*«. Es folgen zwei Antworten, die ausgesprochen religiös sind und dennoch von einem Viertel der Befragten angekreuzt wurden, was mich verblüfft hat. Sie lauten: »*daß ich in meinem irdischen Leben mich bewähre, um vor meinem Schöpfer bestehen zu können*«, und – diese andere Antwort ist sehr ähnlich –: »*das tun, was Gott von mir erwartet.*« Was aber vielleicht noch erstaunlicher als die absolute Zahl der Ankreuzungen ist: In den letzten zehn Jahren ist die Zustimmung zu diesen Antworten deutlich gewachsen, was darauf schließen läßt, daß wir wirklich, wie es oft gesagt worden ist, in einer Zeit leben, in der die Religion an Einfluß gewinnt.

Es mag sein, daß die Urheber der Allensbacher Umfrage alle denkbaren Sinngebungen aufgelistet haben, und doch empfinde ich angesichts eines solchen Fragebogens ein Unbehagen. Denn jede Liste mit Antworten tut doch so, als sei die Frage nach dem Sinn des Lebens selbstverständlich; als habe da jeder eine Antwort verfügbar, so wie man heute auf die Frage nach seinem Hobby eine Antwort parat zu haben hat. Hier ist jedoch nichts selbstverständlich. Kommt man irgendwann einmal von selbst auf die Sinnfrage, ohne daß einem gleich eine Liste mit Antworten vorgelegt wird, dann gerät man wohl eher ins Grübeln und fragt sich: *Hat das Leben überhaupt einen Sinn? Und wenn es einen hat, ist er dann vorgegeben und muß nur entdeckt werden? Oder muß ich ihn mir immer erst selbst schaffen?*

Legen wir also die Allensbach-Umfrage aus der Hand und fangen wir ganz von vorn an. Dazu aber noch eine Vorbemerkung, sozusagen in eigener Sache. Es ist in den letzten Jahrzehnten üblich geworden, die sogenannte »Sinnfrage« als geschickten Einstieg in ein Gespräch über den Glauben zu verwenden. So mancher meiner Leser wird es noch aus dem Religionsunterricht oder aus einer Morgenandacht kennen: Fängt jemand an, laut über den Sinn des Lebens nachzudenken, so will er seine Zuhörer nur zu Gott führen. Das sind die Augenblicke, in denen der Berliner sagt: Nachtigall, ick hör' dir trapsen. Doch diese Absicht habe ich nicht, auch wenn ich den Religionspädagogen recht geben muß, die feststellen: »*Die Gottesfrage stellt sich heute als Sinnfrage.*« Das mag ja sein, aber die Sinnfrage ist keine Leimrute.

Um ein bißchen System in die endlose Debatte zu bringen, schlage ich vor, daß wir zwischen den Zielen und dem Sinn des Lebens unterscheiden. Denn das Ziel, das man mit einem bestimmten Verhalten verfolgt, ist nicht mit dem Sinn dieses Verhaltens identisch. Das will ich am Beispiel eines Tennisspielers verdeutlichen. Wenn man einen jungen Tennis-Star fragen würde, was sein Ziel bei der Teilnahme an den Offenen Australischen Meisterschaften ist, dann würde er vielleicht antworten, er wolle unter die letzten acht kommen. Wenn man ihn dann fragen würde, was der Sinn seiner Teilnahme sei, käme er sicher zunächst in Verlegenheit. Vielleicht würde er vom Sinn des Tennisspiels überhaupt sprechen, von der sportlichen Ertüchtigung, von der Freude am Sieg, von den Herausforderungen des Turniersports. In dieser Antwort würde schon deutlich, daß die Frage nach dem Sinn über den eigentlichen Gegenstand hinausweist. Sie betrifft nicht die hinterfragte Sache selbst, sondern ihre nächsthöhere Einheit.

Den gleichen Unterschied von Ziel und Sinn gibt es auch beim Leben eines Menschen. Ordnet man die von

Allensbach vorgegebenen Antworten nach diesem Gesichtspunkt, dann wird klar, daß zum Beispiel die Antwort *»daß man das Leben genießt«* ein Ziel bezeichnet, keinen Sinn des Lebens. Genauso wäre es mit Antworten wie *»daß ich mal viel Geld verdiene«* oder *»daß ich Generaldirektor werde«*.

Eine Zwischenstellung nehmen die Allensbacher Antworten ein, die immerhin dadurch über das eigene Leben des Befragten hinausweisen, daß sie sich auf die Familie beziehen. Denn die Familie ist ja, gegenüber dem Individuum, die nächsthöhere Einheit. Ich nehme an, daß diese Antworten von jenen Menschen angekreuzt worden sind, die ein Gefühl dafür haben, daß der Sinn des Lebens in diesem Leben selbst nicht liegen kann. Das wird auch in einem (mir unsympathischen) Spruch deutlich, der unter Männern beliebt ist und den es in einigen Variationen gibt, zum Beispiel so: *»Ein Mann sollte in seinem Leben ein Haus gebaut, einen Sohn gezeugt und einen Baum gepflanzt haben.«* In diesen drei Tätigkeiten begründet der Mann etwas, was ihn überdauern und dadurch von ihm und seinen Taten künden kann, was ihm also ein Stückchen Unsterblichkeit vorgaukelt. Jedenfalls hat derjenige, der sich diesen Spruch zu eigen macht, erkannt, daß der Sinn des Lebens sich nicht in diesem Leben selbst finden läßt.

Nur die von Allensbach vorgegebenen Antworten, die einen religiösen Anklang haben – »Tun, was mein Gewissen mir sagt« – oder die sogar rein religiös sind – »Das tun, was Gott von mir erwartet« –, können Anspruch darauf erheben, wirklich einen Sinn des Lebens zu bezeichnen, also etwas, was das eigene Leben transzendiert, es in einen höheren Zusammenhang einordnet.

Führt das nun zu der Feststellung, daß es nur entweder einen religiösen Sinn des Lebens geben kann oder gar keinen? Ich glaube ja. Albert Einstein, der kein gläubiger Mensch in einem konfessionellen Sinne war, hat einmal gesagt: *»Welches ist der Sinn unseres Lebens? Eine Antwort auf diese Frage wissen heißt religiös sein.«* Das bedeutet nicht, daß es einen Lebenssinn gäbe. Es bedeutet nur, daß, wenn es ihn gibt, es ein religiöser sein muß.

Das haben auch große Agnostiker so gesehen. Sigmund

Freud schrieb im Jahre 1929 an den evangelischen Pfarrer Oskar Pfister, der ein Anhänger der Psychoanalyse war: *»Im Moment, da man nach Sinn und Wert des Lebens fragt, ist man krank, denn beides gibt es ja in objektiver Weise nicht.«* Es gibt also nach Freud nicht nur keinen Sinn des Lebens, man ist sogar krank, wenn man auch nur nach ihm fragt. – Den anderen für krank zu erklären ist ja ein beliebtes Kampfmittel der Spezialisten für Gesundheit. – In einem Punkt aber hat Freud zweifellos recht: Einen weltlichen, also zum Beispiel politisch oder naturwissenschaftlich begründbaren Sinn des Lebens kann es nicht geben. Und deshalb muß ein Mensch, der Gott nicht kennt, auch die Frage nach dem Sinn des Lebens für unzulässig erklären.

Einen Sinn des Lebens verneint auch der Schriftsteller Hans Georg Noack: *»Wieso leben wir? Ohne unser Zutun sind wir geboren worden. Daß unsere Eltern uns ›gewollt‹ und uns deswegen das Leben ›geschenkt‹ hätten, ist zwar eine hübsche Behauptung, doch sie entspricht nicht immer den Tatsachen. Nein, ich glaube nicht, daß unserem ungewollten Leben ein vorausbestimmter Sinn mit auf den Weg gegeben worden ist. Das Leben ›an sich‹ ist sinnlos. Ein jeder gibt sich selbst den Sinn.«*

Es ist das gute Recht jedes Menschen, das Leben »an sich« als sinnlos zu bezeichnen. Ich möchte Noack nur in einem Punkt widersprechen: Es ist unmöglich, daß sich jeder Mensch selbst den Sinn seines Lebens gibt. Entweder hat das Leben jedes Menschen einen – immer gleichen und vorgegebenen – Sinn, oder kein Leben hat einen Sinn. Selber setzen können wir uns nur Ziele unseres Lebens.

Wer in unserem Leben einen Sinn sieht – und nicht nur ein zu verwirklichendes Ziel –, der muß auch an einen Gott glauben. Man kann diesen Satz auch umkehren, wie es der Philosoph Ludwig Wittgenstein getan hat. Der Satz lautet dann so: *»An Gott glauben heißt sehen, daß das Leben einen Sinn hat.«*

Gott und Sinn hängen so eng miteinander zusammen, weil die Sinnfrage aus dem Christentum stammt. Das Riesengemälde der »Heilsgeschichte« war der Zeitstrom, in dem alles seinen Sinn fand. Im vorigen Jahrhundert hatte sich dieser Sinn, wenn auch säkularisiert, noch gehalten als die Frage nach dem Sinn der Geschichte; in diesem Jahrhundert ist er verwandelt und beschränkt worden auf den Sinn des einzelnen Lebens. Da sitzt die Frage nun fest und bedrängt den einzelnen, denn sie will auch von denen beantwortet werden, die sich vom christlichen Glauben abgewandt haben. Dann ist zwar nicht mehr von Gottes Heilsplan und von unserer Aufgabe, uns vor Gott zu bewähren, die Rede, aber vielleicht auf humanistische Weise vom Fortschritt in der Mitmenschlichkeit; oder, sozialistisch gedacht, von der Errichtung der klassenlosen Gesellschaft. Die Perspektive aber stammt aus dem Christentum und ist nur verweltlicht worden.

Kein Wunder, daß auch Max Horkheimer, ein marxistischer Philosoph und Soziologe, bekannte, die ganze Sinnfrage sei ein Erbe aus der Theologie. Er beklagte, daß man diesen Sinn heute abschaffen wollte. *»Man wird das Theologische abschaffen. Damit verschwindet das, was wir ›Sinn‹ nennen, aus der Welt. Zwar wird große Geschäftigkeit herrschen, aber eigentlich sinnlose, also langweilige Geschäftigkeit.«*

Ich glaube, niemand will den Sinn bewußt abschaffen. Aber es ist richtig, daß die Wahrnehmung für ihn verlorengeht. Das liegt wohl daran, daß der Mensch immer mehr in einer von ihm selbst geschaffenen Welt lebt. Man hat diese technisch und gesellschaftlich organisierte Welt zu Recht eine »zweite Schöpfung« genannt. Ihr ist kein Sinn mehr mitgegeben. Daher stammt wohl der Sinnverlust, den heute so viele beklagen.

Der Physiker Werner Heisenberg hat schon vor mehr als dreißig Jahren sehr anschaulich in einem Bild beschrieben, wie es der Menschheit heute in ihrer selbstgeschaffenen Welt ergeht: Sie verliert die Orientierung. Heisenberg meint, die Menschheit habe sich so sehr mit ihrer eigenen Technik umgeben, daß der alte Kompaß nicht mehr funktioniere. Er vergleicht die technisierte Menschheit mit einem Kapitän. *»Mit der scheinbar unbegrenzten Ausbreitung ihrer materiellen Macht kommt die Menschheit in die Lage eines Kapitäns, dessen Schiff so stark aus Stahl und Eisen gebaut ist, daß die Magietna-*

*del seines Kompasses nur noch die Eigenmasse des Schiffes
zeigt, nicht mehr nach Norden. Mit einem solchen Schiff
kann man kein Ziel mehr erreichen; es wird nur noch im
Kreis fahren und daneben dem Wind und den Strömungen ausgesetzt sein.«*

So überzeugend dies Bild vom orientierungslosen
Schiff ist, es ist uns doch noch etwas geblieben, was uns
wie ein Sternenhimmel den Kurs finden läßt. Wir leben –
und damit möchte ich zum Schluß meine eigene Antwort
nennen – nicht nur in einer selbstgemachten Welt der
Technik und der selbstgesetzten Zwecke. Wir leben in
einem Kosmos, der vor etwa fünfzehn Milliarden Jahren
seinen Anfang genommen hat und der darauf angelegt
war, das Leben hervorzubringen. Also auch die Menschheit – uns. Und dieser Prozeß, der sich in unermeßlichen
Zeiträumen abspielt, scheint weitergehen zu sollen. Wir
Lebewesen haben Milliarden Jahre hinter uns und wahrscheinlich einen ebenso unbegreiflich großen Zeitraum
vor uns. Wir selbst sind nur ein Zwischenzustand, dazu
aufgerufen, alles zu tun, die Entwicklung weitergehen zu
lassen und nicht uns und die Erde zu zerstören. Aber wir
sind andererseits für den Kosmos auch unwichtig. Denn
diese Entwicklung der Welt ist nicht auf uns angewiesen.
Wir sind Mitspieler, aber wir sind nicht der Regisseur.
Wir nehmen teil, und es ist uns freigestellt, auf unsere
Weise auch aktiv Anteil zu nehmen.

Mir bedeutet dieser Gedanke viel. Er scheint mir allen
Menschen einen Fixpunkt zu geben, einen Orientie-
rungsrahmen, den größten Rahmen, den wir zu erkennen
und zu denken imstande sind. Betrachten wir unser Leben in diesem Rahmen, dann können wir uns an objektiv
vorgegebenen Dingen orientieren und sind doch zugleich
aufgefordert, uns in diesem Rahmen unsere Aufgabe und
unsere Selbstverwirklichung selbst zu suchen.

Ich habe bisher davon gesprochen, daß die naturwissenschaftliche Betrachtung uns einen Rahmen gibt, uns
zu orientieren. Ich muß jetzt darauf hinweisen, daß dies
zugleich eine religiöse Betrachtungsweise ist. Denn, wie
gesagt, wer eine Antwort auf die Sinnfrage weiß, ist religiös. Das gilt auch von meiner Antwort. Sie ist schon
deshalb die Antwort eines Glaubens, weil sie von zwei

Empfindungen begleitet wird: der Dankbarkeit für das, was an Sinn vorgegeben ist; und der Verpflichtung auf das, was jedem einzelnen als seine Aufgabe aufgegeben ist in diesem größten Prozeß, der je veranstaltet wurde.

. . . da zeigt sich wieder unser aller Glaube an die Medizin!

Das ist wohl ein bißchen übertrieben: »Unser Glaube an die Medizin.« Das ist doch gerade das Schöne an der Medizin, daß man an die nicht zu glauben braucht.

Nehmen wir ein Beispiel. Ein technischer Zeichner, mittlere Reife, mittleres Einkommen, in den mittleren Jahren . . .

. . . hat die Midlife-Crisis.

Jedenfalls fühlt er sich nicht mehr wohl, hat Kopfschmerzen, sieht keinen Sinn mehr im Leben, wird mutlos. Was macht er? Vertraut er sich einem Freund an, der Ehefrau, einem Seelsorger, einem Gruppenleiter für Psychotraining?

Ich würde sagen, der geht zum Arzt.

Tut er auch. Und noch ahnt er gar nicht, wenn ihn dann endlich die Sprechstundenhilfe hereinruft, wem er nun gegenübertreten wird. Nämlich einem Vertreter der Macht, die allein das Mittel verwaltet, mit dem die Angst besiegt werden kann – und manchmal für eine gewisse Zeit sogar der Tod, dieser letzte Feind der Menschheit.

Nun werden Sie aber sehr pathetisch.

Es ging ganz normal weiter. Das reicht mir schon zum Beweis. Der Arzt nahm sich sogar für unseren Patienten etwas Zeit, hörte zu und murrte nur verhalten über die Sünden, die der Patient ihm zu beichten hatte: zu fette Speisen, zu viel Alkohol, zu viele Zigaretten, kaum mal Abschalten, kein Sport. Vom Streß gar nicht zu reden. Die Strafpredigt fiel kurz aus, der Sünder zeigte sich bußfertig und versprach, ein neues Leben anzufangen. Und als der Arzt väterlich mahnte, die Gesundheit sei schließlich das höchste Gut, da nickte er zustimmend. So wurde dann schließlich nach Beichte, Ermahnung und Buße das Mittel gespendet, auf das sich alle Hoffnung zu richten pflegt, ein Medikament. In diesem Fall war es ein Mittel gegen Angst, Streß und Depressionen. Mit anderen Worten: eine Gnadengabe, die dem Bußfertigen zu einer Wiedergeburt, zu neuem Leben verhelfen soll.

Wenn Sie hier schon den Arzt zum Pfarrer machen, dann denke ich viel eher an all die alten Frauen, die nur zum Hausarzt gehen, um sich mal auszusprechen. Der gütige Arzt ist heute doch oft der einzige Seelsorger.

Aber ein Seelsorger, für den das höchste Gut eben die Gesundheit ist.

Was wollen Sie? Gesundheit ist nun mal das höchste Gut.

Dann möchte ich Sie daran erinnern, daß in früheren Zeiten Gott das höchste Gut war. Das ist der entscheidende Unterschied. Aber ich sage ohne Vorwurf: In der modernen Ersatzreligion steht die Gesundheit im Mittelpunkt. Sie ist das höchste Gut. Sie ist unsere größte Hoffnung und der Gegenstand unserer kultischen Verehrung ...

Ich sehe das viel nüchterner.

Und in diesem Sinne lauten ja dann auch die Bußübungen. Noch immer heißt die Forderung zwar »nicht sündigen«, gemeint ist damit heute aber: nicht gegen die Gesundheit handeln. Wenn der technische Zeichner übrigens alle Ratschläge, die er bekommen hat, wirklich befolgt hätte, so wäre er in seinem Leben zu nichts anderem mehr gekommen, als sich ganz der Gesundheit zu widmen.

Das ist doch bei jeder Religion so, wenn man da alle Vorschriften wirklich befolgen will ...

Jetzt haben Sie die Gesundheit selbst eine »Religion« genannt.

Ja, man kann einen Kult daraus machen. Aber die Mediziner sind doch ganz nüchtern und sachlich. Von den »Segnungen« der Medizin reden immer nur die Laien. Oder gar von »Wundern«.

Die Laien. Eben, heute nennt man einen Laien, wer nicht Mediziner ist, früher war das derjenige, der kein Priester war. Die Parallelen finden Sie überall. Die Medizin ist die Religion von heute, die Religion, die wirklich noch praktiziert wird.

Bitte, wie wollen Sie das beweisen?

In diese irdische Kirche, genannt Gesundheitswesen,

wird man bei uns hineingeboren wie in die alten christlichen Kirchen. Die medizinische Standardfrage »Welche Kasse?« ersetzt da die Frage nach der Konfession. Und tatsächlich werden die Kassenbeiträge ja ähnlich automatisch einbehalten wie hierzulande die Kirchensteuer. Nebenbei: andere Länder, andere Sitten. In England, wo es eine Staatskirche gibt, ist natürlich auch das Gesundheitswesen staatlich. In den USA, wo es keine Kirchensteuer gibt, muß man sich auch in der medizinischen Versorgung auf eigene Faust durchschlagen. Das Heil und die Heilung, sie werden gewöhnlich sehr ähnlich finanziert.

Ich merke schon, das soll eine Satire werden. Im Ernst: Die Kassen sind doch keine Konfessionen. Die vertreten nun wirklich keine Lehre!

Geb' ich zu. Aber die Parallelen gehen noch weiter. Erst mal wird der neugeborene Erdenbürger in eine herkömmliche Kirche zur Taufe gebracht. Sie dient der Abwehr böser Einflüsse. Kurz darauf tritt er dann aber auch in die medizinische Kirche ein – durch die ersten Impfungen. Auch sie dienen der Abwehr böser Einflüsse. Nun ist er mit Bescheinigung und amtlichen Papieren Mitglied im öffentlichen Gesundheitsbetrieb. Später hat man dann nur noch die Wahl zwischen den konkurrierenden medizinischen Glaubensrichtungen. Die große Masse der Gläubigen hält sich an die sogenannte »Schulmedizin«. Sie hat das meiste Geld und tut die größten Wunder, hat auch die eindrucksvollsten Apparate dafür. Auch die berühmtesten Päpste zählen sich zu dieser Richtung. Daneben gibt es die Psychosomatiker, die Homöopathen, die Heilpraktiker, die Naturheilkundigen und manch andere Sekte, zum Beispiel die Psychoanalytiker, die sich ganz auf die Seelenheilkunde geworfen haben und die Ohrenbeichte über Jahre hinziehen mit allen Finessen von Wiedergeburt, Stellvertretung und Ablösung. Zwar erfordert diese medizinische Religionsgemeinschaft eine ganz besondere Glaubensstärke auf und neben der Couch. Aber der richtige Glaube gehört auch bei den anderen medizinischen Richtungen dazu. Ohne Glauben keine Heilung.

Sie tun immer so, als komme es bei der Medizin allein auf den Glauben an...

Ohne Glauben geht fast gar nichts.

Dann müssen Sie aber wenigstens auch zugeben, daß dieser Glaube von der Medizin so sehr belohnt wird, wie das keine frühere Religion je hätte versprechen können. Und sie hätten es alle gern versprochen. Im Neuen Testament gilt genau das als Zeichen der anbrechenden Heilszeit: Die Blinden können sehen, und die Lahmen können wieder gehen. Nehmen Sie die Heilungswunder Jesu, seine Einladung, wie heißt es noch: »Kommet her zu mir alle, die ihr mühselig und beladen seid...« Es ist doch so, daß die Medizin diese Hoffnung fast wahrgemacht hat, ohne dabei Religion sein zu wollen.

Manchmal sind der priesterliche Anspruch und die religiöse Würde der Mediziner aber zu spüren. Zum Beispiel in dem Titel der Lebenserinnerungen eines bekannten Chirurgen: ›Hinter uns steht nur der Herrgott‹. Da gibt es nur noch Gott und den Arzt. Der Arzt als Stellvertreter Gottes.

Solch ein schönes Pathos – die Kirche könnte sich das gar nicht mehr leisten. Gewiß, die Kirchen versuchen alte Traditionen der Krankenpflege weiterzuführen und am Wunder der Heilung teilzuhaben. Aber diese katholischen und evangelischen Krankenhäuser sind höchstens deswegen beliebt, weil dort gute Medizin getrieben und freundlich gepflegt wird. Die Patienten suchen die Heilung – und nicht das Heil.

Die neue Heilslehre ist die Medizin. Und man muß sagen, sie ist wirksam und liebenswert zugleich. Es ist eine fehlerverzeihende Religion. Das macht sie beliebt. Zwar hat sie auch ihre strengen Lebensregeln, aber sie klagt sie nicht ein, und sie verhängt vor allem keine Strafen. Ob sich jemand leichtfertig dem Skilaufen ausgesetzt hat, ob man seine Gesundheit durch Rauchen ruiniert oder sich sorglos bei der Liebe angesteckt hat, die Medizin spendet Segen auch dem Unwürdigen. Zum selben Arzt darf man auch siebenmal mit der gleichen selbstverschuldeten Erkrankung kommen; und damit wird das Bibelwort schon teilweise wahr, daß wir dem anderen vergeben sollen sieben mal siebzigmal. Die Medizin ist nachsichtig wie eine weiche Mutter.

Ja, aber wie eine Mutter, die uns entmündigt. Sie

nimmt uns die Verantwortung ab für unseren Körper. Was Ivan Illich die »Enteignung der Gesundheit« genannt hat. Ohnmächtig abhängig von der Allwissenheit und Fürsorge der Medizin. Was macht denn ein kleines Kind, wenn es unter Bauchschmerzen leidet? Dann fragt es nicht: Was habe ich gegessen? oder: Was kann ich jetzt tun? Es sagt: Es soll sofort ein Arzt kommen und den Bauch aufschneiden, damit alles wieder gut ist. Völlig passiv. Und so geht es bis ins hohe Alter: Der Doktor soll helfen.

Die Vierzehn Nothelfer der Kirche, das sind heute die vierzehn Facharztrichtungen.

Entmündigung, dafür noch ein Beispiel. Ein Drittel der Schulkinder bekommt zu Hause Pillen gegen Angst, Streß und Konzentrationsschwäche. Mal ganz abgesehen von der Wirksamkeit – es wäre doch viel besser, wenn diese Eltern sich gegen den Druck in der Schule auflehnen würden. Da dient die Medizin nur zum Unterdrücken und Anpassen.

Wenn ich das anmerken darf: Genau das hat man der Religion doch auch immer vorgeworfen, sie mache gute Untertanen, ersticke jede Revolte und sei somit das Opium des Volkes. Aber ich wollte eigentlich gar keine Vorwürfe verteilen. Die neue Religion, das Gesundheitswesen, hat nämlich auch sehr viele vorbildliche Seiten. Sonst wäre sie ja nicht so beliebt.

Und die wären?

Daß diese Religion verzeiht, habe ich eben schon gesagt. Nicht weniger liebenswert und vorbildlich ist das Gemeindeleben. Ich meine jetzt nicht diese redselige Leidensgenossenschaft, die man an den medizinischen Wallfahrtsorten unter den Kurgästen findet, die sich alles über ihre Leiden berichten und vom gleichen Glauben und von der gleichen Hoffnung beseelt sind. Nein, noch besser gefällt mir, wie die Millionengemeinde der Versicherten füreinander einsteht. Das ist eine Solidargemeinschaft, neben der das Wort von den christlichen »Schwestern und Brüdern« wie Papier klingt. Sie bezahlt dem Raucher sein Raucherbein, dem Säufer die Entwöhnungskur, der unglücklichen jungen Frau die Abtreibung, dem Wagemutigen den Sportunfall, dem Drogengeschädigten die Folgen der Sucht. Hier wird ohne Ansehen der Person allen alles bezahlt. Wer Mitglied ist, für den stehen die Mitglieder ein. Eine Gemeinde, von der manche Religion lernen könnte, was Gemeinschaft und was Nächstenliebe heißt. Alles im Glauben an die Machbarkeit des Heils und an die Macht des Schicksals, die jeden treffen könnte.

Kann es ja auch!

Den Medizingläubigen ist ohnehin kein Opfer zu groß. Gemeinsam bringen sie Summen auf, neben denen der Verteidigungshaushalt bescheiden wirkt. Sie bauen mit dem Eifer und dem Stolz ihrer mittelalterlichen Vorgänger die Kathedralen unserer Zeit, die modernen Großkliniken, die größten und teuersten Gebäude der Welt, Riesenmaschinen der Gesundheit, gebaut für Milliarden, die auf dem Altar der Gesundheit geopfert werden. Denn für die Gesundheit darf einem nichts zu teuer sein.

Am meisten ärgern mich die zweitschönsten Paläste in diesem Land, die Versicherungspaläste, die sogar nur indirekt dem Gesundheitswesen dienen und doch auch Zeugen unserer unfreiwilligen Opferbereitschaft sind.

War's mit der Kirche nicht genauso?

Vielleicht ist die Medizin eine Weltanschauung, eine Hoffnung. Meinetwegen ein Kult. Aber das Gesundheitswesen als Religion?

Zugegeben, auch die Unterschiede fallen auf. Früher haben die Menschen das Ewige Leben zum Ziel gehabt, heute ist es das verlängerte Leben. Die Medizin ist die Heilslehre, die das diesseitige Leben verspricht. Das sind doch höchst interessante Veränderungen. Nicht mehr eine alte Offenbarung ist die Quelle dieser Religion, sondern Naturwissenschaft und Technik. Aber die Art, wie das Heil dargeboten und wie es sehnsuchtsvoll und gläubig aufgenommen wird, ist durchaus ähnlich. Geht es doch auch bei den Heilungsuchenden um die uralten Ängste, auf die jede Religion Antwort gegeben hat, und bei den Priestern dieser neuen Religion um jene Mischung aus Helfenwollen, Selbstdarstellung und Eigennutz, die wohl für jede Priesterkaste bezeichnend ist.

Priesterkaste, das würde mir noch am meisten einleuchten. Man nennt die Ärzte ja auch die »Halbgötter in

Weiß«. Aber sie sind natürlich auch Angehörige einer Kaste. Wie die Schamanen primitiver Stämme: Priester und Medizinmann zugleich. Bekleidet mit dem weißen Schamanenmantel, der sie tabu macht gegen alle Kritik.

Ich sehe schon, inzwischen betrachten Sie die Medizin auch als Religion.

Ich glaube nicht. Ich bin nur kritisch gegen jede Art von privilegierter Kaste. Auch wenn es Ärzte sind – Priester in Weiß.

Am meisten geben sie sich aber dadurch als eine Priesterkaste zu erkennen, daß sie durch dick und dünn zusammenhalten. Kritik nach außen ist ebenso verpönt wie jede Form der Abweichung von der Lehre. Am schlimmsten sind Ketzereien, wie sie Julius Hackethal liebt. Ihn trifft deshalb der Bannstrahl eines ganzen Standes. Im übrigen aber werden Skandale und Streitereien so weit wie möglich vor den gläubigen Laien geheimgehalten. Fehltritte werden vertuscht, Kunstfehler verschwiegen.

Das haben auch die christlichen Priester und Pfarrer immer so gemacht.

Man darf dieses Verhalten aber nicht nur mit Eigennutz erklären. Die meisten Laien wollen es so, daß der Stand der Ärzte unbefleckt dasteht. Schließlich ist das der Stand, dem wir unser Leben anvertrauen. Und nicht nur das Leben, auch unser Sterben. Das ist vielleicht sogar die höchste priesterliche Würde des Ärztestandes, daß Ärzte auch noch unser Sterben begleiten, ein altes Vorrecht der Priester. Noch ist dieses Vorrecht der Ärzte nicht fest im Standesbewußtsein verankert, auch mag es vorkommen, daß ein Krankenhauspatient ganz ohne Betreuung eines Arztes sterben muß. Aber inzwischen sind die deutschen Ärzte dabei, diese Aufgabe als die eigene zu erkennen. Ein sicheres Zeichen dafür ist, daß sie vorgeschlagen haben, die »Sterbebegleitung« in die Gebührenordnung aufzunehmen. Und was bezahlt wird, das geschieht auch, und sei es noch so hastig.

Ja, habe ich auch gelesen. Stand im ›Spiegel‹, oder? Die deutschen Internisten haben beantragt, in die Gebührenordnung aufzunehmen: »intensiver ärztlicher Beistand für einen Sterbenden« oder so ähnlich. Soll siebzig Mark bringen. Menschlichkeit gegen Bezahlung.

Die Priester früherer Jahrhunderte standen ja auch in dem Verdacht, aus jeder religiösen Dienstleistung Geld und aus jedem Posten eine Pfründe zu machen. Hat man den Mönchen und Priestern des Mittelalters den feisten Bauch und die offene Hand verübelt, so den heutigen Ärzten das Einkommen und die Kunst, mit Hilfe der Gebührenordnung sich jedes Wort und jeden Handgriff einzeln vergolden zu lassen.

Und noch eine Gemeinsamkeit zwischen Priestern und Ärzten könnten Sie anführen . . .

Aha, Sie sind schon überzeugt.

Nein, nein, ich will Ihnen nur helfen. Ich meine, wenn mal wieder ein Medikament vom Markt genommen werden mußte, weil es verheerende Nebenwirkungen hat, kann man von ärztlichen Standesvertretern hören, es müsse alles getan werden, damit das Vertrauen der Patienten in die Medizin nicht untergraben werde. Zeitschriften wie ›Stern‹ oder ›Spiegel‹, die ausführlich über Kunstfehlerprozesse berichten oder neue Behandlungsmethoden in Frage stellen, werden im Wartezimmer einiger Ärzte nicht ausgelegt.

Aha, der neue römische »Index« der verbotenen Schriften!

Ja, genau. Wagt es ein Patient, seinen Arzt auf alarmierende Zeitungsberichte anzusprechen oder gar Zweifel an einer Behandlung zu äußern, kann es passieren, daß er zu hören bekommt: »Das überlassen Sie ruhig mir.«

Aber im Ernst: Vertrauen muß wirklich sein. Ohne Glauben – und was ist Glauben anderes als Vertrauen – geht es nicht.

Es ist schon wahr, ohne Vertrauen geht es mit der Heilung nur halb so gut. Und doch ist diese Empfindlichkeit vieler Ärzte nur ein genaues Gegenstück zu der Aufregung, mit der wohl jede Religion auf Kritik und Aufklärung reagiert. »Verunsichern Sie doch nicht die Gemeinde«, heißt das in den Kirchen, oder: »Man soll den Menschen nicht ihren Glauben nehmen.« Und das ist durchaus nicht mit dem zynischen Augurenlächeln derer gesagt, die heimlich alles durchschauen, aber das Volk dummhalten wollen. Das kann sehr wohl in Verantwortung und Mitgefühl für die Menge derer, die Halt brau-

chen, gesagt sein. Die gute Absicht muß man den Prie-
stern nicht absprechen, weder denen in Schwarz noch de-
nen in Weiß.

Jetzt habe ich Sie aber endgültig rübergezogen. Die
moderne Medizin ist die Religion unserer Zeit.

Bevor Sie mich überzeugen, sagen Sie mir bitte erst
noch: Was wollen Sie eigentlich mit diesem Vergleich?

Ich meine, die Medizin löst einen Teil der Hoffnung
ein, die von jeder Religion geweckt wird. Und doch ist
beim Übergang zu dieser neuen Form der Religion auch
etwas verlorengegangen. Heilung statt Heil – das ist eine
Verengung. Das Heil war mehr, freilich stand es auch
immer in dem Verdacht, eine Illusion zu sein. Das kann
man von der Heilung so nicht mehr sagen. Ein gesundes
Leben statt eines ewigen Lebens. Das ist der entscheidende Wandel. Unsere Hoffnungen sind klein, aber konkret
geworden.

Das geht ja noch. Was mich eher nachdenklich macht
ist: Jungsein und Gesundsein – das ist der neue Götze.
»Jung, dynamisch, erfolgreich«, wie man so sagt. Um alles
in der Welt das Leiden umgehen, das Wohlbefinden
ständig verfügbar machen, das Altern nicht wahrhaben
wollen, das Elend nicht sehen, den Tod verbergen ...
Sollte das die Folge davon sein, daß wir so inständig an
die Medizin glauben und auf ihre Erfolge hoffen?

Das könnte wohl stimmen. Wir suchen eben das Heil
in der Heilung. Und glauben an die Gesundheit – als das
höchste Gut.

Dem Christentum ist ein neuer Gegner entstanden in denjenigen, die energisch gegen die Gleichheit aller Menschen protestieren. Aus dieser Ecke, die in diesem Fall auch ausdrücklich heidnisch ist, ertönt als Motto eines Buches der Appell: *»Erkennen wir endlich wieder an, was uns Biologie und gesunder Menschenverstand sagen: daß die Menschen nicht gleich sind, daß es natürliche Rangunterschiede gibt und daß wir die Leistung der Hochbegabten, der Eliten bitter nötig haben, sollen die Weltkrisen der Jahrhundertwende bewältigt werden. Wehren wir uns gegen den ›Einheitsmenschen‹, wie ihn gewisse Ideologien predigen, gegen den unmenschlichen ›Zwang, gleich zu sein‹, gegen die Auslöschung der Persönlichkeit, gegen die Vermassung. Im Namen der Freiheit: Vive la différence!«* Statt dessen geht es den Autoren des Bandes um Autorität, um Sippe und Volk.

Alain de Bénoist, einer der Wortführer der neuen Rechten, schreibt darin: *»Es gibt nur eine echte Frömmigkeit, die des Sohnes dem Vater gegenüber und weiter den Ahnen, dem Geschlecht, dem Volk gegenüber. Jesus, der angibt, daß Joseph nicht sein wahrer Vater ist – daß er Sohn eines einzigen Gottes ist und der Bruder aller Menschen –, leitet den Prozeß der Väterverleugnung ein.«*

Nun weiß jeder, daß die hier so geschmähte »Ideologie der Gleichheit« eine späte Frucht jener jüdisch-christlichen Lehre ist, daß alle Menschen vor Gott gleich seien. Ist jeder Mensch ein Nächster, so werden dadurch einige Unterschiede nivelliert. Zu Unrecht, meint jedoch der Erlanger Jurist Walter Leisner, ein konservativer Streiter gegen die moderne Demokratie mit ihrem »Gleichheitsstaat« (so auch der Titel eines seiner Bücher). Den Verfechtern der Nächstenliebe wirft er einen Denkfehler vor: *»Die ethische Grundlegung der Egalität aus der Nächstenliebe heraus wird an einem Punkt zum tiefen Widerspruch: Sie muß doch Verantwortung verlangen für* *diesen Nächsten, Einsatz und Leistung für ihn. Doch all dies ist nur möglich aus Ungleichheit heraus, dann, wenn der eine stärker ist als der andere und deshalb dem Bruder hilft, ihm Speis und Trank bietet, Schutz und Liebe. Was von alldem könnte denn letztlich aus der reinen Gleichheit kommen, dort, wo nur mehr ein Blinder den anderen führt? So ist denn die wahre Nächstenliebe die Bejahung der Ungleichheit, die Bejahung sogar jener Armut, von der einmal gesagt werden konnte, sie sei immer unter uns. Denn nur sie führt zur Leistung für den Bruder, nur aus ihr kommt die Rechtfertigung.«*

Soll heißen: Der Schwache braucht die Wohltaten des Starken; und der Starke braucht den Schwachen, um Gutes tun zu können. Eine abwegige Logik. Die Gegenposition dazu wäre die Forderung, niemanden arm sein zu lassen, also von den Almosen wegzukommen zu einer schwesterlichen und brüderlichen Gemeinschaft. Für eins muß man den rechten Kritikern der Gleichheit jedoch als Christ dankbar sein: Sie haben wieder das Bewußtsein dafür geweckt, daß jene demokratische Gleichheit, die wir gefühlsmäßig bejahen, nicht selbstverständlich ist.

Zwei Parteien stehen sich, grob gesprochen, gegenüber. Die eine wünscht sich mehr Gleichheit. Das ist eine Tradition, die es seit der Aufklärung und der Französischen Revolution gibt, die schließlich in ihrem Schlachtruf »Gleichheit« und sogar »Brüderlichkeit« gefordert hat; doch dafür sind schon lange vorher die Juden und nach ihnen die Christen eingetreten. Von Gleichheit sprechen heute auch viele Sozialisten. Die andere Partei, die auf Ungleichheit pocht, setzt sich eher aus Liberalen und Konservativen zusammen; sie können sich, religiös gesehen, auf den Schöpfer berufen, der die Menschen verschieden geschaffen hat. Und sie fordern die Beachtung der Ungleichheit auch im Namen des Fortschritts, der Freiheit und der Leistungsgesellschaft.

Die beiden Standpunkte stehen sich unversöhnlich gegenüber. Ich glaube nicht, daß sich der Streit mit Einigungsformeln überbrücken ließe, obwohl man manchmal zu hören bekommt, der Streit lasse sich doch ganz einfach schlichten. Etwa so: *»Die Menschen sind zwar alle* *sehr verschieden, insofern also ungleich; aber sie haben alle die gleichen Rechte, insofern sind sie gleich.*

Diese Formel trägt nicht sehr weit; denn was heißt es, die gleichen Rechte zu haben? Ein französischer Schriftsteller hat einmal, mit Blick auf die Obdachlosen von Paris, zynisch gesagt: *»In unserer so wundervoll gerechten Gesellschaft hat jedermann das Recht, unter den Brücken zu übernachten.«* Tatsächlich ist in der genannten Einigungsformel gerade der Ausdruck »gleiche Rechte« nicht eindeutig. Ein Clochard hat kaum das Recht, in ein ordentliches Restaurant zu gehen. Oder, um ein Beispiel aus unserem Land zu nehmen: Vor Jahren hatte ein deutsches Gericht die Frage zu klären, ob es das Recht eines Sozialhilfeempfängers ist, ein Auto zu besitzen. Der Familienvater, der dies Recht einklagen wollte, erklärte, ein Auto gehöre heute zur selbstverständlichen Ausstattung einer Familie. Das Gericht wies die Klage zwar ab, die Geschichte zeigt aber, wie unklar die Behauptung ist, daß alle Bürger die gleichen Rechte hätten.

Oder nehmen wir das Recht auf Bildung. Das ist zwar insofern verwirklicht, als wir die allgemeine Schulpflicht haben und durch Beihilfen dafür sorgen, daß fast jeder nach seinen Fähigkeiten ausgebildet werden kann. Aber was heißt Recht auf Bildung? Sicherlich nicht: Recht auf gleiche Bildung. Das ließe sich wegen der unterschiedlichen Begabung und Lust zu lernen auch gar nicht verwirklichen. So verfiel man auf ein anderes Schlagwort: »Chancengleichheit«. Chancengleichheit heißt, jeder Schüler soll die gleiche Chance haben, sich für höhere Berufe zu qualifizieren. Nun steht dem entgegen, daß es Kinder aus Akademikerfamilien leichter haben, selbst Akademiker zu werden, weil sie von zu Hause ein besseres sprachliches Training und andere Erziehungsvorteile mitbringen. Will man auf der Schule Chancengleichheit herstellen, muß man die benachteiligten Kinder also zusätzlich fördern.

Es wird oft angenommen, solche kompensatorische Erziehung und das Schlagwort von der Chancengleichheit seien typisch für den Sozialismus. So einfach ist es aber nicht. Jedenfalls hat Karl Marx in seiner ›Kritik des Gothaer Programms‹ noch den Satz formuliert: *»Jeder* *nach seinen Fähigkeiten, jedem nach seinen Bedürfnissen.«* Von Gleichmacherei also keine Spur. Und in keinem westlichen Land gab es eine so gezielte Förderung der Hochbegabten wie in den sozialistischen Ländern, ob es sich nun um musikalische, sportliche oder mathematische Wunderkinder handelte. Es ist ausgerechnet die Gesetzgebung der Vereinigten Staaten, die den Elitehochschulen des Landes auferlegt hat, eine bestimmte Quote ihrer Ausbildungsplätze für Farbige und für andere Minderheiten zu reservieren.

Ein weißer Student mit guten Schulzeugnissen wurde an einer kalifornischen Universität nicht zugelassen mit der Begründung, seine Noten reichten nicht aus. Zur gleichen Zeit aber nahm die Universität farbige Studenten auf, um die dafür reservierte Quote zu erfüllen, und die Schulnoten dieser farbigen Studenten waren nicht so gut wie die des abgewiesenen Studenten. Der klagte daraufhin vor Gericht und berief sich darauf, er sei diskriminiert als Weißer und verlange Chancengleichheit. Das Gericht gab allerdings der staatlichen Gesetzgebung recht und wies darauf hin, daß zunächst einmal die farbigen Schüler benachteiligt seien und das Quotensystem dieses Handicap im Sinne der Chancengleichheit nur auszugleichen suche.

Der englische Psychologe Hans Jürgen Eysenck, Spezialist für Intelligenzmessungen, ist allerdings anderer Ansicht. In seinem auch auf deutsch erschienenen Buch ›Die Ungleichheit der Menschen‹ fordert er, den natürlichen Gegebenheiten Rechnung zu tragen. Und zu diesen natürlichen Gegebenheiten zählt Eysenck auch die unterschiedliche Begabung. Man könne mit keiner Reform die Natur verändern, meint der Londoner Psychologe und plädiert dafür, nicht alle Menschen zu höheren Tätigkeiten auszubilden, sondern jeden für die Tätigkeit, die zu ihm paßt. *»Wissenschaft und Technik verdanken wir es, daß wir uns über die Ebene von Lasttieren zu unserer gegenwärtigen unsicheren Höhe aufschwingen konnten; wenn wir nicht lernen, die Methoden des rationalen Denkens auf unser eigenes Verhalten anzuwenden, ist es unwahrscheinlich, daß wir noch länger der Leitstern des Kosmos bleiben werden«,* schreibt Eysenck. Die natürlichen Unterschiede dürfen nicht verwischt werden, weil sonst der Fortschritt zunichte werde.

Es ist nicht auszuschließen, daß auch persönliche Interessen die Debatte mit bestimmen. Immerhin könnte einem auffallen, daß all diejenigen, die sich für Privilegien der »Elite« einsetzen, im stillen hoffen dürfen, selbst dieser Segnungen teilhaftig zu werden, für die sie sich – im Namen des Fortschritts und der Menschheit – einsetzen. Wie man solche heimlichen Interessen vermeiden kann, hat der amerikanische Philosoph John Rawls in seinem Buch über ›Gerechtigkeit‹ beschrieben, auf das ich in Kapitel zweiundzwanzig näher eingegangen bin. Hier nochmals in Kürze: Rawls schlägt zur Begründung einer gerechten Gesellschaft ein Gedankenexperiment vor. Zur Festlegung einer idealen Gesellschaftsordnung kommen Menschen zusammen, die anschließend nach dieser Ordnung leben werden. Der Trick dabei ist, daß keiner der Beteiligten zuvor weiß, welche Rolle er später zu übernehmen haben wird. So ist er gezwungen, die Chancen fair zu verteilen. Es wäre für mich spannend, wenn ich erleben könnte, wie sich Eysenck, Leisner und andere in diesem Experiment verhalten würden, solange sie nicht wissen können, mit welcher Intelligenz sie für sich selbst in Zukunft zu rechnen hätten.

Gern würde ich in diesem Experiment auch das Verhalten von Friedrich August von Hayek beobachten. Der bedeutende Nationalökonom und Nobelpreisträger gab als zweiundachtzigjähriger der Zeitschrift ›Wirtschaftswoche‹ im März 1981 ein Interview, das unter der Überschrift ›Ungleichheit ist nötig‹ veröffentlicht wurde. Umverteilung der Einkommen, meinte Hayek, schade der Volkswirtschaft: *»Ungleichheit ist nicht bedauerlich, sondern höchst erfreulich. Sie ist einfach nötig. Durch die Umverteilung (die wir leider schon haben) unterbinden wir die Anpassung (der Volkswirtschaft) an sich laufend verändernde Umstände.«* Wenn man das Funktionieren der Wirtschaft zum entscheidenden Maßstab macht, dann ist Ungleichheit also *»höchst erfreulich«*.

Der Soziologe Helmut Schoeck, bekannt geworden durch die These, Neid sei die Triebfeder aller gesellschaftlichen Veränderung, schreibt in seinem Buch ›Das

Recht auf Ungleichheit‹, die Angleichung der Einkommen würde den Neid nicht beseitigen. »*Der größte Irrtum einer jeden Gleichheitspolitik ist ja die Erwartung und das Versprechen, es werde innerhalb der Bevölkerung, wenn sie erst einmal zu Gleichen gemacht ist, weniger gegenseitigen Neid und keinen Benachteiligungsverdacht mehr geben. Das Gegenteil tritt jedoch unausweichlich ein.*« Wenn man die Einkommen einander angleicht, so verstehe ich diesen Satz, wird der Neid nur noch größer.

An der Ungleichheit festhalten möchte auch die Publizistin und Psychagogin Christa Meves. In ihrem Buch ›Macht Gleichheit glücklich?‹ wendet sie sich gegen Gleichmacherei: »*Bereits an den Rangsystemen im Tierkollektiv läßt sich ablesen, daß sie eine sinnvolle Funktion haben: Die höheren Rechte sind immer gleichzeitig mit mehr Pflichten für die Gemeinschaft verbunden, die einen arterhaltenden Sinn haben.*« Also doch von den Tieren lernen? Das empfiehlt nicht einmal Hans Jürgen Eysenck, der zwar mit aller Schärfe »die Ungleichheit der Menschen« vertritt; die Rangordnung der Tiere, etwa der Paviane und Löwen, will er aber doch nicht als Vorbild gelten lassen. Die Menschen haben sich über das Tierreich so weit und mannigfach hinausentwickelt, daß jede Beweisführung mit »natürlich« und »unnatürlich«, die sich auf einen Vergleich mit Tieren stützt, ganz einfach irrelevant ist.

Es gibt also, das zeigt diese Zusammenstellung, eine ganze Reihe von Autoren, die die Ungleichheit der Menschen betonen und die zugleich fordern, daß sich diese Ungleichheit auch in unserer Gesellschaft spiegeln müsse. Von diesen Autoren wird auch immer wieder darauf hingewiesen, daß es schon sehr viel Gleichheit gebe. Und das ist wohl auch richtig. Es gibt, seit die Französische Revolution »Freiheit, Gleichheit, Brüderlichkeit« forderte, die Gleichheit der Bürger vor dem Gesetz. Alle genießen die gleichen Grundrechte, und vor allem der Sozialstaat gewährt viele einklagbare Rechte.

Und doch ist der Traum von einer Menschenfamilie, in der alle gleich viel wert sind und sich das gleiche erlauben dürfen, noch lange nicht erfüllt. Ich glaube, daß diese

Idee der Gleichheit aller Menschen nie so klar ausgesprochen worden ist wie von Jesus von Nazaret. Was er gesagt hat, ist in der Menschheitsgeschichte unvergessen geblieben, und was er gefordert hat, ist ein verlockendes Ziel auch heute noch. Einmal hat Jesus ein Gleichnis von Arbeitern im Weinberg erzählt. Es handelt von einem Weinbergbesitzer, der einige Arbeiter morgens anwirbt, andere wirbt er mittags an, die letzten nachmittags kurz vor Feierabend. Am Abend aber zahlt der Arbeitgeber allen den gleichen Lohn aus. Als das die Arbeiter, die schon morgens mit der Arbeit begonnen haben, ärgert, sagt der Weinbergbesitzer zu ihnen: »*Darf ich mit meinem Geld nicht tun, was ich will? Blickst du scheel, weil ich so gütig bin? So werden die Letzten die Ersten und die Ersten die Letzten sein.*« Mit diesen Worten stellt Jesus die Prinzipien der Leistungsgesellschaft auf den Kopf. Man muß allerdings hinzufügen, daß er diese Regelung, bei der alle Arbeiter gleich viel verdienen, erst für das kommende Reich Gottes auf Erden vorausgesagt hat.

Die Sehnsucht nach einem Reich der Gleichheit, in dem alle Menschen Kinder Gottes sind, war damit aber geweckt. Auch hoch und niedrig wird es dann nicht mehr geben. Davon berichtet eine andere biblische Geschichte von Jesus und den Jüngern, die bei Markus überliefert ist: »*Sie kamen nach Kapernaum. Und als er zu Hause war, fragte er sie: Was habt ihr unterwegs verhandelt? Sie aber schwiegen; denn sie hatten unterwegs miteinander verhandelt, wer der Größte unter ihnen wäre. Und er setzte sich, rief die Zwölf zu sich und sagte zu ihnen: ›Wenn jemand der Erste sein will, soll er der Letzte von allen sein und aller Diener!‹*«

Bekanntlich ist die Warnung Jesu vor Überheblichkeit und Rangordnungen auch in der Kirche nicht gerade immer beachtet worden. In jeder Religion grenzen sich leicht die »Heiligen« von den übrigen ab, schon gar von der »sündigen Welt«. Der Kirchenrechtler Johannes Neumann hat auch noch auf eine andere Folge der Religion hingewiesen: »*Die Überzeugung von der Überlegenheit der eigenen Gottheit über andere Götter trägt notwendig die Disposition zu radikaler Ungleichheit in sich.*« In der Bibel werde bekanntlich verheißen, daß

Gott die Mächtigen stürzen und die Armen belohnen werde. *»Dort werden sie mit ihm herrschen«*, stellt Neumann trocken fest. Christliche Gleichheit war also allenfalls innerchristliche Gleichheit. Der Religionssoziologe Günter Kehrer meint sogar: *»Eine der häufigsten Legitimationen sozialer Ungleichheit war und ist ein religiöses Glaubenssystem.«*

Aber ganz vergessen worden ist die biblische Vision einer herrschaftsfreien Gemeinschaft, in der jeder gleich ist, niemals mehr in der Geschichte. Auch von den ersten christlichen Gemeinden wissen wir, daß sie einander ausgeholfen haben. Der Apostel Paulus hat überall, auch bei der Gemeinde in Korinth, Geld gesammelt für die in Not geratenen Christen in Jerusalem. Seine schriftliche Bitte um Spenden erläuterte er den Korinthern so: *»Ich meine damit nicht, daß die anderen (in Jerusalem) gute Tage haben sollen und ihr Not leidet; sondern es soll zu einem Ausgleich kommen. Euer Überfluß soll jetzt ihrem Mangel abhelfen, damit auch ihr Überfluß später eurem Mangel abhelfen kann...«*

Diesen Ausgleich gibt es heute in jedem Sozialstaat: Die Ärmeren werden steuerlich begünstigt, notfalls unterstützt, die Reicheren müssen hohe Steuern zahlen. Als der Interviewer den schon erwähnten großen Nationalökonomen Friedrich August von Hayek fragte, was er von Umverteilung und von sozialer Gerechtigkeit halte, antwortete von Hayek: *»Nein, davon halte ich nicht das geringste. Was heißt denn hier Gerechtigkeit? Wer ist denn da gerecht oder ungerecht? Die Natur? Oder Gott? Jedenfalls nicht Menschen, da die Verteilung ... aus dem Marktprozeß hervorgeht ... Der Begriff der sozialen Gerechtigkeit ist in einer marktwirtschaftlichen Ordnung mit freier Berufswahl völlig sinnlos.«*

Das soll heißen: Jeder hat selbst schuld, wenn er den falschen Beruf hat; nur der freie Markt entscheidet gerecht darüber, was jemand verdient; verteilt man um, so stört man den Markt und damit die Gerechtigkeit. Das war die Meinung eines der damals führenden Theoretiker liberaler Wirtschaftpolitik. Allerdings sieht die in der Bundesrepublik herrschende soziale Marktwirtschaft, gerade weil sie sozial sein will, ziemlich anders aus.

Der Standpunkt, den Friedrich August von Hayek vertrat, zeigt, wohin es führt, wenn man die soziale Ungleichheit der Menschen als sinnvoll und erfreulich ansieht. Für die Armen bleiben dann nur Almosen. Auf die Frage, was aus den Alten, Kranken und Erwerbsunfähigen werden solle, antwortete von Hayek kurz: »*Es gibt keinen Grund, warum der Staat in einer freien Gesellschaft wie der unseren, die es sich leisten kann, diese Menschen nicht vor Elend bewahrt, indem er ihnen ein minimales Einkommen gewährt.*«

Auch Christa Meves ist, wie gesagt, gegen das, was sie den »*Zeitgeist der Gleichmacherei*« nennt. Er sei, schreibt sie, »*von neurotischen Intellektuellen hochstilisiert*«. Ich weiß nicht, was hier das Schimpfwort »neurotisch« soll, aber fragen wir, worin für Christa Meves die Gleichmacherei besteht. Sie sieht sie überall, auch auf dem Gebiet des Ausgleichs der Einkommen: »*In die Egalisierungsdebatte gehört auch die permanente Verdächtigung, Demütigung und Diffamierung der Reichen. Diese Diffamierung hat – wie mich meine Praxiserfahrung gelehrt hat – zu einer unerträglichen Existenzangst der ins Schußfeld geratenen Reichen geführt. Diese Diffamierung hat manche Menschen dieser Sündenbockgruppe der Reichen bereits in die Emigration getrieben.*« Man kann also auch die Reichen in unserem Land als diffamierte Minderheit ansehen, wenn ich richtig verstanden habe. Was sonst als Steuerflucht gilt, wird dann zur »Emigration« verklärt, was die Reichen auf eine moralische Stufe mit den Opfern etwa des Naziterrors stellt.

Wesentlich härter sind noch die Konsequenzen, die Friedrich August von Hayek aus der Ungleichheit der Menschen für das Gebiet der Entwicklungshilfe zog. In besagtem Interview wurde er auch gefragt, ob er die internationale Umverteilung zugunsten der Entwicklungsländer ablehne. Er antwortete: »*Ja, sicher. Sehen Sie, in den nächsten zwanzig Jahren soll sich die Weltbevölkerung erneut verdoppeln. Für eine Welt, die auf egalitäre Ideen gegründet ist, ist das Problem der Überbevölkerung aber unlösbar. Wenn wir garantieren, daß jeder am Leben erhalten wird, der erst einmal geboren ist, werden wir sehr bald nicht mehr in der Lage sein, dieses Verspre-*

chen zu erfüllen. *Die gegenwärtige Tendenz, daß überall dort, wo sich Völker vermehren, eine Pflicht für den Rest der Menschheit entsteht, diese zusätzlichen Menschen notfalls auch zu ernähren, führt zu einem ganz unmöglichen Zustand.«* Vielleicht wird an dieser Konsequenz die Dimension der Streitfrage, ob alle Menschen gleich oder ungleich sind, am deutlichsten.

Gewiß, ihren Eigenschaften nach sind die Menschen sehr unterschiedlich. Aber wenn man sie als die Geschöpfe des gleichen Gottes ansieht, wird man erkennen, daß sie in ihrem Ursprung gleich sind. Deshalb haben sie auch alle das Recht auf Leben und Menschenwürde. Als Kain seinen Bruder Abel erschlagen hatte, fragte Gott ihn: *»Wo ist dein Bruder Abel?«*, und Kain antwortete: *»Ich weiß nicht, soll ich meines Bruders Hüter sein?«* So steht es in der Bibel. Ich glaube, wir können uns nicht mit den gleichen Worten aus der Verantwortung für den Bruder stehlen, ob er nun neben uns lebt oder in den ärmsten Ländern der Erde.

Im Fernsehen habe ich für einen Augenblick ein Gesicht gesehen, das Gesicht eines unbekannten Tourfahrers. Stumpf, ausdruckslos, ergeben und von unendlicher Anstrengung gezeichnet. Die Tour de France, die auch als »Tortur de France« bezeichnet werden könnte, das sind täglich zwei- oder dreihundert Kilometer unter sengender Sonne, durch Regengüsse, die Serpentinen hinauf oder in rasender Abfahrt, im Rudel gestrampelt oder als gejagter Ausbrecher vorn. Der Zuschauer hat das gern. Er steht entweder ehrfurchtsvoll am Straßenrand und läßt sich zu anfeuernden Rufen hinreißen, oder er sitzt zu Hause genüßlich am Fernsehapparat, wie ich das tat, und schüttelt den Kopf. Nicht ohne Bewunderung, versteht sich, mit schaudernder Anerkennung für eine Leistung, zu der man selbst niemals fähig wäre. Und doch auch mit der unbeantworteten Frage: wozu?

Damit wir uns recht verstehen, um den Mann im gelben Trikot geht es mir bei dieser Betrachtung mit gemischten Gefühlen nicht. Der hat seine Anerkennung schon mit dem Trikot bekommen. Er ist ein Star, für ihn hat sich die unendliche Quälerei auch dann gelohnt, wenn er das Hemd am gleichen Abend noch verlieren sollte. Ich meine auch nicht den Ausbrecher, der am Abend vielleicht der Tagessieger sein wird. Auch er kann das Gefühl haben, wenigstens einmal gezeigt zu haben, daß er Klasse ist. Nein, ich meine die Namenlosen. Sie sind die Wasserträger, die ihren Stallgefährten, den Star, abzuschirmen und anzuspornen haben. Am Ende werden sie genauso viele Kilometer durch Wind und Wetter, durch Hitze und Kälte gefahren sein wie die Stars, nur eben im ganzen vier oder zehn Minuten langsamer als sie. Und dafür gehen sie leer aus. Keine Sportzeitung erwähnt sie, allenfalls das Heimatdorf wird sagen: Er war dabei und er hat durchgehalten.

Aber nur kein falsches Mitleid mit unserem Unbekannten aus dem Straßenstaub. Er hat ja immerhin etwas erlebt, was er noch seinen Enkeln erzählen kann, während wir nur, um mit Schiller zu sprechen, »des Dienstes immer gleich gestellte Uhr« kennen, einen Tag wie den anderen. Es gibt Menschen, die nicht einmal in ihrem eigenen Leben die Hauptrolle spielen. Wenn man sich dabei erwischt, daß man nur eine Nebenrolle im eigenen Stück abbekommen hat, was macht man dann? Dann geht man in sich und beschließt die Selbstverwirklichung. Warum müssen auch alle Wohnzimmer gleich aussehen und alle Kleidungsstücke nach dem Motto »Nur nicht auffallen« gewählt werden? Wohl dem, der bei der Inventur des eigenen Innern noch einen Posten ungelebter Möglichkeiten findet, die sich auszuleben lohnen.

Unsere Gesellschaft, die so deutlich der Tour de France gleicht, bei der zwar alle das gleiche Pensum zu leisten haben, aber ein paar Minuten den Unterschied zwischen Star und Wasserträger bezeichnen, unsere Gesellschaft muß vielleicht so sein, aber es gibt auch noch ein Gegenmodell. Millionen von Menschen sind es jede Woche, die ein kleines finanzielles Opfer bringen, um zwei, drei oder fünf Leute schwerreich zu machen. Die Gemeinde der Lottospieler bildet eine Gesellschaft, in der es keine Verlierer, wohl aber Gewinner gibt. Das ist die Welt der wahren Chancengleichheit, der vollkommenen Gerechtigkeit. Jeder kann gewinnen, und niemandem mißgönnt man sein Glück. Irgendwie scheint es auch immer die Frau mit den drei Kindern in der Sozialwohnung zu treffen oder das Rentnerehepaar, das sich bisher nichts leisten konnte. Und die Sieger in diesem Spiel bleiben sogar noch anonym, genauso anonym wie die Millionen von Mitspielern, die ihnen ihr Glück beschert haben. Die Gemeinschaft der Lottospieler könnte man für die bessere Welt halten. Glück ohne Anstrengung, Sieg ohne Neid, und das alles bleibt unter Gleichen.

Im Lotto spielen, das ist die Chance derer, die sonst wenig Chancen haben. Eine Solidargemeinschaft von Schicksalsgefährten. Es ist aber nicht der einzige Trost und Ausweg, der einem bleibt. Man kann aus seinem Leben auch sonst noch etwas machen, auch wenn man nicht vorne mitstrampeln will. Und das kann sogar der bessere Weg sein. Sich querstellen, protestieren, sich den Kopf kahl scheren oder die Haare bunt färben lassen; auffallende Ansichten vertreten, für Bach schwärmen oder Vegetarier werden, sich einer radikalen Heilslehre anschließen oder sich für den Naturschutz im Wattenmeer einsetzen – kurzum: anders sein als die anderen, das ist auch ein gutes Mittel gegen das Leiden an der eigenen Durchschnittlichkeit. Und genauso machen es auch fast alle. »Alternativ«, das ist manchmal auch nur der Versuch, sich von der Masse derer, die es im Leben nicht richtig machen, abzuheben.

Man muß sich ja nicht auszeichnen vor den anderen, es genügt völlig die Gewißheit, anders zu sein als die anderen. Denn das will man doch! Die Masse, das sind die anderen. So sieht es jeder.

Im Kummerkasten einer Kirchenzeitung wurde vor Jahren eine Zuschrift veröffentlicht, mit der sich ein mittlerer Angestellter in mittleren Jahren zu Wort meldete und klagte: »Ich ersticke in Mittelmäßigkeit.« Ich konnte es ihm gut nachempfinden, diesen Wunsch, einmal im Leben auch etwas Großes zu tun, einmal unbescheiden zu sein, etwas zu leisten, was bleibt. Dem Mann wurde übrigens Antwort zuteil, und die hat mich, das weiß ich noch gut, geärgert. Dem Mann wurde sein Leiden nämlich ausgeredet; er solle sich doch einmal klarmachen, wie gut er es habe, wie viele kleine und doch sinnvolle Taten auch er vollbringen könne. Mit solchem Rat wäre er besser nicht abgespeist worden. Ich finde, daß man jedes Leiden ernst nehmen sollte, auch das Leiden an der eigenen Mittelmäßigkeit. Einen Menschen trösten zu wollen kann nicht bedeuten, ihm seine Schmerzen auszureden. Das hieße nur, ihn nicht ernst zu nehmen. Dann fühlt er sich nicht verstanden.

Der Briefschreiber hat sich die Gesellschaft, in der er lebt, nicht ausgesucht. Und die hat nun mal als Vorgabe festgelegt, daß man entweder viel Geld verdienen, kreativ oder einflußreich sein muß – jung, schlank und schön sowieso. Früher war das vielleicht auch so, aber da hatte man immer einen Grund, weswegen man es nicht so recht zu etwas gebracht hatte. Noch im vorigen Jahrhundert waren in einem deutschen Fürstentum nur Adlige und Beamtensöhne zum Studium zugelassen. Minister werden konnten überhaupt nur Adlige. Das war ungerecht, aber für viele doch auch ein Trost. Heute kann man nicht einmal mehr sagen: »Meine Eltern hatten kein Geld, mich studieren zu lassen.« Und wenn der Abenteuerurlaub das einzige Abenteuer im Jahr geworden ist – und auch der ist fix und fertig gebucht worden –, dann kann das nur noch an einem selbst liegen. Genau das ist der Selbstvorwurf, und da beginnt das Leiden am eigenen Ich.

Was für ein Mut gehört erst dazu, Musiker zu werden. Ich hätte mich das nie getraut. Pianist oder Geiger, das ist fast so wie Sportler sein. Immer wird man mit anderen verglichen, die besser sind als man selbst. Schlimmer noch: Immer muß man sich selbst mit anderen vergleichen. Mir scheint es jedenfalls, als seien alle Orchestergeiger gescheiterte Solisten. Menschen, die mit ganz anderen Hoffnungen angetreten sind. Oder nehmen wir die Tausende von Bands, die hart daran arbeiten, einmal den großen Durchbruch zu schaffen. Wo aber der Durchbruch erwartet wird, da ist der Reinfall nicht weit. Solch eine Alternative ist nicht jedermanns Sache.

Als ich elf Jahre alt war, sind meine Eltern mit uns Kindern in einen Film gegangen, der Leben und Werk Michelangelos darstellte. Es war eine Matinee am Sonntagvormittag. Das weiß ich deshalb noch so gut, weil ich ziemlich elend und niedergeschlagen neben den anderen Familienmitgliedern nach Hause lief. Voll tiefer Bewunderung für die Kunst des Bildhauers und Malers nahm ich mir fest vor, niemals wieder selbst zu malen oder zu zeichnen. Meine Eltern konnten meine Niedergeschlagenheit nicht verstehen. Sie hat auch nicht lange angehalten, zum Glück. Seit diesem Tag weiß ich aber, wie sehr man von Vorbildern niedergedrückt werden kann. Man kann freilich auch anderen Gebrauch von Vorbildern machen, man kann sich nämlich mit ihnen gleichsetzen und auf diese Weise an ihrem Ruhm teilhaben. Immanuel Kant hat das, für mich sehr einleuchtend, als die Wirkung des Erhabenen beschrieben. Der Anblick der Alpen oder des Sternenzeltes, die Wirkung einer großen Musik ist zuerst niederschmetternd, man fühlt sich klein und unwichtig. Dann aber fühlt man sich erhoben; darum spricht man ja auch von »erhebenden« Gefühlen. Es ist, als ginge etwas von der Größe des Naturschauspiels oder Kunstwerks auf den Betrachter über.

Das ist ja auch sehr wohltätig von der Natur so eingerichtet, weil der Mensch zugrunde gehen würde, wollte er sich von all denen immer nur einschüchtern lassen, die größer sind als er selbst. Kommt die Rede auf Karlheinz Böhm und seine Hungerhilfe für Afrika, so sagt man schnell: »Ach, den habe ich schon in seinen ersten Filmen gesehen, als der noch gar nicht berühmt war.« Und schon ist die Verbindung hergestellt und der entscheidende Anspruch abgewehrt, nämlich die doch recht naheliegende Frage: »Warum mache ich nicht so etwas Ähnliches wie er, breche meine Zelte hier ab und tue etwas für Menschen, die mich wirklich brauchen?« Nein, auf diese Frage komme ich besser nicht zu sprechen; und wer wollte es mir übelnehmen, daß ich ihr ausweiche.

In dem Film ›Amadeus‹ leidet Salieri Qualen. Salieri, das ist der Wiener Hofkomponist, der das Unglück hatte, einen gewissen Wolfgang Amadeus Mozart als jüngeren Zeitgenossen in seiner Nähe zu haben. Salieri, der hochangesehen ist, besitzt wenigstens soviel Kunstverstand, daß er das Genie Mozarts erkennt, aber anerkennen kann er es nicht. So wird er zum Intriganten, der den genialen jungen Mann auszuschalten sucht. Der Film endet mit einer Szene im Irrenhaus. Der alte Salieri wird als Insasse der Anstalt durch den Flur gefahren und segnet die gescheiterten Gestalten um ihn herum. Genauer: Er erteilt allen Mittelmäßigen die Absolution. Und alle, die diese segnende Geste im Film ansehen, können sich erleichtert fühlen, weil ja auch sie, verglichen mit Mozart, allenfalls nur Durchschnitt sind. Aber bedarf dieses Mittelmaß der Vergebung? Salieri sah das wohl so. Er hatte sich seinen Mangel an Genie nie verziehen. Und erst recht seinem Schöpfer hatte er nicht verziehen, der ihn soviel weniger verschwenderisch ausgestattet hatte als seinen heimlich bewunderten Intimfeind Wolfgang Amadeus Mozart. Salieri als Papst der Mittelmäßigen – nein, diesem Segen will ich mich lieber entziehen.

Kaum hatte Boris Becker zum ersten Mal in Wimbledon gesiegt, da schickte ihm Bundeskanzler Kohl persönlich ein Telegramm, in dem es hieß: »Wir sind stolz mit Ihnen . . .« So war das ja auch. Der Bundeskanzler als Volkes Stimme. Er sagte nicht » . . . stolz auf Sie«, und er hatte recht. Wir waren stolz mit Boris, als hätten wir mitgesiegt. Auch wenn eine Woche später der Herr Bundespräsident, der immer ein wenig weiter sieht, gesagt hat, das habe nichts mit Nationalismus zu tun, es ist eben doch so: Wann fühlen wir uns schon als Deutsche, außer im Siegestaumel, also immer dann, wenn es etwas mitzufeiern gibt. Die geborgte Wichtigkeit oder: das Selbstwertgefühl des Trittbrettfahrers.

Wie lauwarm und unbedeutend wäre man doch, wenn man sich nicht bei anderen, bei Größeren unterhaken könnte. »Ich als Musiker . . .« Wer so spricht, hat den Mantel Mozarts und Karajans ergriffen, um seine eigene Blöße damit zu bedecken. Ja, ja, wir Künstler! Der Fan als Parasit. Als ich ein Junge war, gehörte ich zu einer Gruppe der Evangelischen Jugend, die vor sich einen schwarzen Wimpel hertrug, auf den die Mutter eines unserer Anführer mit großer Kunst die Worte gestickt hatte: »Dem größten König eigen«. Wir wußten, das war ein Zitat aus Conrad Ferdinand Meyers Ballade ›Die Füße im Feuer‹. Wichtig aber war der Sinn der Worte. Erhebend das Gefühl, nicht irgendeinem Herrscher, sondern gleich dem größten zu eigen zu sein. Heute habe ich da meine Bedenken. Es war damals übrigens noch nicht so lange her, daß es bei den Nazis hieß: »Du bist nichts, dein Volk ist alles.« Sicher eine perverse Art, Abhängigkeit und Opferbereitschaft zu fordern. Aber ähnlich funktioniert das heute überall, zum Beispiel bei den Anhängern von Bayern München oder vom HSV. Das eigene Machtgefühl stammt aus der Unterwerfung. Jeder leitet einen Teil seines Selbstwertgefühls von anderen ab. Ob er nun sagen kann: »Ich bin Beamter«, oder, wie mir ein Taxifahrer in Bremen versicherte: »Franz Josef Strauß hat mir persönlich die Hand gegeben.«

Vorbilder hat man dann am liebsten, wenn ein wenig Glanz von ihnen auf einen selbst fällt. Ihr lästiger Aufforderungscharakter, dieser Anspruch, es ihnen gleichzutun, ist weniger willkommen. Die ersten Anhänger Jesu waren wohl auch in der Versuchung, statt ihm nachzufolgen, sich mit der Bekanntschaft des Gottessohnes zu schmücken. Und in diesem Sinn bin ich hinter dem schwarzen Wimpel des größten Königs hergelaufen, als Vertreter der gewaltigsten Weltmacht. Dabei geht allzu leicht der Anspruch Gottes an den Menschen verloren. Und das soll ja auch so sein, weil es dem Menschen schwerfällt, sich an diesem Anspruch messen zu lassen.

Aber Gott erhebt nicht nur Anspruch auf uns. Ich glaube, daß es in Augenblicken, wo man am eigenen Wert verzweifeln kann, sehr schön zu wissen ist, daß der Schöpfer einen unverwechselbar anders gemacht hat als alle anderen. Jeder Mensch hat sein Gesicht ganz für sich allein. Auch wenn alle Eigenschaften, die wir in uns entdecken können, ganz gewöhnlich sind, ihre Zusammensetzung ist es nicht. Jedes Musikstück besteht ja auch aus lauter alltäglichen Tönen und klingt doch unverwechselbar anders als andere Stücke.

Solche Bemerkungen schmecken nun allerdings sehr nach Trost. Und Trost ist, wenn der andere die Absicht spürt, immer ein billiger Trost. Einen Menschen trösten zu wollen heißt, wie gesagt, allzuoft, seinen Schmerz nicht ernst nehmen. Ich glaube, wer sich einmal eingelassen hat auf die Anforderungen der Ellenbogen- und Erfolgsgesellschaft, der wird es sich verbitten, daran erinnert zu werden, daß vor Gott andere Kriterien als ausgerechnet der Erfolg zählen. Wir würden mit solchen Worten schließlich Gott zum Trostpreis für die Untüchtigen machen – und wenn ich auch sicher bin, daß Gott wirklich ein Gott der Bedrückten ist, so soll man sich doch davor hüten, falsch verstanden zu werden.

Ich versuche es zum Schluß mit einem ganz diesseitigen guten Rat. Nein, ich sollte lieber sagen, es ist ein Motto, das ich einmal bei dem französischen Publizisten Alfred Grosser, der aus Deutschland stammt, gefunden habe. Das Motto ist eine etwas verwirrende, weil paradoxe Anleitung zum richtigen Umgang mit sich selbst. Es heißt: »Immer zufrieden sein, sich nie zufriedengeben.« Oder ohne Wortspiel gesagt: Seien Sie nachsichtig mit dem eigenen Versagen, aber geben Sie nicht auf. Trostpflaster und Rippenstoß in schönster dialektischer Verbindung.

Im gedämpften Lärm des Großraumbüros hatte Christine erst gar nicht verstanden, daß hinter ihr jemand etwas sagte. Als sie sich doch umblickte, sah sie einen jungen Mann mit krausen Haaren und braunen Augen. Er sagte noch mal: »Ist das die Maschine, die ich nachsehen soll?« Christine durchfuhr es so, daß sie nicht gleich antworten konnte. Da stellte der Mann seine Frage noch mal, und diesmal fast lustig. Christine nickte und machte dem Wartungsspezialisten der Büromaschinenfirma Platz. Sie blieb wie angewurzelt stehen und konnte kein Auge von ihm lassen. Er schien das kaum zu bemerken, blickte aber hie und da auf und lächelte. Wie zufällig kam jetzt Christines Vorgesetzter, Mitte Zwanzig, kaum älter als sie selbst, vorbei. »Sie brauchen hier nicht zuzugucken, nehmen Sie Ihre Sachen und setzen Sie sich bitte an einen freien Tisch«, sagte er.

Sie tat es zögernd, setzte sich aber so, daß sie den Mechaniker aus den Augenwinkeln beobachten konnte. Jetzt war er fertig, kam an ihren Platz, sagte, er heiße Stefan, und fragte, ob sie sich mal sehen könnten. Sie nickte, und er nannte einen Treffpunkt. Beim Gehen blickte er sich noch zweimal um. Das fiel auf. »Bei denen hat's aber geschnackelt«, sagte eine ältere Arbeitskollegin leise zu ihrer Nachbarin. Und drei Tage später waren sich die Kolleginnen alle einig: »*Christine ist kaum wiederzuerkennen, die strahlt ja nur noch. Wenn man die anredet, fährt sie richtig zusammen.*«

Auch Stefan hatte sich verändert. Seine Freunde aus der Kneipe machten sich schon Sorgen: »*Den Stefan kannste echt vergessen, ehrlich. Den hat sich eine eingefangen, aber wie. Uns kennt der gar nicht mehr.*«

Etwa drei Wochen später, es war ein lauer Sommerabend, kamen Stefan und Christine bei einem Bummel durch die Stadt an einer Telefonzelle vorbei. Stefan meinte, er müsse endlich mal seine Eltern anrufen, die dächten bestimmt schon, er sei beim Baden ertrunken.

Und während des Gesprächs erklärte er seinem Vater auch, er habe einen ganz duften Typ angeschafft, sie kämen demnächst beide mal vorbei. Und dann könnte man ja alles für die Hochzeit besprechen. Dabei drückte sich Christine so heftig an ihn, als wollte sie den Hörer verschlucken. Ein paar Tage später bekam Stefan Post von zu Hause. Beide Eltern hatten geschrieben, seine Mutter länger und besorgter noch als der Vater.

»Du weißt, wie sehr wir uns mit Dir freuen. Deine künftige Frau wird uns immer willkommen sein. Aber wir finden, daß man heute doch ruhig einmal zusammenziehen kann, ohne gleich verheiratet zu sein. Ihr seid beide noch jung. Dann könnt Ihr sehen, ob sich aus der Verliebtheit auch die Liebe entwickelt, auf der man allein eine Ehe gründen kann.«

Christine und Stefan hatten die Briefe zugleich gelesen, hastig und voller Mißtrauen. Stefan legte die Blätter verächtlich weg, und Christine sagte nur eins: *»Unverschämtheit.«* Stefan wußte genau, von welchem Wort Christine so getroffen war, von dem Wort »Verliebtheit«. *»Haben die 'ne Ahnung«,* sagte Stefan, *»von Liebe verstehen die doch gar nichts. Ausgerechnet die.«* Und beide waren jetzt nur noch mehr als je davon überzeugt, ihre Liebe zueinander sei so groß, daß eben niemand das verstehen könne, weil es eine solche Liebe noch nie gegeben habe. Und sie flüsterten sich wieder und wieder zu, daß ihre Liebe ewig sei, daß sie miteinander sieben Kinder und dreißig Enkel haben würden und daß keine Macht der Welt sie je auseinanderbringen würde – schon gar nicht die Eltern. Doch ein paar Wochen ändern viel.

»Na, ist bei euch wieder Alltag? Ewig geht das sowieso nicht. Aber ich will nichts gesagt haben. Er ist bestimmt nett.« Das waren die Worte eines Kollegen von Christine, der sie nach Büroschluß vor dem Haupteingang hatte warten sehen. Aber diese blöde Bemerkung sollte sie nicht treffen, das nahm sie sich fest vor.

Wir machen in unserem Bericht jetzt einen Sprung von mehr als zwei Jahren. Stefan und Christine haben standesamtlich geheiratet, ohne ihre Eltern übrigens, ganz im stillen. Eine Tochter, Tanja, war geboren. Und nun sollte bei der Taufe auch die kirchliche Trauung nachgeholt werden. Das Ehepaar hatte sich als Bibelwort den Trauspruch gewünscht, mit dem auch schon beide Elternpaare ihre Ehe begonnen hatten, 1. Korinther 13. Der Pfarrer sagte:

»Nun aber bleiben Glaube, Hoffnung, Liebe, diese drei; aber die Liebe ist die größte unter ihnen. Was will uns der Apostel Paulus damit sagen? Doch wohl zuvörderst dies: Die Liebe ist die größte, weil sie niemals aufhört. ›Die Liebe höret niemals auf.‹ Das ist es, was der Apostel kurz vorher sagt. Und deshalb ist sie die größte von allen. Nun, liebe Gemeinde und insonderheit liebes Brautpaar, können wir das so annehmen: Die Liebe höret niemals auf? Vielleicht sehen Sie das ganz anders, zumal Sie schon miteinander Erfahrungen gesammelt haben. Und doch: Die Liebe, von der der Apostel hier spricht, sie hört wahrlich nicht auf. Denn sie ist ein Teil der allgemeinen Nächstenliebe, ja der Gottesliebe. Und darum sagt der Apostel auch von ihr: ›Sie ist langmütig und freundlich . . ., sie sucht nicht das ihre . . ., sie erträgt alles, sie glaubt alles, sie hofft alles, sie duldet alles . . .‹«

Es war gerade bei diesen Worten, daß sich Stefan und Christine anschauen mußten, tief gerührt von dem Gefühl, daß der andere immer so sein werde: langmütig, duldsam und selbstlos. Denn so verstanden sie es: als Beschreibung der Liebe, mit der man geliebt werden möchte. Christine nahm sich vor, immer so begehrenswert zu sein, daß Stefan sie lieben könne. Und Stefan dachte, er habe es wirklich verdient, so gut behandelt zu werden, nach allem, was er selbst schon in diese Beziehung hineingesteckt habe. Beide sahen wieder verstohlen zueinander herüber und waren bewegt von dem Glück, das sie bekommen würden. Später, an der großen Festtafel, wurde noch manche Rede gehalten, unter anderem von einem Onkel, der, wohl weil er Lehrer war, mit Klassikerzitaten glänzte.

»Goethe, wohl unser größter Dichter, der selbst immer wieder die Leidenschaft und ihr schnelles Ende kennengelernt hat, rechtfertigt sich einmal mit den Worten: ›Begeisterung ist keine Heringsware, die sich einpökeln ließe auf einige Jahre.‹ Gut gesprochen. Aber unser anderer großer Klassiker, Friedrich von Schiller, scheint ihm

widersprechen zu wollen, wenn er in der ›Glocke‹ die jungen Liebenden ermahnt: ›Die Leidenschaft flieht, die Liebe muß bleiben...‹ Erheben wir nun das Glas auf die Liebe, die bleibt und von der schon der Herr Pfarrer heute in der Kirche gesprochen hat!«

Nachher, beim Kaffee, kam zu Christine eine ihrer Patentanten, flüsterte ihr ins Ohr, eine Rede halten könne sie leider nicht, da habe sie ihr aufgeschrieben, was sie gern gesagt hätte. Sie steckte ihr einen Briefumschlag zu und ging wieder an ihren Platz. Christine las heimlich, wie früher in der Schule unter der Bank: »Mein liebstes Tinchen! Nur zwei Sätze möchte ich Dir mitgeben: Frage Dich nie, ob Du geliebt wirst, sondern ob Du lieben kannst. Und frage Dich nie, ob Ihr zueinander paßt, sondern wie Ihr zueinander finden könnt. Das wünscht Dir von Herzen Deine Patentante Gisela.«

Christine empfand Ärger, gerade wollte sie den Kopf schütteln, als sie das Gefühl hatte, Tante Gisela könnte sie beobachten. Darum blickte sie auf, nickte der Tante, die tatsächlich zu ihr herübersah, freundlich und zustimmend zu und faltete das Briefchen sorgfältig. Aber im stillen dachte sie, solche Ratschläge brauche sie nicht, auch hätten sich die Frauen schon zu lange gefügt. »Frage dich nie, ob du geliebt wirst, sondern ob du lieben kannst...« Nein, eine solche »gute Ehefrau« wollte sie nicht sein.

Wir machen nun in unserem Bericht wieder einen Sprung, diesmal von etwas mehr als drei Jahren. Ein zweites Kind ist geboren, Jan-Olrik, von einem dritten Kind hat Christine gelegentlich gesprochen, aber Stefan ist mehr dafür, daß sie bald in ihren alten Beruf zurückkehrt. An die Anfangszeit denken beide nur noch zurück, wenn sie einmal ins Kino gehen und einen Liebesfilm anschauen, was sie übrigens gern und mit sentimentaler Rührung tun. Bei ihnen selbst ist der Rausch verflogen, aber sie haben nichts nachwachsen lassen.

Als Stefan auf einem Fortbildungsseminar ist, neckt ihn sein Kollege Karl-Heinz, genannt Charly. »Entschuldige, für mich biste so'n richtiges Eheopfer. Aber auf mich hast du ja noch nie gehört. Wenn du trotzdem meine Meinung wissen willst: Es ist ein Riesenirrtum, daß die Liebe von

Dauer sein könnte. Da gibt's nur eins, eine enttäuschte Liebe ersetzt man durch eine neue Liebe, genauso wie man eine entlaufene Katze durch eine andere Katze ersetzt. Du bist doch noch jung. Hast du dich denn schon völlig abgemeldet?« Stefan fühlt sich von seinem Freund Charly herausgefordert, vor allem, als Charly erzählt, er unterscheide zwischen Heimspielen und Auswärtsspielen und nehme sich eben, was er brauche.

Stefan fühlt sich von der Ehe eingeengt. *»Was ist denn von unserer Liebe geblieben?«* fragt er Christine vorwurfsvoll. Und dann fällt das Wort von der natürlichen Abfolge: Feuer, Glut und Asche. Christine nickt und weint. Stefan ist verzweifelt, denn er ist sicher, es ist alles aus. Trotzdem will er der Ehe – um der Kinder willen – noch eine Chance geben und stimmt deshalb ein paar Monate später dem Vorschlag seiner Frau zu, doch gemeinsam eine Eheberatung aufzusuchen. Der Termin ist verabredet, beide Eheleute sind etwas aufgeregt. Die Beratungsstelle liegt in einer ehemaligen Villa. An der Gartenpforte bleibt Stefan stehen und erklärt seiner Frau, sie solle ja nichts erzählen, was nicht stimme. Und er läßt durchblicken, wenn hier schon einer zum TÜV müßte, dann sei das Christine. Er hingegen sei ja so gutmütig, daß er sogar mit zu dieser Eheberaterin komme, die als Frau sowieso Partei sein werde. Dann klingelten sie.

Die Beraterin sagte gleich zu Beginn, dies könne nur ein erstes Kennenlernen sein. Wenn eine Beratung gewünscht werde, dann müsse sie leider sagen, die Wartezeit betrage etwa zwei Monate. Nun wolle sie aber erst einmal zuhören. Nach einigem Zögern fing Christine an, später erzählte auch Stefan viel. Beide zeigten sich einsichtig, aber es war auch nicht zu überhören, daß sie vor allem vom anderen enttäuscht waren. Stefan stellte auch die Institution Ehe in Frage, während Christine andeutete, daß sie vor allem die Rollenverteilung der Geschlechter ablehne.

Die Beraterin warf schließlich einen knappen Blick auf die Uhr und erklärte, sie müsse leider zum Schluß kommen: *»Ich würde Ihnen, wenn ich meinen Eindruck zusammenfassen soll, eine Eheberatung sehr empfehlen. Ihre Probleme sind nicht ungewöhnlich groß. Sie haben sich* *gegenseitig bisher kaum verletzt; die Aussichten halte ich für gut, ja sehr gut. Zwei Dinge möchte ich noch genauer benennen. Sie könnten, glaube ich, noch etwas mehr aus der ehelichen Liebe machen, also aus Ihrer Sexualität miteinander. Da fehlt es ja in vielen Ehen an Phantasie, an Geduld, an einem Hören aufeinander. Ehe kann Spaß machen, und das Bett ist eine Grundlage der Ehe.«*

Da wurde die Beraterin von Christine unterbrochen mit dem Einwand, auch in der Ehe könne Sex doch nicht alles sein, ihr Sinn könne doch nicht im Bett liegen; man sei als Ehepaar ein Team, das etwas schaffen und erreichen wollte, und überhaupt: die Kinder ...

Die Eheberaterin hörte gut zu und sprach dann weiter: *»Ich hatte zwei Dinge erwähnen wollen, das eine war die Sexualität, wie immer Sie die bewerten wollen. Das andere ist mir genauso wichtig, aber das kann ich jetzt nur noch mit einem Satz erwähnen, weil wir Schluß machen müssen. Mir scheint, daß Sie gemeinsam noch etwas an Ihrer grundsätzlichen Einstellung zum Partner arbeiten könnten. Es könnte sein, daß Sie beide noch zu sehr bestimmt sind von dem ›Modell‹ – will ich es einmal nennen – der romantischen Liebe, dieser ersten Verliebtheit. Die hört einmal auf. Die Liebe aber ist – entschuldigen Sie das harte Wort – etwas ganz anderes. Die Liebe ist eine Fähigkeit, die nicht alle Menschen besitzen, schon gar nicht die, die sich ständig verlieben wollen. Das nur als Andeutung. Ich glaube, daß Sie beide liebesfähig sind. Und darum, überlegen Sie's sich mit der Beratung. Ich fänd's gut.«*

Als Christine und Stefan wieder ins Freie traten und zur Gartentür gingen, waren sie beide etwas verwirrt. Christine sorgte sich davor, in eine Art Sexreparaturbetrieb geraten zu sein. Und Stefan war enttäuscht, weil das eine, das er erwartet hatte, gar nicht vorgekommen war. Er hätte gern durch einen Test erfahren, ob sie beide überhaupt zueinander paßten. Denn davon war er überzeugt: Wenn man nicht zueinander paßt, hat alles keinen Zweck. Sein Freund Andreas hatte das oft ausgesprochen. *»Zu jedem Menschen gibt es ein Gegenstück, die andere Hälfte, die genau für ihn bestimmt ist. Diesen Menschen, der genau zu dir paßt, mußt du suchen. Das* *ist, wie wenn du Handschuhe kaufst oder ein Motorrad – es muß zu dir passen. Und wenn es nicht paßt, dann mußt du es so lange umtauschen, bis alles haargenau klappt. Dann hast du das totale Glück.«* Dieser Gedanke ging Stefan gar nicht mehr aus dem Kopf. Und eines Tages war es soweit, die Theorie schien wahr werden zu wollen.

Seit zwei oder drei Monaten gab es in Stefans Firma eine neue Arbeitskollegin, etwas älter als er, geschieden, wie man hörte, eine stille Schönheit von der Art, die nicht gleich auffällt. Doch gewöhnte es sich Stefan an, hie und da mit ihr ins Gespräch zu kommen. Und dann glaubte er zu wissen: Das ist die ideale Frau für mich. Einmal nach Feierabend erzählte er ihr mit großer Hingabe seine Geschichte von den Menschen, die ganz vollkommen zueinander passen. Er fühlte eine unglaubliche Hoffnung und ein grenzenloses Vertrauen.

Sie jedoch zögerte lange mit einer Antwort. Erst als er sie drängte, sagte sie: *»Ich mag dich sehr, das sollst du ruhig wissen. Aber an dein Märchen von den beiden Menschen, die zueinander passen, kann ich nicht glauben. Denk bitte nicht, ich sei verbittert und ohne Hoffnung, im Gegenteil, ich glaube an die Liebe. Aber ich finde, sie ist eine Aufgabe, eine schöne und schwere Aufgabe. Passen tun zwei Menschen nie, sie müssen sich immer neu suchen und miteinander einrichten. Und warum willst du den gleichen Weg noch einmal gehen, den du mit deiner Frau gegangen bist, um dann eines Tages wieder zu resignieren? Wenn ich dir das sagen darf: Geh zu ihr und nimm die Aufgabe an. Leichter und lohnender wird es für dich nirgends sein.«*

Stefan hörte aus diesen Worten nur die Zurückweisung, die ihn verletzte. Daß seine lange so bewunderte Kollegin jetzt die Hand auf seinen Arm legte, als wolle sie ihm ihre Zuneigung zeigen, konnte ihn nicht ablenken. Er fühlte sich abgelehnt und war wütend auf sich selbst, weil er soviel Vertrauen gehabt hatte. Immerhin mag dies Erlebnis ihn mit dazu bewogen haben, an dem Plan festzuhalten, sich zusammen mit seiner Frau zur Eheberatung anzumelden. Man soll ja nichts unversucht lassen, sagte er sich und merkte selbst, wie resigniert das klang.

An dieser Stelle müssen wir Stefans Lebensgeschichte verlassen. Nur von Christine kann jetzt zum Schluß noch kurz die Rede sein. Auch sie hatte nämlich zu einem Menschen Vertrauen gefaßt, allerdings war das, und sie mußte selbst darüber lächeln, ausgerechnet ein katholischer Priester. Sie hatte ihn beim Elternabend im Kindergarten kennengelernt, denn der Kindergarten war zufällig katholisch, obwohl sie selbst, wie auch Stefan, evangelisch war. Nun, jedenfalls hatte Christine sich ein Herz gefaßt und sich beim katholischen Pfarrer angemeldet. Sie hatte auch gleich dazu gesagt, sie sei nicht katholisch, wollte aber einen Rat in Ehefragen. Als sie dem Priester gegenübersaß, war sie sehr befangen. Aber er anscheinend auch. Dann begann er: »*Es könnte sein, daß ich noch aufgeregter bin als Sie, denn eigentlich fühle ich mich überfordert. Was versteht schon ein Priester von der Ehe? Ich scheue mich, davon zu sprechen. Aber ich bin gern bereit, Ihnen zuzuhören oder auch zu sagen, was ich selbst mir zu wissen einbilde – denn unsereiner erfährt ja in Gesprächen manches, was schließlich zu einer Art Erfahrung wird.*«

Nachdem Christine sich lange ausgesprochen hatte, gelegentlich von kurzen Zwischenfragen ermuntert, trat eine Pause ein. Beide hatten wohl das Gefühl, nun sei der Geistliche dran.

»*Das bewegt mich alles, und Sie müssen nicht glauben, ich wüßte mehr als Sie.*« Der Pfarrer war aufgestanden und ging im Zimmer umher. »*Aber eins drängt sich mir immer auf. Ich glaube, daß sich wohl alle Menschen einbilden, sie seien liebesfähig, aber daß es nur ganz wenige, begnadete Menschen wirklich sind. Ich bin es wahrscheinlich nicht. Ich habe eigentlich nur den Wunsch, geliebt zu werden. Darum bin ich wohl auch Priester geworden. Aber jetzt rede ich von mir – Sie sehen, ich bin nicht sehr professionell.*« Nach einer Pause setzte er sich. »*Vielleicht habe ich jetzt auch etwas Falsches gesagt, denn ich könnte Sie entmutigt haben. Nein, versuchen muß man es immer – zu lieben. Mir hilft dabei der Gedanke, daß Gott die Liebe ist, wie es im ersten Johannesbrief heißt. Ich erkläre mir das so, daß die Liebe nicht wie eine Ware ist, die ich netterweise geschenkt be-*

komme – sei es von Menschen oder von Gott –, sondern die Liebe ist eine Kraft, die aus mir heraus kommt. Aus dem Kern meiner Persönlichkeit, wenn ich denn überhaupt einen solchen Kern habe. Eine Kraft, sagte ich. Sie kann immer nur aus mir kommen. Diese Kraft ist, wo sie da ist, Gott selbst.«

Da dachte Christine, nun sei der Pfarrer doch bei Gott gelandet, das habe man wohl erwarten müssen. Sie schwieg und zeigte ein verschlossenes Gesicht. *»Das ist Ihnen bestimmt zu theologisch«*, fuhr der Pfarrer fort. *»Ich wollte auch nur sagen, die Sache ist nicht ganz einfach. Wir leben in einer Zeit, in der alles zur Ware geworden ist. Alles hat seinen Tauschwert. Jeder Mensch will Liebe haben. Aber die Rechnung kann nicht aufgehen, denn wenn es schon ein Markt ist, sollte das Angebot der Nachfrage entsprechen. Aber wo sind die Anbieter, wo sind die Gebenden?«*

Christine war etwas ungeduldig geworden. *»Gut«*, sagte sie leise, aber energisch, *»und was bedeutet das für mich? Ich meine, was kann ich tun?«*

»Vielleicht wird es Sie wundern, diesen Rat gerade von einem Pfarrer zu hören. Aber tun Sie etwas für sich. Lieben Sie sich! Entwickeln Sie Ihren inneren Kern, damit die Liebe dort entstehen kann. Die Liebe zu Gott, zu den Menschen und zu dem einen geliebten Mann. Diese Liebe ist unteilbar, sie ist eine. Und sie entspringt nie aus dem Liebesobjekt, nicht aus den Umständen, sondern aus einem gereiften Menschen. Aus Ihnen selbst.«

»Das ist mir ein bißchen zu theoretisch«, sagte Christine und dachte daran, daß sie bald nach Hause müsse. Doch als sie es ausgesprochen hatte, wußte sie zugleich, daß sie dem Priester unrecht tat. *Wahrscheinlich hat er sogar recht,* dachte sie. Und sie spürte doch auch, daß sie enttäuscht war. Sie hatte etwas bekommen wollen, und nun war sie an die Arbeit geschickt worden. Und der Arbeitsplatz sollte sie selbst sein.

33 Die Seele steckt im Kopf
Ein Streit um die Gehirnforschung

Das Thema, das uns jetzt beschäftigen soll, möchte ich in der Form eines fiktiven Streitgesprächs darstellen. Die beiden Wissenschaftler, die hier ihre Standpunkte vorführen, nenne ich Professor Edwards und Professor Gentner. Sie haben Vorbilder in der Wirklichkeit. Kenner der Materie unter meinen Lesern werden bemerken, daß Edwards hier die Thesen des Gehirnforschers und Nobelpreisträgers John C. Eccles vertritt; während sein Gegenüber, Professor Gentner, Einsichten äußert, die sich so ähnlich in dem ausgezeichneten Buch des deutschen Biophysikers Alfred Gierer, ›Die Physik, das Leben und die Seele‹, finden. Beider Auffassungen widersprechen sich grundsätzlich und eignen sich deshalb vorzüglich für ein Streitgespräch. Nur – im Wortlaut und unter ihrem Namen wollte ich die Herren nicht auftreten lassen, um ihre Rechte am eigenen Wort zu wahren. Dem dokumentarischen Charakter der Kontroverse wird das nicht schaden. Und nun können wir beginnen.

Moderator: Das Verhältnis der Seele, meine Damen und Herren, hat so seine Schwierigkeiten. Ohne Seele kann man den Menschen nicht verstehen, mit einer Seele aber auch nicht. Kein Wunder, daß der Begriff heftig umstritten ist. Viele Menschen glauben, sie hätten gar keine. Vor allem Naturwissenschaftler kommen gut ohne Seele aus, schließlich zeigt sie sich ja auch nicht, wenn man einen Menschen seziert. Wenn es sie aber dennoch geben sollte, müßte man wohl im Sinne unseres Themas formulieren: »Die Seele steckt im Kopf.«

Edwards: *Um das gleich zu sagen: Die Formulierung des Themas gefällt mir gar nicht! Ich finde es ganz falsch zu sagen, die Seele stecke im Kopf. Wie kommen Sie zu dieser Behauptung?*

Moderator: Wenn es eine Seele gibt, muß sie doch vom Gehirn hervorgebracht werden, steckt sie also im Kopf.

Edwards: *Ich habe wirklich eine hohe Bewunderung*

für das Gehirn, sonst hätte ich ihm nicht meine Lebens-
arbeit gewidmet. Aber es bleibt doch ein Organ wie, sa-
gen wir, Leber oder Niere. Es ist ein Werkzeug unseres
Geistes und unserer Seele.

Moderator: Das verwundert mich. Nicht mehr? Und
das sagen gerade Sie?

Edwards: *Ja, das Gehirn ist ein gut arbeitendes, ausfüh-*
rendes Organ, mehr nicht.

Moderator: Und Geist und Seele, wo dürfen wir uns
die denken?

Edwards: *Nicht im Gehirn. Die Seele ist nicht materiell.*
Sie hat keinen Ort.

Moderator: Für einen Naturwissenschaftler eine ungewöhnliche Ansicht.

Edwards: *Die Seele hat man sich doch niemals vorstel-*
len können. Vielleicht darf ich mal zurückfragen: Wie
stellt sich denn ein Journalist die Seele vor, falls Sie an ei-
ne Seele glauben?

Moderator: Ja, eigentlich sagen wir, ein Mensch habe
»Herz«, wenn wir seine Güte meinen, seinen Charakter.
Manche Menschen erleben als ihr Zentrum das Sonnen-
geflecht in der Magengrube. Moderne Psycho-Freaks
sprechen gern vom »Bauch«, wenn sie den Sitz des Gefühls meinen, im Gegensatz zum Kopf, in dem sie allein
den Intellekt denken.

Edwards: *Eben, die Seele hat keinen festen Ort.*

Gentner: *Sollten wir nicht überhaupt zuerst einmal klä-*
ren, was wir unter »Seele« verstehen wollen? Ich vermu-
te, gemeint sind damit doch wohl die höheren Leistungen
des Nervensystems, das schließlich vom Gehirn gesteuert
wird. Also könnte ich mich schon der Behauptung an-
schließen, die mit dem Thema ausdrücklich formuliert ist:
Die Seele steckt im Kopf. Das Gehirn kann mehr als
denken.

Moderator: Ungewöhnlich ist schon, daß Sie als Naturwissenschaftler das Wort »Seele« verwenden.

Gentner: *Ich glaube in der Tat, daß man streng natur-*
wissenschaftlich bleiben und doch von einer Seele reden
kann.

Moderator: Das geht beides zusammen?

Gentner: *Ja, durchaus. Allerdings, und das muß ich ge-*

gen das sagen, was Kollege Edwards eben geäußert hat, scheint es mir unmöglich, die Seele als etwas anzusehen, was irgendwo in uns nistet wie ein Kuckuck in der Uhr, also ein selbständiges Leben im Menschen führt. Für mich ist der Mensch eine Einheit. Die seelischen Leistungen des Menschen, Geist, freier Wille, Moral – das sind höhere Leistungen dieses Organs, das wir »Gehirn« nennen.

Moderator: Die Positionen sind abgesteckt. Die beiden Forscher, die hier zu Wort kommen, sind, das muß ich zugeben, ein wenig einseitig ausgewählt. Einseitig, das soll heißen, es sind zwei Wissenschaftler, die tatsächlich das Wort »Seele« in den Mund nehmen. Gewöhnlich spricht man in diesen Kreisen höchstens von der »Psyche«, weil »Seele« immer so nach Religion klingt, nach Unsterblichkeit und göttlichem Ursprung.

Herr Edwards, warum reden Sie so nachdrücklich von der Seele? Sie haben das Gehirn seziert, Sie haben seine Funktionen erforscht, den Nobelpreis bekommen, und nun, im hohen Alter, setzen Sie sich mit aller Energie in Vorlesungen und Büchern dafür ein, daß der Mensch ein geistiges, ja ein beseeltes Wesen ist. Warum tun Sie das?

Edwards: *Weil die sogenannte »Wissenschaft« zum Materialismus verengt worden ist. Die meisten meiner Kollegen überall in der Welt behandeln den Menschen, als wäre er eine große Maschine, die nach den Naturgesetzen der Physik und Chemie automatisch abläuft. Alles sei determiniert, also festgelegt, behaupten sie. Der freie Wille bleibt auf der Strecke, Wert und Moral gelten als Illusion – dagegen muß man etwas tun.*

Moderator: Aber Sie sehen doch das Gehirn des Menschen auch ziemlich abwertend als eine große Maschine an, Sie sagen gern, als einen Computer, der zwar funktioniert, aber keine Persönlichkeit hat, kein »Ich«, kein »Selbst«, wie Sie das nennen ...

Edwards: *Das Gehirn ist bloß ein Organ ohne eigene Ziele. Da der Mensch aber ein geistiges Wesen mit freiem Willen ist, bleibt uns nichts anderes übrig als anzunehmen, daß er eine Seele hat, die dem Gehirn die Anweisungen gibt.*

Gentner: *Es erstaunt mich immer wieder, von einem so*

großen Gehirnforscher so abfällige Ansichten über das Gehirn zu hören.

Edwards: *Im Gegenteil, ich bewundere das Gehirn, das viel komplizierter ist, als Computer es je sein könnten, und viel besser funktioniert. Aber das Gehirn funktioniert eben nur. Es muß programmiert werden, von der Seele, vom »Selbst« des Menschen.*

Gentner: *Mit dieser Zweiteilung – hier das Gehirn, dort die Seele – kommen Sie doch in Teufels Küche. Hat man erst einmal diese Zweiteilung vorgenommen, bekommt man den Menschen nicht so leicht wieder zu einer Einheit, zu einem Ganzen zusammen. Ich gehe von der Gemeinsamkeit aller höheren Nervenfunktionen im Gehirn aus, einschließlich der seelischen Regungen. Die Seele wird vom Gehirn erzeugt. Wie soll es denn sonst gehen?*

Moderator: Ich habe den Eindruck, Herr Gentner, bei Ihnen ist »Seele« bloß ein Wort. Eigentlich kennen Sie nur das Gehirn, und das funktioniert für Sie rein naturwissenschaftlich. Das Gehirn bringt die Leistungen hervor, die wir die »seelischen« nennen. Aber eine wirkliche Seele, eine Seele als selbständige Einrichtung, die kennen Sie nicht.

Gentner: *Der Mensch hat eine Seele, er hat einen freien Willen, er ist eine Persönlichkeit. Das sage ich mit Nachdruck. Aber der Mensch funktioniert dennoch durchaus als natürliches Wesen. Das ist kein Widerspruch.*

Moderator: Wenn ich es mir richtig überlege, sind mir Ihrer beider Ansichten etwas unheimlich.

Edwards: *Wieso?*

Gentner: *Warum unheimlich?*

Moderator: Ich versuche mir das vorzustellen. Herr Gentner, mein Gehirn, das soll »ich« sein. Ich selbst mit meinen Gefühlen, meinen Entscheidungen, meiner Persönlichkeit – alles nur die Leistung dieser weißen Masse da oben. Das bin ich? Offen gesagt, ich habe mein Ich immer noch als etwas anderes gesehen. Ich sträube mich, mein Selbst, mein Ich, meine Selbstbestimmung einfach an mein Oberstübchen abzugeben. Da fühle ich mich entthront, entmachtet. Ich bin doch nicht mein Gehirn! Ich bin doch – ich. Sonst wäre zumindest eine Illusion weg.

314

Edwards: *Genau das wollte ich sagen! Sie haben recht: Der Computer da oben ist nur Ihr Werkzeug. Ihre Persönlichkeit aber, Ihr Geist, Ihre Seele ist immateriell, ist nicht an eine Materie gebunden. Ist frei.*

Moderator: Entschuldigen Sie, aber ich hatte sagen wollen, daß Ihrer beider Ansichten – also auch Ihre, Herr Edwards – mir etwas unheimlich sind. Denn wenn ich Sie nun richtig verstanden habe, dann schwebt so eine Seele in mir oder um mich – das soll »ich« sein. Das ist doch nun schon fast . . . Spiritismus.

Edwards: *Das hat damit nichts zu tun. An Geister glaube ich nicht. Aber an den Geist. Und der ist nicht von einem menschlichen Organ hervorgebracht.*

Moderator: Sondern? Sagen Sie bloß: von Gott.

Edwards: *Ich bin Wissenschaftler, und als solcher kann ich über den Ursprung und die Zukunft unserer Seele nichts sagen. Aber wenn Sie mich als Bürger mit Common sense und moralischen oder religiösen Ansichten fragen, dann will ich Ihnen gerne antworten.*

Moderator: Und wie würden Sie dann antworten?

Edwards: *Daß die Seele dem Embryo eingeflößt wird und, wie wir hoffen dürfen, unseren körperlichen Tod überlebt.*

Gentner: *Ich will Ihre religiösen Gefühle und Ansichten gern respektieren, das fällt mir auch gar nicht schwer, aber eine Frage möchte ich doch stellen: Warum verzichten Sie so schnell auf eine naturwissenschaftliche Lösung des Problems?*

Edwards: *Weil es die nicht gibt.*

Gentner: *Ich glaube eine zu sehen, nämlich wenn wir einfach annehmen, daß das Gehirn selbst fähig ist zu diesen geistigen Leistungen.*

Edwards: *Die Naturwissenschaft ist notwendig materialistisch und kann den Geist nicht erklären.*

Moderator: Nur eine Verständnisfrage: Was verstehen Sie unter »materialistisch«?

Edwards: *»Materialistisch« nenne ich jeden Versuch, den Menschen so zu erklären, als wenn er »nichts als« Physik und Chemie wäre.*

Moderator: Aber für diese These spricht doch eigentlich viel! Sie selbst, Herr Edwards, haben Experimente gemacht, bei denen feine Sonden in bestimmte Regionen des Gehirns geschoben und diese Regionen elektrisch gereizt wurden. Und siehe da, die Versuchstiere empfanden Schmerz oder Lust, je nachdem, welche Region gereizt wurde; sie wurden aggressiv oder schliefen ein, bekamen Angst oder wurden sexuell erregt – das gleiche zeigt sich übrigens auch beim Menschen. Daraus kann man doch nur schließen, unsere seelischen Zustände beruhten auf physikalischen Prozessen, die man im Gehirn künstlich hervorrufen kann.

Edwards: *Sicher, das Gehirn kann man physikalisch oder chemisch beeinflussen, denken Sie nur an die Psychopharmaka. Aber nicht die Seele!*

Gentner: *Psychopharmaka werden meines Wissens gerade dann gegeben, wenn die Seele krank ist. Und sie reagiert darauf!*

Edwards: *Die Seele kann niemals krank werden, davon sind seit langem die besseren unter den Psychiatern überzeugt. Nur die Nerven und das Gehirn können erkranken. Das Ich, das Selbst des Menschen, eben die Seele, ist unveränderbar.*

Gentner: *Das ist sicherlich eine menschenfreundliche, aber doch etwas – wenn ich so sagen darf – märchenhafte These, der ich nicht ganz folgen kann.*

Moderator: Nun bin ich gespannt, wie Sie, Herr Gentner, das sehen. Denn Sie wollen doch, soviel ich weiß, das Kunststück fertigbringen, zwei Annahmen miteinander zu verbinden, die bislang als unvereinbar galten. Die eine Annahme ist: Auch die geistigen und seelischen Leistungen des Menschen beruhen nur auf physikalischen und chemischen Vorgängen.

Edwards: *Wenn Sie das wirklich meinen, Herr Kollege Gentner, sind Sie für mich auch ein Materialist.*

Moderator: Halt, jetzt kommt ja noch die zweite Annahme von Herrn Gentner. Er hält an der Anschauung fest, daß der Mensch eine Seele habe oder eigentlich eine Seele ist. Und meint, das lasse sich mit der anderen These, daß auch beim Menschen alles auf Physik und Chemie beruhe, vereinbaren.

Gentner: *Ja, das ist richtig.*

Moderator: Dann kommen wir aber zu furchtbaren

Enttäuschungen. Zum Beispiel, ein Mensch ist verliebt, und ein anderer sagt ihm: »Was du da fühlst, das sind in Wirklichkeit nur chemische Vorgänge in dir, die du als Liebesrausch erlebst.« Ist denn jedes Gefühl eine Illusion und in Wirklichkeit chemischen Ursprungs?

Gentner: *Ach nein! Es ist nichts schrecklicher als die schreckliche Vereinfachung. Schon diese Formulierung »nichts als« Chemie ist falsch, denn diese chemischen – besser in diesem Fall: hormonalen – Prozesse sind ja offenbar nicht alles. Die Liebe als bewußtes Gefühl ist wirklich da und ist bestimmt keine Illusion. Ich sage nur, dem Gefühl und allen höheren Gehirnfunktionen liegt auch immer ein chemischer Prozeß zugrunde, als die andere Seite der Medaille.*

Edwards: *Und dieser Prozeß läuft für Sie natürlich determiniert ab wie alles in der Natur, also er ist festgelegt! Es gibt keine Freiheit der Entscheidung! Mit anderen Worten: der Mensch als Maschine. Da haben wir es wieder. Oder angewandt auf unseren Verliebten: Er konnte gar nicht anders, er hat nur reagiert, es war alles programmiert.*

Gentner: *Auch das ist allenfalls in der vereinfachten Theorie richtig. An jeder Entscheidung, schon gar an einer Liebe, sind aber ungeheuer viele Faktoren beteiligt. Sie müssen auch daran denken, daß jeder Mensch charakterlich festgelegt ist. Er ist also nicht beliebig manipulierbar. Es gibt Versuche, bei denen hat man Testpersonen mit Tabletten in einen Angstzustand versetzt. Und was haben diese Menschen empfunden? Eine Unruhe, aber nicht wirklich Angst, weil sie ja wußten, daß kein Grund zur Angst besteht.*

Moderator: Also die Chemie in unserem Kopf bestimmt uns nicht allein?

Gentner: *Richtig. Das Bewußtsein ist wichtiger. Der Mensch ist ein denkendes Wesen, er erkennt sich selbst. Ist einem bewußt, daß Grund zur Angst besteht, dann läßt das Gehirn eine chemische Substanz ausschütten, die den Körper in Angstalarm versetzt, was sehr sinnvoll ist. Es ist also das Bewußtsein, das den chemischen Prozeß auslöst. Freilich ist auch das Bewußtsein selbst ein chemischer Prozeß, wie sollten denn sonst die Nachrichten auf den*

Nervenbahnen weitergegeben werden, wenn nicht letzt-lich auf chemisch-physikalischem Wege.

Moderator: Auch der Geist braucht also elektrische Impulse, um sich zu äußern.

Gentner: *Er ist selbst elektrischer Impuls. Sonst könnte er ja gar nicht solche Impulse auslösen und dem Körper dadurch Befehle geben. Ich wollte aber noch etwas ande-res sagen, womit ich Ihnen, Herr Edwards, wohl entge-genkomme, und das mag Sie überraschen. Ich bin näm-lich davon überzeugt, daß es dem Menschen niemals möglich sein wird, das Leib-Seele-Problem zu verstehen.*

Edwards: *Aha! Für Sie ist die Seele also auch ein uner-klärliches Wunder, das wir niemals begreifen werden?*

Gentner: *Ja. Es gibt auch auf anderen Feldern der Na-turwissenschaft prinzipielle Grenzen des Erkennens, etwa in der Mathematik und in der Physik der Elementarteil-chen. Meine These ist, daß es eine solche Grenze auch in der Biologie, und zwar genau an dieser Stelle gibt: Die Seele ist prinzipiell unerforschlich.*

Moderator: Und warum? Das klingt so nach Kapitula-tion. Woher wollen Sie wissen, was künftige Generatio-nen nicht noch alles entdecken?

Gentner: *Es gibt Gründe dafür, die ich hier nicht aus-breiten kann. Nur so viel: Immer wenn eine Erkenntnis auf sich selbst angewendet werden soll, gerät man in Wi-dersprüche. Das Denken kann sich nicht vollständig selbst denken. Oder um dasselbe anders auszudrücken: Das Bewußtsein kann sich nicht voll seiner selbst bewußt werden. Und die Seele ist die höchste Form des Bewußt-seins, das der Mensch von sich selbst hat. Kein Tier kennt sich selbst, nur der Mensch, aber er kann sich nie voll-ständig kennen. Darum ist für uns die Seele letztlich nicht zu begreifen...*

Moderator: Prinzipiell nicht? Gibt es so was wirklich?

Gentner: *Im Alltag kommt das oft genug vor. Manche Witze machen sich das zum Beispiel zunutze, da wird das Ergebnis paradox, wenn ein Prinzip auf sich selbst ange-wandt wird... Ich suche gerade nach einem Beispiel. Ja, hier etwa: Fragt der Leutnant den jüdischen Rekru-ten: »Warum beantwortet ihr Juden eigentlich jede Frage mit einer Gegenfrage?« Antwortet der Rekrut: »Ja, warum sollen wir sie nicht mit einer Gegenfrage beant-worten?*«

Edwards: *Sehr schön – aber was hat das nun mit dem Problem der Seele zu tun?*

Moderator: Das ist mir auch nicht klar.

Gentner: *Hier wird ein Prinzip, nämlich die Gegenfra-ge, auf das Thema Gegenfrage angewendet – und das führt zu einem Paradox. So ähnlich scheint es zu sein, wenn sich das Bewußtsein auf die Bedingungen des Be-wußtseins richtet. Offenbar führt das auch in paradoxe Widersprüche und in eine Schleife, in einen Zirkel . . .*

Moderator: Sie meinen also, das Leib-Seele-Problem sei nicht lösbar.

Gentner: *Das scheint mir so. Das Ich, also das Selbst, kann sich nicht selbst völlig ergründen. Sie können nicht in den Spiegel sehen und gleichzeitig hinter den Spiegel.*

Edwards: *Nun habe ich aber den Eindruck, Sie tischen uns hier ein Wunder auf, genauso, wie Sie es mir vorge-halten haben. Ich gebe zu, ich kann die Seele, die für mich eine eigene Größe ist, nicht erklären oder herleiten. Aber Sie kapitulieren auf Ihrem Weg offenbar auch. Sie sagen: Die seelischen Vorgänge beruhten alle auf physi-kalisch-chemischen Vorgängen im Nervensystem – und doch herrsche Willensfreiheit und der Geist bestimme die Materie. Aber erklären können Sie es auch nicht. Und sa-gen darum, verstehen werde man das nie.*

Moderator: Aber was Herr Gentner vorgetragen hat, bleibt im Bereich der Wissenschaft, kann sich sogar auf ähnliche Grenzen des Wißbaren in Physik und Mathe-matik berufen, während Sie von Anfang an mit einer kühnen Entscheidung eine unwissenschaftliche Größe einführen, nämlich die Seele, die das Gehirn steuert wie der Autofahrer seinen Wagen.

Edwards: *Mag Herr Gentner die heutige Wissenschaft auf seiner Seite haben, ich habe die Religion und den ge-sunden Menschenverstand auf meiner Seite – oder etwa nicht? Sind Sie nicht auch überzeugt, daß Sie eine Seele haben, daß Sie in gewisser Weise eigentlich diese Seele sind?*

Moderator: Ja. Durchaus. Aber, offen gesagt, so wie Herr Gentner das hier erklärt hat, so leuchtet es mir besonders ein. Auch wenn ich mich an die Behauptung »Die Seele sitzt im Kopf« doch erst noch gewöhnen muß. Ich dachte immer, der Kopf denke nur.

Gentner: *Das Gehirn kann mehr als denken, es bringt als seine höchsten Leistungen auch die seelischen Vorgänge hervor. Die Seele ist unsere Gabe, uns selbst zu begegnen, uns vor uns selbst Rechenschaft abzulegen. Diese einzigartige Fähigkeit des Menschen zur Selbstreflexion führt notwendig in einen Selbstwiderspruch. Das ist meine feste Überzeugung – und die kann ich auch mit guten Gründen stützen.*

Edwards: *Wenn Sie sagen: »Wir werden es nie wissen«, kann ich Ihnen zustimmen. Wenn nur das Wunder der Seele nicht geleugnet wird.*

Moderator: Die Wissenschaft ist nicht dazu da, die offenbaren Wunder der Schöpfung zu leugnen.

Gentner: *Eben, sie kann sie nur deutlicher zeigen, und das tut sie ja auch.*

Moderator: Das ist noch keine Einigung zwischen Ihnen, aber doch fast ein Schlußwort. Ich danke Ihnen.

Hoch im Norden Schottlands, in der alten Königsstadt Forres, stand ein herrschaftliches Vier-Sterne-Hotel, das von Peter Caddy geleitet wurde. Doch trotz seines offenkundigen Erfolgs kündigte ihm die Hotelgesellschaft fristlos. Das war im November 1962. Der Grund war wohl, daß Manager Peter allzu erkennbar täglich mehrmals Ratschläge von seiner Frau Eileen erhielt, die sie wiederum nicht aus sich selbst schöpfte, sondern von einer inneren Stimme zugeflüstert bekam. Fristlos entlassen, zog das Ehepaar Caddy mit seinen drei Kindern im Wohnwagen weiter und machte, nicht weit vom Hotel entfernt, in den Dünen der Findhorn Bay Rast, auf einem Campingplatz neben einer Müllkippe. Wieder meldete sich bei Eileen Caddy die innere Stimme; diesmal riet sie, in den Dünen einen Obst- und Gemüsegarten anzulegen. Ausgerechnet hier, im Sand zwischen windgezaustem Buschwerk im nebligen Norden Schottlands. Doch wuchsen in dem Garten bald so viele Gemüsesorten so übermäßig üppig, daß das Findhorn-Projekt von vielen Neugierigen bestaunt wurde.

Sechs Jahre später kam auch Sir George Trevelyan, der große alte Mann der englischen Alternativ-Bewegung, der als Anhänger der Anthroposophie Rudolf Steiners viel von organischer Landwirtschaft verstand. Als er sich den Garten mit seinen Riesenfrüchten, wie sie selbst im Süden Englands nicht gedeihen, hatte zeigen lassen, sagte er zu Peter Caddy etwas schroff: »*Hören Sie bitte auf, immer nur von Kompost und harter Arbeit zu sprechen! Sie können mir nicht erzählen, daß das alles ist. Also, was geht hier vor?*« Als Sir George auf diese Weise Peter Caddy bedrängte, gestand dieser ihm als erstem Fremden, daß seine Frau und er mit den Naturgeistern dieser Gegend ein Bündnis eingegangen seien. Elfen und Engel rieten, in welchem Abstand die Pflanzen zu setzen wären, mit wem sie zusammenstehen und wie sie gegossen werden wollten.

Daß dort alles so überdimensional wuchs, liege daran, daß die Geister den Menschen einmal zeigen wollten, was sie können, und daß sie guten Willens sind. So jedenfalls wird es dem Besucher des Findhorn-Gartens auch Jahre später noch erzählt, berichtet die Journalistin Helga Wingert, die sich die Landkommune und ihre Gärten für die Zeitschrift ›natur‹ angesehen hat. Aus dem ehemaligen Hotel, das die Caddys einst geführt hatten, ist inzwischen eine Lehrstätte der Freunde Findhorns geworden, eine sogenannte »Universität des Lichtes«, und die Gemeinschaft um den Garten ist auf dreihundert Menschen angewachsen. Sie gilt als Vorzeigegruppe der New-Age-Bewegung.

David Spangler, Sprecher der Findhorn-Bewegung, meint, 1968 sei Jesus in Findhorn aus zweitausend Jahren Fesselung im Materialismus befreit worden. Jesus habe gesagt: »Was ich tun kann, könnt ihr auch vollbringen und noch größere Dinge.« Dazu Spangler: *»Der Mensch ist eigentlich erst heute an einem Punkt angekommen, wo er beginnen kann, die Tatsache anzuerkennen, daß er Christus ist.«* Und über die Arbeit in Findhorn: *»Wenn etwas gut gepflanzt wird, wenn etwas gut entworfen wird, dann lebt Christus in ihm.«* Es sind also nicht die Wichtel oder Naturgeister allein, die uns aufhorchen lassen, es ist auch dieser merkwürdige Gebrauch des Glaubens an Jesus Christus, der dafür sorgt, daß wir die New-Age-Bewegung im Auge behalten sollten. Ist es vielleicht der Neubeginn christlicher Mystik, der uns ratlos macht?

»New Age«, zu deutsch »Neues Zeitalter«, ist keine Sekte, nicht mal eine neue Glaubensrichtung. Es ist eine Bewegung, besser das stillschweigende Bündnis sehr verschiedener Menschen, denen eigentlich nur eines gemeinsam ist: die feste Überzeugung, daß es mit unserem technisch-wissenschaftlichen Zeitalter zu Ende geht und ein neues begonnen hat, in dem mehr bewußt wird, als die Wissenschaft zulassen will, und mehr erreicht werden kann, als die Technik erlaubt.

Nehmen wir ein ganz anderes Beispiel. Stanislav Grof ist ein Arzt und Psychotherapeut, der in seiner tschechoslowakischen Heimat begonnen hatte, Drogen wie LSD in der Therapie einzusetzen. Seit er nach Amerika gegangen ist, verwendet er kein LSD mehr, weil es verboten ist. Er hat eine andere Methode entwickelt, seine Klienten in einen rauschartigen Zustand zu versetzen, indem er sie hechelnd atmen läßt und auf diese Weise übermäßig mit Sauerstoff versorgt. Zugleich versetzt er sie mit Musik und hypnotisierenden Worten in eine Art Trance. Die Absicht ist, die Patienten zurückzuführen in Stationen ihres Lebens vor ihrer Geburt. Grof nämlich ist Vertreter der sogenannten »Transpersonalen Psychologie« und davon überzeugt, daß der menschliche Geist seinen Körper verlassen und in frühere Inkarnationen, also in ein früheres Leben, zurückkehren kann. Diese Reisen in die Vergangenheit sollen heilsam sein, meint Grof.

Reinhart Hummel, evangelischer Theologe, deutet Grofs Psychologie umfassend: *»Hinter dem Konzept steht ein in New-Age-Kreisen weit verbreitetes Menschenbild. Es ist weder das Marxsche Bild des Menschen als eines gesellschaftlichen Wesens noch das kartesianische Bild des denkenden Subjekts. Das Menschenbild des New Age ist vielmehr transpersonal. Damit ist eine Sicht gemeint, ›die jenseits der Person eine umfassende Einheit wahrnimmt‹ und den Menschen ›als Teil einer transpersonalen Wirklichkeit versteht‹.«*

Nun könnte man denken, New Age berufe sich nur auf sogenannte Grenzwissenschaften und unbewiesenen Spuk. Nein, nicht nur! Besonders gern bezieht man sich auf die moderne Physik, die nun allerdings auch über alles Begreifen Erstaunliches zutage gebracht hat. Scheinen nicht Geist und Materie eins zu sein, die vielen Objekte um uns herum nur Ausdruck einer einzigen Ordnung? Für dieses Lebensgefühl der Mystiker liefert die Physik ein Modell, das von New-Age-Denkern gern benutzt wird: das Hologramm.

Ein Hologramm ist ein Foto, das mit zwei Lichtquellen, aber ohne Linse aufgenommen wird. Wird es projiziert, so ergibt sich ein dreidimensionales Bild. Seinem Entdecker, Dennis Gabor, hat das Hologramm den Nobelpreis eingebracht. Zu den wunderbaren Eigenschaften des Hologramms gehört, daß jeder Teil des Bildes das Ganze enthält. Würde man sozusagen das Bild zerbrechen, so würde man aus dem Bruchstück das Ganze rekonstruieren können, weil jeder Teil das Ganze, wenn auch abgeschwächt, in sich trägt.

Es scheint mir nicht verwunderlich, daß Wissenschaftler von der Möglichkeit elektrisiert waren, das Hologramm als Gleichnis für die ganze Welt zu nehmen. Wäre dann nicht endlich erklärt, wieso in der Welt alles mit allem zusammenzuhängen scheint, wenn jeder Teil des Kosmos den Plan des Ganzen in sich trägt? Der Physiker David Bohm hat ein solches Weltbild entworfen. Er ist ein Schüler Albert Einsteins und Professor in London. Seine Grundthese lautet: Das Ganze ist wirklicher als die Teile. Er meint damit, daß das »Ganze« eine universale Eigenschaft der Natur sein könnte und in jedem seiner Teile enthalten ist. Die sichtbare Schöpfung wird damit fast zu einer Scheinwelt. Er hat einmal geschrieben:

»Wir haben die übliche klassische Vorstellung umgekehrt, die unabhängigen, elementaren Bausteine der Welt seien die fundamentale Wirklichkeit und die verschiedenen Systeme nur besondere zusammenhängende Formen und Anordnungen dieser Teile. Vielmehr sagen wir, daß der untrennbare Quantenzusammenhang des ganzen Universums die fundamentale Wirklichkeit ist und daß relativ selbständig agierende Teile nur besondere und zusammenhängende Formen innerhalb dieses Ganzen sind.«

Das bedeutet zugleich, die Welt ist ein Hologramm: *»Die gesamte Information der Ganzheit des Universums ist ständig und überall zu allen Zeiten und an allen Orten in vollem Umfang präsent.«* Die Konsequenz für uns lautet dann: Wir alle verfügen potentiell über die Gesamtinformation des Kosmos, denn wir alle sind Teil der impliziten (eingefalteten) Ordnung. Setzt man dies voraus, wäre auch Telepathie und manches andere theoretisch erklärbar.

Der Gehirnforscher Karl Pribram hat insbesondere das Gehirn als Hologramm zu erklären versucht. Auch in jeder einzelnen Region des Gehirns scheint nämlich immer der ganze Gedächtnisinhalt gespeichert zu sein. Zwar haben die einzelnen Regionen des Gehirns jeweils besondere Aufgaben, aber das Gedächtnis sitzt offenbar nicht an einer einzigen Stelle, sondern ist verteilt. Büßt

324

ein Mensch einen Teil seines Gehirns durch Verletzung ein, so kann sein Gedächtnis noch vollständig erhalten bleiben. Es ist wie beim Hologramm: Jedes Bruchstück bewahrt schemenhaft auch das ganze Bild und kann es rekonstruieren.

Offenbar wird das Hologramm als Erklärungsmodell für die Welt so begeistert aufgegriffen, weil es das Lebensgefühl aller Mystiker verdeutlichen kann, das Gefühl der Einheit des Universums. Nicht nur Mystikern geht es so. Es scheint eine tiefe Sehnsucht nach Gemeinschaft im Menschen zu stecken, und das Neue Zeitalter soll diese Einheit bringen. Fritjof Capra, ein österreichischer Physiker, der in den USA lehrt, hat mit seinem Buch ›Wendezeit‹ so etwas wie die Bibel der New-Age-Bewegung und zugleich einen vieldiskutierten Bestseller geschrieben. Er bekennt sich mit Leidenschaft zum Grundzug dieser ganzen geistigen Strömung, zum Gefühl der Einheit. »*In seltenen Augenblicken unseres Lebens haben wir das Gefühl, in Resonanz mit dem ganzen Universum zu sein. Derartige Augenblicke können sich unter den verschiedensten Umständen ergeben – wenn man beim Tennisspielen den perfekten Ball schlägt oder beim Skifahren die perfekte Spur findet, inmitten eines sexuellen Orgasmus, bei der Betrachtung eines großartigen Kunstwerkes oder in tiefer Meditation. Diese Augenblicke eines perfekten Rhythmus, wenn alles in vollkommener Ordnung erscheint und mit größter Leichtigkeit getan wird, sind großartige spirituelle Erfahrungen, in denen jede Form des Getrenntseins oder der Aufsplitterung transzendiert wird.*«

Das klingt nach Mystik. Als Fritjof Capra gefragt wurde, wie er das christliche Gottesbild beurteile, hat er sich tatsächlich auf die christlichen Mystiker berufen. Meister Eckehard oder Jakob Böhme hätten nicht einen Schöpfer gemeint, der über einem mechanisch verstandenen Universum schwebte. Weil sie statt der rigiden Weltmaschine eine Einheit von Gott und Welt gesehen hätten, seien sie von der Kirche unterdrückt worden, beklagte Capra. Und es wäre tatsächlich denkbar, daß auch Capra die unio mystica (mystische Einheit) von Natur und schöpferischem Geist als religiösen Ausdruck seines neuen Weltbildes akzeptierte. Einheit statt Zersplitterung, das Ganze statt der Einzelheiten – das ist der Traum des New Age wie der Mystik.

Diese Sehnsucht, wieder eins zu werden mit der Natur und im Einklang zu stehen mit dem ganzen Universum, könnte auch der stille Wunschtraum so mancher alternativen Landkommune und so manchen Städters sein, der von der Ölheizung zum Holzfeuer zurückkehrt, so manches Suchenden, der es mit Meditation oder mit dem Zen-Buddhismus versucht. Einer der vielen Kritiker Capras, der Aufklärer und Rationalist Willy Hochkeppel, hat aber gerade diese Sehnsucht Capras ein »*dungwarmes Gefühl der Verbundenheit mit der Natur*« und eine »*brünstige mystische Vermählung mit dem All*« genannt. Ihn schaudert es bei »*dem verblasenen Holismus*«, und er zitiert genüßlich die Behauptung eines anderen Kritikers dieser ganzen Richtung, der meinte, »*daß heutzutage die Gegenaufklärung aus einem Max-Planck-Institut kommt*«.

Nun gut, vielleicht mag diese Sehnsucht vielen von uns als romantische Spinnerei erscheinen, als eine »Wiederverzauberung der Welt«, die von den New-Age-Leuten betrieben wird und anderen überflüssig erscheint. Aber ein anderes Motiv dieser Bewegung mag so manchem doch aus der Seele gesprochen sein, nämlich der Protest gegen die moderne Zivilisation. Als sich im Herbst 1984 in Zürich etwa tausend Anhänger zu den Internationalen New-Age-Tagen versammelten, um ihre Vordenker zu hören, war unter den Rednern auch der Autor Michael Ende. Niemand wird sich wundern, daß der Verfasser der ›Unendlichen Geschichte‹ zu den Kritikern der modernen Zeit gehört. Seinen Vortrag nannte er ›Gedanken eines zentraleuropäischen Eingeborenen‹. Und er machte seiner Enttäuschung über die moderne Unkultur Luft. »*Das, was man in der Zivilisationswüste ›Rationalität‹ und ›wissenschaftliche Aufklärung‹ nennt, scheint uns das Gegenteil dessen hervorgebracht zu haben, was Vernunft und Loyalität jedem gesunden Menschen gebieten.*« Und an die Kritiker des New Age gewandt, die dem bunten Haufen vorwerfen, auch auf absurde Ideen zu setzen, sagte Michael Ende: »*Wenn die Ergebnisse Ih-*

rer Rationalität Ihnen keine Angst machen, warum haben Sie dann solche Angst vor unserer Irrationalität?«

Ein wenig Angst kann man dabei schon haben, finde ich. Die Naturgeister von Findhorn, mit denen man angeblich ins Gespräch kommen kann; die früheren Leben, in die man sich zurückversetzen soll, oder die Welt als Hologramm, was doch auch heißt: In Wirklichkeit ist alles eins, und die Vielfalt der Erscheinungen ist nur Schein. Und wenn man dann noch hört, was da an Weisheit der Schamanen und der Hexen angeboten wird, was für Geistheilungen und Wunder für denkbar gehalten werden, kann man schon die Nase rümpfen und sich lieber in die vertraute Vernünftigkeit seines alten Weltbildes zurückziehen. Zu allem Überfluß bemühen die Verkünder des New Age auch noch die Astrologie, wenn sie das neue Zeitalter als »Zeitalter des Wassermanns« bezeichnen. Und doch – der Kern der neuen Bewegung ist so unvernünftig nicht.

Um es zu wiederholen: New Age ist nicht der Name für eine Sekte, es gibt keine Organisation. Im Gegenteil, die neue Stufe des Bewußtseins könne sich nur, heißt es, in kleinen, selbständigen Gruppen überall auf der Welt entwickeln, die wie ein Netz miteinander verknüpft sind. Da geht es um sanfte Technologie, um Dezentralisierung statt Großindustrie; um Abrüstung statt militärischer Stärke; um Frieden mit der Natur statt ihrer Ausbeutung; um eine naturnahe Heilkunst statt Chemie und Bestrahlung. All diese neuen Wege, so lautet die These, führen die Menschheit zu einer höheren, vergeistigten Stufe des Bewußtseins.

Nun wird man fragen: Was ist dann New Age anderes als ein weiterer Name für die Alternativbewegung, für die Außenseiter und die Progressiven überall in der westlichen Zivilisation? Zwei Eigenschaften sind es, die diese Bewegung von der übrigen Subkultur unterscheiden, und beide hängen miteinander zusammen. Es ist der merkwürdige Optimismus, und es ist die Betonung der Spiritualität. Sehen wir uns zunächst einmal die optimistische Aufbruchstimmung an.

Robert Muller ist ein Elsässer, der über dreißig Jahre im Dienst der Vereinten Nationen stand und bei dieser

Arbeit eine mitreißende Hoffnung gezeigt hat. Eines seiner Bücher, die ihn zu einem Wortführer der neuen Bewegung gemacht haben, heißt bezeichnenderweise ›Die Neuerschaffung der Welt‹. Der Autor legt Gott, dem Schöpfer, darin hoffnungsvolle Worte in den Mund, die Gott sprechen wird, sobald die Menschheit sich im Sinne der Vereinten Nationen verwandelt haben wird: »*Endlich seid ihr auf dem richtigen Weg, denn ihr habt den Himmel auf die Erde gebracht und seid euch eures Platzes im Universum bewußt. Euch erkläre ich zum Planeten Gottes. Seid glücklich.*«

Und noch ein Beispiel für den pathetischen Glauben an das Gute und den Fortschritt der Menschheit. Der amerikanische Autor Leo Buscaglia erklärt, was Liebe ist, so: »*Jeder von uns ist ein Engel mit nur einem Flügel, und wir können nur fliegen, wenn wir uns umarmen.*« Etwas kitschig, aber sehr positiv.

Ein Kleinverleger aus Basel, der sich wie kaum ein anderer um das New-Age-Schrifttum im deutschsprachigen Raum verdient gemacht hat, bekennt, er wisse zwar, daß allgemein vom bevorstehenden Untergang geredet werde, setze aber auf »*die noch nie in diesem Maße dagewesene Möglichkeit einer aggressionsfreien, partnerschaftlichen neuen Gesellschaft und eine sich rasch in Richtung einer positiven Zukunft evolvierenden Menschheit*«. Genau das ist es, was New Age von so vielen Alternativbewegungen unterscheidet, ob man diese warmherzige Hoffnung nun mag oder nicht. Hier herrscht Aufbruchsstimmung. Oder, wie es ein Beobachter der Szene ausgedrückt hat: »*›New Age‹ als Gegenbegriff zu ›No Future‹*«.

Man könnte auch sagen: von der Apokalyptik zur Esoterik, also von der Untergangsstimmung zu einem Geheimwissen, das neue Hoffnung bietet. Und noch ein Wandel ist zu verzeichnen. Viele New-Age-Anhänger haben einst an die sozialistische Revolution geglaubt, setzen nun aber auf ein anderes Modell der Veränderung, das als »Transformation« bezeichnet wird. Es ist eine allmähliche Veränderung des Bewußtseins. Und dieses Bewußtsein ist nicht mehr sozialistisch, sondern spirituell. Was heißt hier »Spiritualität«? Ganz allgemein gesagt: mehr Geistigkeit, mehr Innerlichkeit; eine Wiederbelebung der Mystik. Das klingt sehr religiös, ist aber ganz klar gegen die herkömmliche Religion gerichtet.

Marilyn Ferguson, eine amerikanische Wissenschaftsjournalistin, die mit ihrem Buch ›Die sanfte Verschwörung‹ zur Wortführerin des New Age auch bei uns geworden ist, sieht jetzt den Übergang von der Religion zur Spiritualität gekommen. Eine vorgegebene Offenbarung wird ebenso abgelehnt wie jede Form organisierter Rituale. Sie schreibt: *»Im Verlauf des ›großen Erwachens‹ vollzieht sich ein Wechsel von der autoritär vermittelten Religion hin zur direkten spirituellen Erfahrung.«*

»Wir sind selbst ein Teil des Göttlichen, Gott ist in uns, und wir können die göttliche Erleuchtung und die göttliche Kraft selbst erfahren.« Das ist die Quelle des neuen Bewußtseins, die zum Neuen Zeitalter, zum New Age führt. Mit dem Kirchenchristentum hat das sicherlich wenig zu tun, eher schon mit der östlichen Meditation. Immerhin berufen sich New-Age-Anhänger auch, wie schon erwähnt, auf christliche Mystiker wie Meister Eckehard und Jakob Böhme, die das innere Licht erkannten und deswegen als Ketzer galten. Als Marilyn Ferguson unter Anhängern des New Age eine Umfrage machte und auch die Frage stellte, welche Person den größten Einfluß auf die neue Bewegung habe, da wurde allerdings noch ein ganz anderer Name an erster Stelle genannt: Pierre Teilhard de Chardin. Übrigens außerdem noch C. G. Jung, Paul Tillich, Hermann Hesse, Martin Buber und Erich Fromm, um nur die zu erwähnen, die auch bei uns bekannt sind.

Pierre Teilhard de Chardin, der an erster Stelle genannt wurde, ist der Jesuit und Paläontologe, dessen Schriften zu seinen Lebzeiten vom Vatikan unterdrückt wurden, weil er in einer oft mystischen und schwärmerischen Weise die Vereinigung von Christusglauben und Evolutionstheorie verkündete. Die Menschheit sah er auf dem Wege zu einer geistigen Höherentwicklung, zu einer neuen Stufe der Spiritualität, zu einer Erlösung, die im Punkt Omega endet.

Man muß nicht Theologie studiert haben, um zu erkennen, daß sich die neue Spiritualität nicht mit der biblischen Botschaft von der Erlösung am Kreuz und vom bevorstehenden Ende der Welt verträgt. Hier handelt es sich eher um eine Selbsterlösung der Menschheit, um einen mystischen Fortschrittsglauben. Aber könnte es nicht sein, daß genau das die Religion der Zukunft ist?

Die Anziehungskraft eines solchen Glaubens ist offenbar sehr groß. Er verspricht eigene, innere Erfahrung, ist getragen von einer mitreißenden Hoffnung und hat das Ziel der Verwandlung der Menschheit vor Augen. Da fällt es offenbar manchen Zeitgenossen leicht, die Sonderbarkeiten und Randerscheinungen dieser Bewegung zu vergessen.

Wer weiß denn, wie viele gute Christen heute schon ihren Glauben im Sinne dieser neuen Spiritualität verstehen, auch wenn sie vom Schlagwort »New Age« selbst nicht viel halten.

Im Jahre 1936 ging der sonderbare Fall einer Wiedergeburt durch die Weltpresse, über den zuerst der indische Wissenschaftler Professor Sudhaker einen Bericht veröffentlicht hat. Er handelt von einem kleinen Mädchen in Neu-Delhi:

»Bis etwa zu ihrem vierten Lebensjahr sprach Shanti Devi nichts, als wäre sie stumm. Dann erzählte sie, was sie ›früher in Muttra‹ erlebt habe, wo ihr Mann Stoffhändler gewesen sei. Ihre Eltern hielten die Erzählungen lange für leeres Geschwätz, bis Devi den Namen ihres früheren Mannes nannte und man der Sache nachgehen konnte. Ihm, dem Kaufmann Kanji Mal Choubey aus Muttra, wurden daraufhin genaue Details aus den Berichten des Kindes übermittelt, und er beschloß, nach Delhi zu kommen. Er erschien am 13. November 1935 mit seiner zweiten Frau und dem Sohn aus erster Ehe im Haus der Eltern der kleinen Devi, die ihn sofort beim Eintreten erkannte und in Tränen ausbrach. Auch der Kaufmann war zu Tränen gerührt, als er merkte, daß das Kind alle seine Fragen nach der früheren Zeit beantworten konnte. Er erklärte, er sei völlig davon überzeugt, daß sich die Seele seiner verstorbenen Frau in Shanti Devi wiederverkörpert habe. Devi verhielt sich zu dem zehnjährigen Sohn wie eine Mutter, obwohl sie selbst erst neun Jahre alt war, und jedermann glaubte auch, daß sie wirklich seine wiederverkörperte Mutter sei, die im Kindbett kurz nach der Geburt gestorben war.«

Eine rührende, vielleicht auch etwas unheimliche Geschichte, die durchaus gut bezeugt zu sein scheint, zumal das Kind kurz darauf noch vor vielen Beobachtern eine Reise nach Muttra machte und alle Örtlichkeiten von früher zu kennen schien, einschließlich alter Verstecke im Haus. In Indien war diese Begebenheit freilich weit weniger sensationell als im Abendland, weil man in ganz Asien sowieso an die Seelenwanderung glaubt und es allenfalls nur selten erlebt, daß sich ein Mensch an früher erinnern kann. Ungewöhnlich an dem Fall war auch, daß sich die Wiederverkörperung schon ein Jahr nach dem Tod im Kindbett vollzogen haben sollte, während sonst Jahrzehnte oder Jahrhunderte zwischen zwei Leben vergehen sollen.

Kann man das alles glauben? Ein skeptischer Europäer muß sich das fragen. Stellen wir die Antwort, die auch nicht unbedingt ja oder nein lauten muß, aber noch zurück und betrachten wir einen anderen Fall, der vor bald vierzig Jahren halb Amerika beschäftigt hat. Ausgelöst hat ihn Morey Bernstein, Geschäftsmann in der Kleinstadt Pueblo, der sich nebenbei mit Hypnose beschäftigte und eines Tages beschloß, seine Versuchspersonen nicht nur in ihre Kindheit zurückzuführen, sondern über die Schwelle der Geburt zurück in die Zeit vor ihrem Leben. Am 29. November 1952 war es soweit. Eine junge Frau war in Hypnose versetzt, ihr Ehemann war anwesend, ebenso die Ehefrau des Hypnotiseurs Morey Bernstein, der sein Medium zurückführte ins erste Lebensjahr, dann in den Mutterleib und sie nun aufforderte, noch weiter zurückzugehen. Ein Tonband nahm den Dialog auf, der später veröffentlicht wurde, so daß wir hier den entscheidenden Augenblick wiedergeben können.

»Jetzt wirst du mir erzählen, was für Szenen du siehst«, fragte der Hypnotiseur, »was hast du gesehen?«

»... Eh... die Farbe von meinem ganzen Bett gekratzt. Gerade neu und ganz schön gestrichen. Es war ein Metallbett, und ich habe alle Farbe davon abgekratzt. Mit den Findernägeln habe ich alle Pfosten bearbeitet, ganz kaputtgemacht. Schrecklich.«

»Warum hast du das getan?«

»Ich weiß nicht. Ich war einfach wütend. Ich habe fürchterliche Prügel bekommen.«

»Wie heißt du?«

»... Eh ... Friday.«

»Hast du noch andere Namen?«

»Hm ... Friday Murphy.«

»Und wo wohnst du?«

»... Ich wohne in Cork ... Cork.«

»Wie alt bis du?«

»Hm ... vier ... vier Jahre alt.«

So liest sich der Anfang des Protokolls dieser hypnotischen Sitzung. Im folgenden Dialog kommt noch heraus, daß das Mädchen, das da am Bett gekratzt hat, nicht Friday, sondern Bridey Murphy heißt, daß es angibt, im Jahre 1806 zu leben, und zwar in Irland im besagten Städtchen Cork. In späteren Sitzungen läßt sich das Medium noch mehrfach in diese frühere Existenz zurückversetzen, und zwar in verschiedene Altersstufen der Bridey Murphy, über die sie immer bereitwillig Auskunft gibt. Wir erfahren, daß ihr Mann Buchhalter ist und ihr Vater Bauer war, Nachbarn werden geschildert, Geschäfte in der Stadt, die Hochzeitsreise und vieles andere, wobei das Medium auch etwas irisch und gälisch kann und alte Lieder und Tänze kennt.

Nach sechs Sitzungen insgesamt verliert das Medium endgültig die Lust; auch ihr Ehemann hatte zu dem Experiment immer nur widerwillig seine Zustimmung gegeben. Als der erste Zeitungsbericht über Bridey Murphy erscheint, ist bald halb Amerika elektrisiert. Die Boulevardpresse nimmt heftig Partei für oder gegen die Möglichkeit früheren Lebens, über die Beteiligten brechen die Reporter herein, und das Medium und sein Ehemann müssen untertauchen, um dem Rummel zu entgehen. Natürlich versuchten viele Zeitungen, im irischen Cork Nachforschungen anzustellen, ob es in der ersten Hälfte des vorigen Jahrhunderts dort wirklich eine Bridey Murphy gegeben hatte. Will man das sehr widersprüchliche Ergebnis zusammenfassen, so müßte man wohl sagen: Von einer Bridey Murphy selbst fand sich keine Spur mehr, allenfalls von anderen namentlich benannten Personen. Aber ansonsten stimmten so viele Einzelheiten, daß man kaum an Zufall glauben kann. Viele Details wurden erst durch die Recherche wieder aufgedeckt. So glaubte die Wissenschaft zunächst, es könne im Jahre 1806 keine Metallbetten in Irland gegeben haben, bis sich das Gegenteil nachweisen ließ.

Morey Bernsteins Experiment ist in den folgenden Jahren von Hunderten anderer Hypnotiseure wiederholt worden, unter anderem in München im Juni 1968 von dem damals noch sehr jungen Psychologen Thorwald Dethlefsen, der wie Bernstein zunächst Hypnose als Gesellschaftsspiel betrieben hatte. Als er den Ingenieurstudenten Rudolf T., den er als gutes Medium kannte, über seine Geburt zurückführen wollte, geriet der hypnotisierte Student zunächst in ein Stadium, über das er nichts sagen konnte. Er atmete schwer, berichtete Dethlefsen später in einem seiner Bücher.

»Fast atemlos starren ich und die Anwesenden ihn an – wie wird es weitergehen – wohin wird uns dieses Experiment führen? Herr T. beginnt zu sprechen – schwer gepreßt:

›*Ja, ich bin in einem Keller.*‹

›Wo ist dieser Keller? In welchem Ort – welcher Stadt?‹

›*Wissembourg.*‹

›Ich welchem Land befindest du dich?‹

›*In Frankreich.*‹

›Wie heißt du?‹

›*Guy Lafarge!*‹

›Wo befindest du dich?‹

›*Im Keller.*‹

›In welcher Straße ist dieser Keller?‹

›*Rue du Connétable!*‹

›Warum bist du im Keller?‹

›*Krieg.*‹

›Es ist Krieg?‹

›*Ja.*‹

›Was für ein Krieg?‹

›*Gegen die Preußen.*‹

›Welches Jahr schreiben wir?‹

›*1870.*‹

›Wie alt bist du denn?‹

›*Achtzehn Jahre.*‹«

Der Hypnotiseur Thorwald Dethlefsen schildert nun, wie verblüfft er und die übrigen zwanzig Anwesenden über das waren, was hier zu hören war, und daß sie selbst auch keine Erklärung dafür hatten. Das Medium gab noch weitere Lebensumstände an. Guy Lafarge ist demnach mit jungen Jahren als Stallknecht an den Folgen eines Pferdetritts gestorben.

In zwei Büchern hat Dethlefsen Hypnoseprotokolle veröffentlicht. Über Nachforschungen, mit denen die

Behauptungen über angeblich früher existierende Personen hätten belegt werden können, schreibt er nichts. Aus anderer Quelle verlautet jedoch, daß alle Bemühungen, die historischen Personen ausfindig zu machen, gescheitert sind. Ein Umstand, der den Therapeuten Dethlefsen offenbar nicht weiter anficht. Ich bin mir dennoch ziemlich sicher, daß hier kein Schwindel vorliegt. Es könnte sich eher um einen Irrtum handeln, um unbewußte Phantasien. Ein Beweis jedenfalls für das Leben vor dem Leben liegt nicht vor, darin sind sich alle Beteiligten einig.

Solcher Beweisnot hat eine amerikanische Professorin auf originelle Weise ein Ende machen wollen. Sie heißt Helen Wambach und hat, weil Psychologen bekanntlich an die Statistik glauben, sich der großen Zahl verschrieben. Nicht weniger als zweitausend Menschen hat sie, meist in großen Gruppen, in Hypnose versetzt, hat sie frühere Existenzen erleben lassen, sie aufgeweckt und aufgefordert, Fragebögen auszufüllen. Offenbar hatten auch fast alle etwas mitzuteilen. Nachdem das Material ausgewertet war, ergaben sich Argumente, die gängige Einwände gegen die Seelenwanderung zu widerlegen scheinen. »*Anders als es zu erwarten war, haben die Versuchspersonen keine Szenen berichtet, die man aus Film und Fernsehen kennt, etwa Wildwestkämpfe, Hexenverfolgungen oder das Leben der Ritter. Schon gar nicht erlebten sich die Versuchspersonen als berühmte Persönlichkeiten der Geschichte. Es waren unscheinbare Existenzen, meist aus der Unterschicht und aus allen Kulturen.*«

Dieses statistische Ergebnis finde ich doch schon ganz bestechend, weil man sonst allzuoft von Leuten hört, die früher mal ein Prinz gewesen sein wollen oder wenigstens Tänzerin im alten Ägypten.

Die ganze Seelenwanderungslehre hat wohl immer auch zum Spott herausgefordert. Heinrich Heine hat sich auf seine Weise darüber lustig gemacht: »*Wer kann wissen, in welchem Schneider jetzt die Seele eines Cäsars wohnt! Wer weiß, ob die Seele Gregors VII. nicht in dem Leibe des Großtürken sitzt und sich unter tausend hätschelnden Weiberhändchen behaglicher fühlt als einst in ihrer purpurnen Zölibatskutte ... Die Seelen der beiden*

Schächer, die zur Seite des Heilands gekreuzigt worden sind, sitzen vielleicht jetzt in dicken Konsistorialbäuchen und glühen für den orthodoxen Lehrbegriff... Wer weiß?«

Aber noch mal zurück zu Helen Wambach, der amerikanischen Psychologin mit den Fragebögen. Sie hat, wie gesagt, noch einen zweiten Einwand entkräften können. Der lautet gewöhnlich so: Die Weltbevölkerung ist in den letzten Jahrhunderten ungeheuer angestiegen, woher sollen all die neuen Seelen kommen? Damit ist doch die Lehre von der Seelenwanderung widerlegt. Frau Wambach entgegnet: »Die Antwort scheint zu sein, daß es in früheren Zeiten viel länger dauerte, bis eine Seele sich wiederverkörperte. Jedenfalls gaben meine Versuchspersonen viel seltener an, vor fünfhundert oder gar dreitausend Jahren gelebt zu haben als vor fünfzig oder hundert Jahren. Die Verteilungskurve entspricht ungefähr der Entwicklung der Weltbevölkerung in den letzten dreitausend Jahren.«

So interessant diese Einzelheiten sind, es wird Zeit, denke ich, daß wir versuchen, einmal Abstand von diesen Ergebnissen zu bekommen und uns zu fragen, was man eigentlich davon halten soll. Ich meine dabei nicht die Frage, ob die Angaben denn überhaupt stimmen. Diese Frage läßt sich nämlich heute noch nicht beantworten, denn wirkliche Beweise, darin sind sich alle seriösen Beobachter einig, liegen nicht vor. Aber man kann sich natürlich trotzdem einmal fragen, ob denn die Seelenwanderung, wenn es sie gäbe, eine Hoffnung oder ein Schrecken wäre. Und ob sie sich mit dem christlichen Glauben vertragen würde, der eigentlich den Tod und eine Auferstehung am Jüngsten Tage lehrt.

Im Buddhismus und vor allem im Hinduismus ist die Seelenwanderung eine Selbstverständlichkeit und wird vor allem als eine Art ausgleichende Gerechtigkeit, also fast als Strafe oder sagen wir als Läuterung für die im vorigen Leben gezeigten Schwächen betrachtet. Im Westen hingegen wurde schon bei den alten Griechen die Seelenwanderung eher als die Chance angesehen, sich noch weiterzuentwickeln. Seit der Zeit der Aufklärung haben sich auch viele Denker in Deutschland zur Reinkarnation oder Wiedergeburt bekannt, etwa Herder und Lichtenberg, Fichte und Jean Paul.

Gotthold Ephraim Lessing, der sich eine künftige ›Erziehung des Menschengeschlechts‹ ausmalte, schreibt in seiner gleichnamigen Schrift geradezu keck und fordernd: »*Warum sollte ich nicht so oft wiederkommen, als ich neue Erkenntnisse, neue Fertigkeiten zu erlangen geschickt bin? Bringe ich auf einmal soviel weg, daß es der Mühe wiederzukommen etwa nicht lohnet? Darum nicht? Oder weil ich es vergesse, daß ich schon dagewesen? Wohl mir, daß ich vergesse! Oder weil so zuviel Zeit für mich verlorengehen würde? Verloren? Und was habe ich denn zu versäumen? Ist nicht die ganze Ewigkeit mein?*«

Genau das ist die Idee: Wozu die ganze Ewigkeit, die auf mich wartet, wenn ich mich da nicht mehr weiterentwickeln kann? In diesem Sinne beteuerte auch der greise Goethe, daß er mit der christlichen Vorstellung von einer ewigen Seligkeit nichts anfangen könne, wenn sie ihm nicht »*neue Aufgaben und Schwierigkeiten zu besiegen böte*«.

Andere Anhänger der Seelenwanderung gehen so weit zu sagen, der ganze Himmel und die ewige Seligkeit kämen ihnen langweilig vor. Es muß doch etwas passieren! Man möchte eine Entwicklung sehen, es soll aufwärtsgehen! Eine auch heute wieder weitverbreitete Zeitströmung. Wer die Seelenwanderung für sinnvoll hält, weist auch gern darauf hin, daß die christliche Lehre von den Letzten Dingen Widersprüche enthalte: »*Einerseits lehrt das Christentum die Auferstehung des Fleisches im Jüngsten Gericht; andererseits sagt Jesus zu dem Schächer am Kreuz:* ›*Noch heute wirst du mit mir im Paradiese wandeln.*‹ *Wo sind die Toten jetzt? Und mal vorausgesetzt, die Seele sei unsterblich, was macht sie dann bis zum Ende aller Tage? Wird sie im Fegefeuer geläutert? Wenn sie schon geläutert werden soll, dann würde es doch näherliegen anzunehmen, sie kehre zu neuem Leben und zu ebendieser Läuterung noch mehrmals auf die Erde zurück.*«

Sicher, auf diesen Vorwurf, die christliche Vorstellung enthalte Widersprüche, ließe sich nun wieder viel entgegnen. Aber ich denke, wir sollten hier den Anhängern der Seelenwanderung eine Chance geben, uns zu überzeugen. Sie heben vor allem zwei Vorzüge ihrer Lehre hervor, die sie dem Christentum überlegen machten: *»Die Reinkarnation, also die Seelenwanderung, bringt endlich die Chancengleichheit für alle Menschen, für Begabte und Unbegabte. Wer sein Leben verpfuscht, hat noch viele Erdenleben Zeit, zu sich selbst zu finden. Ja, selbst der Neandertaler kann die Entwicklung des Menschengeschlechts mitmachen. Zugleich wird verständlich, warum die Menschen moralisch so verschieden sind: Die einen sind eben schon weiter, die anderen haben ihren Weg noch vor sich.«*

Und noch ein anderer Zug besticht an der Lehre von der Wiederverkörperung. Wer an sie glaubt, mildert die unerbittlichen Züge des göttlichen Richters. Nicht mehr die ewige Verdammnis droht dem Sünder, sondern es eröffnet sich ihm ein Aufstieg zur Vollkommenheit. Es heißt nicht mehr, daß in einem einzigen Augenblick die ganze künftige Seligkeit verspielt werden kann, sondern jede böse Tat rächt sich nur in dem Maß ihrer natürlichen Folgen und kann im kommenden Leben gesühnt werden.

Nun muß man aber nicht glauben, beide Anschauungen, die christliche und die von der Seelenwanderung, schlössen sich notwendig aus. Es gibt ernsthafte Versuche, beide Vorstellungen miteinander zu verbinden. Das hat in unserer Zeit ein katholischer Laie besonders einnehmend und eindrucksvoll versucht, nämlich der Maler und Schriftsteller Hans Torwesten, dessen Buch über Reinkarnation und Auferstehungsglauben immerhin im katholischen Herder-Verlag erscheinen konnte, mit dem Nachwort eines katholischen Theologieprofessors. Zunächst stellt Torwesten einmal die rhetorische Frage, *»ob der christlichen Heilsbotschaft Wesentliches verlorengeht, wenn man an mehr als nur ein Menschenleben glaubt und die Überzeugung hegt, daß der Mensch sich so lange entwickeln muß, bis er Gott und seine eigene Natur voll und ganz verwirklicht hat«.*

Das eigene moralische Potential ausschöpfen können, darum geht es auch diesem Autor. Er will, wie es vor zweihundert Jahren mal jemand gesagt hat, auch nach diesem Leben noch weiter aufs Gymnasium gehen. Und darum verlockt uns Torwesten mit dem Schluß: »*Für denjenigen, der ein individuelles Weiterleben nach dem Tode für keine bloße Illusion hält, der aber gleichzeitig daran interessiert ist, daß dieses Weiterleben auch eine Weiterentwicklung ist und kein bloßes Stagnieren, dem bietet sich die Lehre von der Reinkarnation wohl als eine der plausibelsten Arbeitshypothesen an.*« Ja, beide Traditionen könnten vereinbar sein, wenn man annimmt, daß die wiederholten Erdenleben dazu da sind, die Zeit bis zum Jüngsten Tag sinnvoll zu nutzen, bis zu dem Tag also, an dem nach christlicher Hoffnung Gott die Welt neu erschaffen wird.

Betrachtet man die Reinkarnation als Chance, sich noch zu vervollkommnen, dann verblaßt die Sensationsfrage: »Wer war ich in einem früheren Leben?«, und eine andere, entgegengesetzte Frage rückt eher in den Blick: »Wer werde ich das nächste Mal sein?« Darauf gibt es keine Antwort, nicht einmal in der Hypnose, obwohl in den USA so mancher auch dieses Geheimnis schon hat lüften wollen und man sich mit Bridey-Murphy-Fieber vor dreißig Jahren etwa den Witz erzählte von dem Mann, der sein Testament änderte, weil er sich selbst als Alleinerben einsetzen wollte. Zum Glück und Gott sei Dank ist uns dieser Blick in die eigene mögliche Zukunft verwehrt. Und auch der neugierige Blick in die eigene Vergangenheit kann seinen Reiz etwas einbüßen, wenn man sich klarmacht, worauf es eigentlich ankommt.

Buddha, der sich an eine eigene frühere Existenz erinnert haben soll, ist auf die Reinkarnation nicht weiter in seinen Lehrvorträgen eingegangen; er gebe keine Antwort dazu, sagte er, weil diese Antwort nicht erbaulich sei und vom Wesentlichen ablenke. Und dann erzählte er zur Verdeutlichung noch ein Gleichnis, das den Menschen beschreibt, der sein früheres Leben zu entschleiern sich bemüht und darüber versäumt, was dringender getan werden müßte: »*Dieser gleicht einem Menschen, der von einem Giftpfeil getroffen ist, schnell zum Arzt gebracht wird, sich aber wehrt, daß der Pfeil herausgezogen wird, und ruft: ›Nicht eher soll der Pfeil herausgezogen werden,*

bis ich jenen Menschen kenne, der mich getroffen hat,
welcher Familie er angehört, ob er groß, klein oder von
mittlerer Gestalt ist, ob seine Hautfarbe schwarz, braun
oder gelb ist . . .‹«

Nicht nur Buddha hat davor gewarnt, sich von der
Neugierde nach dem Früher ablenken zu lassen. Es
könnte sehr wohl sein, daß auch Jesus dieses Thema bewußt nicht aufgegriffen hat. Die Begebenheit findet sich
im Johannesevangelium: *»Und im Vorübergehen sah er*
einen Menschen, der von Geburt an blind war. Und seine
Jünger fragten ihn: Rabbi, wer hat gesündigt, dieser oder
seine Eltern, daß er blind geboren ist? Jesus antwortete:
Weder dieser hat gesündigt noch seine Eltern, sondern die
Werke Gottes sollen an ihm offenbar werden . . .« Die
Jünger scheinen vorauszusetzen, daß der Blindgeborene
schon einmal gelebt hat und daß sein Gebrechen eine
Strafe für frühere Sünden ist. Jesus nimmt diese Spekula-
tion nicht auf. Er weist sie aber auch nicht zurück.

Vielleicht war er wie Buddha vor ihm der Meinung, ein
solcher Blick hinter den Vorhang lenke die Menschen
nur von dem ab, was nottut. Mag sein. Was aber nicht
heißen muß, daß wir es nicht eines Tages doch einmal
wissen und wissen dürfen, wenn die Menschheit für diese
Erkenntnis reif ist. Und ich muß zugeben, ich wäre froh,
wenn ich es dann erfahren würde.

Vom Tod, auch vom eigenen, kann man heiter und scherzhaft reden. Der griechische Philosoph Epikur, nach dem man die Genießer noch heute »Epikureer« nennt, pflegte zu sagen, vor dem eigenen Tod brauche man sich nicht zu fürchten, da man nie ihm begegnen werde. »*Solange wir da sind, ist der Tod nicht da. Und wenn der Tod da ist, sind wir nicht mehr da.*« Eigentlich logisch, aber dem Ernst des Themas doch nicht ganz angemessen. Man kann den Tod auch als einen hohen Herrn ehren. Carl Friedrich von Weizsäcker hat seinem Aufsatz über den Tod ein Motto vorausgeschickt, in dem er den bekannten Spruch »*Über die Toten nur Gutes*« ironisch-höflich abwandelt zu dem Spruch »*Über den Tod nur Gutes*«.

Der evangelische Theologieprofessor Eberhard Jüngel sieht das ganz anders. Er empfiehlt als die richtige Einstellung dem Tod gegenüber den ungenierten Haß: »*Niemand sollte sich darüber hinwegtäuschen lassen: Der Tod ist widerlich. Zu ihm gehören der Gestank der Verwesung, an dem der Beigeschmack von Süße am beleidigendsten in die Nase sticht – womit es zusammenhängen wird, daß wir den Tod, buchstäblich, nicht riechen können. Es ist also keineswegs würdelos, den Tod zu hassen. Es gehört vielmehr der Haß auf den Tod zur Würde des Menschen.*«

Andere empfinden beim Gedanken an den Tod ohnmächtige Wut. Die Schriftstellerin Simone de Beauvoir schrieb beim Tod ihrer alten Mutter: »*Alle Menschen sind sterblich: Aber für jeden Menschen ist sein Tod ein Unfall und, selbst wenn er sich seiner bewußt ist und sich mit ihm abfindet, ein unverschuldeter Gewaltakt.*«

Am meisten verbreitet aber ist weder Heiterkeit noch Hochachtung, weder Haß noch Auflehnung, sondern das Verdrängen. Ein garstiges Thema. Hören möchte man davon nichts, vom eigenen Tod schon gar nicht. Die amerikanische Ärztin Elisabeth Kübler-Ross, die sich als erste die Lebensaufgabe gestellt hat, den Sterbenden zuzuhören, schrieb: »*In unserem Unterbewußtsein können wir den eigenen Tod nicht begreifen, sondern halten uns für unsterblich, doch den Tod des Nachbarn erkennen wir durchaus: Informationen über Massen von Menschen, die im Krieg oder durch Autounfälle ums Leben gekommen sind, vermögen deshalb den unbewußten Glauben an die eigene Unsterblichkeit zu stützen und lassen es zu, daß wir uns im tiefsten Winkel des Unterbewußtseins ganz insgeheim freuen, ›weil es der andere ist, nicht ich‹.*«

Der Titel dieses letzten Kapitels spricht vom »Sinn des Todes«. Ist das nicht auch eine Beschwichtigung? Ist das nicht auch nur der Versuch, das, was man nicht ändern kann, wenigstens als sinnvoll zu verklären? Mag sein. Mit bissiger Schärfe hat sich der Arzt und Dichter Gottfried Benn gegen die feierliche Überhöhung des Todes als Vollendung eines Lebens ausgesprochen: »*Der Tod ist eine solch infame Sache, wer einem das anzubieten wagt als Ausklangsfülle, der hat einen schiefen Taktstock.*« Also lieber kein Pathos, keine Vertröstung. Ich will den möglichen Sinn des Todes auch nicht in dem suchen, was vielleicht auf ihn folgt. Sein Sinn soll sich diesseitig ergeben. Das ist für mich die Probe. Wenn nach dem Tod noch etwas auf uns wartet, so ist das Zutat; der Sinn des Todes muß sich aus der Natur, vom Leben aus ergeben; oder es gibt ihn nicht. Den Tod sollte man als Schlußpunkt hinnehmen, auch wenn er sich später als etwas anderes erweisen sollte: als ein Doppelpunkt.

Ist der Tod ein natürlicher, ein logischer Vorgang? Das ist schon oft so gesagt worden. »*Erde zu Erde, Asche zu Asche*«, das scheint sinnvoll im Kreislauf von Werden und Vergehen. Anne Philipe, die Witwe des Schauspielers Gérard Philipe, schrieb ein Buch über ihre Trauer. Sie berichtet darin dem Verstorbenen, wie sie den Kindern den Tod erklärte: »*Ich mochte nicht sagen, du seist im Himmel, denn so dachten wir nicht. Also versuchte ich, dich mit dem Leben in Verbindung zu bringen. Er hat sich verwandelt, erklärte ich, es sind zwei Bäume und Blumen aus ihm geworden; die Bienen sammeln Honig darin, den Honig essen wir, und so fängt alles von vorne an.*«

Ein Trost ohne Hoffnung. Aber ist das Bild vom Kreislauf überhaupt richtig? Die Natur geht nicht im Kreis, sie geht vorwärts. Diese Aufwärtsentwicklung über Jahrmilliarden nennt man die Evolution. Die Erforschung der Evolution hat auch den Tod des einzelnen in neuem Licht erscheinen lassen. Es war wohl der französische Biologe und Nobelpreisträger François Jacob, der in seinem Buch ›Die Logik des Lebenden‹ als erster auch auf diese Logik des Todes zu sprechen kam. Er entwickelt folgenden Gedanken:

Die ersten Lebewesen vermehrten sich einfach durch Teilung, wie es heute noch die Bakterien tun. Als aber die Evolution die Zweigeschlechtlichkeit erfand, bot das ungeheure Vorteile für die rasche Aufwärtsentwicklung der Lebewesen. Nun wurde die Erbmasse immer wieder gemischt, und das ergab eine immer neue Vielfalt. Damit erfand die Evolution aber zugleich zwei Mächte, die auch das Leben von uns Menschen entscheidend bestimmen: die Liebe und den Tod. Die Liebe zwingt die Geschlechter, sich zu vereinigen. Und genau durch diese Vereinigung der Erbanlagen entsteht die nächste Generation, und die Eltern können abtreten. Ja, sie müssen es sogar, sie haben sich selbst überflüssig gemacht. *»Bei den Organismen, die sich durch Teilung reproduzieren, gibt es keinen Tod. Bei den mehrzelligen Organismen wird mit der sexuellen Fortpflanzung das Untergehen des einzelnen zur Notwendigkeit. Der Tod ist ein integrierender Bestandteil des Systems. Die Gebote der Evolution sind mit dem alten Traum der Unsterblichkeit kaum vereinbar.«*

Die Natur will nicht stehenbleiben, sie will weiterkommen. Darum hat sie die Generationenfolge erfunden. Sie hat die Geburt erfunden, und zu ihr gehört als notwendiges Gegenstück der Tod. Das hat schon Goethe in einem Hymnus der Natur nachgerühmt: *»Der Tod ist ihr Kunstgriff, mehr Leben zu haben.«* Dieses Goethewort zitiert Carl Friedrich von Weizsäcker in seinen eigenen Gedanken über den Tod. Und er faßt darin auch zusammen, was François Jacob über den Sinn des Todes vorgedacht hatte. Weizsäckers Formel lautet: *»Das Ich und der Tod sind zwei zusammengehörige, sinnvolle Produkte der Entwicklung des organischen Lebens.«*

Das Ich, das durch Geburt entsteht, endet auf eine Art, die der Geburt entspricht. Geburt, Liebe und Tod – der Rahmen unseres Lebens wird sinnvoll, wenn wir erkennen, daß alles von der Natur so eingerichtet ist, um die Evolution, die Höherentwicklung, zu beschleunigen. Zu diesen Einrichtungen gehört auch der richtige Zeitpunkt des Todes; oder anders ausgedrückt: Jede Gattung hat eine optimale Lebensspanne; sie kann zwischen einigen Stunden und über hundert Jahren liegen. Das richtet sich danach, wie lange die nächste Generation braucht, um ihrerseits zur Fortpflanzung bereit zu sein. Für den Menschen würde eine natürliche Lebenserwartung von etwa fünfzig Jahren ausreichen. Der Tod des einzelnen muß also von der Natur richtig vorbereitet werden. Dazu dient das Altern, das wie ein Programm abläuft. Altern ist nicht Abnutzung, es ist Absicht. Der Tod will eingeleitet sein, er kommt nicht von selbst. Aber die Natur will ihn.

An dieser Stelle unterbreche ich meine Darstellung, denn ich fürchte, mancher Leser ist schon allzu aufgebracht darüber, daß hier eine ausschließlich biologische Deutung des Todes geboten und nichts zu einer Zukunft nach dem Tod gesagt wird. Ich höre den Einwand: »Wir sind schließlich nicht nur biologische Wesen! Was ist denn mit unserem Geist, mit unserer Seele? Was wird bleiben? Was ist mit dem ewigen Leben?« Die Antwort darauf, soweit ich sie überhaupt geben kann, muß noch etwas warten, denn ich habe mit Absicht zuerst von der Biologie gesprochen.

Die Natur ist die Basis allen Nachdenkens, wie auch in der Theologie zuerst die Schöpfung kommt, dann die Lehre von der Erlösung. Diese Basis enthält freilich eine Botschaft, die hart anzuhören ist. Sie lautet: Dem Menschen sind Grenzen gesetzt, die er nicht überschreiten kann. Zu diesen Grenzen gehört, daß der Mensch nicht älter als etwa hundertzwanzig Jahre wird. Zu diesen Grenzen gehört auch, daß er keinen Blick in eine andere Welt tun kann. Ich möchte die These aufstellen, daß diese Begrenzung einen Sinn hat. Und daß es richtig wäre, diesen Sinn zu suchen.

Ein solcher Sinn kann auch, so paradox es klingt, in der

Revolte gegen den Tod liegen. Der französische Existentialist Jean-Paul Sartre hat bestritten, daß vom Tod irgendein Sinn gestiftet werde. Den müsse sich, gegen die Sinnlosigkeit, jeder selbst setzen. In seinem Buch ›Das Sein und das Nichts‹ aus dem Jahr 1943 schreibt er:

»Man hat oft gesagt, wir befänden uns in der Lage eines Verurteilten, zwischen anderen Verurteilten, der den Tag seiner Hinrichtung nicht weiß, der aber sieht, wie täglich Mitgefangene hingerichtet werden. Das stimmt nicht ganz genau: Vielmehr müßte man uns mit einem zum Tode Verurteilten vergleichen, der sich tapfer auf den letzten Gang vorbereitet, der alle Sorgfalt darauf verwendet, auf dem Schafott eine gute Figur zu machen und der inzwischen von einer Grippeepidemie dahingerafft wird.«

Ein wirklich doppelt absurdes Bild. Daher bestreitet Sartre auch, daß vom Tod ein Sinn ausgehen könne: *»Der Tod ist niemals das, was dem Leben seinen Sinn verleiht: Er ist im Gegenteil das, was ihm grundsätzlich jede Bedeutung nimmt. Wenn wir sterben müssen, hat unser Leben keinen Sinn, weil seine Probleme ungelöst bleiben und weil sogar die Bedeutung der Probleme unbestimmt bleibt.«*

Auflehnung, Wut und Verzweiflung findet sich auch in der neueren Dichtung oft, etwa bei Bert Brecht:

> *Ich gestehe es: ich*
> *Habe keine Hoffnung.*
> *Die Blinden reden von einem Ausweg. Ich*
> *Sehe.*
> *Wenn die Irrtümer verbraucht sind*
> *sitzt als letzter Gesellschafter*
> *uns das Nichts gegenüber.*

Man sollte das nicht für Resignation halten. Aus dieser Auflehnung gegen die Sinnlosigkeit kann sehr viel erwachsen. Jedenfalls wird hier der Tod nicht verdrängt. Vielleicht wird er sogar fruchtbar im Protest. Ein Lebenswerk als Auflehnung gegen das Ende.

Ich möchte noch einmal auf die Forderung zu sprechen kommen, den Tod als das Ende ernst zu nehmen. Diese

Haltung schließt nicht notwendig jede Erwartung aus. Zunächst zitiere ich den Göttinger Psychiater Joachim Ernst Meyer, der in seinem Buch über das Todesbewußtsein der Gegenwart die Frage stellt: *»Wie können wir als Sterbliche leben?«* Mit anderen Worten, wie können wir ohne Verdrängung des Endes leben. Grundsätzlich gibt es die Alternative Annehmen oder Abwehren, meint er. Doch er empfiehlt das Annehmen. *»Wenn es um die Konfrontation mit menschlicher Vergänglichkeit geht, dann bewahrt nur das Annehmen und gerade nicht eine durch Furcht gesteigerte Abwehrkraft unsere Fähigkeit, als Sterbliche zu leben.«*

Aber mit welchen Argumenten kann man den eigenen Tod sinnvoll finden? Man kann ihn bejahen, wenn man sein Gegenteil bedenkt. Der Freiburger katholische Philosoph Max Müller deutet den Tod unter Berufung auf Heidegger in diesem guten Sinne: *»Der Tod nimmt nicht nur, er schenkt und gibt Sinn. Diese positive Seite wird heute meist nicht gesehen. Ihre Sicht wird aber klar, wenn wir der Erfahrung des Todes die utopische Fiktion und Konstruktion des todlosen Lebens gegenüberstellen: Alles könnte in einer todlosen Endlosigkeit verschoben, aufgeschoben, ein anderes Mal getan werden; alles Versäumte könnte nachgeholt, wiederholt werden, nichts wäre notwendig, alles beliebig.«*

Hat man sich aber auf das Ende eingelassen, darf man wohl einen zweiten Schritt tun und sich fragen, ob mit dem Tod alles aus ist. Ein Schritt nach dem anderen, so sehen es die meisten Autoren, auch Max Müller. Und sosehr der Psychiater Joachim Ernst Meyer uns die Realität des Endes einschärft, so bedauert auch er danach, daß heute der Tod so gut wie gar nicht mehr als Übergang gesehen wird. Darum schließt sein Buch mit einer Frage; wohlgemerkt, es ist nur eine Frage: *»Gilt es, die Verbannung der Unsterblichkeit wieder rückgängig zu machen?«*

Auch der Naturwissenschaftler und Philosoph Carl Friedrich von Weizsäcker hat vom Tod zunächst nur diesseitig gesprochen. Zum Schluß seiner Darstellung verläßt er aber bewußt die Wissenschaft und ihre Forderung nach Beweisbarkeit: *»Lassen Sie mich mit einem Satz schließen, den ich nicht durch Denken rechtfertigen* *kann: Seligkeit ist nicht jenseits des Todes; dort ist Arbeit. Seligkeit ist auf dem Grunde der Wirklichkeit, die auch den Tod geschaffen hat.«*

Uns erwartet Arbeit, Arbeit an uns selbst. Auch der Schweizer Autor Jürg Wunderli stellt in seinem Buch über den Tod diese Schwelle als eine moralische Wandlung dar, als Neugeburt: *»Nicht so, wie ich bin, kann ich durch das Tor des Todes gehen und ein neuer Adam werden. Ein Tor zur Neugeburt ist damit der Tod, und die wahre Aufgabe unseres Lebens ist es, diesen Tod und diese Neugeburt immer wieder einzuüben.«* Dabei macht Jürg Wunderli seinem Leser Mut, indem er ihm zusichert, daß Gott den Menschen auch im Sterben nicht losläßt. Aber er fürchtet zugleich das Mißverständnis eines leicht gegebenen Trostes: *»Man verstehe mich richtig: Das Wissen um die Geborgenheit in Gott, selbst in der dunkelsten Todesverzweiflung, darf und kann nicht die Wahrheit unseres Todes schmälern; es darf und kann uns nicht von der großen und uns tief ängstigenden Aufgabe befreien, unseren Tod zu akzeptieren.«*

Ich möchte auch noch einmal auf den biologischen Sinn des Todes zurückkommen. Die Biologie ist ein gutes Fundament; sie lehrt uns unsere Endlichkeit: Aber sie öffnet uns auch den Blick für die Unendlichkeit. Unermeßliche Zeiträume lagen schon hinter uns, als wir auf die Welt kamen. Und es soll offensichtlich weitergehen mit der Schöpfung. Von einem Ende kann gar keine Rede sein; allenfalls von dem Ende unserer Person. Die Schöpfung geht weiter und damit das, was an uns Lebewesen wirklich verdient, ewig zu sein. Wohin also, um die alte Frage zu stellen, gehen wir? Ich möchte antworten: Wir werden sein, was wir waren.

Der Kieler Naturwissenschaftler Albrecht Unsöld hat seine Weltsicht sehr überzeugend unter der Perspektive der Evolution dargestellt. Kommt er auf den Tod zu sprechen, so weist er zunächst darauf hin, *»daß eine Person im strengen Sinn des Wortes gar nicht als Individuum verstanden werden kann, sondern daß ihr Entstehen, ihr Dasein und ihr Tod nur im Rahmen der gesamten Naturgeschichte möglich und verstehbar sind. Jedem individuellen Leben, jedem Tun . . . geht eine Milliarden von*

Jahren zurückreichende Kette damit verknüpfter Ereignisse in der Evolution voraus, und es wird ihnen eine entsprechende Kette in die Zukunft folgen...« Daraus ergibt sich für Unsöld die rhetorische Frage, die in der Tat, finde ich, religiöse Faszination hat: *»Warum sollten wir uns nicht bescheiden mit der Einsicht, daß wir dem großen, namenlosen Strom der kosmischen Evolution angehören?«*

Wenigstens das. Vielleicht bleibt auch mehr von unserer Individualität erhalten. Wer weiß. Mir selbst liegt nicht viel an diesem Gedanken. Ich denke eher: Wir sollten die Schöpfung erhalten und weitergeben, das ist wichtiger als unser selbstverliebter Ehrgeiz, unsterblich zu sein. Es ist, scheint mir, der Sinn des Todes, daß wir Platz machen für Besseres, das nach uns kommen soll. Und vielleicht auch Gelegenheit schaffen für unsere eigene Besserung.

In diesen Fragen ist die Angst jedenfalls kein guter Ratgeber, auch nicht die Hoffnung, die trügerisch sein könnte. Wer aber sicher ist, daß er für sich nichts erhofft, kann sich schließlich dem Gedanken öffnen, daß es Gottes Wille sein kann, uns Menschen in seinem Reich zu versammeln. Mir hat die These eingeleuchtet, die ich bei dem Tübinger Theologen Eberhard Jüngel gefunden habe, *»daß die christliche Hoffnung auf Auferstehung überhaupt nicht egoistisch konzipiert ist«.* Zum Beleg zitiert Jüngel ein Paulus-Wort aus dem ersten Korintherbrief, wo es heißt, Ziel der Auferstehung sei es, *»daß Gott sei alles in allem«.* Es gehe da, meint Jüngel, um *»Teilhabe an Gottes Ehre«,* nicht um die allzu menschlichen Interessen des Glaubenden. So verstanden kann ich das ewige Leben, das uns versprochen ist, wohl annehmen. Aber erst, wenn ich sicher bin, mich zunächst mit meiner Endlichkeit abgefunden zu haben.

Literaturverzeichnis

Zu Kapitel 1: Wer warf die Welt in die Physik?

Atkins, Peter W.: Schöpfung ohne Schöpfer. Was war vor dem Urknall? Reinbek 1984.
Barrow, John D. und Joseph Silk: Die asymmetrische Schöpfung. Ursprung und Ausdehnung des Universums. Vorwort von Rudolf Kippenhahn. München 1986.
Boslough, John: Jenseits des Ereignishorizonts. Stephen Hawkings Universum. Mit 5 Aufsätzen und Vorträgen von Stephen Hawking. Reinbek 1985.
Bosshard, Stefan N.: Erschafft die Welt sich selbst? Die Selbstorganisation von Natur und Mensch aus naturwissenschaftlicher, philosophischer und theologischer Sicht. Freiburg i. Br. 1985.
Breuer, Reinhard: Das anthropische Prinzip. Der Mensch im Fadenkreuz der Naturgesetze. Berlin 1984.
Calder, Nigel: Chronik des Kosmos. Unsere Welt im Strom der Zeit. Frankfurt/Main 1984.
Davies, Paul: Gott und die moderne Physik. München 1986.
Fritzsch, Harald: Vom Urknall zum Zerfall. Die Welt zwischen Anfang und Ende. München 3. überarbeitete Auflage 1983.
Hawking, Stephen: Eine kurze Geschichte der Zeit. Die Suche nach der Urkraft des Universums. Reinbek 1988.
Jungheinrich, Hansjörg: Weltweite Offenbarung. Vom Schöpfungswunder und von der Unendlichkeit. Im Ringen um eine neue Glaubensgestalt. Stuttgart 1985.
Kippenhahn, Rudolf: Licht vom Rande der Welt. Das Universum und sein Anfang. Stuttgart 1984.
Wurm, Günter: Die Geschichte des Universums. Evolution und Genesis. Das Wunder der Geburt des Weltalls. Zürich 1985.

Zu Kapitel 2: Gott als Mann ohne Eigenschaften

Andersen, Svend: Ideal und Singularität. Über die Funktion des Gottesbegriffes in Kants theoretischer Philosophie. Berlin 1983.
Cramer, Wolfgang: Gottesbeweise und ihre Kritik. In: Die absolute Reflexion, Band 2. Frankfurt/Main 1967.
Henrich, Dieter: Der ontologische Gottesbeweis. Tübingen 1960.
Huonder, Quirin: Die Gottesbeweise. Geschichte und Schicksal. Stuttgart 1968.
Splett, Jörg: Gotteserfahrung im Denken. Zur philosophischen Rechtfertigung des Redens von Gott. Freiburg i. Br. 3. überarbeitete Auflage 1985.

Zu Kapitel 3: Einen Gott, den »es gibt«, den gibt es nicht

Brecht, Bertolt: Geschichten vom Herrn Keuner. Gesammelte Prosa, Band 2. Frankfurt/Main 1980.

Bultmann, Rudolf: Welchen Sinn hat es, von Gott zu reden? In: Rudolf Bultmann: Glauben und Verstehen, Band 1. Tübingen ³1958. Der Aufsatz ist zuerst 1925 erschienen.

Drüge, Hartmut, Hartmut Lenhard und Wolfgang Mohrmann (Hrsg.): Nachdenken über Gott. Fragen – Antworten – Informationen. Gütersloh 1983.

Kołakowski, Leszek: Falls es keinen Gott gibt. München 1982.

Lønning, Per: Der begreiflich Unergreifbare. Das »Sein Gottes« und moderntheologische Denkstrukturen. Göttingen 1985.

Rössner, Hans (Hrsg.): Der nahe und der ferne Gott. Nichttheologische Texte zur Gottesfrage im 20. Jahrhundert. Einleitung von Leszek Kołakowski. Berlin 1981.

Scholl, Norbert: Gott ist immer größer. Wege der Gotteserfahrung heute. Mainz 1985.

Spiegel, Yorik: Gottesbilder von Herrschaft und Liebe. In: Glaube, wie er leibt und lebt, Band 2. München 1984.

Zu Kapitel 4: Nichts auf der Welt ist gewiß

Albert, Hans: Traktat über kritische Vernunft. Tübingen ²1969.

Bartley, William W.: Flucht ins Engagement. Versuch einer Theorie des offenen Geistes. München 1962.

Carnap, Rudolf: Der logische Aufbau der Welt. Berlin 1979. Erstausgabe 1928.

Gierer, Alfred: Die Physik, das Leben und die Seele. München 1985.

Hofstadter, Douglas R.: Gödel, Escher, Bach. Ein Endloses Geflochtenes Band. Stuttgart 1985. München 1991.

Kołakowski, Leszek: Falls es keinen Gott gibt. München 1982.

Pöppel, Ernst: Grenzen des Bewußtseins. Über Wirklichkeit und Welterfahrung. Stuttgart 1985.

Popper, Karl: Logik der Forschung. Tübingen ⁶1976. Erstausgabe 1935.

Radnitzky, Gérard und Gunnar Andersson (Hrsg.): Voraussetzungen und Grenzen der Wissenschaft. Tübingen 1981.

Stegmüller, Wolfgang: Metaphysik, Skepsis, Wissenschaft. Heidelberg ²1969.

Stegmüller, Wolfgang: Neue Wege der Wissenschaftsphilosophie, Heidelberg 1980.

Zu Kapitel 5: Steildächer

Kołakowski, Leszek: Die Sorge um Gott in einem scheinbar gott-
losen Zeitalter. Einleitung zu: Der nahe und der ferne Gott. Her-
ausgegeben von Hans Rössner. Berlin 1981.
Kołakowski, Leszek: Falls es keinen Gott gibt. München 1982.
Lorenz, Konrad: Der Abbau des Menschlichen. München 1983.
Mitscherlich, Alexander: Auf dem Wege zur vaterlosen Gesell-
schaft. Ideen zur Sozialpsychologie. München [15]1984.
Podak, Klaus: Renaissance der Religiosität? In: Merkur, 9/10/1985,
S. 822 ff.
Richter, Horst-E.: Der Gotteskomplex. Die Geburt und die Krise
des Glaubens an die Allmacht des Menschen. Reinbek 1979.

Zu Kapitel 6: Atheismus

Atkins, Peter W.: Schöpfung ohne Schöpfer. Was war vor dem
Urknall? Reinbek 1984.
Bénoist, Alain de: Heide sein zu einem neuen Anfang. Die europäi-
sche Glaubensalternative. Tübingen 1982.
Daly, Mary: Jenseits von Gottvater, Sohn & Co. Aufbruch zu einer
Philosophie der Frauenbefreiung. München 1980.
Hochkeppel, Willy: Mit dem atheistischen Rasiermesser. Abschlie-
ßendes zur Sache mit Gott von John L. Mackie. In: Merkur,
11/1986, S. 972 ff.
Hole, Günter: Der Glaube bei Depressiven. Religionspsycho-
pathologische und klinisch-statistische Untersuchung. Stuttgart
o. J.
Kahl, Joachim: Warum ich Atheist bin: In: Warum ich Christ/
Atheist/Agnostiker bin. Herausgegeben von Karlheinz Deschner.
Köln 1977.
Kehrer, Günter: Entgegnung auf Hubertus Mynarek. In: Materia-
lien und Informationen zur Zeit. Journal der Konfessionslosen
und Atheisten, 1/1985.
Lepp, Ignace: Psychoanalyse des modernen Atheismus. Würzburg
1962.
Lindemann, Walter und Anna Lindemann: Die proletarische Frei-
denker-Bewegung. Geschichte, Theorie und Praxis. Münster
1980.
Lüssi, Peter: Atheismus und Neurose. Das Phänomen GL → N.
Eine Untersuchung im Bereich der Tiefenpsychologie über die
Mitverursachung neurotischer Krankheitszustände durch religiöse Glaubenslosigkeit. Göttingen 1979.
Mackie, John L.: Das Wunder des Theismus. Argumente für und
gegen die Existenz Gottes. Stuttgart 1985.

Mynarek, Hubertus: Religiös ohne Gott? Neue Religiosität der Gegenwart in Selbstzeugnissen. Eine Dokumentation. Düsseldorf 1983.

Spickermann, Wolfgang: Kosmologie und die Legende vom Schöpfungsakt. In: Marxistische Blätter. Frankfurt/Main 1978.

Zu Kapitel 7: Von Adam oder vom Affen?

Beck, Horst W.: Biologie und Weltanschauung. Gott der Schöpfer und Vollender und die Evolutionskonzepte des Menschen. Neuhausen [2]1979.

Beck, Horst W., Heiko Hörnicke und Hermann Schneider: Die Debatte um Bibel und Wissenschaft in Amerika. Begegnungen und Eindrücke von San Diego bis Vancouver. Neuhausen 1980.

Brechtken, Josef: Evolution und Transzendenz. Über unser wissenschaftliches Weltbild von heute und die Frage nach Gott unter besonderer Berücksichtigung der evolutionstheoretischen Theodizee bei Pierre Teilhard de Chardin und Hoimar v. Ditfurth. Frankfurt/Main 1983.

Dawkins, Richard: Der blinde Uhrmacher. Ein neues Plädoyer für den Darwinismus. München 1987. München 1990.

Ditfurth, Hoimar v.: Wir sind nicht nur von dieser Welt. Naturwissenschaft, Religion und die Zukunft des Menschen. Hamburg 1981. München [8]1991.

Gitt, Werner: Die Theistische Evolution. In: Informationsbrief 92 der Bekenntnisbewegung »Kein anderes Evangelium«, Juni 1982.

Gitt, Werner: Logos oder Chaos. Aussagen und Einwände zur Evolutionslehre sowie eine tragfähige Alternative. Neuhausen [2]1985.

Hemminger, Hansjörg und Wolfgang Hemminger: Jenseits der Weltbilder. Naturwissenschaft, Evolution, Schöpfung. Stuttgart 1991.

Jessberger, Rolf: Creationismus. Kritik der modernen Antievolution. Hamburg 1990.

Junker, Reinhard und Siegfried Scherer: Entstehung und Geschichte der Lebewesen. Gießen 1986.

Locker, Alfred: Evolution – kritisch gesehen. Salzburg 1983.

Morris, Henry M.: Evolution im Zwielicht. Wuppertal 1982.

Parker, Gary: Wissenschaftliches Umdenken. Bericht eines Biologieprofessors. Berneck [2]1981.

Scheven, Joachim: Daten zur Evolutionslehre im Biologieunterricht. Neuhausen [2]1982.

Wilder Smith, Arthur E.: Die Demission des wissenschaftlichen Materialismus. Neuhausen [3]1979.

Wilder Smith, Arthur E.: Grundlage zu einer neuen Biologie. Neuhausen 1974.

Zu Kapitel 8: Die Evolution der Computer

Bibel, W. und J.H. Siekmann (Hrsg.): Künstliche Intelligenz. Frühjahrsschule Teisendorf. Heidelberg 1982.
Daiser, Wolfgang: Künstliche Intelligenz. Forschung und ihre epistemologischen Grundlagen. Frankfurt/Main 1984.
Ditfurth, Hoimar v.: Wem gehört die Zukunft – der technischen oder der menschlichen Intelligenz? In: natur, 4/1985, S. 52 ff.
Dreyfus, Hubert L.: Die Grenzen künstlicher Intelligenz. Was Computer nicht können. Königstein 1985.
Erben, Heinrich K.: Leben heißt Sterben. Der Tod des einzelnen und das Aussterben der Arten. Hamburg 1981.
Hofstadter, Douglas R.: Gödel, Escher, Bach. Ein Endloses Geflochtenes Band. Stuttgart 1985. München 1991.
Huber, Wolfgang: Simuliertes Verstehen, Künstliche Intelligenz und natürlicher Schwachsinn. München 1980.
Michie, Donald und Rory Johnston: Der kreative Computer. Künstliche Intelligenz und menschliches Wissen. Hamburg 1985.
Retti, Johannes u.a.: Artificial Intelligence. Eine Einführung. Stuttgart 1984.
Roszak, Theodore: Das unvollendete Tier. Eine neue Stufe in der Entwicklung des Menschen. München 1982.
Roszak, Theodore: Der Verlust des Denkens. Über die Mythen des Computer-Zeitalters. München 1986.
Searle, John: Intelligenz und Bewußtsein. Der Unterschied zwischen mechanischer und menschlicher Intelligenz. Landsberg 1985.
Stevens, Lawrence: Auf der Suche nach der künstlichen Intelligenz. Wege zur perfekten Maschine. Landsberg 1985.
Wolters, Martin F.: Die Fünfte Generation. München 1984.

Zu Kapitel 9: Das All ist sterblich wie wir selbst

Barrow, John D. und Joseph Silk: Die asymmetrische Schöpfung. Ursprung und Ausdehnung des Universums. München 1986.
Blumenberg, Hans: Lebenszeit und Weltzeit. Frankfurt/Main 1986.
Boslough, John: Jenseits des Ereignishorizonts. Stephen Hawkings Universum. Mit 5 Aufsätzen und Vorträgen von Stephen Hawking. Reinbek 1985.
Calder, Nigel: Schlüssel zum Universum. Das Weltbild der modernen Physik. Hamburg 1981.
Davies, Paul: Am Ende ein neuer Anfang. Die Biographie des Universums. Düsseldorf 1979.
Davies, Paul: Gott und die moderne Physik. München 1986.
Ditfurth, Hoimar v.: Wir sind nicht nur von dieser Welt. Natur-

wissenschaft, Religion und die Zukunft des Menschen. Hamburg 1981. München [8]1991.

Fritzsch, Harald: Vom Urknall zum Zerfall. Die Welt zwischen Anfang und Ende. München 3. überarbeitete Auflage 1983.

Weinberg, Steven: Die ersten drei Minuten. Der Ursprung des Universums. München 1977.

Zu Kapitel 10: Ein Prophet in seinem Vaterlande

Augstein, Rudolf: Jesus Menschensohn. Hamburg 1974.

Braun, Herbert: Jesus – der Mann aus Nazareth und seine Zeit. Stuttgart 1969.

Bultmann, Rudolf: Jesus. Tübingen 1926. Gütersloh 1965.

Carmichael, Joel: Leben und Tod des Jesus von Nazareth. München 1965.

Fromm, Erich: Das Christusdogma und andere Essays. München [4]1992.

Holtz, Traugott: Jesus aus Nazaret. Was wissen wir von ihm. Köln 1981.

Kasper, Walter: Jesus der Christus. Mainz 1974.

Lehmann, Johannes: Jesus-Report. Protokoll einer Verfälschung. Düsseldorf 1970.

Lehmann, Johannes: Das Geheimnis des Rabbi J. – Was die Urchristen versteckten, verfälschten, vertuschten. Hamburg 1985.

Leroy, Herbert: Jesus. Überlieferung und Deutung. Darmstadt 1978.

Mackey, James P.: Jesus. Der Mensch und der Mythos. München 1981.

Mayer, Anton: Der zensierte Jesus. Soziologie des Neuen Testaments. Mit einem Geleitwort von Norbert Greinacher. Olten 1983.

Mendelssohn, Harald von: Jesus – Rebell oder Erlöser. Die Geschichte des frühen Christentums. Hamburg 1981.

Perrin, Norman: Was lehrte Jesus wirklich? Rekonstruktion und Deutung. Göttingen 1972.

Schillebeeckx, Edward: Jesus. Die Geschichte von einem Lebenden. Freiburg i. Br. [7]1980.

Schottroff, Luise und Wolfgang Stegemann: Jesus von Nazareth – Hoffnung der Armen. Stuttgart [2]1981.

Smith, Morton: Jesus der Magier. München 1981.

Zu Kapitel 11: Das Ostergrab ist offen

Campenhausen, Hans: Der Ablauf der Osterereignisse und das leere Grab. Heidelberg [4]1977.
Gollwitzer, Helmut: Jesu Tod und Auferstehung. München [6]1979.
Lapide, Pinchas: Auferstehung. Ein jüdisches Glaubenserlebnis. München 4. bearbeitete Auflage 1983.
Pesch, Rudolf: Zwischen Karfreitag und Ostern. Die Umkehr der Jünger Jesu. Köln 1983.
Rahner, Karl: Was heißt Auferstehung? Meditationen zu Karfreitag und Ostern. Freiburg i. Br. 1985.
Wilckens, Ulrich: Auferstehung. Das biblische Auferstehungszeugnis historisch untersucht und erklärt. Gütersloh [3]1981.
Wilckens, Ulrich: Auferstehung. In: Biblische Themen der Theologie, Band 4. Stuttgart 1970.

Zu Kapitel 12: Schmerzensmann und Weltenrichter

Eberts, Gerhard: Jesus Christus in der Kunst. Aschaffenburg 1985.
Guardini, Romano: Der Herr. Über Leben und Person Jesu Christi. Freiburg i. Br. [4]1985.
Kawerau, Peter: Das Christusverständnis des Konzils von Chalzedon und seine Gegner. In: Jesus Christus. Das Christusverständnis im Wandel der Zeiten. Marburg 1963.
Machovec, Milan: Jesus für Atheisten. Mit einem Geleitwort von Helmut Gollwitzer. Stuttgart [2]1973.
Spaemann, Heinrich (Hrsg.): Wer ist Jesus von Nazareth – für mich? 100 zeitgenössische Zeugnisse. München [3]1978.
Weimar, Alois: König und Schmerzensmann. Das Bild Christi von der frühen Kirche bis zur Reformation. Düsseldorf 1982.

Zu Kapitel 13: Jesus war Jude

Ben-Chorin, Schalom: Bruder Jesus. Der Nazarener in jüdischer Sicht. München 1977.
Demke, Christoph: Die Einzigartigkeit Jesu. Theologische Informationen für Nichttheologen. Neukirchen/Vluyn [3]1981.
Flusser, David: Bemerkungen eines Juden zur christlichen Theologie. München 1984.
Greschat, Hans, Franz Mussner, Shemaryahu Talmon und R.J. Werblowsky: Jesus – Messias? Heilserwartung bei Juden und Christen. Regensburg 1982.
Jeremias, Joachim: Die Botschaft Jesu vom Vater. Stuttgart 1968.

Jüngel, Eberhard: Paulus und Jesus. Eine Untersuchung zur Präzisierung der Frage nach dem Ursprung der Christologie. Tübingen [5]1979.

Küng, Hans und Pinchas Lapide: Jesus im Widerstreit. Ein jüdisch-christlicher Dialog. München [2]1977.

Lapide, Pinchas: Ist das nicht Josephs Sohn? Jesus im heutigen Judentum. Stuttgart [2]1978.

Lapide, Pinchas und Wolfhart Pannenberg: Judentum und Christentum. Einheit und Unterschied. Ein Gespräch. München 1981.

Lapide, Pinchas und Ulrich Luz: Der Jude Jesus. Thesen eines Juden, Antworten eines Christen. Köln [3]1983.

Volken, Laurenz: Jesus der Jude und das Jüdische im Christentum. Düsseldorf 2. durchgesehene Auflage 1984.

Zu Kapitel 14: Der heilige Bürostuhl

Feige, Andreas: Erfahrungen mit Kirche. Daten und Analysen einer empirischen Untersuchung über Beziehungen und Einstellungen junger Erwachsener zur Kirche. Hannover 1982.

Heinz, Gerhard: Das Problem der Kirchenentstehung in der deutschen protestantischen Theologie des 20. Jahrhunderts. Mainz 1974.

Kahlert, Heinrich: Der Held und seine Gemeinde. Untersuchungen zum Verhältnis von Stifterpersönlichkeit und Verehrergemeinschaft in der Theologie des freien Protestantismus. München 1984.

Kasper, Walter und Jürgen Moltmann: Jesus ja – Kirche nein? Köln [2]1980.

Sauser, Ekkart: Woher kommt Kirche? Ortskirchen der Frühzeit und Kirchenbewußtsein heute. Frankfurt/Main 1978.

Spiegel, Yorik: Kirche als bürokratische Organisation. In: Theologische Existenz heute, 160. München.

Zu Kapitel 15: War Jesus wirklich auf dem Wasser?

Bron, Bernhard: Das Wunder. Das theologische Wunderverständnis im Horizont des neuzeitlichen Natur- und Geschichtsbegriffs. Göttingen [2]1979.

Jordan, Pascual: Der Naturwissenschaftler vor der religiösen Frage. Abbruch einer Mauer. Oldenburg [5]1968.

Löbsack, Theo: Wunder, Wahn und Wirklichkeit. Naturwissenschaft und Glaube. München 1976.

Suhl, Alfred (Hrsg.): Der Wunderbegriff im Neuen Testament. Darmstadt 1980.

Weiser, Alfons: Jesu Wunder – damals und heute. Stuttgart 4. neubearbeitete Auflage 1976.

Weiser, Alfons: Was die Bibel Wunder nennt. Ein Sachbuch zu den Berichten der Evangelien. Stuttgart 1984.

Weiss, Franz: Gottes Blut. Wunder, die die Welt nicht leugnen kann. Stein am Rhein 1975.

Weissmahr, Bela: Gottes Wirken in der Welt. Ein Diskussionsbeitrag zur Frage der Evolution und des Wunders. Frankfurt/Main 1973.

Winkelmann, Michael: Biblische Wunder. Kritik, Chance, Deutung. München 1977.

Zu Kapitel 16: Priester oder Prophet?

Mieth, Dietmar: Gotteserfahrung und Weltverantwortung. Über die christliche Spiritualität des Handelns. München 1982.

Rad, Gerhard von: Die Botschaft der Propheten. Gütersloh 4 1981.

Rüß, Ulrich und Sönke Wandschneider: Marx ist weder Apostel noch Heiliger. Streitgespräch über Kirche und Politik. In: Der Spiegel, 22/1985, S. 72 ff.

Wiesel, Elie: Von Gott gepackt. Prophetische Gestalten. Freiburg i. Br. 1983.

Wolff, Hans W.: Die Stunde des Amos. Prophetie und Protest. München 1981.

Zu Kapitel 17: Wer glaubt, hat's nötig

Giesen, Traugott: Was tun Christen, wenn sie glauben. 10 Antworten. Gütersloh 1982.

Görres, Albert: Kennt die Religion den Menschen? Erfahrungen zwischen Psychologie und Glauben. München 1983.

Löbsack, Theo: Wunder, Wahn und Wirklichkeit. Naturwissenschaft und Glaube. München 1976.

Lotz, Johannes B.: Was gibt das Christentum dem Menschen? Grunderwartungen und Erfüllung. Frankfurt/Main 1979.

Lübbe, Hermann: Religion nach der Aufklärung. Graz und Wien 1986.

Pruyser, Paul W.: Die Wurzeln des Glaubens. Eine Psychologie des Glaubens. Bern und München 1972.

Wollschläger, Hans: Die Gegenwart einer Illusion. Essays. Zürich 1979.

Zu Kapitel 18: Ein Weihnachtsmann will zur Krippe und sagt, er
wär' der Nikolaus

Cullmann, Oskar: Der Ursprung des Weihnachtsfestes. Zürich
1963.
Egger, Hanna: Weihnachtsbilder im Wandel der Zeit. Von der
Spätantike bis zum Barock. Wien 1978.
Knobloch, Johann: St. Nikolaus – Konzilsvater – Wundertäter –
Gabenbringer. In: Sprache und Religion, Band II, 1. Heidelberg
1983.
Müller, Rüdiger: Sankt Nikolaus. Der Heilige der Ost- und West-
kirche. Freiburg i. Br. 1982.
Sartory, Gertrud und Thomas Sartory: Der Heilige Nikolaus. Die
Wahrheit der Legende. Freiburg i. Br. 1981.
Usener, Hermann: Das Weihnachtsfest. In: Religionsgeschichtliche
Untersuchungen, Teil I. Bonn [3]1968.

Zu Kapitel 19: Sünde – ein Wort hat sich verbraucht

Améry, Carl: Das Ende der Vorsehung. Die gnadenlosen Folgen
des Christentums. Reinbek 1972.
Böhme, Wolfgang (Hrsg.): Sündigen wir noch? Über Schuld, Buße
und Vergebung. Herrenalb 1985.
Brockmann, Gerhard und Dieter Stoodt: Sünde – Versuch der Er-
schließung eines zentralen christlichen Symbols. Frankfurt/Main
und Aarau 1981.
Marcuse, Herbert: Versuch über die Befreiung. Frankfurt/Main
1969.
Oraison, Marc: Was ist Sünde? Das Urerleben der Schuld. Freiburg
i. Br. 1982.
Pieper, Josef: Über den Begriff der Sünde. München 1977.
Pieper, Josef: Sünde – nur eine Fehlleistung? Kall [2]1985.
Sievernich, Michael: Schuld und Sünde in der Theologie der Gegenwart. Frankfurt/Main 1982.

Zu Kapitel 20: Gehorsam ist keine Tugend mehr

Betz, Hans D.: Nachfolge und Nachahmung Jesu Christi im Neuen
Testament. Tübingen 1967.
Birkenmaier, Rainer, Peter Wolf, Robert Zollitsch u. a. (Hrsg.):
Geist und Form religiösen Gehorsams heute. Vallendar 1975.
Fischer, G.: Artikel »Gehorsam, Pädagogisch«. In: Lexikon für
Theologie und Kirche, Band 4. Freiburg i. Br. 1960.

Greshake, Gisbert: Gottes Willen tun. Gehorsam und geistliche Unterscheidung. Freiburg i. Br. 1984.

Groothoff, Hans-Hermann und Martin Stallmann (Hrsg.): Pädagogisches Lexikon. Herausgegeben im Auftrag des Deutschen Evangelischen Kirchentags. Stuttgart 1965.

Hardick, Lothar und Ethelburga Häcker (Hrsg.): Gehorsam und Autorität. Werkwoche der Franziskanischen Arbeitsgemeinschaft 1970. Werl/Westfalen 1971.

Lang, Jochen von (Hrsg.): Das Eichmann-Protokoll. Tonbandaufzeichnungen der israelischen Verhöre. Berlin 1982.

Milgram, Stanley: Das Milgram-Experiment. Zur Gehorsamsbereitschaft gegenüber Autorität. Reinbek 1974.

Rahner, Karl und Paul Imhoff: Ignatius von Loyola. Freiburg i. Br. 1978.

Rutschky, Katharina (Hrsg.): Schwarze Pädagogik. Quellen zur Naturgeschichte der bürgerlichen Erziehung. Berlin 1977.

Schillebeeckx, Edward: Kritik des christlichen Gehorsams und christliche Antwort. In: Concilium. Internationale Zeitschrift für Theologie. November 1980.

Sölle, Dorothee: Phantasie und Gehorsam. Überlegungen zu einer künftigen christlichen Ethik. Stuttgart [9]1980.

Theißen, Gerd: Studien zur Soziologie des Urchristentums. Tübingen 2. erweiterte Auflage 1983.

Zu Kapitel 21: »Geßlers Hut ist in uns aufgepflanzt«

Balint, Alice: Psychoanalyse der frühen Lebensjahre. München 1966.

Coulin, Sonya: Die Einflüsse der Gesellschaft auf die Gewissensbildung. In: Pädagogik der Gegenwart, 212. Wien 1977.

Eysenck, Hans Jürgen: Conditioning and Personality. In: British Journal of Psychology, 1952. Zitiert nach Sonya Coulin: Die Einflüsse der Gesellschaft auf die Gewissensbildung. In: Pädagogik der Gegenwart, 212. Wien 1977.

Ford, Cellan S. und Frank A. Beach: Das Sexualverhalten von Mensch und Tier. Berlin 1954.

Freud, Sigmund: Neue Folge der Vorlesungen zur Einführung in die Psychoanalyse. In: Gesammelte Werke, Band XV. Frankfurt/Main 1969.

Freud, Sigmund: Abriß der Psychoanalyse. Das Unbehagen in der Kultur. Frankfurt/Main [29]1979.

Fuchs, Josef (Hrsg.): Das Gewissen. Vorgegebene Norm verantwortlichen Handelns oder Produkt gesellschaftlicher Zwänge? Düsseldorf 1979.

Kinsey, Alfred Charles: Das sexuelle Verhalten des Mannes. Frankfurt/Main 1970.

Laun, Andreas: Das Gewissen – Oberste Norm sittlichen Handelns. Zur Autonomiedebatte in der heutigen Moraltheologie. Innsbruck 1984.

Wiesnet, Eugen und Balthasar Gareis: Schuld und Gewissen bei jugendlichen Rechtsbrechern. Eine pastoraltheologische Untersuchung über Schuldfähigkeit, Gewissen und Schuldverarbeitung. Düsseldorf 1976.

Zu Kapitel 22: Ein Blindversuch für die Gerechtigkeit

Bubner. Rüdiger, Konrad Cramer und Rainer Wiehl (Hrsg.): Kants Ethik heute. Mit Beiträgen von Oswald Schwemmer, Maximilian Forschner, Ingrid Croemer-Ruegenberg, Joachim Aul und Manfred Sommer. Göttingen 1983.

Dihle, Albrecht: Die Goldene Regel. Eine Einführung in die Geschichte der antiken und frühchristlichen Vulgärethik. Göttingen 1962.

Gert, Bernard: Die moralischen Regeln. Eine neue rationale Begründung der Moral. Frankfurt/Main 1982.

Patzig, Günther: Ethik ohne Metaphysik. Göttingen 1983.

Pieper, Annemarie: Pragmatische und ethische Normenbegründung. Zum Defizit an ethischer Letztbegründung in zeitgenössischen Beiträgen zur Moralphilosophie. Freiburg i. Br. 1979.

Pieper, Annemarie: Ethik und Moral. Eine Einführung in die praktische Philosophie. München 1985.

Rawls, John: Eine Theorie der Gerechtigkeit. Frankfurt/Main 1975.

Roithinger, Ludwig: Ethik und Anthropologie. Zur Analyse und Fundierung der Moral durch die Human- und Sozialwissenschaften. Wien 1985.

Strotzka, Hans: Fairness, Verantwortung, Fantasie. Eine psychoanalytische Alltagsethik. Wien 1983.

Zu Kapitel 23: »Lutherische Putzfrau gesucht«

Becker, Jürgen: Im Angesicht des Anderen – Gott erfahren. Frankfurt/Main 1981.

Nissen, Andreas: Gott und der Nächste im antiken Judentum. Untersuchungen zum Doppelgebot der Liebe. Tübingen 1974.

Rahner, Karl: Wer ist dein Bruder? Freiburg i. Br. [2] 1982.

Ruppert, Fidelis und Anselm Grün: Christus im Bruder nach der Regel Sankt Benedikts. Münsterschwarzach 1979.

Timm, Hermann: Geist der Liebe. Die Ursprungsgeschichte der religiösen Anthropotheologie (Johannismus). Gütersloh 1978.
Welte, Bernhard: Dialektik der Liebe. Christliche Nächstenliebe im technologischen Zeitalter. Frankfurt/Main [2]1984.

Zu Kapitel 24: Liebe dich selbst wie deinen Nächsten!

Fromm, Erich: Die Kunst des Liebens. Berlin 1980.
Hesse, Hermann: Der Steppenwolf. Frankfurt/Main 1976.
Hesse, Hermann: Kurgast. Aufzeichnungen von einer Badener Kur. Frankfurt/Main 1977.
Sölle, Dorothee: Phantasie und Gehorsam. Überlegungen zu einer künftigen christlichen Ethik. Stuttgart [9]1980.
Steffen, Uwe: Und deinen Nächsten wie dich selbst. Variationen über das Thema Selbstlosigkeit und Selbstliebe. Breklum 2. neu überarbeitete Auflage 1977.
Trobisch, Walter: Liebe dich selbst. Selbstannahme und Schwermut. Wuppertal [15]1985.

Zu Kapitel 25: »Lüg nicht, Gott weiß alles!«

Görres, Albert: Kennt die Psychologie den Menschen? Fragen zwischen Psychotherapie, Anthropologie und Christentum. München 1978.
Hark, Helmut: Religiöse Neurosen. Ursachen und Heilung. Stuttgart 1984.
Jones, Ernest: Zur Psychoanalyse der christlichen Religion. Frankfurt/Main 1971.
Moser, Tilmann: Gottesvergiftung. Frankfurt/Main 1976.
Ringel, Erwin und Alfred Kirchmayr: Religionsverlust durch religiöse Erziehung. Tiefenpsychologische Ursachen und Folgerungen. Wien 1986.
Roheim, Geza: Die Panik der Götter. Einführung von Werner Münsterberger. Frankfurt/Main o.J.
Scherf, Dagmar (Hrsg.): Der liebe Gott sicht alles. Erfahrungen mit religiöser Erziehung. Frankfurt/Main 1984.
Scholl, Norbert: Kleine Psychoanalyse christlicher Glaubenspraxis. München 1980.

Zu Kapitel 26: Hat Gott Humor?

Betz, Otto: Der Humor Jesu und die Fröhlichkeit der Christen. Vorsichtige Anfrage, ob der Christ noch etwas zu lachen hat. Ulm [2]1981.

Campenhausen, Hans von: Theologenspiel und -spaß. Kaum 400 christliche und unchristliche Scherze. Hamburg 1973.

Campenhausen, Hans von: Christentum und Humor. In: Aus der Frühzeit des Christentums. Studien zur Kirchengeschichte des ersten und zweiten Jahrhunderts. Tübingen 1963.

Faber, Heike: Gottes Lächeln. Von den Übergängen unseres Lebens. München 1981.

Haecker, Theodor: Dialog über Christentum und Kultur. Mit einem Exkurs über Sprache, Humor und Satire. Hellerau 1930.

Heinz-Mohr, Gerd: Wer zuletzt lacht ... Der Humor der Letzten Dinge, gesammelt, gesichtet und zu bedenken gegeben von ... Gütersloh 1981.

Holl, Adolf: Wo Gott wohnt. Die Geschichte einer langen Bekanntschaft. Berlin 1978.

Kretz, Louis: Witz, Humor und Ironie bei Jesus. Vorwort von Mario Galli. Olten ²1982.

Kretz, Louis: Der Reiz des Paradoxen bei Jesus. Vorwort von Kurt Marti. Olten 1983.

Petuchowski, Jakob (Hrsg.): Es lehrten unsere Meister ... Rabbinische Geschichten aus den Quellen, neu erzählt. Freiburg i. Br. ⁵1981.

Petuchowski, Jakob (Hrsg.): Ferner lehrten unsere Meister ... Rabbinische Geschichten aus den Quellen, neu erzählt. Freiburg i. Br. 1980.

Petuchowski, Jakob (Hrsg.): Wie unsere Meister die Schrift erklären. Beispielhafte Bibelauslegung aus dem Judentum. Freiburg i. Br. 1982.

Thiede, Werner: Das verheißene Lachen. Humor in theologischer Perspektive. Göttingen 1986.

Zu Kapitel 27: »Nur eine schlechte Nachricht ist eine gute«

Die Zitate stammen teilweise aus einer Tagung der Evangelischen Akademie Bayern in Franken auf Schloß Schwanberg im Juni 1986, die das Thema hatte: »Wo bleibt das Positive? Gesellschaftliche Realität und Negativismusstreit«.

Janssen, Hans G.: Das Theodizee-Problem der Neuzeit. Ein Beitrag zur historisch-systematischen Grundlegung politischer Theologie. Frankfurt/Main 1982.

Lange, Klaus: Das Bild der Politik im Fernsehen. Die filmische Konstruktion einer politischen Realität in den Fernsehnachrichten. Frankfurt/Main 1981.

Leibniz, Gottfried Wilhelm: Die Theodizee. Hamburg 1977.

Strassner, Erich: Fernsehnachrichten. Eine Produktions-, Produkt- und Rezeptionsanalyse. Tübingen 1982.
Wattenberg, Ben J.: The Good News is the Bad News is Wrong. New York: Simon and Schuster 1984.

Zu Kapitel 28: Glücklich sein, viel Freude haben

Allensbach, Institut für Demoskopie: Eine Philosophie des Lebensgenusses breitet sich aus. In: Allensbacher Berichte, 14/1986.
Frankl, Viktor E.: Die Sinnfrage in der Psychotherapie. In: Ansgar Paus (Hrsg.): Suche nach Sinn – Suche nach Gott. Graz 1978.
Hergemöller, Bernd U.: Weder – Noch. Traktat über die Sinnfrage. Hamburg 1985.
Müller, Max: Der Kompromiß oder Vom Unsinn und Sinn menschlichen Lebens. Freiburg i. Br. 1980.
Natzmer, Gert von: Auf der Suche nach Sinn. Deutungen der Welt. Berlin 1985.
Paus, Ansgar (Hrsg.): Suche nach Sinn – Suche nach Gott. Herausgegeben im Auftrag des Direktoriums der Salzburger Hochschulwochen. Graz 1978.
Pöhlmann, Horst G. (Hrsg.): Worin besteht der Sinn des Lebens? Gütersloh 1985.
Sauter, Gerhard: Was heißt nach Sinn fragen? Eine theologisch-philosophische Orientierung. München 1982.

Zu Kapitel 29: Priester in Weiß

Buchmann, Marlies, Dieter Karrer und Rosemarie Meier: Der Umgang mit Gesundheit und Krankheit im Alltag. In: Publik. d. Schweiz. Nationalfonds aus d. Nationalen Forsch. Progr. 27. Bern 1985.
Kerber, Walter (Hrsg.): Säkularisierung und Wertewandel. Analysen und Überlegungen zur gesellschaftlichen Situation in Europa. München 1985.
Klöcker, Michael und Udo Tworuschka (Hrsg.): Gesundheit. In: Ethik der Religion, 3. Göttingen 1985.
Rad, Michael von, Christian Link und Peter Achilles: Anthropologie als Thema von psychosomatischer Medizin und Theologie. Stuttgart 1974.
Ruh, Ulrich: Säkularisierung als Interpretationskategorie. Zur Bedeutung des christlichen Erbes in der modernen Geistesgeschichte. Freiburg i. Br. 1980.
Schaefer, Hans (Hrsg.): Der gesunde kranke Mensch. Gesundheit ein Wert. Krankheit ein Unwert? Bearbeitet von P. Becker und F. Böcker. Düsseldorf 1980.

Timm, Hermann: Zwischenfälle. Die religiöse Grundierung des Alltags. Gütersloh [2]1984.

Zu Kapitel 30: Vor Gott sind alle Menschen gleich

Dietze, Gottfried: Reiner Liberalismus. Tübingen 1984.
Eysenck, Hans Jürgen: Die Ungleichheit der Menschen. Ist Intelligenz erlernbar? Kiel 1984.
Hayek, Friedrich A. von: Die drei Quellen der menschlichen Werte. Tübingen 1979.
Hayek, Friedrich A. von: Ungleichheit ist nötig. Interview. In: Wirtschaftswoche, 11/1981.
Jenkis, Helmut W.: Leistung – ein inhumaner Anspruch? Zum Ursprung und zur Kritik des Leistungsprinzips. Frankfurt/Main 1980.
Kehrer, Günter (Hrsg.): Vor Gott sind alle gleich. Soziale Gleichheit, soziale Ungleichheit und die Religionen. Düsseldorf 1983.
Kehrer, Günter (Hrsg.): Über Religion und die Ungleichheit unter den Menschen. In: Vor Gott sind alle gleich. Soziale Gleichheit, soziale Ungleichheit und die Religionen. Düsseldorf 1983.
Krebs, Pierre (Hrsg.): Das unvergängliche Erbe. Alternativen zum Prinzip der Gleichheit. Vorwort von Hans Jürgen Eysenck. Tübingen 1981.
Leisner, Walter: Der Gleichheitsstaat. Macht durch Nivellierung. Berlin 1980.
Meves, Christa und Heinz D. Ortlieb: Macht Gleichheit glücklich? Freiburg i. Br. [4]1983.
Neumann, Johannes: Gleichheit als institutionelle Konsequenz der Rechtsidee. In: Günter Kehrer (Hrsg.): Vor Gott sind alle gleich. Soziale Gleichheit, soziale Ungleichheit und die Religionen. Düsseldorf 1983.
Schoeck, Helmut: Das Recht auf Ungleichheit. Wer sich anstrengt, ist selber schuld. München 1979.
Wartburg, Walter P. von: Gleichheit und Gerechtigkeit im Gesundheitswesen. Basel 1983.
Zimmer, Dieter E.: Der Mythos der Gleichheit. München 1980.

Zu Kapitel 31: Das Leiden am eigenen Mittelmaß

Das Kapitel ist ohne Verwendung von Spezialliteratur entstanden. Mir sind auch keine einschlägigen Veröffentlichungen bekannt.

Zu Kapitel 32: Feuer, Glut und Asche

Brocher, Tobias: Von der Schwierigkeit zu lieben. Stuttgart 1975.
Hörisch, Jochen: Gott, Geld und Glück – Zur Logik der Liebe.
Frankfurt/Main 1983.
Johnson, Robert A.: Traumvorstellung Liebe. Der Irrtum des
Abendlandes. Olten 1985.
Keen, Sam: Die Lust an der Liebe. Leidenschaft als Lebensform.
Weinheim 2. durchgesehene Auflage 1985.
Lawrence, David H.: Liebe, Sex und Emanzipation. Zürich 1982.
Ledergerber, Karl: Die Auferstehung des Eros. Die Bedeutung
von Liebe und Sexualität für das künftige Christentum. München
1971.
Lepp, Ignace: Psychoanalyse der Liebe. Freiburg i. Br. [10]1980.
Luhmann, Niklas: Liebe als Passion. Zur Codierung der Intimität.
Frankfurt/Main 1982.
Riemann, Fritz: Die Fähigkeit zu lieben. Stuttgart 1982.
Tennov, Dorthy: Limerenz – über Liebe und Verliebtsein. München 1981.
Tweedie, Jill: Die sogenannte Liebe. Reinbek 1982.
Wyss, Dieter: Lieben als Lernprozeß. Göttingen [2]1981.

Zu Kapitel 33: Die Seele steckt im Kopf

Changeux, Jean P.: Der neuronale Mensch. Wie die Seele funktio-
niert – die Entdeckungen der neuen Gehirnforschung. Reinbek
1984.
Chargraff, Erwin: Unbegreifliches Geheimnis. Wissenschaft als
Kampf für und gegen die Natur. Stuttgart 1980.
Eccles, John C. und Daniel N. Robinson: Das Wunder des
Menschseins – Gehirn und Geist. München 1985.
Gierer, Alfred: Die Physik, das Leben und die Seele. München
1985.
Popper, Karl R. und John C. Eccles: Das Ich und sein Gehirn.
München 1982.
Rexrodt, Friedrich E.: Gehirn und Psyche. Hirnforschung und
Psychologie in ihren Zusammenhängen erklärt. Stuttgart 1981.
Wyss, Dieter: Vom zerstörten zum wiederentdeckten Leben.
Kritik der modernen Biologie. Göttingen 1986.

Zu Kapitel 34: »New Age« verzaubert die Welt

Berman, Morris: Wiederverzauberung der Welt. Am Ende des
Newtonschen Zeitalters. Reinbek 1985.

Capra, Fritjof: Wendezeit. München ²1992.

Ferguson, Marilyn: Die sanfte Verschwörung. München o. J.

Geisler, Gert (Hrsg.): New Age – Zeugnisse der Zeitenwende. Freiburg i. Br. 1984.

Hochkeppel, Willy: Nebelwerfer als Aufklärer. Anderes Denken, beispielsweise nach Art des Fritjof Capra. In: Merkur, 9/10/1985, S. 831 ff.

LeShan, Lawrence: Von Newton zu PSI. Neue Dimensionen im Umgang mit der Wirklichkeit. Reinbek 1986.

Martin, Bruno: Handbuch der spirituellen Wege. Reinbek 1985.

Miller, Harley: Die Findhornerfahrung. Kimratshofen 1985.

Pestalozzi, Hans A.: Die sanfte Verblödung. Gegen falsche New-Age-Heilslehren und ihre Überbringer. Ein Pamphlet. Frankfurt/Main 1985.

Ruppert, Hans-Jürgen: New Age. Endzeit oder Wendezeit? Wiesbaden 1985.

Schmidt, Walter: Der Trend der Zeit heißt Transformation. Esoterische Reihen und Verlage. In: Materialdienst der Evangelischen Zentralstelle für Weltanschauungsfragen, September 1985, S. 268 ff.

Steindl-Rast, David: Fülle und Nichts. Die Wiedergeburt christlicher Mystik. München 1985.

Wingert, Helga: Von Elfen, Engeln und Kompost. Im Garten der Findhorn-Gemeinde . . . In: natur, 4/1983.

Zu Kapitel 35: Wer werde ich das nächste Mal sein?

Adler, Gerhard: Seelenwanderung und Wiedergeburt. Leben wir nur einmal? Freiburg i. Br. 1980.

Bubner, Rudolf: Evolution – Reinkarnation – Christentum. In: Perspektiven der Anthroposophie. Frankfurt/Main 1984.

Cerminara, Gina: Erregende Zeugnisse von Karma und Wiedergeburt. München 1983.

Dethlefsen, Thorwald: Das Erlebnis der Wiedergeburt. Heilung durch Reinkarnation. München 1985.

Dethlefsen, Thorwald: Das Leben nach dem Leben. Gespräche mit Wiedergeborenen. München 1985.

Torwesten, Hans: Sind wir nur einmal auf Erden? Die Idee der Reinkarnation angesichts des Auferstehungsglaubens. Nachwort von Norbert Klaes. Freiburg i. Br. 1983.

Wambach, Helen: Leben vor dem Leben. München 1980.

Wambach, Helen: Seelenwanderung. Wiedergeburt durch Hypnose. München 1984.

Zu Kapitel 36: Der Tod hat einen Sinn

Ebeling, Hans (Hrsg.): Der Tod in der Moderne. Königstein/Ts. 1979.

Jacob, François: Die Logik des Lebenden. Von der Urzeugung zum genetischen Code. Frankfurt/Main 1972.

Jüngel, Eberhard: Tod. Gütersloh ²1983.

Meyer, Joachim E.: Todesangst und Todesbewußtsein der Gegenwart. Heidelberg 1979.

Paus, Ansgar (Hrsg.): Grenzerfahrung Tod. Referate der Salzburger Hochschulwochen 1975. Graz 1976.

Sonnemans, Heino: Seele – Unsterblichkeit – Auferstehung. Zur griechischen und christlichen Anthropologie und Eschatologie. Freiburg i. Br. 1984.

Unsöld, Albrecht: Evolution kosmischer, biologischer und geistiger Strukturen. Stuttgart 2. durchgesehene Auflage 1982.

Weizsäcker, Carl Friedrich von: Der Tod. In: Der Garten des Menschlichen. Beiträge zur geschichtlichen Anthropologie. München 1977.

Wunderli, Jürg: Vernichtung oder Verwandlung? Der Tod als Verhängnis und Hoffnung. Stuttgart 1976.

Eike Christian
Hirsch

Expedition in die Glaubenswelt
32 Proben auf das Christentum.
351 Seiten, gebunden.

Vorsicht auf der Himmelsleiter
Auskünfte in Glaubensfragen.
334 Seiten, gebunden.

Der Witzableiter
oder Schule des Gelächters
328 Seiten, gebunden.

Kopfsalat
Spott-Reportagen für Besserwisser.
192 Seiten, gebunden.

Wort und Totschlag
Peinliche Pointen
210 Seiten, gebunden.

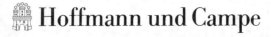 Hoffmann und Campe